Uni-Taschenbücher 1741

UTB
FÜR WISSEN
SCHAFT

Eine Arbeitsgemeinschaft der Verlage

Wilhelm Fink Verlag München
Gustav Fischer Verlag Jena und Stuttgart
Francke Verlag Tübingen und Basel
Paul Haupt Verlag Bern · Stuttgart · Wien
Hüthig Verlagsgemeinschaft
Decker & Müller GmbH Heidelberg
Leske Verlag + Budrich GmbH Opladen
J. C. B. Mohr (Paul Siebeck) Tübingen
Quelle & Meyer Heidelberg · Wiesbaden
Ernst Reinhardt Verlag München und Basel
F. K. Schattauer Verlag Stuttgart · New York
Ferdinand Schöningh Verlag Paderborn · München · Wien · Zürich
Eugen Ulmer Verlag Stuttgart
Vandenhoeck & Ruprecht in Göttingen und Zürich

Günter Throm

Grundlagen der Botanik

Quelle & Meyer Heidelberg · Wiesbaden

Prof. Dr. Günter Throm
Botanisches Institut der Universität
Fachbereich Biologie
Lahnberge
3550 Marburg/Lahn

Die Deutsche Bibliothek - CIP-Einheitsaufnahme

Throm, Günter:
Grundlagen der Botanik / Günter Throm. -
Heidelberg; Wiesbaden: Quelle und Meyer, 1993
(UTB für Wissenschaft: Uni-Taschenbücher; 1741)
ISBN 3-8252-1741-8 (UTB)
ISBN 3-494-02196-1 (Quelle und Meyer)
NE: UTB für Wissenschaft / Uni-Taschenbücher

ISBN 3-494-02196-1

Einbandgestaltung: Alfred Krugmann, Stuttgart
Druck und Verarbeitung: PDC, Paderborner Druck Centrum
Gedruckt auf Recyclingpapier aus 100 % Altpapier
Printed in Germany/Imprimé en Allemagne

ISBN 3-8252-1741-8 (UTB-Bestellnummer)

Inhaltsverzeichnis

Zur Einführung

Dieses Buch richtet sich an die Studenten der Biologie, die sich am Anfang ihres Studiums eine Übersicht über die Grundlagen der Botanik erarbeiten möchten. Darüber hinaus sind auch Studenten benachbarter Fachrichtungen angesprochen, die sich in ihrem Studium in irgendeiner Form mit Pflanzen beschäftigen.

Das Buch entstand im Zusammenhang mit Lehrveranstaltungen im Biologie-Grundstudium, welche ich seit vielen Jahren betreue. So bezieht es sich auf ein Botanisches Anfängerpraktikum und auf eine begleitende, einführende Vorlesung.

Entsprechend ist die Zielsetzung dieses Buches: Es soll **grundlegende Betrachtungsweisen der Botanik** näherbringen, indem, aufbauend aufeinander, die pflanzliche Zelle und deren Organelle, die Gewebe, die Organe und Pflanzengestalten besprochen werden.

Dies geschieht jeweils in dem **Sinnzusammenhang von Struktur und Funktion**, denn jede Form hat ihre Bedeutung in dem Wirkgefüge eines lebendigen Organismus. Daher kann jede Gestalt, jede Struktur nur in dem Zusammenhang mit ihrer besonderen Funktion verstanden werden. Oder, umgekehrt gesehen, jeder Funktions- und Entwicklungsplan, sei es auf der Ebene einzelner Zellen, oder der von vielzelligen Individuen, findet seinen Ausdruck in den gewachsenen Formen.

So schaffen die gliedernden Membranen der Zelle die Funktionsräume. Denn jede Lebensfunktion ist nur möglich durch räumliche Gliederung, um die alle Lebensprozesse antreibende Energie durch „Barrieren" und „Kanäle" schrittweise umzusetzen in die stoffliche Qualität der Lebensprozesse. Diese Gliederung, die mit fortschreitender Entwicklung immer differenzierter und komplexer wird, führt zu den komplexer werdenden Strukturen der Zellen, Gewebe und Organe. Dabei bestimmt der Gedanke der Integration und der Arbeitsteilung das Entwicklungsgeschehen.

Diese Ordnung, eine wesentliche Qualität lebender Systeme, ist nicht statisch. Vielmehr ist jeder Organismus ein „offenes System", welches mit seiner Umgebung im Energie- bzw. Stoffaustausch steht. Trotz des beständigen Stoffaustausches ergibt sich in dem lebenden System ein Fließgleichgewicht, in dem die Zustandsgrößen, wie z.B. Konzentrationen oder Gradienten, nahezu stabil sein können. Dieses Fließgleichgewicht in den Prozessen des Stoffwechsels, wie die Stabilität der Strukturen, in denen dieses Gleichgewicht zum Ausdruck kommt, kann nur aufrecht erhalten werden durch die beständige Zufuhr von Energie. Dies geschieht entweder durch die Umwandlung von Lichtenergie in der

Photosynthese, oder durch Aufnahme von verwertbaren, organischen Stoffen, deren chemische Energie in Abbauprozessen für den Organismus erschlossen wird.

Die zunehmende Integration, welche im Laufe der Entwicklungsgeschichte zu beobachten ist, schafft hierarchische Strukturen, indem gleichwertige, aber z.T. heterogene Elemente Aggregate bilden, und sich so zu einer höheren Organisationsstufe zusammenschließen.

So bilden einfache Moleküle Makromoleküle wie Eiweißstoffe oder Polysaccharide, Makromolekül-Aggregate einfache Strukturen wie Membranen oder Zellwandschichten. Aus differenzierten und damit spezialisierten Membranen werden Zellorganelle wie Plastiden oder Mitochondrien aufgebaut. Durch den Zusammenschluß spezialisierter Zellorganelle ergibt sich die Zelle als organisatorische Einheit. Dabei ist sie mehr als die Summe ihrer Teile: sie besteht aus einem funktionellen Beziehungsnetz ihrer Elemente.

Die Zelle kann, wie z.B. bei bestimmten Algen, bereits die Qualität eines selbständigen Organismus haben. Die Zellen differenzieren sich, sowohl auf dieser Organisationsebene wie auch bei höheren Organisationsformen, in vielfältiger Weise und passen sich so den verschiedenen Umweltbedingungen bzw. Aufgabenstellungen an.

Mit zunehmender Komplexität der Organisation treten zum ersten Mal bereits bei den Thallophyten (einige Braunalgen) echte Gewebe auf, die sich jeweils von einem Bildungszentrum, z.B. einer Scheitelzelle, ableiten. Aber erst die Gefäßpflanzen (Cormophyten) besitzen echte Organe, wie Sproßachse, Blatt und Wurzel, die aus spezialisierten Geweben aufgebaut sind. Diese Gliederung ist eine optimale Anpassung des Vegetationskörpers an das Landleben: Die Wurzeln verankern die Pflanze im Boden und versorgen sie mit Wasser und Nährstoffen. Das Verzweigungssystem der Sproßachse erschließt den Luftraum über dem Boden, leistet den Ferntransport des Wassers mit den gelösten Stoffen, und leistet auch die mechanische Stabilisierung. Schließlich schaffen die Blätter die absorbierende Oberfläche für die Photosynthese.

Diesem Gedankengang folgend, werden in diesem Buch zunächst die Membranen behandelt, welche den lebenden Protoplasten umschließen und ihn gliedern. Durch ihren Bau ergeben sich auch ihre besonderen Eigenschaften: Sie schaffen Funktionsräume und verbinden sie in spezifischer Weise miteinander, indem sie den Austausch der Stoffe zwischen den Räumen steuern. Zum Teil ist dies auch ein Austausch von steuernder Information für den Stoffwechsel. Weiter sind Enzymkomplexe und Transportketten in bestimmte Membranen integriert.

Die Zellorganelle im Protoplasten repräsentieren die Arbeitsteilung im Stoffwechsel. Die Zellwand umgibt und schützt den Protoplasten. Am Beispiel der Anlage der Zellwand wird zunächst das Zusammenwirken von Zellorganellen betrachtet. Es zeigt sich, wie eng die Syntheseprozesse und Aufbauleistungen mit der räumlichen Gliederung verknüpft sind und erst durch sie ermöglicht werden.

Anschließend wird die Aufnahme der Energie des Sonnenlichtes und deren Umwandlung in verfügbare, chemische Energie betrachtet. Dieser Photosyntheseprozeß ist eng mit der Struktur der Chloroplasten verknüpft. Diesem aufbauenden Prozeß stehen die abbauenden Stoffwechselwege gegenüber. An diesen sind die Mitochondrien in entscheidender Weise beteiligt. An deren Membranen finden sich auch die Enzyme der Zellatmung.

In der weiteren Folge werden die verschiedenen Gewebe vorgestellt, welche den Sproß aufbauen. Es zeigt sich, daß für die wichtigen, funktionellen Aspekte die entsprechend angepaßten Gewebe bereitgestellt werden: Aus Bildungsgeweben entwickeln sich die Organe, die Grundgewebe schaffen einen Speicherraum und stabilisieren die krautige Pflanze, Festigungsgewebe erbringen die mechanische Stabilität gegenüber Zug- und Druckkräften, Abschlußgewebe dienen dem Schutz, und Leitgewebe ermöglichen den Ferntransport in den Organen.

In den anschließenden Abschnitten wird der Aufbau (Anatomie) und die äußere Form (Morphologie) der Organe der Gefäßpflanzen behandelt. Berücksichtigt werden auch Gesichtspunkte der Entwicklung, der Funktion und der systematischen Zuordnung von Merkmalen. Auch werden Umbildungen der Organe angesprochen, die sich durch besondere Anpassungen ergeben. Die Organbeschreibung bildet den Schwerpunkt dieses Buches, und vermittelt ein gutes Stück der grundlegenden Betrachtungsweisen der Botanik und der dazu notwendigen Begriffsbestimmungen.

Im letzten Teil des Buches wird die Entwicklung der Gefäßpflanzen behandelt. Zunächst geschieht dies im Zusammenhang mit dem Generationswechsel von Farnen und Samenpflanzen. Es werden die gemeinsamen Merkmale aufgezeigt, aber auch die Abwandlungen, die sich im Laufe der stammesgeschichtlichen Entwicklung (Phylogenie) ergeben haben. Anschließend werden die bestimmenden Faktoren der Entwicklung und des Wachstums betrachtet. Es wird deutlich gemacht, daß neben den endogenen, genetisch bestimmten Faktoren der Entwicklung auch eine ständige Einflußnahme und Kontrolle des Wachstums durch die Bedingungen des pflanzlichen Lebensraumes gegeben ist.

Dieses Buch versteht sich als **Bindeglied zwischen Vorlesung und Praktikum.** Es soll Botanische Anfängerpraktika begleiten, indem es, vertiefend, diejenigen Themen in den Vordergrund stellt, die in diesen einführenden Lehrveranstaltungen behandelt werden. Weiter werden in diesem Buch diejenigen Objekte angesprochen und graphisch vorgestellt, die häufig im Praktikum Verwendung finden. Die Graphiken werden so präsentiert, wie sie von den Studenten an dem Praktikumsmaterial auch selbst erarbeitet werden können.

Das Buch vermittelt also Grundlagen und behandelt nicht alle Gebiete der Botanik. Für ergänzende Fragestellungen steht daher die weiterführende Literatur entsprechend der Literaturliste zur Verfügung. Ergänzend sei noch auf das **Glossar** im Anhang hingewiesen. Mit seinen Begriffsbestimmungen und Erläuterungen soll es den Umgang mit den zahlreichen Fachbegriffen erleichtern.

1 Die Cytologie der Pflanzenzelle

1.1 Einführung

Zur Einführung in die Cytologie der Pflanzenzelle soll zunächst eine junge Pflanzenzelle aus einem Gewebe betrachtet werden, deren Vakuole noch relativ klein ist (Abb. 1). Ihre äußere Form ergibt sich aus

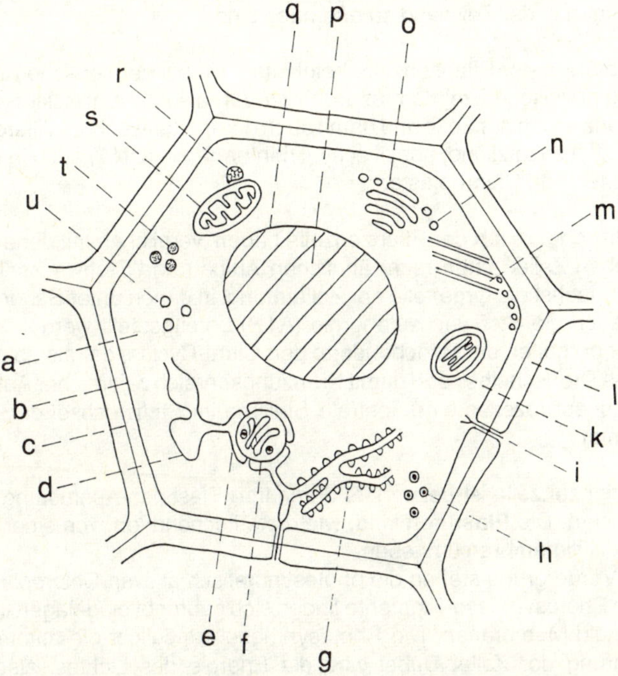

Abb. 1 : Schema einer jungen Pflanzenzelle; a: Grundcytoplasma; b: Plasmalemma, c: Mittellamelle; d: Glattes ER; e: Kernhülle mit Kernporen; f: Zellkern mit Nucleoli; g: Rauhes ER; h: Sphaerosomen; i: Tüpfel; k: Chloroplast; l: Zellwand; m: Mikrotubuli; n: Golgi-Vesikel; o: Dictyosom; p: Vakuole; q: Tonoplast; r: Peroxisom; s: Mitochondrium; t: Glyoxysomen; u: Lysosomen.

der Form der Zellwand, die den **Protoplasten** umschließt und mechanisch stabilisiert. Der Protoplast, die Gesamtheit des lebenden, plasmatischen Materials, wird nach „außen" durch eine biologische Membran, das Plasmalemma, begrenzt. Nach „innen" begrenzt ihn der Tonoplast und schließt so die Vakuole ein. Der Inhalt der Vakuole, eine wässrige Lösung, nimmt bei ausgewachsenen Zellen den größten Teil des Zelllumens ein.

Zwischen Plasmalemma und Tonoplast befindet sich also das **Grundcytoplasma**, in das alle Zellorganelle eingebettet sind und das von einem Membransystem, dem **Endoplasmatischen Retikulum** (ER), durchzogen wird. Dieses zeigt auch Verbindungen zu plasmatischen Brücken zwischen benachbarten Zellen („Tüpfel"), die an Aussparungen in der Zellwand zu erkennen sind.

Der **Zellkern** der Pflanzenzelle beinhaltet, wie bei der tierischen Zelle, die artspezifische Erbinformation. Er steuert also die Entwicklung und Differenzierung der Zelle und damit auch deren Stoffwechsel. Allerdings findet sich zusätzliche, spezifische Erbinformation (DNA) auch in Mitochondrien und Chloroplasten.

Die **Mitochondrien** der Pflanzenzelle haben, verglichen mit denen der tierischen Zelle, einen recht ähnlichen Aufbau und Stoffwechsel. Sie sind zunächst die Organelle der Zellatmung, in denen unter Sauerstoffverbrauch die Stoffwechselenergie (ATP) bereitgestellt werden kann. Weiter enthalten die Mitochondrien den Citrat-Cyclus, der als „biochemische Drehscheibe" und damit Kreuzungsbereich zahlreicher Aufbau- und Abbauprozesse eine zentrale Stellung im Stoffwechsel der Zelle einnimmt.

Die Pflanzenzelle ist besonders durch ihre Plastiden-Ausrüstung charakterisiert. Die **Plastiden** sind, wie die Mitochondrien, von einer doppelten Hüllmembran umgeben.

Im Vordergrund stehen die photosynthetisch aktiven Chloroplasten. Deren Photosynthese-Pigmente finden sich geordnet eingelagert in den Thylakoid-Membranen. Die Photosynthese ermöglicht die autotrophe Ernährung der Zelle. Dabei wird die Energie des Lichtes, also der elektromagnetischen Strahlung, umgewandelt in die freie chemische Energie der synthetisierten Zucker-Moleküle.

Die photosynthetisch inaktiven Chromoplasten können sich aus Chloroplasten oder aus Proplastiden entwickeln. Sie enthalten Carotinoide, die nicht an Membranen gebunden sind und in granulärer oder kristalliner Form vorliegen.

Die farblosen Leukoplasten können ebenfalls aus Proplastiden hervorgehen. Durch Aufnahme von Stärke können sie zu Amyloplasten umgewandelt werden.

Im Gegensatz zu den Plastiden hat die Fraktion der **Vesikel** nur eine einfache Hüllmembran. Auch sie sind, funktionell gesehen, eine recht heterogene Gruppe: die Peroxisomen sind an der Photorespiration beteiligt. Überwiegend aber haben die Vesikel Transport-Aufgaben. Die Lysosomen und die Glyoxysomen transportieren Enzyme. Die Sphärosomen enthalten Lipide.

Die Gruppe der Golgi-Vesikel leitet über zu einem weiteren Organell, den **Dictyosomen**, deren Gesamtheit in der Zelle auch als Golgi-Apparat bezeichnet wird.

Das einzelne Organell, das Dictyosom, unterscheidet sich von den vorher besprochenen Organellen durch seinen „offenen" Bau: Es ist ein Stapel von Membranen (Zisternen), der nicht von einer Hüllmembran umgeben ist. Dieser Bau weist auf die Synthese-Funktion des Organells hin, mit intensivem Stoffaustausch mit dem umgebenden Cytoplasma.

Zum Schluß seien noch die röhrenförmigen **Mikrotubuli** angesprochen, die in der nicht teilungsaktiven Zelle im Cytoplasma unter dem Plasmalemma angeordnet sind. Sie unterstützen Bewegungs-, Transport- und Umbauvorgänge in der Zelle. Entsprechend stark sind sie an der Kern- und Zellteilung beteiligt.

Bei der Betrachtung der Zelle können also vier Hauptfraktionen unterschieden werden: das Grundcytoplasma, die allgemeinen Membranstrukturen, die Zellorganelle und dieStoffwechselprodukte (Ergastische Produkte). Eine erste Übersicht ergibt sich aus der anschließenden Aufstellung:

1.2 Bestandteile der Pflanzenzelle

I Grundcytoplasma

a) Matrix des Protoplasten und
b) Ort zahlreicher Stoffwechselprozesse (z.B. Glycolyse)

II Allgemeine Membran-Strukturen

1.) Plasmalemma:
a) Permeabilitätsschranke des Protoplasten nach außen
b) Ort der aktiven Abgabe und Aufnahme von Ionen u.a.
c) Ort der Sekretion
d) Beteiligung an der Zellwandsynthese

2.) Tonoplast:
  a) Permeabilitätsschranke des Protoplasten nach innen
  b) Aktive Aufnahme und Abgabe von Stoffen in/aus der Vakuole
3.) Endoplasmatisches Retikulum (ER)
  a) ER kompartimentiert die Stoffwechselfunktionen des Cytoplasmas
  b) Glattes ER: Membransystem aus unregelmäßigen Vesikeln und Zisternen
  c) Rauhes ER: System aus Doppelmembranen, dessen Außenflächen mit Ribosomen (Proteinsynthese !) besetzt sind.

III Zellorganelle

1.) Zellkern mit Nucleoli
  a) Speicherung und Weitergabe der Information an das Cytoplasma
  b) Steuerung des Stoffwechsels
2.) Chloroplasten
  Ort der Photosynthese
3.) Chromoplasten
  Speicher lipophiler Pigmente
4.) Amyloplasten
  Ort der Stärkespeicherung
5.) Mitochondrien
  Ort des Zitratcyclus und der Endoxidation („Atmung")
6.) Dictyosomen
  Synthesezentren, bes. für Kohlenhydrate
7.) Peroxisomen
  Beteiligung an der Photorespiration (Glycolat-Abbau)
8.) Sphärosomen
  Enthalten Lipide
9.) Glyoxysomen
  Enthalten Enzyme zum Fett-Abbau
10.) Lysosomen
  Enthalten hydrolytische Enzyme
11.) Mikrotubuli
  Beteiligung an der Zellteilung und Zellwandsynthese

VI Ergastische Produkte (Stoffwechselprodukte)

1.) Vakuom (Vakuoleninhalte)
  a) Enthält osmotisch wirksame Komponenten

b) Speicherort von Stoffwechselzwischenprodukten und Reservestoffen

2.) Zellwand
Stützfunktion und Isolier-/Schutz-Funktion

3.) Reservestoffe
Energiespeicher (Stärke, Aleuron, Öle)

4.) Kristalle
Stoffwechselendprodukte

1.3 Die Zellmembranen

Die Membranen der Zelle, wie die abschließenden Membranen, Plasmalemma und Tonoplast, und die inneren Membranen des ER oder der Plastiden, bestehen immer aus zwei Fraktionen: den Lipoiden und den Strukturproteinen.

1.3.1 Lipoide

Die Lipoide sind durch ihre amphothere Natur gekennzeichnet, d.h. sie haben einen hydrophilen, wasseranziehenden Pol und einen lipophilen, wasserabstoßenden Pol. Dies ergibt sich durch die unterschiedliche Veresterung der drei Hydroxylgruppen des Glycerins (Abb. 2).

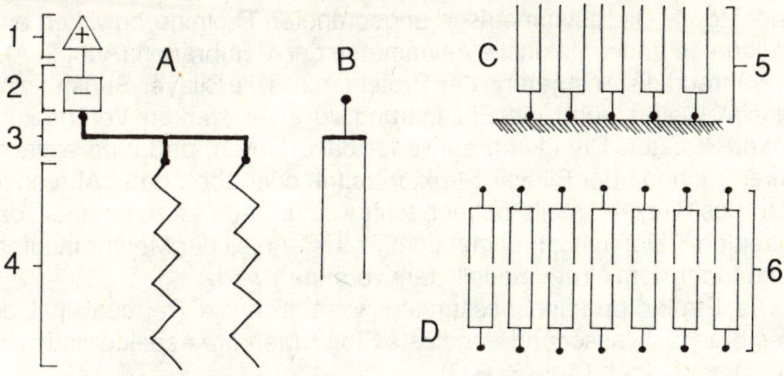

Abb. 2 : Struktur und Anordnung der Lipoide; A: Lecithin (Cholinphosphatid); 1: Cholin; 2: Phosphatgruppe; 3: Glycerin; 4: Fettsäuren. B: Vereinfachendes „Stimmgabelmodell" für ein Membran-Lipoid. C: Anordnung der Lipoide auf einer Wasseroberfläche: Monolayer (5). D: Lipoid-Doppelschicht bei zweiseitigem Wasserkontakt: Bilayer (6).

Zwei dieser Hydroxylgruppen sind mit Fettsäuren, überwiegend C-16 und C-18-Säuren, verestert. Die beiden Kohlenwasserstoffketten bilden den lipophilen Pol.

An der dritten Hydroxylgruppe des Glycerins ist eine Phosphorsäure verestert, die, zusammen mit dem daran gebundenen Cholin, die polare Gruppe des hydrophilen Pols bildet. Dieses Beispiel des Cholinphosphatids „Lecithin" zeigt den häufigsten Vertreter der Membran-Lipoide.

Der amphothere Charakter dieser Moleküle bedingt, daß sie sich auf einer Wasseroberfläche so anordnen, daß sich die polaren, d.h. hydrophilen Gruppen dem Wasser zugewandt, die apolaren, d.h. lipophilen Gruppen vom Wasser abgewandt parallel anordnen.

Eine solche Anordnung wird als „Monolayer" bezeichnet und führt logisch zum „Bilayer", wenn diese Lipoid-Moleküle in wäßriger Lösung suspendiert werden. In diesem **Bilayer** sind zwei Monolayer-Schichten so parallel angeordnet, daß die apolaren Gruppen sich zugewandt berühren, während die hydratisierten, polaren Gruppen an den Membran-Außenseiten den Übergang zur wäßrigen Phase bilden. Diese Bilayer-Struktur, die dem einfachsten Modell einer biologischen Membran entspricht (DANIELLI-Modell), hat eine Stärke von etwa 75 Å.

1.3.2 Struktur-Proteine

Die Struktur-Proteine, die entweder in fibrillärer oder globulärer Form vorliegen können, sind der Lipoidfraktion entweder angelagert oder eingelagert. Die asymmetrisch angeordneten Proteine bewirken eine strukturelle und funktionelle Asymmetrie der Membranen (Abb. 3, A).

Während die Anlagerung des Proteinanteils die Bilayer-Struktur nicht prinzipiell stört, führt die Einlagerung zu einer starken Veränderung dieser Struktur. Dies kann entweder dazu führen, daß eine einfache Unterbrechung der Bilayer-Struktur auftritt oder aber, daß „Abrundungen" des Bilayer-Anteils zu beobachten sind. Dabei ist zu betonen, daß in beiden Fällen mit zunehmendem Protein-Anteil der Membranaufbau gegenüber dem Grundmodell stark verändert wird.

Die Strukturproteine bestimmen wesentlich die Permeabilität der Membran für Wasser und für gelöste Stoffe. Mehrere Aspekte sind dabei zu unterscheiden (Abb. 3, B,C):

a) Strukturproteine bilden **Poren** für die Diffusion von Wassermolekülen, so daß Wasser durch diese Membranen gut permeieren kann. Dagegen schaffen die Strukturproteine nur eine stark eingeschränkte Permeabilität (Durchlässigkeit) für hydrophile Substanzen, also

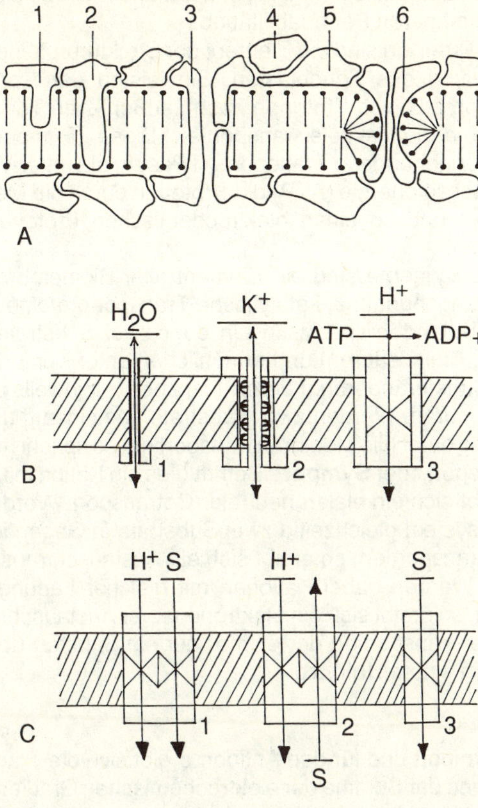

Abb. 3 : **A**: Querschnitt-Schema durch eine Biomembran nach dem Fluid-Mosaik-Modell; 1: Proteine, die durch einen hydrophoben Peptidanteil in einer Schicht des Bilayers verankert sind; 2: Proteine, die mit einer hydrophoben Peptiddomäne die Lipoid-Doppelschicht durchdringen; 3: Transmembranproteine (z.B. für Kanäle oder Carrier); 4: Periphere Proteinkomplexe, die mit Membranproteinen assoziiert sind; 5: Proteine, die interionisch an die polare Seite der Phospholipide gebunden sind; 6: bei interionischer Wechselwirkung ergeben sich auch „Abrundungen" zu Poren. **B**: Permeabilität der Membranen; 1: Poren für die elektroneutrale Diffusion (z.B. H_2O); 2: Poren mit Festladungen für die Diffusion von Ionen; 3: Primäraktiver Transport von Protonen unter ATP-Verbrauch. **C**: Formen des Carrier-Transports; 1: Symport von Protonen mit einem Substrat (S); 2: Antiport von Protonen im Austausch gegen ein Substrat (S); 3: Uniport eines Substrats (z.B. spezifische Ionenkanäle).

z.B. für hydratisierte Ionen. Mit zunehmender Größe dieser Substanzen nimmt deren Permeabilität ab.

b) **Aktive Pumpen** sind ein Element der Strukturproteine des Plasmalemma und des Tonoplasten. Sie leisten den „primär-aktiven" Transport z.B. von Protonen nach „außen", am Tonoplasten werden sie in die Vakuole transportiert. Diese „Pumpen" sind somit membrangebundene Transport-ATPasen, die unter Verbrauch von Stoffwechselenergie (ATP) die Protonen durch die Membran transportieren und so einen elektrochemischen Protonen-Gradienten aufbauen.

c) **Carrier-Systeme** sind ein Element aller Biomembranen. Es sind membrangebundene, katalytische Transportproteine (Translocatoren). Sie binden spezifisch ein oder zwei Substrate (z.B. Ionen, Zucker, Aminosäuren) und ermöglichen unter Konformationsänderung (Strukturänderung) deren Transport zur jeweils anderen Seite der Membran. Werden zwei Substrate gemeinsam und in gleicher Richtung durch die Membran transportiert, so spricht man von einem Cotransport oder **Symport**. Betrifft dies ein Kation mit einem Anion, so ergibt sich ein elektroneutraler Cotransport. Werden von einem Carriersystem gleichzeitig zwei Substrate in Gegenrichtung zueinander transportiert, so ergibt sich ein Austauschtransport oder **Antiport**. Werden dabei Kationen mit gleicher Ladungszahl ausgetauscht, so ergibt sich ein elektroneutraler Austauschtransport. Bindet oder transportiert der Carrier nur ein Substrat (Ion), so spricht man von einem **Uniport**.

Für den Symport und für den Antiport ergibt sich die Transportleistung entsprechend der Summe der elektrochemischen Gradienten der beteiligten Substrate. Man kann daher auch von einer katalysierten Diffusion sprechen. Der Uniport von Ionen erfolgt im elektrischen Gradienten an der Membran, orientiert sich also am Transmembranpotential.

Die chemischen und elektrischen Gradienten vorausgesetzt, kann diese Form des Carriertransportes als „passiv" interpretiert werden. Es muß jedoch in Rechnung gestellt werden, daß jeder elektrochemische Gradient an Membranen der Zelle letztlich auf Stoffwechselenergie beruht.

Für die energetische Kopplung der Carrier-Transportprozesse mit dem durch „primär-aktiven" Transport aufgebauten Protonen-Gradienten wird ein „sekundär-aktiver" Transport definiert. Dabei ist der Protonengradient stets nach „innen" gerichtet, d.h. im cytoplasmatischen Raum ist die geringere Protonen-Konzentration vorgegeben.

So ergibt sich mit einem Symport-Carrier, zusammen mit Protonen, die sekundär-aktive Aufnahme vom von neutralen Substraten (z.B. Zucker) oder von Anionen. Mit einem Antiport-Carrier können, im Austausch gegen die einströmenden Protonen, andere Kationen aus der Zelle transportiert werden. Schließlich ergeben sich mit Uniport-Carriern, gekoppelt an das durch den Protonen-Gradienten mit aufgebaute Transmembranpotential, spezifische „Ionenkanäle" für K^+, Ca^{2+} und Cl^-.

1.4 Osmose

Zur Erklärung der Osmose wird zunächst ein Modell einer Pflanzenzelle betrachtet. Dieses besteht aus einem Gehäuse, der Zellwand, die nur gering dehnbar ist. Darin befindet sich ein ballonartiger Körper, der in gewissen Grenzen stark dehnbar ist. Es ist der Protoplast, der sich von innen der Zellwand eng angelegt hat und der seinerseits einen großen Hohlraum, die Vakuole umschließt. Offensichtlich herrscht in der Vakuole ein Überdruck, der dazu führt, daß der Protoplast sich der Zellwand fest angelegt hat. Die Erklärung hierfür ist die Erklärung des Mechanismus der Osmose (Abb. 4).

Als ein experimentelles Modell für die Erklärung des Osmose-Mechanismus kann ein rechteckiges Gefäß betrachtet werden, das durch eine semipermeable Membran in zwei etwa gleich große Räume geteilt ist. Unter Semipermeabilität versteht man eine gute Permeabilität für das Lösungsmittel Wasser und eine geringere Permeabilität für Ionen oder andere gelöste Stoffe.

In jeder Hälfte des Modellgefäßes soll beim Ausgangspunkt der Betrachtung gleichviel Wasser vorhanden sein, jedoch sollen im linken Teil doppelt so viele Teilchen gelöst sein wie im rechten Teil. Da Wasser durch die semipermeable Membran permeieren kann, ergibt sich eine Möglichkeit zum Konzentrationsausgleich zwischen den beiden Phasen: es wird Wasser von der rechten Phase in die linke Phase übertreten. Damit ergibt sich die Definition der Osmose:

> Unter Osmose versteht man die einseitige Diffusion von Wasser durch eine semipermeable Membran.

Im Modell ergibt sich durch die einseitige Diffusion von Wasser eine Veränderung der Volumina der beiden Phasen. Der sich dabei ergebende Höhenunterschied der beiden Wasserpegel (h) und der damit ge-

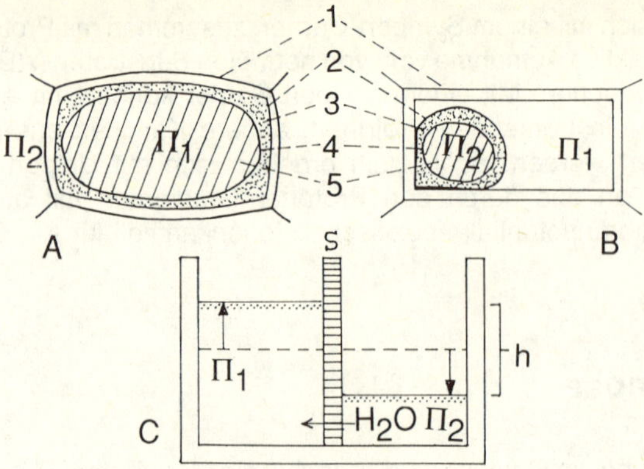

Abb. 4 : A und B: Pflanzenzellen in schematischer Darstellung; A: Der osmotische Wert in der Vakuole (= Π_1) ist größer als derjenige des Außenmediums (= Π_2): die Zelle ist daher turgeszent und die Zellwand gedehnt; 1: Zellwand; 2: Plasmalemma; 3: Protoplast; 4: Tonoplast; 5: Vakuole. B: Hier war Π_2 der Vakuole kleiner als Π_1 des Außenmediums: die Vakuole verlor also Wasser und damit an Volumen (Plasmolyse). C: Modell für eine osmotisch bedingte Wasserbewegung: zwei Räume, die durch eine semipermeable Membran (s) getrennt sind. Π_1 ist größer als Π_2: Der sich einstellende Niveauunterschied (h) der beiden Wasserstände ist ein Maß für den osmotischen Druck.

gebene hydrostatische Druck ist ein direktes Maß für den **osmotischen Druck** ($\Delta\Pi$) zwischen den beiden Phasen:

$$\Delta\Pi = s \cdot h \text{ (s = spezifisches Gewicht).}$$

Es ergibt sich, daß der osmotische Wert einer Lösung (= potentieller osmotischer Druck einer Phase) der Zahl der gelösten Teilchen direkt proportional ist.

Es ist jedoch zu beachten, daß der osmotische Wert einer betrachteten Phase nur dann gleich dem gemessenen osmotischen Druck ist, wenn sich in der anderen Phase destilliertes Wasser befindet.

Allgemein gilt, daß der gemessene osmotische Druck zwischen zwei Phasen ($\Delta\Pi$) gleich der Differenz des potentiellen osmotischen Drucks der beiden Phasen ist. Damit ist der gemessene osmotische Druck proportional der Differenz der beiden Konzentrationen (c_1 - c_2):

$$\Delta\Pi = \Pi_1 - \Pi_2 = RT\,(c_1 - c_2);$$

(R: Gaskonstante, T: Absolute Temperatur)

Diese osmotischen Beziehungen sollen nun auf das Modell einer Pflanzenzelle angewendet werden:

Als Ausgangspunkt der Betrachtung wählen wir einen Protoplasten, der sich deutlich von der Zellwand abgehoben hat. Unter natürlichen Bedingungen ist der potentielle osmotische Druck der Vakuole (Π_i) deutlich größer als der potentielle osmotische Druck des umgebenden Mediums (Π_a). Unter diesen Bedingungen wird sich der Protoplast, unter Wasseraufnahme in die Vakuole, ausdehnen und sich schließlich von innen an die Zellwand anlegen.

Zu diesem Zeitpunkt ist die Zellwand noch nicht gedehnt, der Wanddruck (Turgordruck) ist gleich Null, d.h. der Protoplast übt noch keinen Druck auf die Zellwand aus (W = 0).

Die **Saugspannung** (S) der Zelle ist also gleich dem osmotischen Druck ($\Delta\Pi$). Wird weiter Wasser aufgenommen, so wird die Zellwand so stark gedehnt, bis der **Wanddruck** (W) so groß ist, wie der osmotische Druck ($\Delta\Pi$). Die Zelle kann jetzt kein Wasser mehr aufnehmen: Die Saugspannung (S) wird gleich Null (S = 0).

Dies besagt die ,,Osmotische Zustandsgleichung":

$$\mathbf{S = \Delta\Pi - W.}$$

Das ,,Osmotische Zustandsdiagramm" zeigt diese Beziehung (Abb. 5).

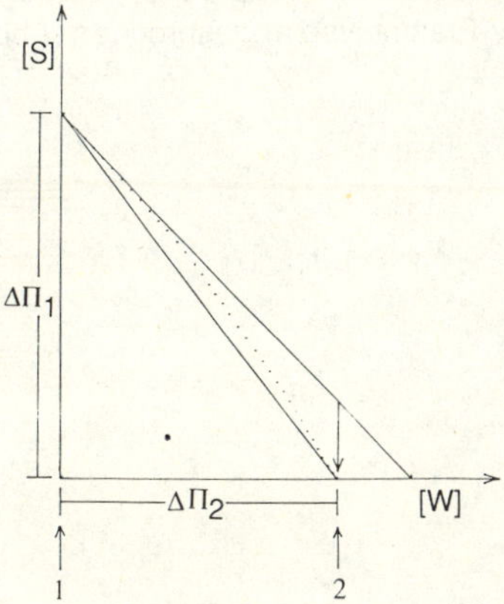

Abb. 5 : Osmotisches Zustandsdiagramm zu der Beziehung: $S = \Delta\Pi$-W. Die Beziehung zwischen der Saugspannung (S) und dem Wanddruck (W) entspräche im Diagramm der oberen Geraden, wenn die osmotische Druckdifferenz ($\Delta\Pi$) konstant wäre. Tatsächlich fällt aber während der Volumenzunahme der Zelle der Wert von $\Delta\Pi_1$ auf $\Delta\Pi_2$. Von der Stelle (1), an der W=0 ist und somit $S = \Delta\Pi_1$ entspricht, fällt die Saugspannung mit zunehmendem Wanddruck, entsprechend der punktierten Linie, bis an der Stelle (2) S = 0 ist und somit $W = \Delta\Pi_2$ entspricht.

Befindet sich eine Zelle im Gewebeverband, so ist eine zusätzliche Größe, der Außendruck (A), den die Zellen aufeinander ausüben, zu berücksichtigen. Damit ergibt sich die Erweiterung für die ,,Osmotische Zustandsgleichung":

$$\mathbf{S = \Delta\Pi - (W + A).}$$

Die Bewegungsrichtung des Wassers ergibt sich aus der Konzentrationsdifferenz der beiden Phasen. Dabei kann die äußere Phase (Π_a), das umgebende Medium, als Plasmolytikum bezeichnet werden. Dieses Medium ist:

isotonisch, wenn $\Pi_a = \Pi_i$ ist;
hypotonisch, wenn Π_a kleiner als Π_i ist;
hypertonisch, wenn Π_a größer als Π_i ist.

Bei hypertonischem Plasmolytikum verliert die Vakuole Wasser, der Protoplast löst sich von der Zellwand ab: dieser Vorgang wird als ,,**Plasmolyse**" bezeichnet. Plasmolyse ist mit hypotonischem Medium reversibel und bei vorsichtiger Durchführung absolut unschädlich für die Zelle.

Während das Osmosegeschehen allgemein nur von der Zahl der gelösten Teilchen bestimmt wird, muß bei der Betrachtung der Plasmolyse auch die Art der verwendeten Kationen berücksichtigt werden:

Bei der Plasmolyse mit Kalium ergibt sich sofort ein abgerundeter Protoplast. Man spricht daher von Konvex-Plasmolyse. Dagegen ergibt sich mit Calcium zunächst eine sternförmige Plasmolyse-Figur, bedingt durch zusätzliche Haftungsstellen zwischen dem Protoplasten und der Zellwand. Im weiteren Verlauf ergeben sich an diesen Stellen Plasmafäden, die als ,,HECHTsche Fäden" bezeichnet werden. Die Plasmolyse-Figur mit Calcium wird als Konkav-Plasmolyse angesprochen (Abb. 6).

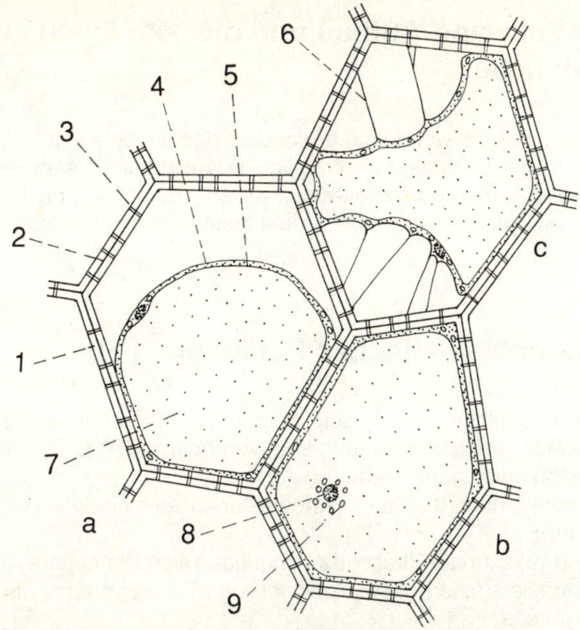

Abb. 6 : Plasmolyseformen bei Epidermiszellen der Blattunterseite von *Rhoeo spathacea*: a) Konvexplasmolyse mit Kalium-Ionen; b) turgeszente Zelle; c) Konkavplasmolyse mit Calcium-Ionen; 1: Zellwand; 2: Mittellamelle; 3: Tüpfel; 4: Plasmalemma; 5: Tonoplast; 6: HECHTsche Fäden; 7: Vakuole; 8: Zellkern; 9: Leukoplasten; - diese beiden Organelle befinden sich im oberen oder unteren plasmatischen Wandbelag.

2 Der Zellwand-Aufbau und die beteiligten Zell-Organelle

Am Aufbau der Zellwand sind besonders das endoplasmatische Retikulum und die Dictyosomen beteiligt. Bevor deren Zusammenarbeit beim Zellwand-Aufbau betrachtet wird, soll zunächst eine Übersicht über die charakteristischen Merkmale dieser Organelle gegeben werden.

2.1 Endoplasmatisches Retikulum (ER)

1.) Das endoplasmatische Retikulum stellt ein Membransystem dar, das mit ständiger Form- und Lageveränderung (Abb. 7) den Protoplasten durchzieht (Membranstärke 75Å).

2.) Es kompartimentiert den Protoplasten in verschiedene Reaktionsräume:
   a) Extrazisternale Phase: darin befinden sich alle Organelle.
   b) Intrazisternale Phase: Speicher- und Transportraum, ohne Organelle.

3.) a) Das ER steht mit der Kernhülle und den Plasmodesmen in Verbindung.
   b) Es kann mit den Dictyosomen und mit dem Plasmalemma in Verbindung stehen.
   c) Es gibt Vesikel an Synthese-Orte ab (z.B. Zellwand).
   d) Es hat Matrizenwirkung bei besonderen Wandausformungen: z.B. Plasmodesmen der Tüpfel, Poren der Siebplatten und Exine der Pollen.

4.) Glattes ER übernimmt in die Zisternen die an der Oberfläche des rauhen ER synthetisierten Substanzen. Diese werden in den Zisternen angereichert und abgeschnürt. Die Vesikel werden zum nächsten Ort der Stoffwechselkette transportiert.

5.) Im Winter findet sich fast ausschließlich glattes ER. Es ist bläschenförmig, mit freien Ribosomen, und stellt die inaktive Form des ER dar.

6.) Rauhes ER: Besteht aus parallel verlaufenden Doppelmembranen (Abstand 200-500 Å), die außen mit Ribosomen besetzt sind.

7.) Ribosomen, Orte der Proteinsynthese, haben eine spezifische Größe und bestehen immer aus zwei Untereinheiten (im Cytoplasma der höheren Pflanzen: 40S- und 60S- Untereinheiten = 80S-

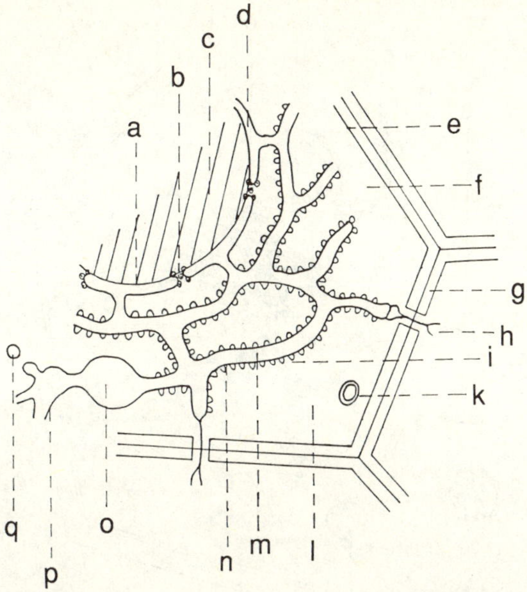

Abb. 7: Das Endoplasmatische Retikulum (ER); a: Kernhülle; b: Kernpore; c: Kernmatrix; d: Perinuclearzisterne; e: Plasmalemma; f: Grundcytoplasma; g: Zellwand; h: Tüpfel; i: Ribosomen; k: Leukoplast; l: Extrazisternale Phase; m: Intrazisternale Phase; n: Rauhes ER; o: Zisterne; p: Glattes ER; q: Vesikel.

Ribosom, „S" entspricht der Sedimentationsgeschwindigkeit in „Svedberg-Einheiten"). Ribosomen finden sich auch im Grundcytoplasma, Karyoplasma, in Plastiden und Mitochondrien.

2.2 Das Dictyosom

1.) Das Dictyosom besteht aus einem Stapel von fünf und mehr Zisternen, die nach außen Golgi-Vesikel abschnüren. Jede Zisterne ist von einer einfachen Membran umgeben. Die Höhe des Stapels mißt etwa 2.500 Å, der Durchmesser liegt bei etwa 10.000 Å (Abb. 8).

2.) Die Gesamtheit der Dictyosomen einer Zelle wird als Golgi-Apparat bezeichnet. Dictyosomen können untereinander durch anastomo-

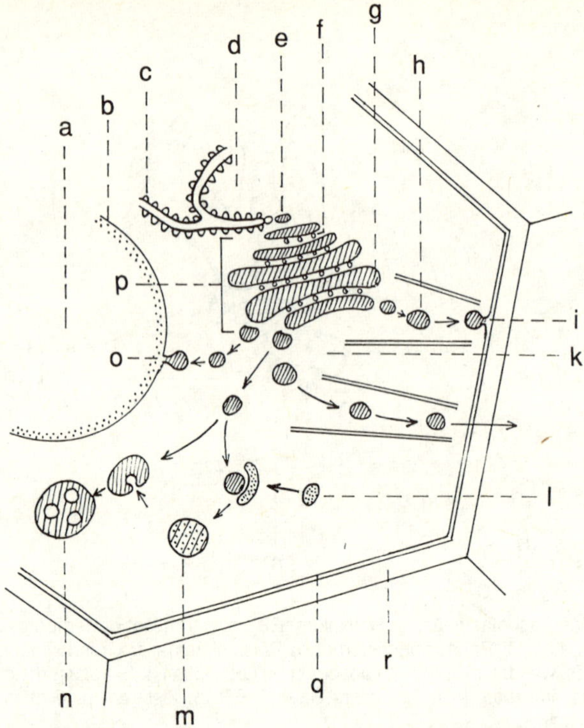

Abb. 8: Das Dictyosom und die Transportwege der Golgi-Vesikel in der Zelle; a: Vakuole; b: Tonoplast; c: Rauhes ER; d: Grundcytoplasma; e: regenerierende Seite des Dictyosoms mit Primärvesikeln; f: Interzisternale Tubuli; g: Zisterne; h: Golgi-Vesikel; i: Vesikel, z.B. mit Pektin, verschmilzt mit dem Plasmalemma: Exocytose; k: sezernierende Seite des Dictyosoms; l: Vesikel verschiedener Herkunft verschmelzen mit Golgi-Vesikeln; m: komplexes Vesikel; n: Mulivesikulärer Körper; o: mit dem Tonoplast verschmelzendes Vesikel; p: Dictyosom; q: Plasmalemma; r: Zellwand.

sierende Tubuli in Verbindung stehen und auch mit dem ER Verbindung aufnehmen.

3.) Zwischen den Zisternen können interzisternale Tubuli vorhanden sein (Durchmesser 80 Å), die den interzisternalen Bereich stabilisieren.

4.) Jede Zisterne hat eine Dicke von bis zu 500 Å und ist im äußeren Bereich netzartig durchbrochen. Am äußersten Rand werden die Vesikel abgeschnürt.

5.) Das Dictyosom besitzt eine Polarität senkrecht zur Zisternen-Ebene: Die reife, sezernierende Seite schnürt die Vesikel ab, während die andere, regenerierende Seite relativ undifferenzierte Zisternen aufweist, die aus ER-Material aufgebaut werden. Daraus ergibt sich ein gerichteter Entwicklungs- und Funktionsablauf.

6.) Im Zisternen-Stapel besteht eine funktionelle Gliederung: Von der regenerierenden Seite zur sezernierenden Seite ergibt sich ein Cis-Bereich (häufig 1 Zisterne), ein Median-Bereich (z.B. 2 Zisternen) und ein Trans-Bereich (z.B. 3 Zisternen).
   a) Im Cis- und Median-Bereich wird das Grundgerüst der Pektinstoffe aufgebaut.
   b) Im Median-Bereich wird die Pektinsäure methyliert.
   c) Im Transbereich werden Hemicellulosen synthetisiert.

7.) Golgi-Vesikel können, z.T. durch Mikrotubuli gesteuert, wandern:
   a) zur Zellplatte und dort miteinander verschmelzen,
   b) zum Plasmalemma und mit diesem verschmelzen: Abgabe von Stoffen in den extrazellulären Raum,
   c) zum Tonoplasten und mit diesem verschmelzen.

8.) Golgi-Vesikel können:
   a) mit Vesikeln anderer Herkunft verschmelzen: „Komplexes Vesikel",
   b) durch Einstülpung Grundplasma mit Inhaltsstoffen aufnehmen: „Multivesikulärer Körper".

9.) Das Dictyosom ist ein Synthese-Ort. Die Vesikel transportieren:
   a) Pektinstoffe, Hemicellulosen und Glycoproteine zur Zellplatte und Primärwand,
   b) Schleime (Kohlenhydrat), z. B. bei Drosera oder der Wurzelhaube, und Wachse (Fettsäureester) zum Plasmalemma,
   c) Gummi und ätherische Öle (z. B. Drüsenhaare);
   d) Neben Produkten werden auch Enzyme an verschiedene Orte der Zelle transportiert.

2.3 Der Zellwand-Aufbau

Bei den meisten höheren Pflanzen folgt der Kernteilung die Zellteilung durch Anlage einer Trennwand zwischen den beiden Tochterzellen, die sich zentrifugal, d.h. vom Zentrum zum Rande hin differenziert. Während der Telophase der mitotischen Kernteilung wird zwischen den beiden Tochterkernen ein tonnenförmiges Bündel aus Mikrotubuli aufgebaut, der **Phragmoplast** (Abb. 9). Dieser erweitert sich während der

Zellwand-Differenzierung zentrifugal nach außen. Der Phragmoplast fungiert somit als „Baugerüst" für den Aufbau der neuen Zellwand. Das erste Baumaterial für diese Zellwand besteht aus sauren Polysacchariden. Sie werden im Dictyosom synthetisiert und in Golgi-Vesikeln zur Äquator-Ebene des Phragmoplasten transportiert, die damit die Lage der neuen Zellwand festlegt. In der Äquator-Ebene verschmelzen die Golgi-Vesikel und bilden die Zellplatte, die nur noch von Strängen von Mikrotubuli und endoplasmatischem Retikulum unterbrochen ist.

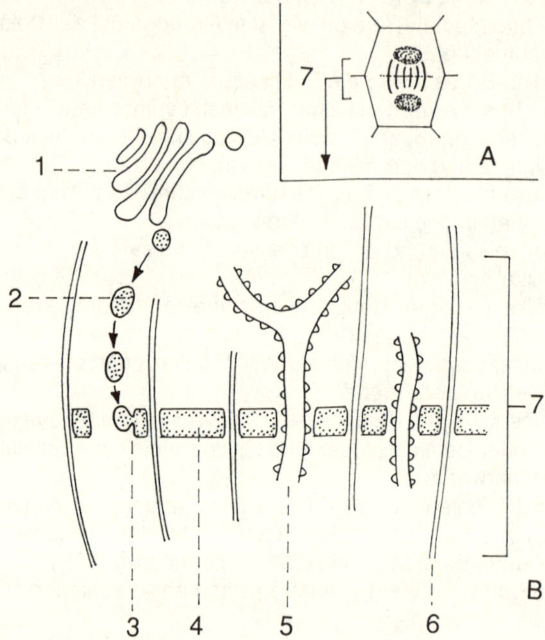

Abb. 9: Anlage der Zellwand; A: Stadium der Telophase einer mitotischen Kernteilung: Zwischen den beiden Tochterkernen hat sich der Phragmoplast (7) aufgebaut. B: Phragmoplast; 1: Dictyosom; 2: Golgi-Vesikel; 3: die Vesikel verschmelzen in der Äquatorebene; 4: Zellplatte; 5: Rauhes ER; 6: Mikrotubuli.

Der Wandaufbau entwickelt sich entsprechend der Entwicklung des Phragmoplasten vom Zentrum zum Rande der Zelle hin, wo sich der Anschluß an die Mutterzellwand ergibt.

Auf diese primäre Wand-Anlage, die optisch der Mittellamelle entspricht, erfolgt beidseitig durch Auflagerung (Apposition) der Aufbau der

Primärwand der beiden Tochterzellen (Abb. 10). Das Baumaterial der Primärwand besteht aus Hemisubstanzen (Kohlenhydrate) und aus Proteinen (besonders hydroxyprolinreiche Glycoproteine). Die Hemisubstanzen sind eine recht heterogene Gruppe: Dazu gehören die Pektinstoffe (Rhamno-Galakturonane und Galaktane) und die Hemicellulosen (Xyloglucane). In diese Grundsubstanz sind bei der Primärwand zu 5 bis 14% Cellulose-Mikrofibrillen eingelagert.

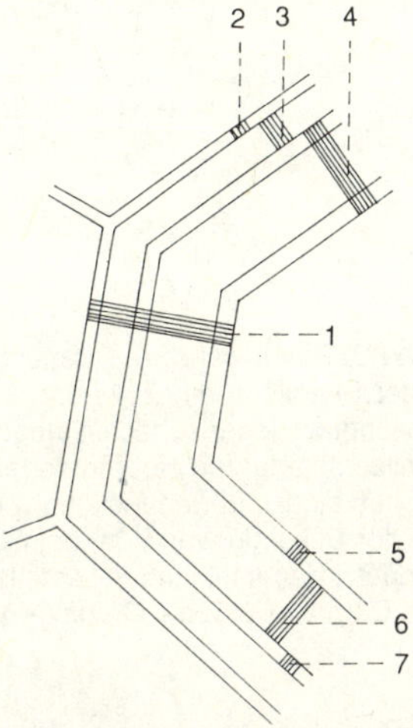

Abb. 10: Aufbau der Zellwand (1); 2: Mittellamelle; 3. Primärwand; 4: Sekundärwand; 5: Abschlußlamelle; 6: Zentralschicht; 7: Übergangslamelle.

Diese Einlagerung (Intussuszeption) erfolgt in unregelmäßiger Lage und Verteilung, wodurch sich ein locker geknüpftes Netzwerk dieser Cellulose-Mikrofibrillen ergibt. Dieser Bauplan erlaubt eine starke Dehnung der Zellwand während der Volumenzunahme der jungen Pflanzenzelle. Dabei werden die während der Dehnung groß gewordenen Lücken im Cellulose-Maschenwerk durch Neueinlagerung von Mikrofibrillen geschlossen (Abb. 11).

Nachdem die Pflanzenzelle ihre endgültige Form und Größe erreicht hat, wird die **Sekundärwand** aufgelagert. Sie ist dadurch charakterisiert, daß sie bis zu etwa 90% aus Cellulose besteht, während die Hemisubstanzen nur zu etwa 10% vertreten sind.

Während in der Primärwand die Mikrofibrillen ungerichtet eingelagert sind (**Streuungstextur**), sind die Mikrofibrillen in der Sekundärwand parallel angeordnet (**Paralleltextur**). Durch diese Anordnung in der Sekundärwand ergeben sich in Bereichen dichtere Verbände von Mi-

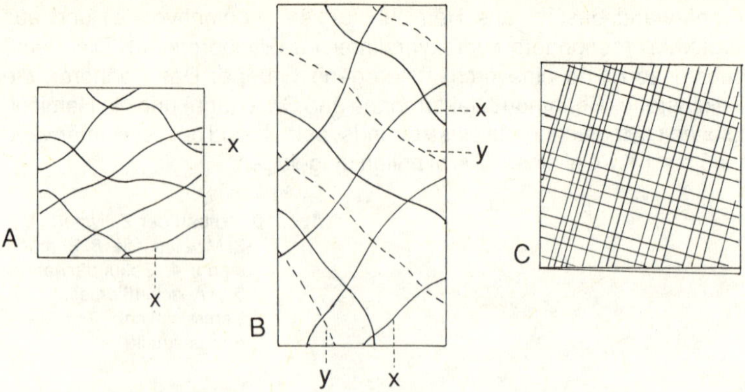

Abb. 11: Bau der Zellwand (in Aufsicht); A und B: Primärwand; A: Streuungstextur der nicht gestreckten Zelle; B: mit der Streckung der Zelle und Flächenwachstum der Zellwand wird das Maschenwerk der zunächst aufgebauten Lamelle gedehnt und deren Mikrofibrillen (x) erfahren einer Verlagerung. In der folgenden Lamelle verengen die neu eingelagerten Fibrillen wiederum die Maschenweite. C: Paralleltextur der Sekundärwand. In jeder Lamelle sind die Mikrofibrillen parallel angeordnet. In jeder folgenden Lamelle ändert sich die Gangrichtung um etwa 90°. - Dargestellt für die Grünalge Valonia. (Nach Preston, verändert).

krofibrillen, die als Makrofibrillen angesprochen werden. Die Zahl der in einer Makrofibrille vertretenen Mikrofibrillen kann variieren. Dagegen ist der Bau der Mikrofibrillen streng festgelegt (Abb. 12):

Eine **Mikrofibrille** hat einen Durchmesser von 250 Å und besteht aus etwa 20 Micellarsträngen.

Ein **Micellarstrang** hat einen Durchmesser von 50 Å und besteht aus 50 bis 100 Cellulose-Makromolekülen.

Ein **Cellulose-Makromolekül** hat einen Durchmesser von 5 Å und besteht in Längsrichtung aus bis zu 8.000 Glucose-Molekülen.

Die Sekundärwand ist stets geschichtet, wobei diese Schichten in der Regel eine unterschiedliche Orientierung der Cellulose-Mikrofibrillen aufweisen. Drei Hauptschichten können unterschieden werden: Die Übergangslamelle, die unmittelbar auf die Primärwand aufgelagert ist, die Zentralschicht und die Abschlußlamelle, die an das Zell-Lumen grenzt. Für die Zuordnung der Cellulose-Mikrofibrillen zur Längsachse der Zellen können drei Hauptformen unterschieden werden:

Sind die Fibrillen parallel zur Längsachse orientiert, so spricht man von **Faser-Textur** (Bastfasern). Sind die Fibrillen senkrecht zur Längs-

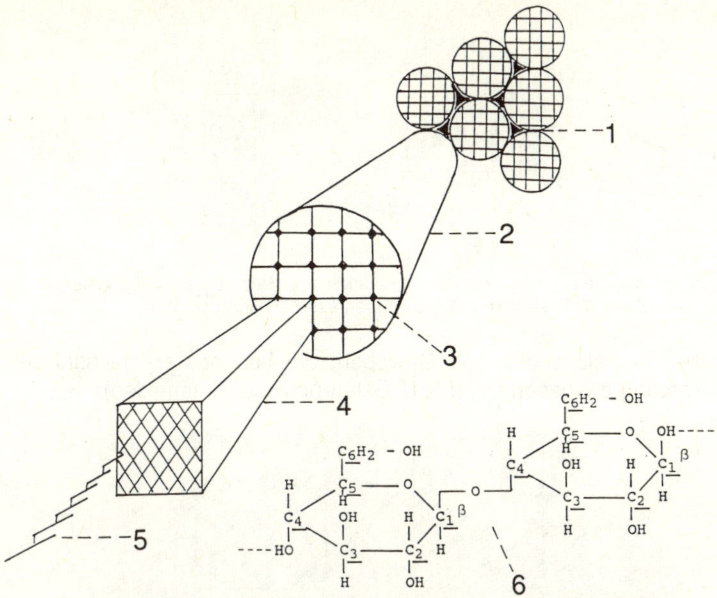

Abb. 12: Anordnung und Bau der Cellulose-Mikrofibrillen; 1: Interfibrilläre Räume; 2: Cellulose-Mikrofibrille; 3: Intermicelläre Räume; 4. Micelle; 5: Cellulose-Makromolekül; 6: Cellobiose (β-1,4-glykosidische Bindung der Glucose): die Wiederholungseinheit im Cellulose-Makromolekül. - Inkrustierungen erfolgen in die interfibrillären Räume.

achse angeordnet, so spricht man von Röhren- oder **Ring-Textur** (Ringtracheiden). Sind die Fibrillen schräg zur Längsachse angeordnet (z.B. 45° bei Kokos-Fasern), so spricht man von **Schrauben-Textur** (auch bei Holzfasern, Koniferen-Tracheiden) (Abb. 13).

Der Bau der Mikrofibrillen bedingt, daß in die intermicellären Räume nur kleine Moleküle wie Wasser und gelöste Ionen eindringen können, während in die interfibrillären Räume auch größere organische Moleküle eindringen können.

Die Einlagerung von größeren Molekülen in die interfibrillären Räume wird als **Inkrustierung** bezeichnet. Die häufigste Inkrustierung erfolgt mit Lignin, einem polymeren Phenylpropan-Körper. Indem die Zwischenräume zwischen den Mikrofibrillen durch dieses Material aufgefüllt und damit verleimt werden, ergibt sich eine wesentliche Verbesserung der mechanischen Eigenschaften. Diese Verholzung findet man

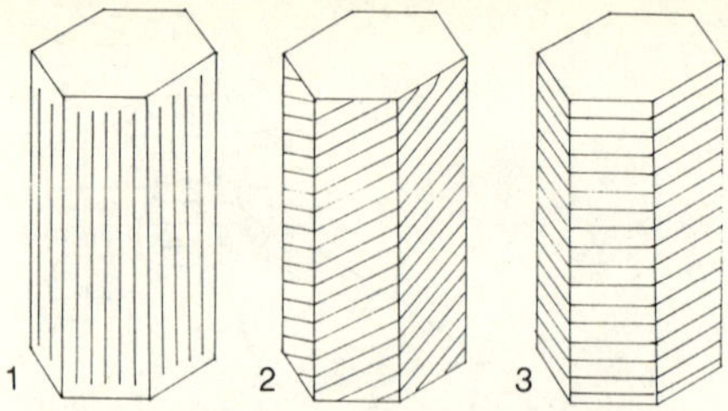

Abb.13: Anordnung der Cellulose-Mikrofibrillen in Bezug auf die Längsachse der Zelle; 1: Fasertextur, 2: Schraubentextur; 3: Röhrentextur.

daher in Zellwänden von Geweben, die besonderer mechanischer Belastung ausgesetzt sind (z.B. Sklerenchyme, Tracheiden).

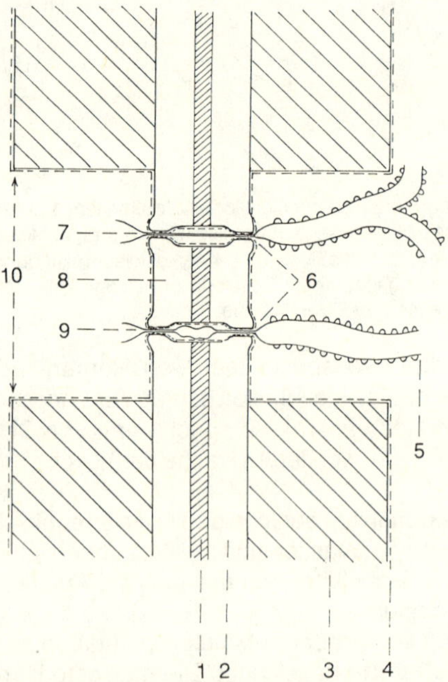

Abb.14: Bau eines Tüpfels im Querschnittsbild der Zellwand; 1: Mittellamelle, 2: Primärwand; 3: Sekundärwand; 4: Plasmalemma; 5: Rauhes ER; 6: Plasmodesmen; 7: Desmotubulus, als durchgehender, axialer Strang; 8: Schließhaut; 9: Desmotubulus mit zentralen Erweiterungen; 10: Tüpfelkanal.

Neben der Lignin-Inkrustierung ist auch die Kieselsäure-Inkrustierung häufig (z.B. bei Gräsern, Schachtelhalmen). Seltener sind Inkrustierungen mit Carbonaten und Oxalaten.

Im Bereich der Primärwand sind kleine Bereiche siebartig durchbrochen. Über diese Bereiche, die primären Tüpfelfelder, ergeben sich plasmatische Verbindungen zwischen benachbarten Zellen. Die einzelnen Öffnungen, die **Plasmodesmen**, sind von Plasmalemma der jeweils benachbarten Zellen ausgekleidet und führen in der Mitte entweder einen Strang des endoplasmatischen Retikulums oder zumindest eine Membranstruktur (Desmotubulus), die mit dem ER in Verbindung steht (Abb. 14).

Der Bereich des primären Tüpfelfeldes, die Schließhaut, ist aus der Mittellamelle und aus den beiden benachbarten Primärwänden aufgebaut. Jeweils über dem primären Tüpfelfeld ist die Auflagerung (Apposition) der Sekundärwand ausgespart, so daß sich Tüpfelkanäle ergeben, die das Lumen der einen Zelle mit dem der Nachbarzelle verbinden.

2.4 Unterschiedsmerkmale:

1. Primärwand	**2. Sekundärwand**
a) dehnbar	nicht dehnbar
b) Streuungstextur	Paralleltextur
c) Intussuszeption	Apposition der Cellulose
d) Hemisubstanzen 90 %	10%
e) Celluloseanteil 5%	90%
f) davon kristallin 40%	70%
g) Lipide, Proteine 5%	< 1%
h) Bereich der Tüpfel: Schließhaut	Tüpfelkanal

2.5 Die Chemie der Zellwand

2.5.1 Die funktionellen Gruppen

Als Voraussetzung für das Verständnis der Zellwand-Bausteine sollen zunächst die wichtigsten funktionellen Gruppen angesprochen werden. Man unterscheidet:

a) Hydroxyl-Gruppen:

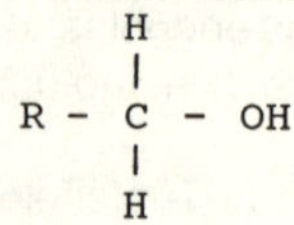

(Alkohole)

b) Carbonyl-Gruppen:

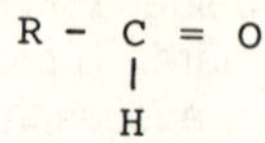

(Aldehyde)

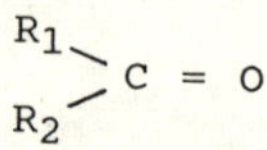

(Ketone)

c) Carboxyl-Gruppen:

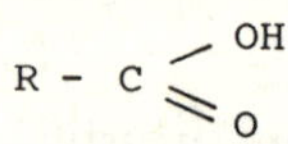

(Carbonsäuren)

d) Amino-Gruppen:

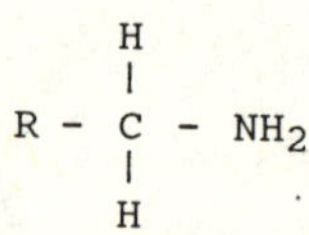

(Amine)

Diese Gruppen stehen in enger Beziehung zueinander: So ergibt sich durch Dehydrierung von Alkohol ein Aldehyd. Durch Dehydrierung des Aldehyd-Hydrats ergibt sich eine Carbonsäure. Durch Addition von Aldehyden mit Alkoholen ergibt sich ein Halbacetal. Eine der wichtigsten Verknüpfungsreaktionen, die Veresterung, ergibt sich, unter Wasserabspaltung, bei der Verbindung von Alkoholen mit Carbonsäuren.

a) Dehydrierung von Alkoholen:

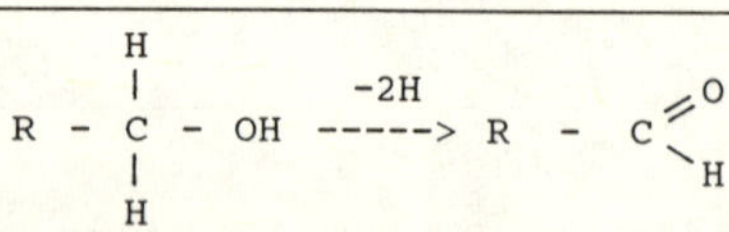

Alkohol	**Aldehyd**

b) Dehydrierung von Aldehyd-Hydrat:

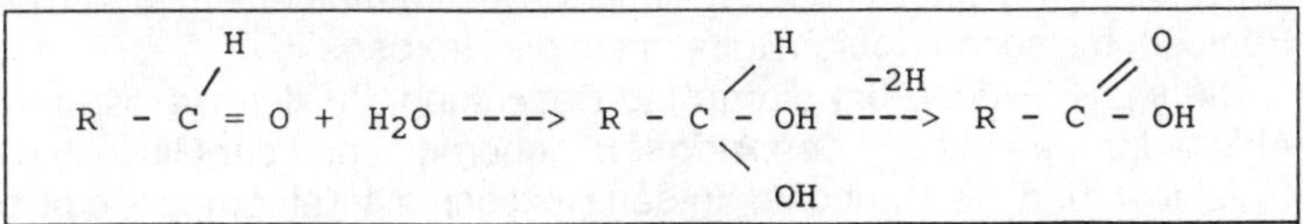

Aldehyd Aldehydhydrat Carbonsäure

c) Addition von Alkoholen und Aldehyd zum Halbacetal:

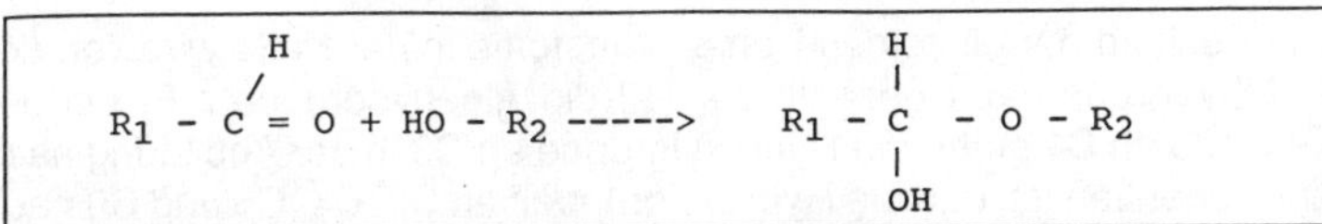

Aldehyd Alkohol Halbacetal

d) Veresterung: Zwischen Hydroxyl- und Carboxylgruppe:

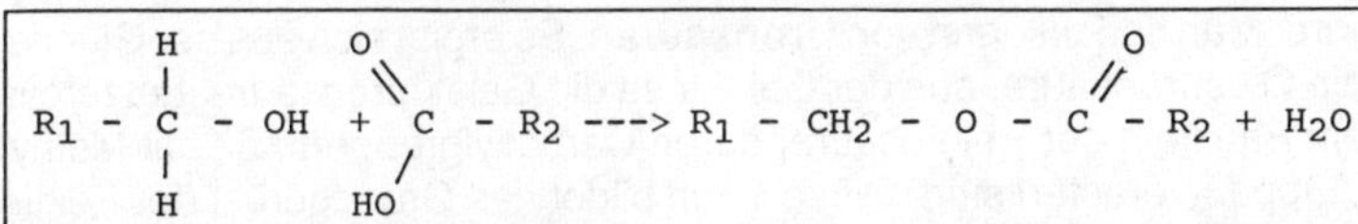

Alkohol Carbonsäure Ester

2.5.2 Die Bausteine

Die Zellwand ist aus Kohlenhydraten aufgebaut. Diese sind in der Regel Polymere der einfachen Zucker. Diese Bausteine kann man sich abgeleitet denken aus Polyalkoholen, bei denen eine Alkoholgruppe zur Carbonylgruppe dehydriert ist.

Das einfachste Beispiel dazu ist die Umwandlung von Glycerin, einem dreiwertigen Alkohol, zu Glycerinaldehyd, der entsprechend dieser funktionellen Gruppe auch als Aldose angesprochen wird. Ist nicht eine endständige Hydroxylgruppe betroffen, so ergibt sich bei der Dehydrierung eine Ketogruppe und damit eine Ketose.

Neben dieser Differenzierung orientiert sich die Nomenklatur der Zucker an der Länge der Kohlenstoffkette:

Sind, wie in dem besprochenen Fall, drei Kohlenstoffatome beteiligt, so spricht man von einer Triose. Bei fünf Kohlenstoffatomen ergibt sich die Pentose, mit sechs Kohlenstoffatomen die **Hexose**.

Die letzte Gruppe hat die größte Bedeutung. Zu den Hexosen mit Aldehydgruppe, d.h. zu den **Aldosen**, gehören neben der Glucose die Galaktose und die Mannose. Zu den Hexosen mit Ketogruppe, d.h. zu den **Ketosen**, gehört die Fructose.

Aldosen und Ketosen sind ineinander umwandelbar. So hat die Umwandlung von der Glucose in die Fructose und umgekehrt im Stoffwechsel eine erhebliche Bedeutung.

Die Position der einzelnen Kohlenstoffatome in der Kette wird von der Aldehydgruppe aus gezählt, so daß die Aldehydgruppe z.B. bei der Glucose an C1 steht, die Hydroxylgruppe an C3 in der Abbildung nach links orientiert ist, und die Hydroxylgruppen an C2, C4, C5 und C6 nach rechts orientiert sind.

Neben den neutralen Zuckern sind die Zuckersäuren als Bausteine der Hemisubstanzen von Bedeutung. Sie ergeben sich, wenn die Hydroxylgruppe am 6. C-Atom der Hexose in eine Carboxylgruppe umgewandelt wird. Man spricht dann von **Uronsäuren**. So ergibt sich aus der Glucose die Glucuronsäure, aus der Galaktose die Galakturonsäure. Letzere ist ein Baustein der Pektinsäure, deren Carboxylgruppen z.T. mit Methylgruppen verestert sind. Diese Form bildet das Grundgerüst der Pektinstoffe.

Die **Cellulose**, als Vertreter der neutralen Polysaccharide, hat als Baustein die Glucose. Dabei sind die Glucosebausteine zwischen dem 1. und dem 4. Kohlenstoffatom miteinander verknüpft. Diese Verknüpfung ergibt sich durch Wasserabspaltung aus den beiden beteiligten Hydroxylgruppen und wird als glykosidische Bindung bezeichnet. Da die beiden Hydroxylgruppen am 1. und 4. Kohlenstoffatom in Gegenrichtung zueinander angeordnet sind, ergibt sich eine ,,Beta"-Stellung. Damit sind die Glucosemoleküle in der Cellulose β-1,4-glykosidisch miteinander verknüpft. Die ,,Beta"-Stellung der Hydroxylgruppe an C1 bedingt auch, daß die Bindungswinkel zwischen den verknüpften Glucose-Molekülen sich gegenseitig aufheben, was eine lineare Struktur des Cellulose-Makromoleküls bedingt. Dieser Bau ist die Voraussetzung zur Bündelung dieser Makromoleküle zu größeren Einheiten.

a) Dehydrierung des dreiwertigen Alkohols Glycerin zur Aldose oder Ketose:

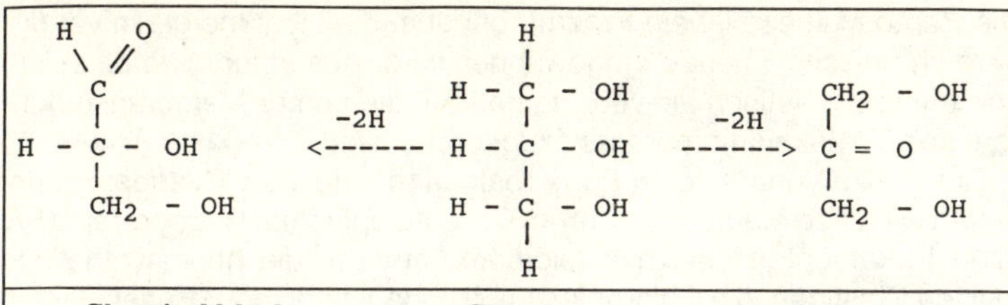

Glycerinaldehyd	Glycerin	Dihydroxyaceton
(Aldose)		(Ketose)

b)Verschiedene Darstellungen der Glucose-Formel:

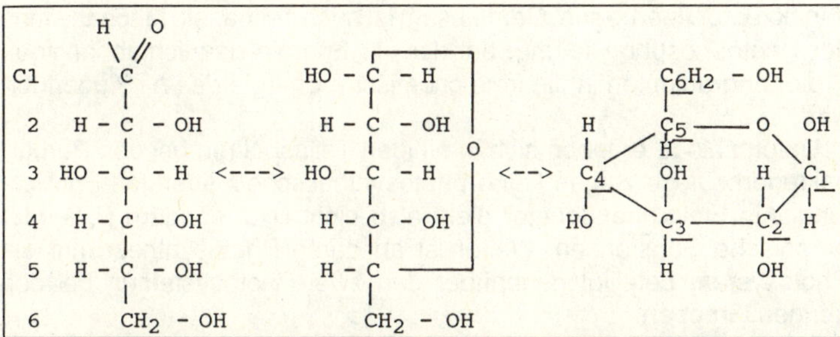

Aldehydform	Halbacetalform	desgleichen in Ringform

3 Die Photosynthese und die beteiligten Plastiden

Die Photosynthese ist ein Prozeß, bei dem die Lichtenergie in verfügbare chemische Energie umgewandelt wird. Absorbiert wird das Licht von photosynthetisch aktiven Pigmenten, die immer Membranstrukturen, den Thylakoidmembranen, zugeordnet sind.

Bei Prokaryonten, den Purpurbakterien und den Cyanophyceen, finden wir diese Membranen frei im Chromatoplasma. Dagegen sind bei allen Eukaryonten die Thylakoidmembranen in die photosynthetisch aktiven Plastiden, die Chloroplasten, Rhodoplasten oder Phaeoplasten eingebaut.

Allen Gruppen gemeinsam ist der **zentrale Mechanismus der lichtabhängigen Ladungstrennung** im Reaktionszentrum mit Chlorophyll und die damit gegebene Bereitstellung von energiereichen Elektronen. Diese werden über eine **Elektronentransportkette** auf einen Elektronenakzeptor übertragen. Gemeinsam ist auch der basale Mechanismus der Photophosphorylierung, bei der die Energie des lichtabhängigen Protonengradienten in die freie chemische Energie des ATP überführt wird.

Unterschiede ergeben sich in einigen Teilaspekten bei den Purpurbakterien: Diese zeigen keine photosynthetische Sauerstoff-Entwicklung. Als Elektronendonator dient also nicht H_2O, sondern H_2S oder organische Substanzen. Weiter ist an deren Photosynthese nur ein Photosystem beteiligt gegenüber den zwei Photosystemen bei den übrigen Gruppen.

3.1 Die Plastiden

Photosynthetisch aktiv sind die grünen **Chloroplasten**, die in verschiedenen Ausformungen bei allen Cormophyten, bei den Moosen und bei vielen Algen-Gruppen zu finden sind. Daneben finden wir bei den Braunalgen (Phaeophyceae) die durch Fucoxanthin braun gefärbten **Phaeoplasten** und bei den Rotalgen (Rhodophyceae) die durch Phycoerythrin rot gefärbten **Rhodoplasten**.

Betrachten wir die Entwicklung der Plastiden, so können wir feststellen, daß sie sich aus kleinen, undifferenzierten Vorformen, den **Proplastiden**, entwickeln können. Diese besitzen bereits eine doppelte Hüllmembran, eine eigene Erbinformation (DNA) und Ribosomen.

Aus den Proplastiden können sich, je nach Differenzierungsplan, entweder die farblosen **Leukoplasten**, die photosynthetisch aktiven

Chloroplasten oder die photosynthetisch inaktiven, aber durch Carotin gefärbten **Chromoplasten** entwickeln. Je nach Zelltyp und Organ-Zugehörigkeit können sich die Leukoplasten durch Stärke-Einlagerung zu Amyloplasten, durch Protein-Einlagerung zu Proteinoplasten oder durch Carotin-Einlagerung zu Chromoplasten weiter entwickeln. Auch können die Chloroplasten, wie häufig bei reifenden Früchten zu beobachten ist, zu Chromoplasten degenerieren.

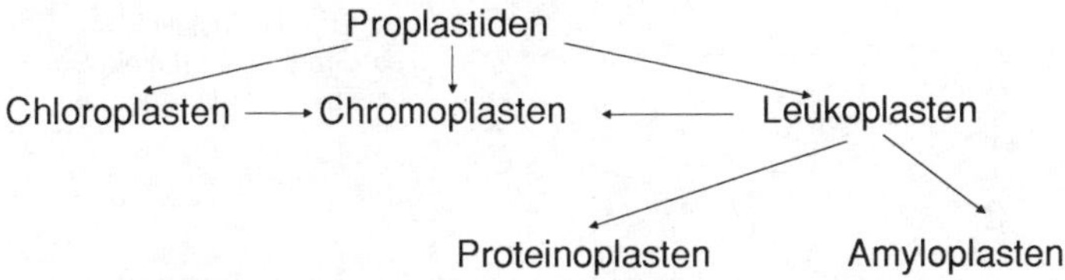

Chloroplasten können sich in der Zelle durch Teilung vermehren. Die Organelle teilen sich durch eine Einschnürung in der Mitte oder durch eine Trennmembran in diesem Bereich.

3.2 Bau der photosynthetisch aktiven Plastiden

Betrachten wir den Querschnitt durch einen Chloroplasten einer Spermatophyten-Pflanze, so zeigt sich eine deutliche Kompartimentierung in verschiedene Reaktionsräume (Abb. 15).

Zunächst ist das Organell eingefaßt von zwei Hüllmembranen, die strukturell und damit funktionell recht verschieden sind: Während die äußere Hüllmembran gut permeabel ist, zeigt die innere Hüllmembran einen wesentlich höheren Diffusionswiderstand und besitzt spezifische Carrier für phosphatgebundene Komponenten und für C4-Carbonsäuren. Weiter wird über diese Membran der Ionen-Haushalt des Plastiden reguliert.

Zwischen den beiden Hüllmembranen befindet sich der Intermembranraum. Er stellt eine physiologische Pufferzone dar und hat nur während der Entwicklung des Chloroplasten eine Verbindung zum intrathylakoidalen Raum, der von den Thylakoidmembranen umschlossen wird. Dieser Innenraum ist funktionell besonders wichtig, da in ihm die hohe Protonen-Konzentration während der Belichtung aufgebaut wird. Die Thylakoidmembranen sind also für Protonen besonders impermeabel.

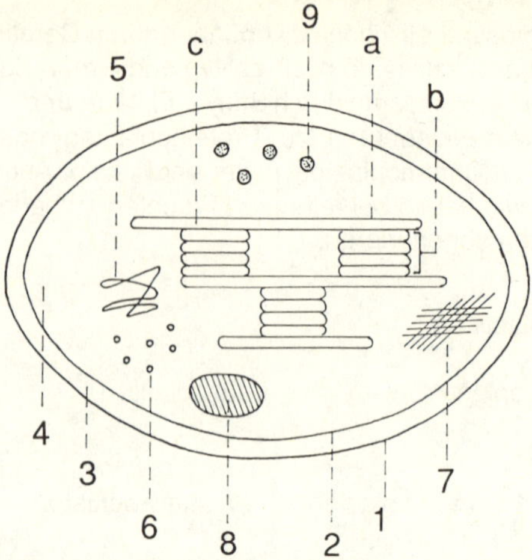

Abb. 15: Chloroplast
1: Äußere Hüllmemran
2: Innere Hüllmembran
3: Intermembranraum
4: Stroma
5: Fibrilläre DNA
6: 70S-Ribosomen
7: Stromazentrum
8: Primärstärke
9: Plastoglobuli
a: Stroma-Thylakoid
b: Granum (Thylakoid-Stapel)
c: Thylakoid-Innenraum

In die Thylakoidmembranen integriert sind Photosynthesepigmente: Die wasserunlöslichen Chlorophylle und Carotinoide. Weiter finden wir in diesen Membranen die Enzyme des photosynthetischen Elektronentransports und der ATP-Synthese.

Entsprechend ihrer Anordnung unterscheiden wir die parallel verlaufenden Doppelmembranen der Stroma-Thylakoide und die Membranstapel der Grana-Thylakoide. Obwohl der optische Schnitt dies nahelegt, sind die einzelnen Thylakoidinnenräume nicht getrennt, sondern dreidimensional vernetzt und stehen so miteinander in Verbindung.

Eingebettet in die Grundsubstanz des Chloroplasten, dem Stroma, finden wir die fibrilläre Plastiden-DNA, die doppelsträngig und zirkulär ist. Auch im Basenverhältnis unterscheidet sie sich von der des Zellkerns. Die hier vorhandene Information reicht jedoch nicht aus, um alle Plastiden-Proteine zu kodieren.

Im Stroma finden wir weiter die kleineren 70 S-Ribosomen (50 S + 30 S), die dichte Protein-Matrix des Stromazentrums und die Lipidspeicher der Plastoglobuli. Abhängig von der Photosynthese-Aktivität können vorübergehend auch Körner von Primärstärke eingelagert sein. Im Stroma sind auch die Enzyme des CO_2-Einbaus und des Calvin-Cyclus lokalisiert.

Besonderheiten in den Ausformungen der Feinstruktur finden wir bei photosynthetisch aktiven Plastiden einiger Algen-Gruppen. So sind in den **Phaeoplasten** der Braunalgen die Thylakoide überwiegend in Dreiergruppen zusammengefaßt (Abb. 16). Die äußere Gruppe folgt dem Verlauf der Hüllmembran und faßt so als Gürtellamelle die zentra-

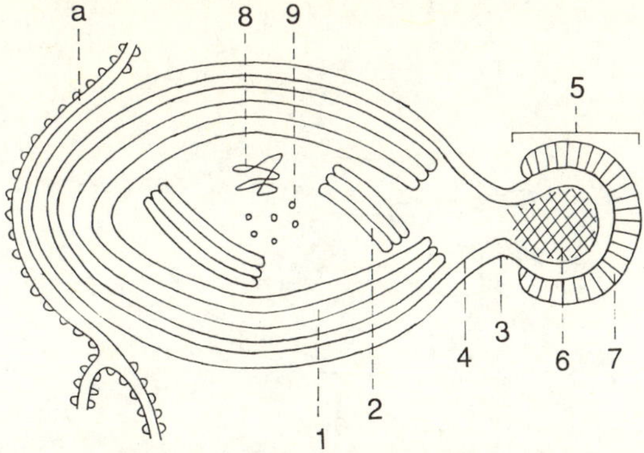

Abb. 16: Phaeoplast; 1: Gürtellamelle; 2: innere Thylakoidmembranen; 3: äußere-; 4: innere Hüllmembran; 5: Pyrenoid; 6: Proteinmatrix; 7: Haube aus Speicherkohlenhydrat; 8: DNA; 9: 70S-Ribosomen; a: rauhes ER. (Nach ROBARTS, verändert)

len Thylakoid-Gruppen ein. Diese durchziehen gleichförmig das Stroma des Plastiden.

Charakteristisch für die Phaeoplasten sind weiter die gestielten Pyrenoide. Es sind Ausstülpungen der Hüllmembranen, die eine dichte Proteinmatrix umschließen. Von außen kann, stoffwechselabhängig, eine Haube aus einem Speicherkohlenhydrat zugeordnet sein. Für diese Differenzierung wurde sowohl ein Bezug zum Polysaccharid-Stoffwechsel (Enzym der CO_2-Fixierung) als auch zur Protein-Speicherung aufgezeigt. Auffällig ist auch die dichte Zuordnung des umgebenden ER zu dieser Plastidenform.

Eine weitere Besonderheit weisen die **Rhodoplasten** der Rotalgen auf (Abb. 17). Ihre verzweigten oder unverzweigten Stroma-Thylakoide sind außen mit Phycobilisomen besetzt. In diesen abgerundeten, 250Å großen Körpern sind die wasserlöslichen Photosynthesepigmente lokalisiert: Es sind neben Phycocyanin überwiegend Phycoerythrin.

Der hydrophile Charakter dieser Pigmente führt dazu, daß bei absterbenden Rhodoplasten eine Farbstofftrennung zu beobachten ist. Die sonst roten Rhodoplasten werden hellgrün, weil die Biliproteide sich ablösen, während die wasserunlöslichen Chlorophylle und die Carotinoide an die Thylakoid-Membranen gebunden bleiben.

Betrachten wir die Pigment-Ausrüstung der besprochenen Plastiden-Formen, so können wir feststellen, daß Chlorophyll a stets die Reaktionszentren der beiden Photosysteme einnimmt. Diesem Pigment stehen die übrigen Pigmente als akzessorische Pigmente gegenüber.

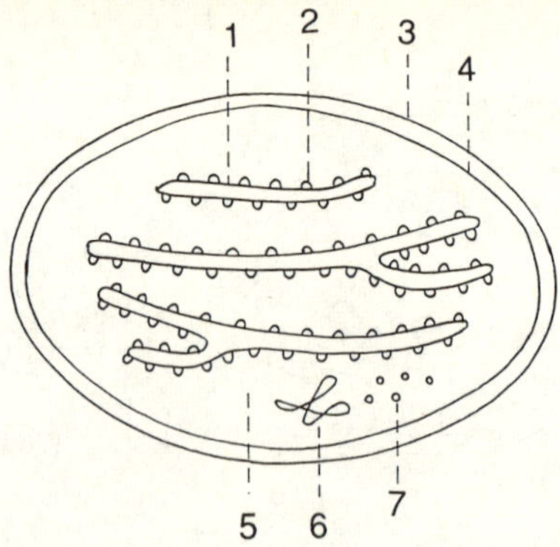

Abb.17: Rhodoplast; 1. Thylakoidmembranen; 2: Phycobilisomen; 3: äußere-; 4: innere Hüllmembran; 5: Stroma; 6: DNA; 7 : 70S-Ribosomen. (Nach ROBARTS, verändert)

Das bedeutet, daß sie die Anregungsenergie des absorbierten Lichtes auf die Reaktionszentren übertragen können.
Als akzessorische Pigmente können also sowohl Chlorophylle als auch Carotinoide und Biliproteide fungieren. Eine Übersicht für die Pigment-Ausrüstung der betrachteten Plastiden gibt folgend Tabelle:

a) Chloroplasten	b) Phaeoplasten	c) Rhodoplasten
Chlorophyll a	Chlorophyll a	Chlorophyll a
Chlorophyll b	Chlorophyll c	Chlorophyll d
β -Carotin	β -Carotin	β -Carotin
	Fucoxanthin	Phycoerythrin

3.3 Photosynthese-Pigmente

Allen Photosynthese-Pigmenten ist gemeinsam, daß sie eine größere Zahl (etwa 11) von konjugierten Doppelbindungen aufweisen. Diese Eigenschaft macht also diese Moleküle zu Farbstoffmolekülen. Sie absorbieren charakteristische Anteile der elektromagnetischen Strahlung aus dem sichtbaren Teil des Sonnenspektrums. Neben der Zahl der Doppelbindungen und deren Konfiguration beeinflussen auch die funktionellen Gruppen des Moleküls und sogar dessen Umgebung das charakteristische Absorptionsspektrum.

3.3.1 Chlorophylle

Das Absorptionsspektrum der Chlorophylle ist durch zwei Maxima im violetten und roten Bereich des Spektrums gekennzeichnet. Sie liegen (in Äther gemessen) für Chlorophyll a bei 430 und 662 nm, für Chlorophyll b bei 453 und 642 nm.

Das Chlorophyll-Molekül besteht aus vier Pyrrolringen (I - IV), die zu einem Porphyrinringsystem geschlossen sind (Abb. 18). Als Zentralatom fungiert Magnesium. Weiter ergibt sich neben dem Pyrrolring III ein Cyclopentanonring. Die diesem zugeordnete Carboxylgruppe ist mit Methanol verestert. Die dem Pyrrolring IV zugeordnete Carboxylgruppe ist mit Phytol verestert.

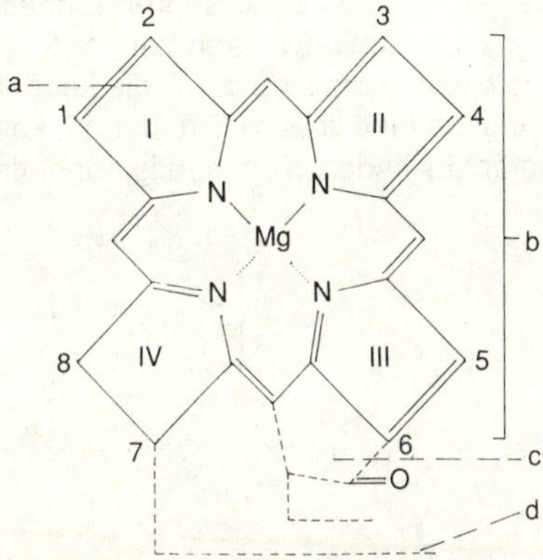

Abb. 18:
Chlorophyll-Struktur
a: Pyrrolring
b: Porphyrinring
c: Cyclopentanon
d: Phytol

Die Unterschiede zwischen den Chlorophyllen ergeben sich im wesentlichen durch eine geringe Veränderung der funktionellen Gruppen. Deren Position an den exponierten C-Atomen der Pyrrolringe ist im Uhrzeigersinn umlaufend mit Nr. 1 - 8 markiert:

a) Chlorophyll a: an C II/3 eine Methylgruppe
an C I/2 eine Vinylgruppe
(m.A. von Bakterien bei allen Formen)

b) Chlorophyll b: an C II/3 eine Aldehydgruppe
(bei Grünalgen und höheren Pflanzen)

c) Chlorophyll c: enthält kein Phytol (bei Braunalgen)

d) Chlorophyll d: an C I/2 eine Formylgruppe (bei Rotalgen)

e) Bact.-Chlorophyll a: an C I/2 eine Formylgruppe
bei C II/3-4 Doppelbindung reduziert
(bei Purpurbakterien)

3.3.2 Carotinoide

Die Carotinoide absorbieren im blauen und violetten Teil des Spektrums. In diesem Spektralbereich haben alle Carotinoide ein Hauptmaximum und ein oder zwei Nebenmaxima.

So hat das β-Carotin ein Hauptmaximum bei 450 nm und ein Nebenmaximum bei 480 nm. Lutein hat ein Hauptmaximum bei 446 nm, ein Nebenmaximum bei 475 und eine Schulter bei 421 nm. Fucoxanthin schließlich hat ein Hauptmaximum bei 452 nm, das auf beiden Seiten durch nahe Nebenmaxima verbreitert wird.

Auch bei den Carotinoiden ergeben sich die Unterschiede der Absorptionsspektren durch Varianten in der chemischen Konstitution. Gemeinsam ist allen Formen der Aufbau aus acht Isopren-Einheiten. Isopren ist ein doppelt ungesättigter C5-Kohlenwasserstoff.

Im zentralen Teil der Carotinmoleküle ergibt sich durch die kettenförmige Anordnung der Isopren-Einheiten eine lineare Struktur mit konjugierten Doppelbindungen. Endständig finden sich häufig Iononringe (Abb. 19):

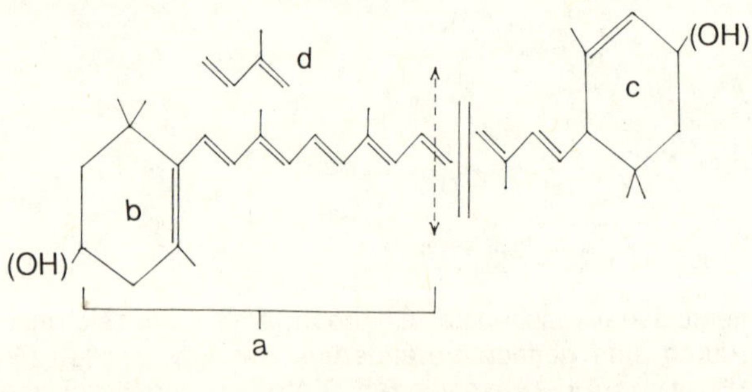

Abb.19: Carotinoid-Struktur; a: die linke Hälfte eines β-Carotin-Moleküls; - der Doppelpfeil bezeichnet die Symmetrieebene; b: ein β-Iononring; c: ein α-Iononring; d: Struktur einer Isopren-Einheit; die in Klammern gesetzten OH-Gruppen bezeichnen die mögliche Position bei Xanthophyllen.

So hat β-Carotin zwei β-Iononringe (Doppelbindung konjugiert). α-Carotin besitzt neben einem β-Iononring auch einen α-Iononring (Doppelbindung nicht konjugiert).

Lutein unterscheidet sich von letzterem durch zusätzlich eine Hydroxylgruppe an den beiden Ringen.

Damit ergibt sich eine weitere Gliederung: Enthält ein Carotinoid-Molekül keinen Sauerstoff, wie β- oder α-Carotin, so wird es zur Untergruppe der **Carotine** gerechnet. Enthält das Molekül auch Sauerstoff, wie Lutein oder Fucoxanthin, so wird es den **Xanthophyllen** zugeordnet.

Entsprechend seiner Struktur kann β-Carotin in zwei Moleküle des Vitamin A gespalten werden. Dagegen kann das Lycopin, das keine β-Iononringe besitzt, nicht in Vitamin A umgewandelt werden.

Neben der strukturellen Klassifizierung wird auch eine funktionelle Klassifizierung angewendet: Man spricht von ,,Primärcarotinoiden", wenn diese in die Thylakoidmembranen integriert und damit an der Photosynthese beteiligt sind. Weiter spricht man von ,,Sekundärcarotinoiden", wenn sie granulär oder kristallin in den Chromoplasten der Blüten und Früchte auftreten.

3.3.3 Phycobiliproteide

Diese Pigmente finden sich ergänzend bei Cyanophyceen, Rhodophyceen und Cryptophyceen. Der Schwerpunkt der Absorption dieser Pigmentgruppe liegt in der ,,Grünlücke" des Chlorophylls, das heißt im Bereich zwischen 450 und 650 nm, in der Chlorophyll wenig absorbiert. Mit dieser effektiven Pigmentausrüstung können bestimmte Rotalgen auch größere Wassertiefen noch besiedeln. Auch können Adaptationen beobachtet werden: Verschlechtern sich die Lichtbedingungen, so kann der Anteil der Biliproteide insgesamt vermehrt werden.

Bei den Rotalgen überwiegt die Fraktion der **Phycoerythrine**, besonders das R-Phycoerythrin. Mit dieser Fraktion ergeben sich Absorptionsmaxima bei 499, 545 und 567 nm. Dagegen überwiegen bei den Blaualgen die **Phycocyanine**, besonders das C-Phycocyanin. Damit

Abb.20: Phycocyanobilin-Struktur: ein offenkettiges Tetrapyrrol; - dieses Phycobilin ist als chromophore Komponente kovalent über eine Thioetherbrücke mit dem Proteinanteil verbunden.

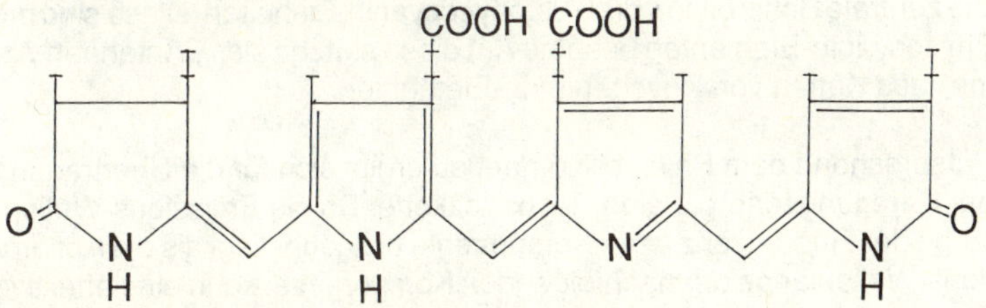

ergibt sich ein Absorptionsmaximum bei 618 nm, mit breiter Ausdehnung in den Bereich zwischen 600 und 500 nm.

Gemeinsam ist den Phycobiliproteiden die chromophore Gruppe aus vier, formal linear angeordneten Pyrrolringen (A-D), die, über Methinbrücken verbunden, ein System konjungierter Doppelbindungen aufbauen (Abb. 20). An den Kohlenstoff-Atomen B/4 und C/5 finden sich Propionsäure-Reste. Thioetherbrücken von Pyrrolring A zu Cystein schaffen die kovalente Bindung zwischen den chromophoren Gruppen und dem Polypeptid, von dem jedes Chromoproteid eine α- und eine β-Untereinheit aufweist. Jedem α/β-Komplex können, pigmentspezifisch, ein bis vier Tetrapyrrole zugeordnet werden.

Die Phycobiliproteide sind in **Phycobilisomen** an der Außenseite der Thylakoidmembranen lokalisiert. Es sind Pigment-Aggregate, die als primäre, lichtsammelnde Antennen die Anregungsenergie mit hoher Effektivität auf das Reaktionszentrum (mit Chlorophyll a) übertragen.

Die Phycobilisomen der Rotalgen sind halbkugel- bis scheibenförmige Strukturen, die mit Allophycocyanin B auf zwei Photosystem-II-Reaktionszentren verankert sind (Abb. 21).

Abb. 21:
Bau eines Phycobilisoms
1: Thylakoidmembran
2: Chlorophyll a
3: Allophycocyanin B
4: Allophycocyanin
5: Phycocyanin
6: Phycoerythrin
(Nach GANTT, verändert)

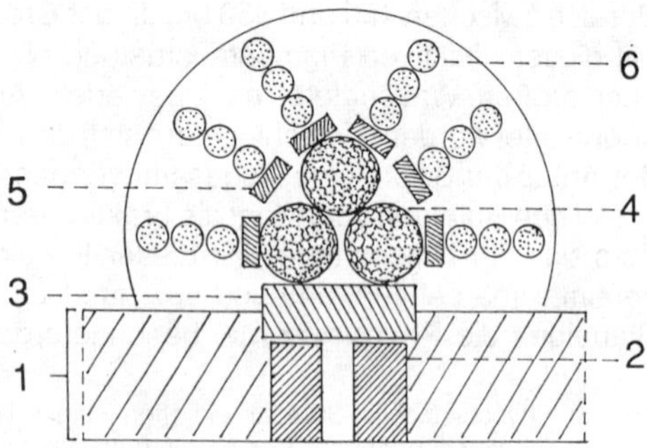

Die zentrale Basis bilden drei Allophycocyanin-Einheiten. Diese sind mit Phycocyanin-Elementen besetzt. Auf diese stützen sich „Antennen-Arme" aus Ketten von Phycoerythrin-Elementen.

Entsprechend dem Phycobilisomenbau ergibt sich für die Übertragung der Anregungsenergie eine Resonanzkette. Da die Emissions-Wellenlänge der Fluoreszenz jeder Komponente nie höher liegt als die Absorptions-Wellenlänge der nachfolgenden Komponente, kann eine effektive Energieübertragung auf das Reaktionszentrum erfolgen.

3.4 Das Gesamt-Absorptionsspektrum

Betrachtet man zusammenfassend die Absorptionsspektren der verschiedenen Pigmentgruppen, so zeigt sich, daß die Absorptionsmaxima der Chlorophylle die Grenzbereiche des sichtbaren Spektrums im violetten und roten Bereich einnehmen (Abb. 22). Die Lücke dazwischen wird im blauen Bereich von den Carotinoiden, im grünen Bereich von den Phycoerythrinen und im gelb/orangen Bereich von den Phycocyaninen geschlossen.

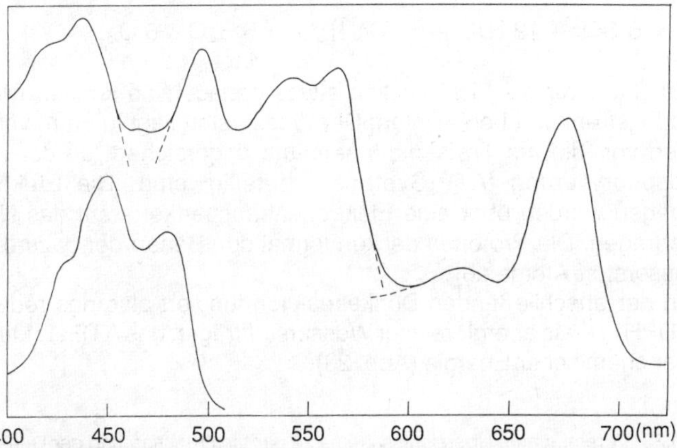

Abb.22: Absorptionsspektren von Photosynthese-Pigmenten; Abszisse: Wellenlänge in nm; Ordinate: Extinktion. Das obere Spektrum zeigt die Gesamtabsorption einer Rotalge im Bereich zwischen 400 u. 720 nm. Die Maxima im Blaubereich (439 nm) und im Rotbereich (682 nm) sind Chlorophyll zuzuordnen. Die Maxima im gelb-grünen Bereich (499, 545 und 567 nm) ergeben sich durch Phycoerythrin. Das untere Spektrum (Maxima bei 450 u. 480 nm) zeigt die Absorption von β-Carotin.

3.5 Bruttogleichung der Photosynthese

Betrachten wir formal die chemische Umsetzung, die mit der Photosynthese-Leistung verbunden ist, so können wir zunächst zwei Teilschritte unterscheiden:

1. Zunächst vollzieht sich in einer Lichtreaktion die Photolyse des Wassers in energiereichen Wasserstoff und Sauerstoff, welcher freigesetzt wird:

$$12\ H_2O \longrightarrow 12\ [H_2] + 6\ O_2$$

2. Im zweiten Abschnitt wird die gewonnene Energie, durch Reduktion von CO_2, in Form von Glucose als freie chemische Energie gespeichert:

$$6\ CO_2 + 12\ [H_2] \longrightarrow C_6H_{12}O_6 + 6\ H_2O; \Delta G_0' = + 2.863\ KJmol^{-1}$$

Fassen wir die beiden Teilreaktionen zusammen, so ergibt sich die Bruttogleichung der Photosynthese:

$$6\ CO_2 + 12\ H_20 \longrightarrow C_6H_{12}O_6 + 6\ H_2O + 6\ O_2$$

Betrachten wir die Lichtreaktion etwas genauer, so können wir eine Ladungstrennung beobachten: Der Wasserstoff liegt in Form von Protonen vor, die, im Thylakoid-Innenraum angereichert, an der Photophosphorylierung (ATP-Synthese) beteiligt sind. Die Elektronen dagegen werden über eine Elektronentransportkette auf das $NADP^+$ übertragen. Die Protonen decken formal den Bedarf der dazu nötigen Wasserstoff-Atome ab.

In der anschließenden Dunkelreaktion fungiert also das reduzierte $NADPH+H^+$ als energiereicher Wasserstoffträger, das ATP als Lieferant freier chemischer Energie (Abb. 23).

Abb.23: Vereinfachtes Übersichtsschema zu der Lichtreaktion und der Dunkelreaktion der Photosynthese.

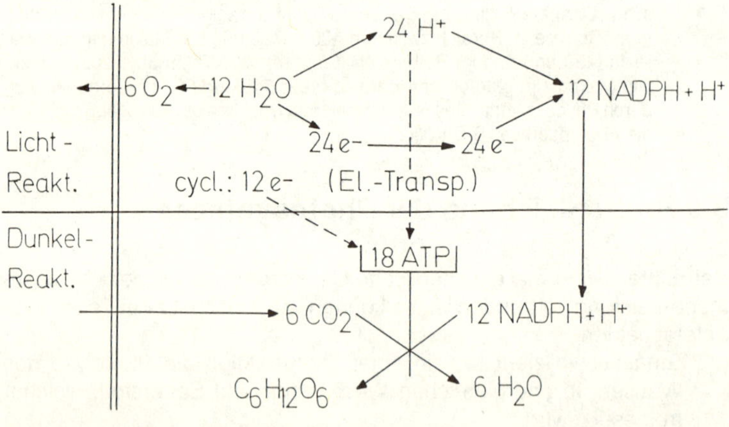

3.6 Der Elektronentransport

Der Bau jeder Elektronentransportkette orientiert sich, unabhängig davon, in welchem Organell sie angesiedelt ist, am Redox-Normalpotential seiner Redoxkomponenten. Dabei ist das Redoxpotential ein Maß für die freie Energie und die Differenz der Redoxpotentiale zweier Reaktionspartner ist ein Maß für die aktuell verfügbare, freie chemische Energie.

Das Redoxpotential macht also eine Aussage über den energetischen Wert der reduzierten Komponente. Je elektronegativer das Normalpotential einer Komponente ist, umso stärker wirkt sie als Reduktionsmittel. Umgekehrt kennzeichnet das mehr elektropositive Potential das Oxidationsmittel.

Da Sauerstoff in unserer Atmosphäre gleichsam im Überschuß zur Verfügung steht, mit der Konsequenz von CO_2 und H_2O als möglichen Endprodukten biologischer Abbauwege, ergibt sich der „biologische Wert" jeder Komponente aus der Differenz dessen Normalpotentials zu dem des Sauerstoffs (genauer des Systems H_2O / 1/2 O_2), mit +0,81 Volt.

Daraus folgt, daß eine Elektronentransportkette eine Folge von Redoxkomponenten darstellt, deren Normalpotential in Transportrichtung elektropositiver wird, mit dem Sauerstoffpotential als möglichem Endwert.

Im photosynthetischen Elektronentransport ergibt sich der energetische Gewinn durch die Arbeit zweier **Photosysteme**. In diesen werden die Elektronen, entgegen dem Gradienten, von einer mehr elektropositiven zu einer mehr elektronegativen Komponente übertragen und damit energetisch angehoben (Abb. 24).

Dazu liefert die Energie der absorbierten Photonen (Lichtquanten) die Anregungsenergie der Pigmentmoleküle. Die Anregungsenergie der Antennenpigmente (Akzessorische Pigmente und Chlorophyll a) wird auf die Reaktionszentren der Photosysteme II und I, P680 und P700, übertragen. Die Reaktionszentren bestehen aus speziellen Chlorophyll a-Formen gebildet. So könnte die Anregungsenergie in einem Reaktionszentrum, z.B. mit einem roten (680 nm) Photon, maximal 1,82 eVolt entsprechen. In der photochemischen Reaktion wird ein energiereiches Elektron aus dem Reaktionszentrum auf einen primären Akzeptor übertragen. Der Akzeptor wird also photoreduziert, das Reaktionszentrum wird photooxidiert.

Ist die Anregungsenergie im Überschuß vorhanden, so kann, z.B. wenn der primäre Akzeptor vollständig reduziert ist, die Energie in Form von Fluoreszenzlicht abgegeben werden. Dieses ist daher ein wichtiger Indikator für das energetische Geschehen in den Primärreaktionen der Photosynthese.

Die beiden Photosysteme sind in Serie, also hintereinander, in den Elektronentransport eingebaut. Somit gliedert sich der gesamte Elektronentransport in drei Abschnitte:

a) Der erste Abschnitt ergibt sich, auf niederem Energieniveau, zwischen der Position der Wasserspaltung (+0,81V) und Photosystem II (+1,0 V).
b) Der zweite Abschnitt ergibt sich, auf mittlerem Energieniveau, zwischen dem Photosystem II - Akzeptor (-0,62 V) und Photosystem I (+0,48 V).
c) Der dritte Abschnitt ergibt sich, auf hohem Energieniveau, zwischen dem Photosystem I - Akzeptor (-1,2 V) und der Position der $NADP^+$-Reduktion (-0,32 V).

Abb.24: Der Elektronentransport der Photosynthese, angeordnet entsprechend dem Redox-Normalpotential seiner Komponenten; PS II: Photosystem II; PS I: Photosystem I; - weitere Zeichenerklärung im Text.

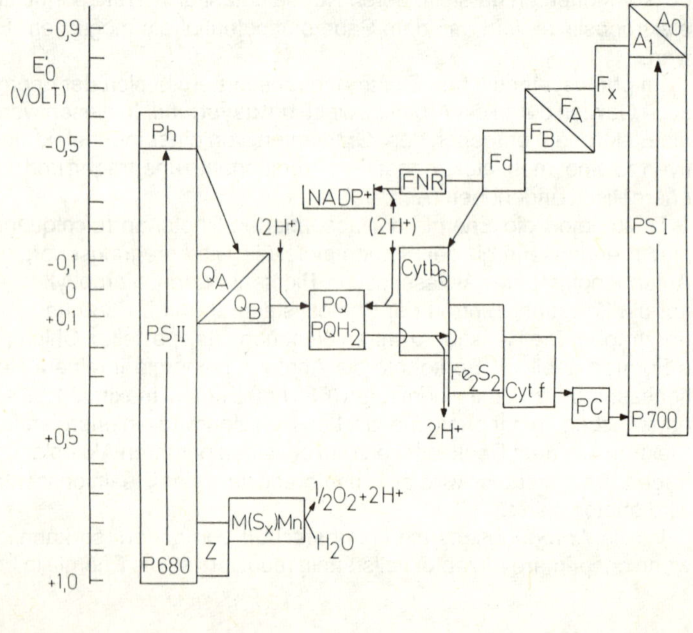

Daraus folgt für die potentielle energetische Anhebung in Photosystem II ein Wert von 1,62 eVolt, für Photosystem I sind es 1,68 eVolt. Der energetische Gewinn des ganzen Weges zwischen dem Niveau der Wasserspaltung und dem der $NADP^+$-Reduktion entspricht damit 1,13 eVolt. Dieser Wert repräsentiert die so gewonnene chemische Energie.

Neben der funktionellen Gliederung besteht auch eine strukturelle Gliederung in drei **Großkomplexe**: Der Photosystem II-Großkomplex ist über Plastochinon mit dem Cytochrom b/f-Komplex verbunden. Dieser ist wiederum über Plastocyanin mit dem Photosystem I-Großkomplex verbunden.

Betrachten wir den Elektronenweg ausgehend von der photochemischen Reaktion mit Photosystem II, so ergibt sich der photoreduzierte primäre Akzeptor, ein Phaeophytin (Ph), und photooxidiertes P680. Letzteres wird durch den intermediären Elektronen-Carrier (Z) reduziert, welcher eine Tyrosin-Komponente in seinem D_1-Polypeptid aufweist.

Der Carrier (Z) seinerseits wird durch den wasserspaltenden, und damit Sauerstoff-entwickelnden Komplex (M) reduziert. Dieser Komplex beinhaltet eine vierstufige, zyklische Redoxreaktionsfolge, deren Redoxniveaus mit S_0 bis S_3 gekennzeichnet werden. Weiter gehören zu jedem M-Komplex vier Mangan- Ionen, die am Redoxgeschehen beteiligt sind.

Da der M-Komplex der Elektronendonator für Photosystem II ist, führt die P680-Photooxidation auch zu einem Oxidationsschritt im M-Komplex. Vier Photooxidationen in P680 sind also erforderlich, um 2 H_2O in 1 O_2 und 4 H^+ aufzuspalten. Auf diese Abfolge beziehen sich die vier S-Oxidationsstufen im M-Komplex, die in zyklischer Folge durchlaufen werden:

In den Schritten von S_0 bis S_3 wird Wasser gebunden und Protonen werden freigesetzt. Mit dem Schritt von S_3 nach S_0 wird dann O_2 freigesetzt. Da der M-Komplex an der Innenseite der Thylakoidmembran an Photosystem II gebunden ist, werden die Protonen in den Thylakoid-Innenraum abgegeben.

Auf der reduzierenden Seite von Photosystem II stehen der primäre Akzeptor (Ph) und zwei gebundene Plastochinon-Komponenten (Q_A und Q_B). Während Q_A mit Nicht-Häm-Eisen vergesellschaftet ist, kann Q_B mit $HCO3^-$ in Wechselwirkung treten, welches sein Redoxverhalten beeinflußt. Auch diese Komponenten sind in den **Photosystem II-Großkomplex** integriert. Dieser Großkomplex besteht also aus Photosystem II mit seinen Antennenpigmenten und aus den beschriebenen

Komponenten auf der oxidierenden und der reduzierenden Seite dieses Photosystems.

Q_B reduziert den **Plastochinon-Pool** (PQ/PQH_2). Es ist nicht gebundenes Plastochinon, welches in der Mittelebene der Membran eine hohe Beweglichkeit aufweist. Dadurch kann über den Plastochinon-Pool der Photosystem II-Großkomplex mit den nachgeordneten Komplexen funktionell und räumlich verknüpft werden. Dies ist deshalb von Bedeutung, da Photosystem II mit Vorzug (bis über 80 mol%) den Granabereichen, dagegen Photosystem I mit Vorzug (bis über 90 mol%) den Stromabereichen zugeordnet sind.

Weiter ist das nicht gebundene Plastochinon in wesentlich höherer Konzentration als die anderen Komponenten des Elektronentransports vorhanden. Es wirkt daher als Elektronen-Zwischenspeicher und hat somit eine Pufferwirkung in Bezug auf die Zusammenarbeit der beiden Photosysteme. Weiter kann über das Plastochinon-Redoxniveau die Energieverteilung auf die beiden Photosysteme und deren relative Aktivität beeinflußt werden.

Mit der Plastochinon-Reduktion ($2e^-$) werden jeweils zwei Protonen an der Thylakoid-Außenseite gebunden und damit dem Stromaraum entzogen.

Der Plastochinon-Pool reduziert den **Cytochrom b/f-Komplex**. In diesem finden sich zunächst Cytochrom b_6 (Cyt.b_6) und das Rieske-Fe-S-Protein (Fe_2S_2), beide mit Bindungsstellen für Plastochinon. Über diese Bindungsstellen erfolgt also die Reduktion von Cyt.b_6 und von Fe_2S_2. Mit diesem Schritt ergibt sich die elektrogene Reaktion des Komplexes. Dabei werden auch Protonen, die formal bei der Plastochinon-Oxidation freigesetzt werden, in den Thylakoid-Innenraum abgegeben. Über Fe_2S_2 wird Cytochrom f (Cyt.f) reduziert, welches mit der Hämgruppe auf der Membran-Innenseite in den Komplex integriert ist.

An den Cytochrom b/f-Komplex fügt sich, funktionell über Plastocyanin (PC) verbunden, der **Großkomplex mit Photosystem I** (P700). Plastocyanin ist in keinen Komplex integriert, sondern findet sich, zum Teil gebunden, zum Teil frei, der Innenseite der Thylakoidmembran zugeordnet. Cyt.f reduziert also PC, und dieses wiederum reduziert photo-oxidiertes P700.

Zum Großkomplex mit Photosystem I und dessen Antennenpigmenten gehören zunächst die primären Akzeptoren A_0 und A_1, die, photoreduziert, als Chlorophyll-Anion und als Phyllochinon (Semichinon) nachgewiesen wurden. Ebenfalls zu diesem Großkomplex gehören die sich anschließenden Redoxkomponenten mit Eisen-Schwefel-Zentren. Dabei hat die Komponente F_X eine 2Fe-2S-Konfiguration. Darauf folgen die Komponenten F_A und F_B mit 4Fe-4S-Zentren.

Als letzte Komponente im Elektronenweg des Großkomplexes übernimmt Ferredoxin (Fd) die Elektronen. Auch Ferredoxin enthält ein aktives Fe-S-Zentrum. Es ist eine wichtige Verzweigungsstelle im Elektronentransport. Im linearen Weg reduziert es über ein FAD-Enzym (FNR) das endständige $NADP^+$ an der Stromaseite der Membran. Dabei werden zwei Protonen aus dem Stromaraum gebunden.

Um ein Elektron in einem Photosystem energetisch anzuheben, ist ein Lichtquant erforderlich. Somit verbraucht ein Elektron für den Gesamtweg zwei Lichtquanten. Da zur $NADP^+$-Reduktion zwei Elektronen benötigt werden, ergibt sich ein Bedarf von vier Lichtquanten.

Der hier besprochene Elektronenweg wird als „**nichtzyklischer Elektronentransport**" bezeichnet. Liegt aber NADP überwiegend reduziert vor, so werden die Elektronen von Ferredoxin aus umgeleitet: Sie wandern über Cytochrom b_6 zurück auf das Plastochinon. Es ergibt sich, nur mit Photosystem I, ein kreisförmiger Elektronentransport. Dieser Weg wird als „**zyklischer Elektronentransport**" bezeichnet. Dieser erbringt also nur die Protonen-Anreicherung im Thylakoid-Innenraum (Zyklische Phosphorylierung).

Ähnliches gilt auch für die „pseudozyklische Phosphorylierung", bei der die Elektronen von Ferredoxin nicht zum $NADP^+$, sondern zum Sauerstoff transportiert werden, welcher formal aus der Wasserspaltung stammt.

Schließlich liefert Ferredoxin auch Elektronen zur Nitrit-Reduktion, zur Sulfit-Reduktion oder zur Reaktion der Glutamat-Synthetase.

3.7 Die Photophosphorylierung

Mit dem photosynthetischen Elektronentransport ist eine ATP-Synthese verbunden, die Photophosphorylierung. Das bedeutet, daß die freie Energie, die sich in der Differenz der Redoxpotentiale manifestiert, in die chemische Bindung von anorganischem Phosphat an ADP überführt wird.

$$ADP + P_i \longrightarrow ATP + H_2O, \quad \Delta G_0' = 30{,}5 \text{ KJ mol}^{-1}$$

Nach der **chemiosmotischen Hypothese** (MITCHELL-Hypothese) ergibt sich die energetische Kopplung zwischen dem Elektronentransport und dem Enzym ATPase durch einen Protonengradienten (Abb. 25). Dieser Protonengradient, gleichsam ein Speicher elektrochemischer

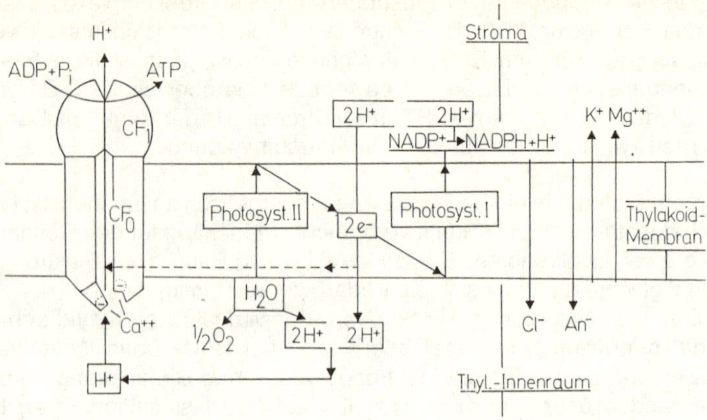

Abb.25: Schema zur Photophosphorylierung. - Dargestellt ist der Aufbau des Protonengradienten zwischen dem Stromaraum und dem Thylakoid-Innenraum und der Protonen-Rückstrom durch den Enzymkomplex der ATP-Synthetase (CF_0/-CF_1).

Energie, wird durch die Arbeit des Elektronentransports aufgebaut. Dies geschieht in drei Bereichen:

1. Durch die Wasserspaltung werden Protonen im Thylakoid-Innenraum freigesetzt.
2. Mit der Redox-Reaktion von Plastochinon ist ein Protonentransport über den Cytochrom b/f-Komplex von „außen" nach „innen" verbunden.
3. Durch die $NADP^+$-Reduktion werden Protonen im Stromaraum gebunden.

Der Protonengradient, die Differenz der Protonenkonzentration (ΔpH) zwischen „außen" und „innen" konnte nachgewiesen werden: So wurden bei Belichtung im Thylakoid-Innenraum pH-Werte im Bereich von 5,6 , im Stromaraum von 7,9 gemessen.

Mit dem Transport von Protonen ist notwendigerweise auch der Transport von positiven elektrischen Ladungen gegeben. Wäre der Transport auf Protonen beschränkt, so würde die sich aufbauende, elektrische Potentialdifferenz an der Thylakoidmembran der weiteren Aufnahme von Protonen entgegenwirken und diese schließlich unterbinden. Es werden jedoch neben den positiven Protonen auch negative Chlorid-Ionen (Cl^-) und Anionen schwacher Säuren (An^-) aufgenommen, und weiter werden positive Kalium (K^+)- und Magnesium-Ionen

(Mg^{2+}) in den Stromaraum abgegeben. Letztere haben dort auch eine steuernde Funktion, indem sie mehrere Enzyme des Calvin-Cyclus aktivieren.

Da die Thylakoidmembran für Protonen kaum permeabel ist, können die im Innenraum gestauten Protonen nur in definierten Kanälen, an den Positionen der **ATP-Synthetasen**, zurückströmen und treiben so deren Synthesearbeit. Die „Kanäle" in den Membranen werden von dem CF_0-Proteinkomplex gebildet und führen in den CF_1-Komplex der ATP-Synthese, welcher auf der Thylakoid-Außenseite der Membran aufsitzt. Die Funktion dieser Enzyme wird verständlicher, wenn man sich vergegenwärtigt, daß sie genau invers zu einer aktiven Pumpe arbeiten. Bei dieser werden, unter ATP-Verbrauch, selektiv bestimmte Ionen, z.B. Protonen, von einer Seite der Membran zur anderen, auch gegen den Gradienten, transportiert.

Nach neueren Untersuchungen kann ein alternativer Protonenweg möglich sein. Dabei werden die an der Thylakoid-Innenseite bereitgestellten Protonen nicht in den Innenraum freigegeben. Vielmehr werden sie über Strukturproteine direkt in den CF_0-Kanal geführt. Zum Innenraum hin wird dieser Kanal durch Ca^{++}-Brücken verschlossen, die durch dieses zweiwertige Ion zwischen Carboxylgruppen benachbarter Proteine aufgebaut werden. Die Protonen-Leitung wird also über die Ca^{++}-Konzentration und über den Antagonismus mit K^+-Ionen gesteuert.

3.8 CO_2-Einbau und Calvin-Cyclus

Die Synthese erfolgt im Stroma des Chloroplasten. Durch die Arbeit des Elektronentransports werden $NADPH{+}H^+$ als Reduktionsmittel und ATP als Träger freier chemischer Energie bereitgestellt. Zum Einbau eines Moleküls CO_2 werden 2 $NADPH{+}H^+$ und 3 ATP verbraucht.

Über den nichtzyklischen Weg ergibt sich für 2 $NADPH{+}H^+$ und 2 ATP ein Bedarf von 2 x 4 = 8 Lichtquanten. Für 1 ATP aus dem zyklischen oder pseudozyklischen Weg werden 2 Lichtquanten benötigt. Somit ergibt sich für den Einbau eines CO_2 ein Bedarf von 10 Lichtquanten. Formal und vereinfacht ergibt sich folgende Beziehung:

$$\mathbf{10\ h\nu :}\quad CO_2 + 12\,H^+ \xrightarrow[\text{18 ATP} \;\to\; \text{18 ADP + P}_i]{\text{12 NADPH} \;\to\; \text{12 NADP}^+} C_6H_{10}O_6$$

Das primäre Ergebnis der Syntheseleistung ist jedoch ein Zucker aus drei C-Atomen (Triose), ein Glycerinaldehyd. Aus jeweils zwei Einheiten kann daraus ein Zucker aus sechs C-Atomen (Hexose), z.B. die Glucose, aufgebaut werden.

Die Gesamtsynthese gliedert sich in drei Phasen:

a) In der **carboxylierenden Phase** wird das CO_2 an ein Akzeptormolekül, eine Pentose, angelagert. Es entstehen zwei C3-Körper.

b) In der **reduzierenden Phase** wird der C3-Körper zu einer Triose reduziert.

c) In der **regenerierenden Phase** wird aus den Triosen, durch eine Reihe von Umlagerungen, das Akzeptormolekül regeneriert.

3.8.1 Carboxylierende Phase

Der Aufbau des Zuckers erfolgt nicht durch Zusammenschluß einzelner CO_2-Moleküle, sondern durch Anlagerung von CO_2 an einen primären Akzeptor, das Ribulose-1,5-bisphosphat (RuBP). Die Carboxylierung erfolgt am zweiten C-Atom dieser Pentose durch die RuBP-Carboxylase (RUBISCO). Da das instabile Zwischenprodukt in zwei Einheiten der gleichen Oxidationsstufe zerfällt, ergeben sich zwei Moleküle der 3-Phosphoglycerinsäure.

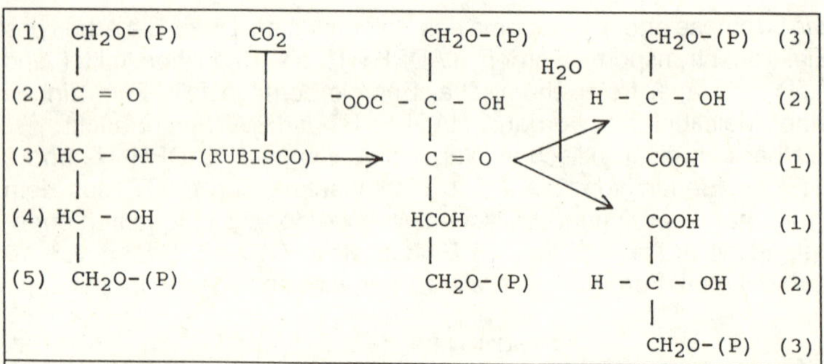

Ribulose-1,5-bisphosphat (RuBP) | Instabiles Zwischenprodukt | 2 x 3-Phosphoglycerinsäure

3.8.2 Reduzierende Phase

In der reduzierenden Phase erfolgt zunächst die Vorbereitung der Reduktion, indem die Carboxylgruppe unter ATP-Verbrauch phosphoryliert wird. Anschließend wird die Carboxylgruppe zur Aldehydgruppe durch NADPH+H$^+$ reduziert. Damit ergibt sich der 3-Phosphoglycerinaldehyd, eine Triose.

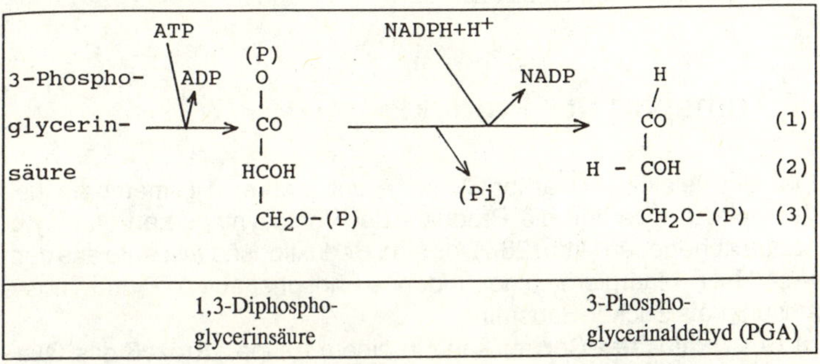

3.8.3 Regenerierende Phase

Da für jedes eingebaute CO_2 (1/6) ein Ribulose-Molekül (5/6) verbraucht wird, muß in einem regenerierenden Stoffwechselweg, dem Calvin-Cyclus, der primäre Akzeptor regeneriert werden. Rechnerisch bedeutet dies, daß nur jedes sechste Molekül (1/6) des Phosphoglycerinaldehyds (PGA) als Reingewinn zum Glucose-Aufbau verwendet werden kann. Die übrigen fünf Moleküle des PGA (5/6) werden zu drei Molekülen des RuBP regeneriert. Die Umwandlung geschieht durch

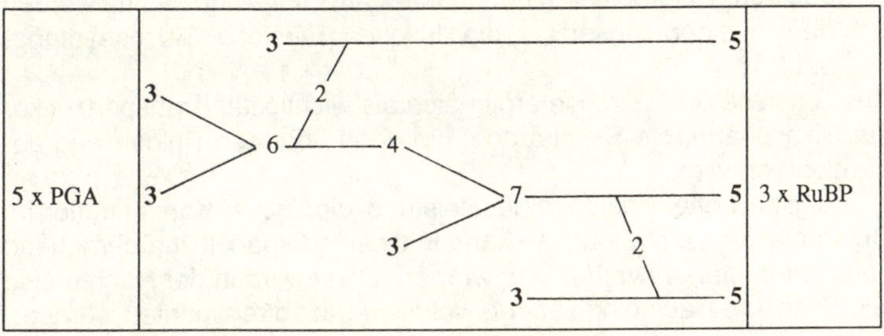

eine Folge von Additionen von C3-Einheiten (PGA) und darauf folgenden Umlagerungen von C2-Einheiten. Das nachfolgende Schema, das nur die Zahl der C-Atome pro Molekül notiert, macht diesen Umbau deutlich. Dabei steht die „6" für Fructose-6-P, die „4" für Erythrose-4-P und die „7" für Seduheptulose-7-P.
Jedes 6. PGA wird als Reingewinn aus dem Cyclus abgezweigt:
2 Moleküle PGA ——> 1 Molekül Glucose,
die übrigen 5 werden zu 3 RuBP zurückverwandelt:

3.9 Transport der Produkte

Über die selektiven Carrier-Systeme der inneren Hüllmembran des Chloroplasten werden die Produkte der Photosynthese an das Cytoplasma abgegeben (Abb. 26). Das sind Reduktionsäquivalente aus dem $NADPH+H^+$, energiereich gebundenes Phosphat aus ATP und Triosephosphat als Zucker-Baustein:

a) Der **Oxalacetat-Carrier** kann in einem Antiport-Prozeß das Oxalacetat nach innen und gleichzeitig Malat nach außen transportieren. Da diese beiden Komponenten ein Redoxpaar bilden, werden auf diese Weise Reduktionsäquivalente aus dem Chloroplasten transportiert: Mit einer Oxidation von $NADPH+H^+$ auf der Innenseite und einer Reduktion von NAD^+ an der Außenseite.

b) Auch der **Phosphat-Carrier** kann als Antiport-System arbeiten. Hier bilden Triosephosphat und 3-Phosphoglycerinsäure das Redoxpaar. Über diesen Kreisprozeß werden nicht nur Reduktionsäquivalente sondern auch ATP für den Stoffwechsel im Grundcytoplasma bereitgestellt.

c) Über den Phosphat-Carrier wird weiter die Triose (Dihydroxyaceton-Phosphat) aus dem Calvin-Cyclus, im Austausch gegen Phosphat, aus dem Chloroplasten transportiert. Im Grundcytoplasma werden dann aus den Triosen u.a. die Hexosen (Fructose, Glucose) aufgebaut.

Aus Fructose und Glucose ergibt sich als wichtigster Transportzucker ein Disaccharid, die Saccharose, die dann über den Phloemweg abtransportiert wird.

Steigt bei hoher Photosyntheseleistung, die Zucker-Konzentration im Chloroplasten zu stark an, so kann in diesem Organell vorübergehend sog. Primärstärke synthetisiert werden. Diese wird in der Nachtphase wieder in ihre Bausteine zerlegt, welche dann abtransportiert werden.

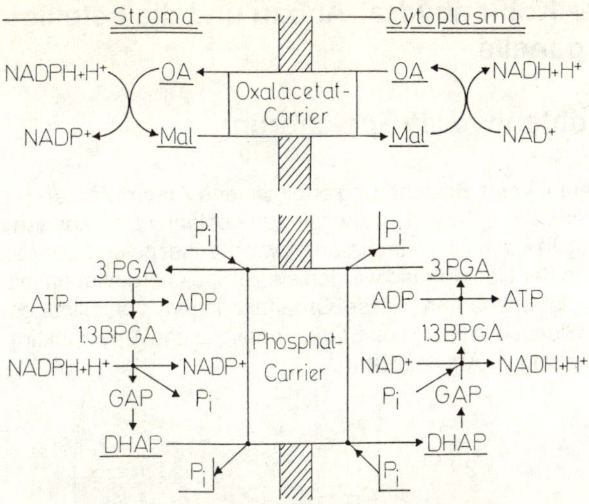

Abb.26: Die Carrier der inneren Hüllmembran des Chloroplasten. OA: Oxalacetat; Mal: Malat; Pi: Phosphat; 3 PGA; 3-Phosphoglycerat; 1. 3 BPGA: Glycerat-1,3-bisphosphat; GAP: Glycerinaldehyd-3-phosphat; DHAP: Dihydroxyaceton-phosphat. (Nach HEINEKE et al., verändert).

4 Der Kohlenhydrat-Abbau und die beteiligten Organelle

4.1 Kohlenhydrat-Speicherung

Die Kohlenhydrat-Speicherung erfolgt in den **Amyloplasten** (Abb. 27). Die in den Chloroplasten synthetisierten Kohlenhydrate können dort nur kurzzeitig in Form von Primärstärke zwischengespeichert werden. Spätestens in der Nachtphase werden sie zu Speichergeweben mit Leukoplasten abtransportiert. Diese Organelle lagern von Bildungszentren aus die Glucose in Form von Stärke (Amylose und Amylopektin) ein und werden damit zu Amyloplasten.

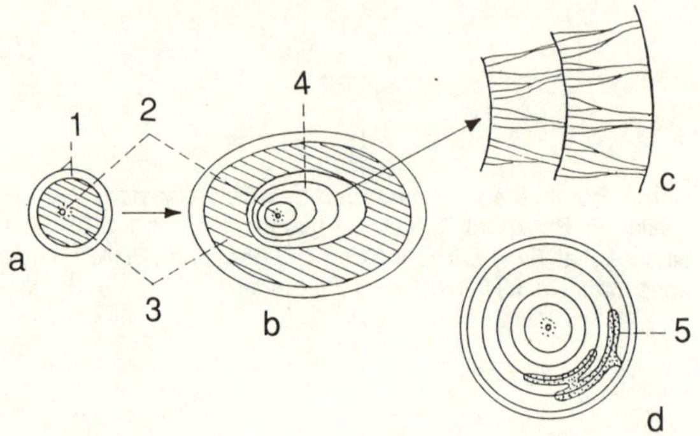

Abb.27: Entwicklung und Bau der Amyloplasten; a: Leukoplast, mit den Hüllmembranen (1), Plasmamatrix (3) und beginnender Stärkeeinlagerung von einem Bildungszentrum (2) aus; b: Amyloplast (z.B. von *Solanum tuberosum*) mit exzentrischer Stärkeeinlagerung (4); c: Ausschnitt aus den Stärkeschichten, mit von innen nach außen abnehmender Dichte; d: Amyloplast (z.B. von *Triticum aestivum*) mit Korrosionskanälen (5) im Zusammenhang mit dem Stärke-Abbau.

Die Einlagerung erfolgt häufig in Schichten (etwa 2 - 3 pro Tag) mit von innen nach außen abnehmender Dichte. Die Struktur dieser Schichtungen ist artspezifisch. So werden die Schichten beim Weizen (*Triticum*) konzentrisch, bei der Kartoffel (*Solanum*) exzentrisch eingebaut. Durch die Kohlenhydrat-Aufnahme können die Amyloplasten ein mehrfaches ihrer Ursprungsgröße erreichen, so daß der plasmatische Anteil nur noch einen schmalen Randbereich einnimmt. Stets bleibt jedoch der Amyloplast von seinen Hüllmembranen umgeben.

Die Makromoleküle der Stärke sind aus Glucose-Bausteinen aufgebaut (Abb. 28). Deren Verknüpfung läßt sich am einfachsten am Stabmodell des Glucose-Moleküls ableiten.

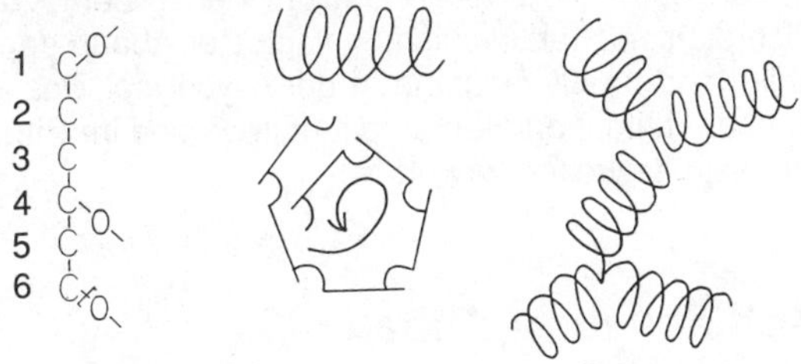

I II III

Abb.28: Monosaccharid und Polysaccharide: Formen der Stärke. Dargestellt ist in (I) das Kohlenstoffskelett der Glucose, mit den möglichen glykosidischen Bindungspositionen. Durch die 1,4-α-glykosidische Bindung der Glucose-Moleküle in der Amylose (II) ergibt sich eine Addition der Bindungswinkel (unten), mit der Konsequenz der Spiralstruktur (oben) des Makromoleküls. Im Amylopektin (III) ist diese Struktur gestört durch Verzweigungen an Position (6) der Glucose.

Prinzipiell erfolgt die **glykosidische Bindung** zwischen zwei Glucose-Molekülen, wie bei der Cellulose, zwischen dem 1. und dem 4. C-Atom. Jedoch weist der Bindungswinkel am 1. C-Atom im Gegensatz zur Cellulose nach der gleichen Seite wie der am 4. C-Atom. Die aufeinander folgenden Bindungswinkel heben sich somit nicht auf, sondern addieren sich. Als Konsequenz ergibt die Kette der aufeinander folgenden Glucose-Moleküle eine zunächst kreisförmige und weiter eine spiralförmige Struktur des Makromoleküls. Dies ist die Form der **Amylose**, bei der bis zu 3000 Glucose-Einheiten 1,4-α-glykosidisch verknüpft sein können.

Die regelmäßige Spiral-Form ist die Voraussetzung für die blauschwarze Farbreaktion der Stärke mit Jodjodkalium, dessen stabförmige Polyjodmoleküle sich in die Spiralen einlagern. Keine Farbreaktion ergibt sich mit **Amylopektin**, dessen Molekülstruktur durch Verzweigungen am 6. C-Atom des Glucosemoleküls gestört ist: Etwa jeweils nach 25 Glucose-Einheiten ergibt sich eine zusätzliche 1,6-α-glykosidische Bindung.

Die Aktivierung der Reserve-Kohlenhydrate in den Amyloplasten erfolgt durch abbauende Enzyme (α- und β- Amylasen und das R-Enzym) die die Makromoleküle bis zur Maltose (2 Glucose-Einheiten) abbauen. Die

Stärke-Phosphorylase schließlich spaltet einzelne Glucose-Einheiten ab und bindet sie an anorganisches Phosphat.

Der enzymatische Abbau wird zunächst in sogenannten Korrosionskanälen sichtbar, deren verzweigte Struktur häufig dem Verlauf der unterschiedlich dichten Stärkeschichten folgt. Der Abbau der Glucose erfolgt anschließend im Cytoplasma in der Glycolyse. Das gebildete Pyruvat wird in die Mitochondrien aufgenommen und im Citrat-Cyclus und der Atmungskette weiter verwertet.

4.2 Der Kohlenhydrat-Abbau

Übersicht:

1.) Im Cytoplasma: **Glycolyse**: Abbau von Glucose zu Pyruvat

2.) In Mitochondrien:
   a) **Pyruvat-Abbau**: zu aktivierter Essigsäure (Acetyl-CoA)
   b) **Citrat-Cyclus**: Vollständiger Abbau von Acetyl-CoA und Bereitstellung von $NADH+H^+$
   c) Elektronentransport der **Atmungskette**: Oxidation von $NADH+H^+$ ($FADH_2$) und Fixierung dessen chemischer Energie in Form von ATP.

4.2.1 Zwei Vorbemerkungen

a) Wie weiter oben schon ausgeführt wurde, stehen die wichtigsten funktionellen Gruppen der Kohlenhydrate in enger struktureller Beziehung: Durch Dehydrierung der Hydroxylgruppe der Alkohole ergibt sich die Carbonylgruppe der Aldehyde. Durch weitere Dehydrierung ergibt sich daraus die Carboxylgruppe der Carbonsäuren. Diese Oxidationsreihe bestimmt daher den Abbauweg der Zucker.

b) Beim Abbau der Zucker wird die freie chemische Energie in zwei verschiedene, „bewegliche" Bindungsformen übernommen: Überwiegend wird zunächst der Wasserstoff der Kohlenhydrate in „Wasserstoffspeicher" übernommen. Es sind also Moleküle mit energiereich gebundenem Wasserstoff: $NADH+H^+$ und $FADH_2$.

Aus diesen Molekülen oder auch direkt aus dem Abbauweg kann die chemische Energie in die Bindungsenergie einer anorganischen Phosphat-Gruppe an Adenosindiphosphat (ADP) zu Adenosintriphosphat (ATP) übernommen werden. ATP ist das im Stoffwechsel universell einsetzbare „Energiebrikett" der Zelle.

4.2.2 Die Glycolyse

Der Abbau der Glucose zu Brenztraubensäure (Pyruvat) kann anaerob ablaufen.

Es werden zunächst gebildet: a) 2 Mol ATP

b) 2 Mol NADH + H^+ (——> 6 ATP).

Dieser Weg besteht aus drei Phasen:

1.) **Umwandlung der Hexose in 2 Mol Triosephosphat** erfolgt auf der Oxidations-Stufe des Kohlenhydrats und verbraucht 2 x ATP.

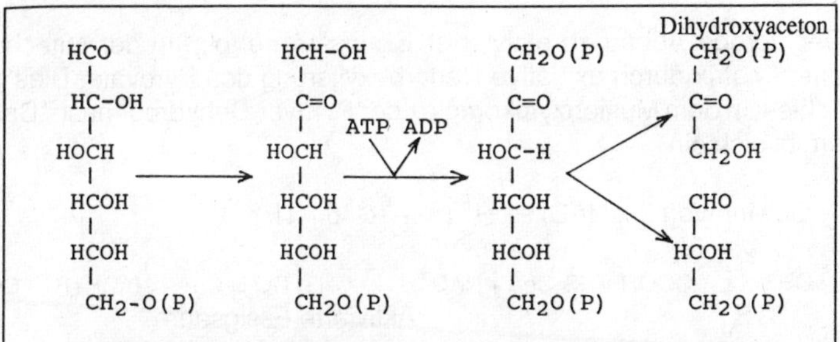

Glucose-6-phos.	Fructose-6-phos.	Fructose-1,6-bisphos.	Glycerinaldehydphos.

2.) **Dehydrierung des Triosephosphats zu Phosphoglycerinsäure**

Gewinn von 2 x ATP und 2 x NADH + H^+ (2 ATP für NADH-Transport in die Mitochondrien) (——> 4 ATP)

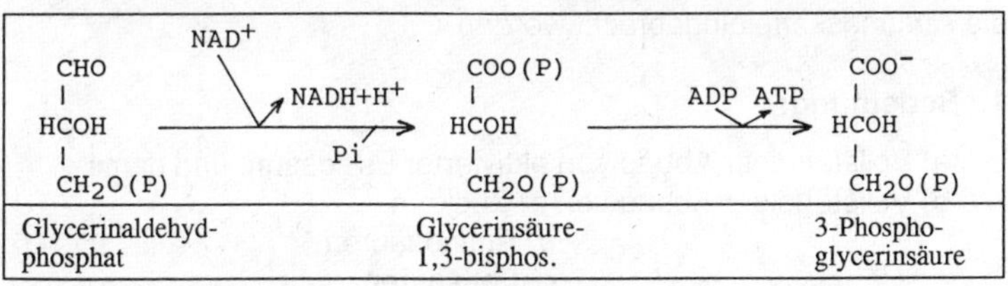

Glycerinaldehydphosphat	Glycerinsäure-1,3-bisphos.	3-Phosphoglycerinsäure

3.) **Umwandlung von Phosphoglycerinsäure in Brenztraubensäure** (Pyruvat)
Gewinn von 2 x ATP

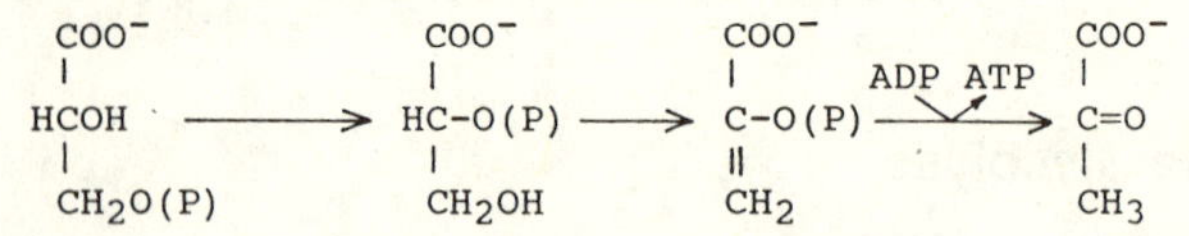

3-Phosphoglycerinsäure	2-Phosphoglycerinsäure	Phosphoenolbrenztraubens.	Brenztraubensäure (BTS)

4.2.3 Umwandlung der Brenztraubensäure (Pyruvat)

Der aerobe Abbau zu aktivierter Essigsäure erfolgt in der Mitochondrien-Matrix durch oxidative Decarboxylierung des Pyruvats. Dies geschieht in dem Multienzymkomplex der Pyruvat-Dehydrogenase. Dabei ergibt sich ein

Gewinn von 2 x NADH + H^+ (——> 6 ATP)

$CH3 \cdot CO \cdot COOH + HS\text{-}CoA + NAD^+ \longrightarrow CH3 \cdot CO\text{-}S\text{-}CoA + NADH{+}H^+ + CO_2.$
BTS — Aktivierte Essigsäure

4.2.4 Der Citratcyclus

Im Citratcyclus erfolgt der vollständige Abbau von aktivierter Essigsäure. Die beiden Kohlenstoffatome werden in Form von zwei CO_2-Molekülen abgegeben. Der energiereich gebundene Wasserstoff wird in Form von NADH+H^+ oder von $FADH_2$ übernommen und kann dann in die Atmungskette eingebracht werden.

1.) Bedeutung:

a) Vollständiger Abbau von aktivierter Essigsäure und damit
b) Vollständiger Abbau von a) Zuckern
b) Aminosäuren
c) Fettsäuren

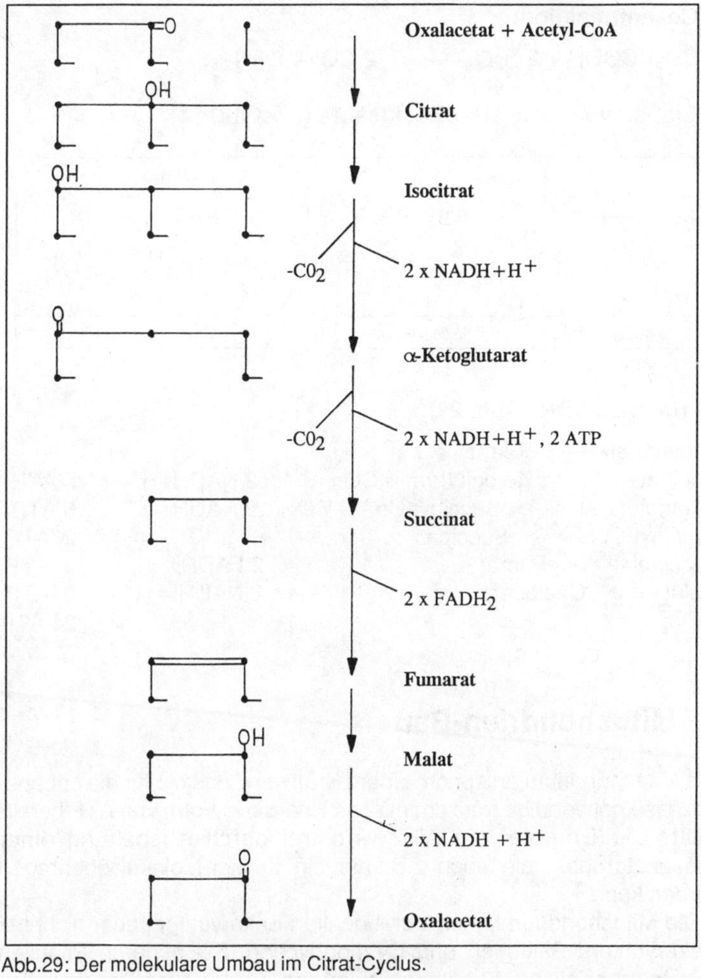

Abb.29: Der molekulare Umbau im Citrat-Cyclus.

c) Regeneration von Oxalessigsäure
d) Bereitstellung von verschiedenen Bausteinen zur Synthese körpereigener Stoffe und damit
e) Regulationszentrum verschiedener Synthese- und Abbauwege des Fett-, Protein- und Kohlenhydratstoffwechsels.

2.) Gesamtreaktion:

$$CH_3 \cdot COOH + 2\,H_2O \longrightarrow 2\,CO_2 + 8\,[H]$$

3.) Einbau von aktivierter Essigsäure (Acetyl-CoA)

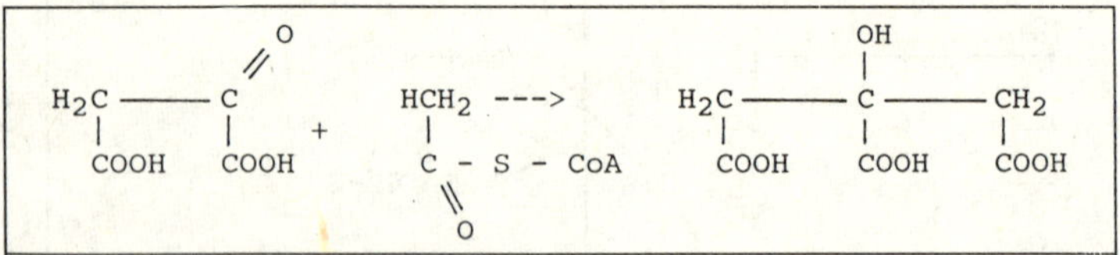

Oxalessigsäure   Acetyl-CoA   Citronensäure

4.) Hauptschritte (Abb. 29):

Oxalacetat ——> Citrat		
Isocitrat ——> α-Ketoglutarat + CO_2	2 NADH+H^+	6 ATP
α-Ketoglutarat ——> Succinyl-CoA + CO_2	2 NADH+H^+	6 ATP
Succinyl-CoA ——> Succinat		2 ATP
Succinat ——> Fumarat	2 $FADH_2$	4 ATP
Malat ——> Oxalacetat	2 NADH + H^+	6 ATP
		24 ATP

4.3 Mitochondrien-Bau

Das Mitochondrium entspricht einem Kraftwerk, das die für die Lebensprozesse notwendige freie chemische Energie in Form von ATP bereitstellt. Die Energie von ATP wird frei durch Abspaltung einer Phosphatgruppe, die auch z.B. auf ein Zucker-Molekül übertragen werden kann.

Die Mitochondrien finden sich bei allen Eukaryonten, aber nicht bei Prokaryonten: Bakterien und Cyanophyceen. Bei höheren Pflanzen sind es mehr als 1.000 Mitochondrien pro Zelle; besonders zahlreich sind sie in stoffwechselaktiven Zellen. Mitochondrien vermehren sich durch (äquale) Zweiteilung oder durch (inäquale) Sprossung, wodurch Mitochondrien-Initialen entstehen (Abb. 30).

Die Mitochondrien sind entweder abgerundet oder haben eine gestreckte Form, mit einer Länge von wenigen µm (Abb. 31). Sie besitzen zwei Hüllmembranen, die recht verschieden aufgebaut und geformt sind. Entsprechend unterscheiden sie sich in der Funktion:

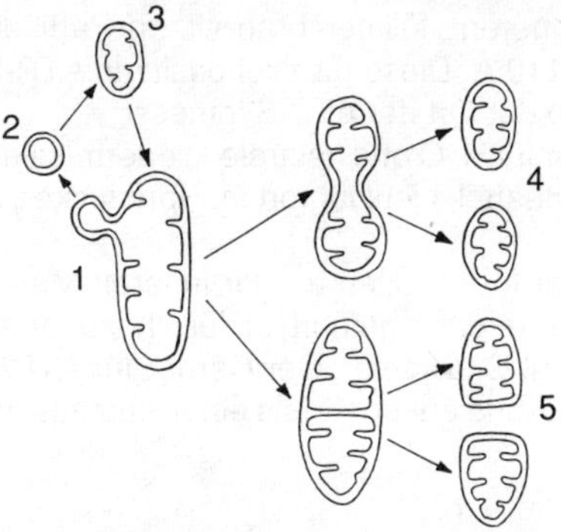

Abb. 30:
Formen der Mitochondrien-Vermehrung
1: Knospung
2: Mitochondrien-Initiale
3: Promitochondrium
4: Teilung durch Einschnürung
5: Teilung durch Trennmembran.

a) Die **äußere Hüllmembran**: Sie ist die Schranke zwischen dem perimitochondrialen Raum (Intermembranraum) und dem umgebenden Grundplasma. Sie bildet eine glatte, in sich geschlossene Kontur nach dem Typ der Einheitsmembran. Sie ist stark elastisch und enthält auch Enzyme.
Die äußere Mitochondrienmembran ist für alle niedermolekularen Stoffe permeabel.

b) Die **innere Hüllmembran**: Sie befindet sich im Abstand von 100 Å von der äußeren Hüllmembran und ist stark gefaltet. Die Falten erstrecken sich, in Form von Cristae (Scheiben) oder Tubuli (Röhren), senkrecht zur Oberfläche nach innen in den Matrixraum. Der Tubuli-Typ ist bei Pflanzen verbreiteter. Die Membran ist aus globulären Lipoproteinen aufgebaut und enthält die Enzyme der Atmungskette.

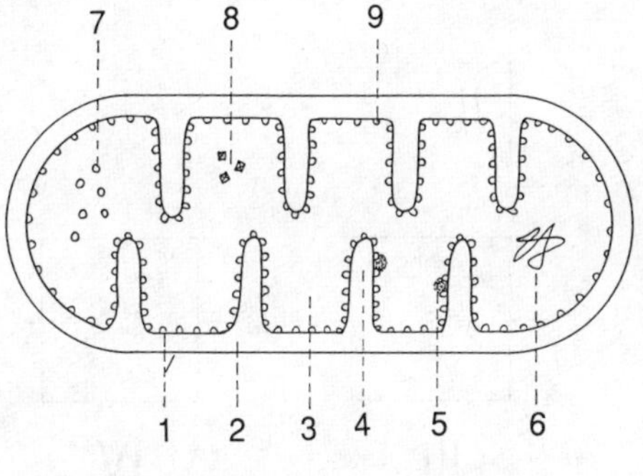

Abb. 31: Bau des Mitochondriums
1: Äußere und innere Hüllmembran
2: Perimitochondrieller Raum (Intermembranraum)
3: Matrix
4: Tubuli oder Cristae
5: Osmophile Globuli
6: DNA
7: 70S-Ribosomen
8: Matrixgranula
9: ATP-Synthetase

An der Matrixseite der inneren Hüllmembran sitzen Partikel mit einem Durchmesser von 110 Å. Diese Partikel besitzen ATP-Synthetase-Aktivität, sind also der Ort der ATP-Synthese.
Die innere Membran ist nur für H_2O und neutrale, niedermolekulare Stoffe (z.B. Glycerin) permeabel, nicht für Ionen, Rohrzucker, Aminosäuren u.a.
Der Austausch bestimmter Metaboliten an der inneren Membran wird durch spezifische Carrier durchgeführt, so für Phosphat, ADP/ATP, Pyruvat und für Malat/Oxalacetat. Der Carrier für ATP/ADP arbeitet in Form eines Antiports auf der Basis einer Austausch-Diffusion.

In der **Matrix** sind zu finden:

a) **DNA** und **RNA**: DNA ist doppelsträngig und häufig ringförmig geschlossen. Das Verhältnis der Basen ist anders als im Kern. Mitochondrien besitzen jedoch nicht genügend DNA, um alle notwendigen Proteine zu kodieren.
b) **Ribosomen**: 70 S-Typ (wie in Chloroplasten oder Bakterien), in der chemischen Zusammensetzung verschieden von denen des Cytoplasmas.
c) **Osmophile Globuli**: Ablagerungen unlöslicher Phosphate, in Verbindung mit der inneren Membran.
d) **Matrixgranula**: mit Ca^{++} und Mg^{++}-Salzen.
e) Über 80 verschiedene **Enzyme**, darunter die des Citrat-Cyclus und der Fettsäureoxidation.

Abb.32: Enzymkomplexe (I - IV) des Elektronentransports der Atmungskette.

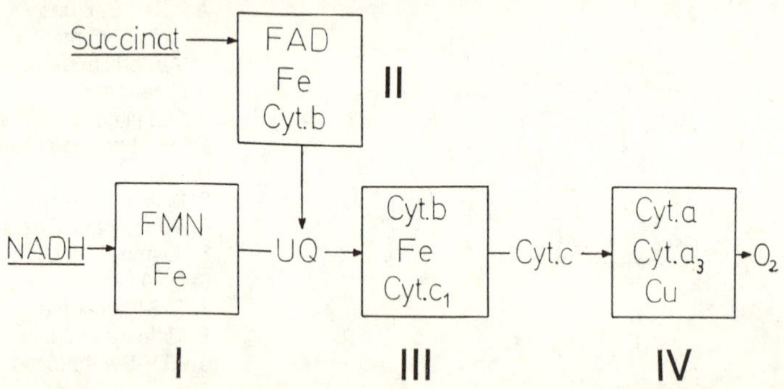

4.4 Elektronentransport der Atmungskette

In der inneren Membran findet man strukturelle und funktionelle Einheiten. Diese Elektronen-transportierenden Einheiten können unter ATP-Synthese und O_2-Verbrauch NADH oxidieren. In der Hauptsache setzen sie sich aus 4 Enzymkomplexen zusammen (Abb. 32):

Komplex I:	**NADH: Ubichinon - Oxidoreduktase** (mit NADH- Dehydrogenase, mit FMN und Fe)
Komplex II:	**Succinat: Ubichinon - Oxidoreduktase** (mit Succinatdehydrogenase, mit FAD, Nicht-Häm-Eisen)
Komplex III:	**Ubichinon: Cytochrom c - Oxidoreduktase** (mit Cyt.b, Cyt.c_1, Nicht-Häm-Eisen)
Komplex IV:	**Cytochrom - Oxidase** (mit Cyt.a, Cyt.a_3, Kupferprotein)

Der Elektronentransport der Atmungskette besteht also aus einer Kette von Redoxkomponenten mit positiver werdendem Redoxpotential. An deren Ende steht der Sauerstoff (Abb. 33). Die freiwerdende Energie wird zur ATP-Synthese verwendet: Oxidative Phosphorylierung.

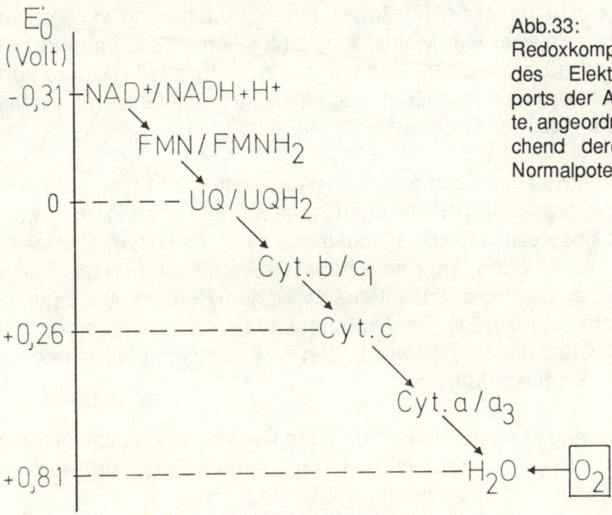

Abb.33: Redoxkomponenten des Elektronentransports der Atmungskette, angeordnet entsprechend deren Redox-Normalpotential.

Dabei ist die Kopplung zwischen dem Elektronentransport und der ATP-Synthese sehr eng: ohne ADP kommt der Transport zum Stillstand. Entsprechend den energetischen Schritten, können drei der Enzymkomplexe (I, III und IV) zur ATP-Synthese beitragen.

Für die Oxidation von NADH + H^+ ergibt sich:

$$NADH + H^+ + 1/2\,O_2 \longrightarrow NAD^+ + H_2O;\ \Delta G'o = -221\ KJ.\ mol^{-1}.$$

Die Gesamtenergie wird dosiert in drei Hauptschritten zur ATP-Synthese freigesetzt:

a) Zwischen NADH + H^+ und FMN
b) Zwischen Cyt. b und Cyt. c
c) Zwischen Cyt.-Oxidase und Sauerstoff

Mit der Oxidation von NADH+H^+ werden also 3 ATP (energiereich gebundenes Phosphat) für jedes verbrauchte Sauerstoffatom gebildet (P : O-Verhältnis von 3). Mit Succinat ergeben sich nur 2 ATP für jedes verbrauchte Sauerstoff-Atom (P : O-Verhältnis von 2).

4.5 Die oxidative Phosphorylierung

Im Verlauf der Redoxreaktionen der membrangebundenen **Enzymkomplexe I, III und IV** werden Protonen an der Außenseite der Inneren Hüllmembran freigesetzt (Abb. 34). Durch die Verlagerung von positiven Ladungsträgern aus dem Matrixraum ergibt sich an der inneren Hüllmembran eine Potentialdifferenz von bis zu -220 eVolt. Dadurch entsteht ein Konzentrationsgradient und ein elektrischer Gradient, also ein „**elektrochemischer Gradient**".

Entsprechend der chemiosmotischen Hypothese von MITCHELL wird die Energie des Gradienten in freie chemische Energie des ATP umgewandelt. Dies geschieht an den Kopplungsstellen, die einen Carrier zur Protonen-Übertragung (F_0) und eine ATP-Synthetase (F_1) beinhalten. Dabei strömen die Protonen, entsprechend dem Konzentrationsgefälle, in den Matrixraum zurück. Der Protonenstrom durch die Membran wird durch den Kanal des F_0-Proteins in den F_1-Enzymkomplex geleitet, wo er die ATP-Synthese antreibt.

Dieser Vorgang kann als Umkehrung des Verlaufs eines aktiven Ionentransports, mit ATP-Verbrauch gesehen werden. Folgende Beobachtungen unterstützen diese Interpretation:

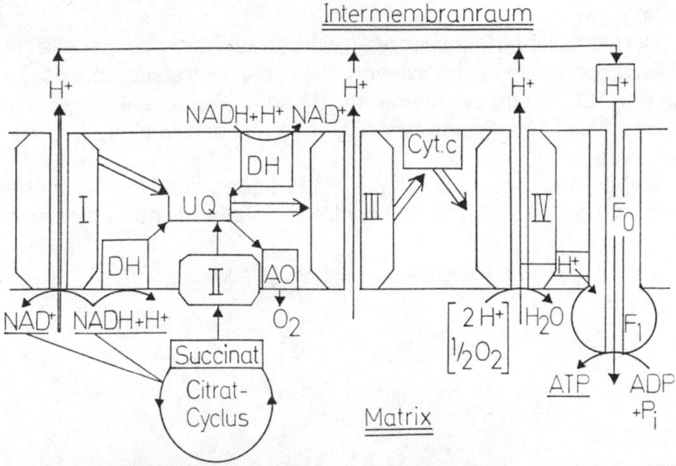

Abb.34: Energetische Kopplung zwischen dem Elektronentransport und der ATP-Synthese. Eingezeichnet sind die Enzymkomplexe (I - IV) und die Kopplungsstelle, mit dem Protonen-Carrier (F_o) und der ATP-Synthetase (F_1); UQ: Ubichinon; Cyt.c: Cytochrom c; DH: NADH-Dehydrogenase; AO: alternative Oxidase. (Nach PADOVAN et al., verändert).

a) Auch an der Mitochondrien-Membran ist der Mechanismus reversibel: Bei Zugabe eines entsprechenden Reduktionsmittels und ATP kann der Elektronentransport, in Bereichen, „rückwärts" laufen.
b) Durch Schaffung eines künstlichen pH-Gradienten kann direkt ATP synthetisiert werden.
c) Wird durch bestimmte Stoffe (sog. Entkoppler) die Innere Hüllmembran für Protonen permeabel gemacht, so fließen die nach „außen" gepumpten Protonen sofort zurück und der Gradient kann nicht aufgebaut werden. Es wird also kein ATP gebildet. Unter diesen Bedingungen entfällt auch die hemmende Rückwirkung des Protonen-Gradienten auf den Elektronentransport, was diesen verstärkt.

Nach der MITCHELL-Hypothese werden die Protonen in der Außenphase angereichert und über die Kopplungsstelle zurückgeführt. Neuere Befunde weisen jedoch darauf hin, daß bei einem hohen Ionengradienten zusätzlich ein Protonen-Transfer innerhalb der Membran möglich ist. Die Protonen werden dann, bei gegebenem Kontakt, direkt von den Komplexen I, III oder IV auf die Kopplungsstellen übertragen. Die Phosphorylierungsrate wird dann nicht mehr von der Größe des Protonengradienten sondern von der Rate des Elektronentransports bestimmt.

Bei pflanzlichen Mitochondrien wurden auch nicht gekoppelte NADH-Dehydrogenasen nachgewiesen. Sie finden sich an der Innenseite und an der Außenseite der Membran. Mit deren Redoxreaktion mit Ubichinon ist also keine Protonenverlagerung und damit keine Phosphorylierung verknüpft.

Neben dem beschriebenen Elektronenweg von Ubichinon über die Enzymkomplexe III und IV findet sich in pflanzlichen Mitochondrien,

Abb.35: Übersicht zur Energiebilanz des Glucose-Abbaus.

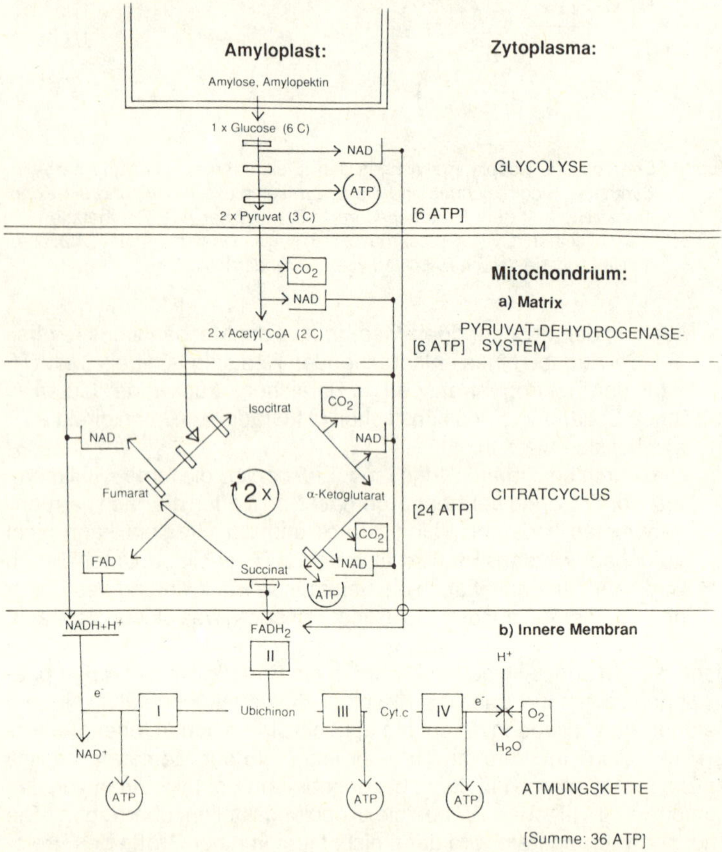

ausgehend von Ubichinon, ein alternativer Weg zu einer alternativen Endoxidase (mit Nicht-Häm-Eisen).

Während der Weg über die Cytochrome durch Cyanid hemmbar ist, wird der alternative Weg durch diesen Stoff nicht beeinflußt. Der alternative Weg wird generell mit einem geringeren Anteil an der Gesamtrate gesehen. Der Anteil kann von der Entwicklungsphase der Pflanze, dem Gewebetyp oder dem physiologischen Status bestimmt werden.

Letzteres bestimmt auch das aktuelle Redoxniveau von Ubichinon. Da diese Komponente, die als Zwischenspeicher („UQ-pool") fungiert, eine hohe laterale Beweglichkeit in der Membran-Mittelebene aufweist, kann sie mit mehreren Enzymsystemen in Wechselwirkung treten.

Ubichinon kann von den Komplexen I und II und von den nicht gekoppelten Hydrogenasen reduziert werden. Oxidiert wird Ubichinon mit Vorzug von dem Enzymkomplex II. Bei hoher ATP-Konzentration (Überschuß!) bleibt der Protonengradient jedoch erhalten. Durch Rückwirkung wird der Elektronentransport und damit die UQ-Oxidation gehemmt. Der zunehmend reduzierte UQ-pool begünstigt den Elektronentransport zu der alternativen Endoxidase.

Da bei diesem Weg die Enzymkomplexe III und IV umgangen werden, kann die freiwerdende Energie nicht in Form von ATP gespeichert werden, sondern wird in Form von Wärme abgegeben. Dies kann in einigen Fällen die Zielsetzung für diesen Weg sein. So wird in der Blüte des Aronstabes (*Arum maculatum*) die Temperatur auf diese Weise um bis zu 15 C° angehoben, um Insekten anzulocken.

Der alternative Weg kann auch dazu dienen, um, bei hoher Energetisierung der Membran, den Elektronentransport über den Komplex II, und damit den Citratcyclus in Gang zu halten. Dieser kann dann Substrate, z.B. Citrat für cytoplasmatische Synthesen, abgeben.

4.6 Energiebilanz der Atmung beim Glucose-Abbau:

$$C_6H_{12}O_6 + 6\ O_2 + 6\ H_2O \longrightarrow 6\ CO_2 + 12\ H_2O$$

$$\Delta G_0' = -2.863\ KJ \cdot mol^{-1}$$

1 Mol Glucose liefert also 36 Mol ATP (Abb. 35).

Unter Standardbedingungen errechnet sich der Energiegewinn in 36 Mol ATP (mit ADP + P_i --> ATP + H_2O = 30,5 $KJ.mol^{-1}$) zu 1.089 KJ, dies sind 38% der Energie von Glucose.
Unter Zellbedingungen ergeben sich für ATP = 41 $KJ.mol^{-1}$ bei 36 Mol ATP also 1.476 KJ (ca. 52% der Energie der Glucose).

5 Die Sproßachse

5.1 Systematische Übersicht

Im folgenden wird die Sproßachse der Cormophyten besprochen. Da deren systematische Gruppen charakteristische anatomische Merkmale aufweisen, soll zunächst eine Übersicht betrachtet werden:

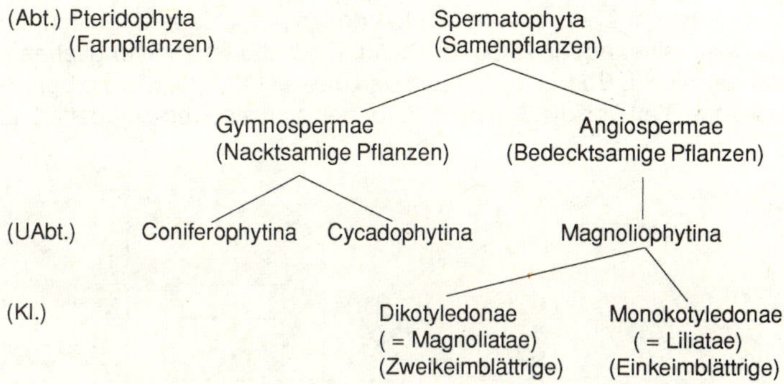

Die Abteilung der **Farnpflanzen** mit einem Generationswechsel, der neben dem Sporophyten noch einen selbständigen Gametophyten aufweist, steht der Abteilung der **Samenpflanzen** mit einem Generationswechsel mit stark reduziertem Gametophyten und mit dem meist charakteristischen Blüten-Aufbau mit Samenanlagen gegenüber.

Während die Samenanlagen der **Gymnospermen** noch nicht vom Fruchtblatt umschlossen sind, werden die Samenanlagen der **Angiospermen** von einer Hülle, dem Fruchtknoten umschlossen. Die Gymnospermen sind phylogenetisch älter als die Angiospermen und weisen mit einer Reihe von Merkmalen auf ihre Verwandtschaft zu den Farnpflanzen hin.

Die Angiospermen schließlich gliedern sich in eine Klasse, die durch zwei Keimblätter charakterisiert ist (**Dicotyledonae**) und in eine Klasse mit nur einem Keimblatt (**Monocotyledonae**). Diese Übersicht zur Zuordnung beschränkt sich also auf eine Gliederung entsprechend der Abteilung, der Unterabteilung und der Klasse.

5.2 Gewebe-Typen im primären Sproß

Bei den Cormophyten, den Farnen und den Samenpflanzen, können drei Ebenen der Betrachtung unterschieden werden:

Die cytologische Ebene betrachtet die Zelle mit ihren Organellen. Die histologische Ebene betrachtet Verbände gleichartiger Zellen, die Gewebe. Gewebe bestehen also aus untereinander verwachsenen Zellen, deren Protoplasten über Tüpfel miteinander in Verbindung stehen. Ergänzend finden sich bei den Cormophyten auch komplexe Gewebesysteme, wie in den Leitbündeln, bei denen verschiedene Zellformen funktionell miteinander verbunden sind. Die dritte Betrachtungsebene, die anatomische Ebene, erfaßt den Bau ganzer Organe, wie die Sproßachse, das Blatt und die Wurzel. In Organen sind also verschiedenartige

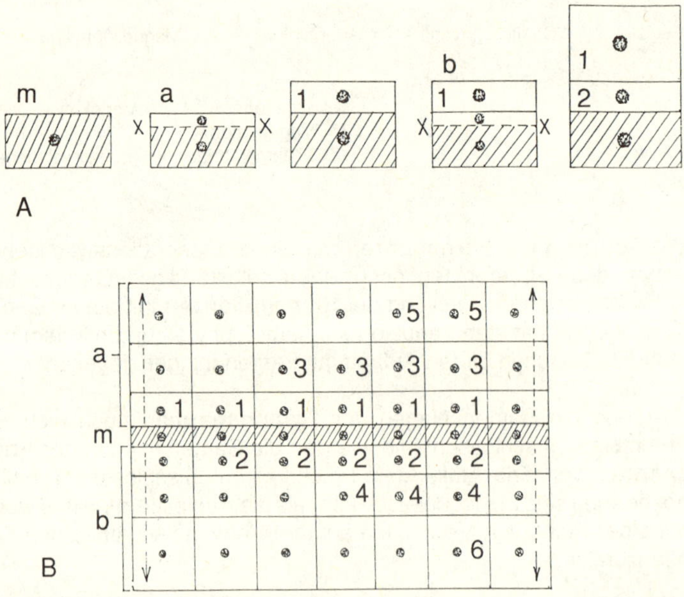

Abb.36: Meristematische Teilungsaktivität; A: Einseitige Abgliederungen (xx) einer Meristemzelle (m); a: erste Teilung; b: zweite Teilung; 1,2: abgegliederte Zellen; B: Zweiseitige, synchrone Abgliederungen (a, b) eines Meristems (m). Die Zahlen beschreiben die Folge der Abgliederungen in wechselnder Richtung.

Gewebe und Gewebesysteme zu einer strukturellen und funktionellen Einheit zusammengefaßt.

Die wichtigsten Gewebe des Cormus sind:

1. **Bildungsgewebe** (Meristeme)
2. **Grundgewebe** (Parenchyme)
3. **Festigungsgewebe** (Sklerenchyme, Kollenchyme)
4. **Abschlußgewebe** (z.B. Epidermis)
5. **Leitgewebe** (des Xylems/Phloems)

5.2.1 Bildungsgewebe (Meristeme)

Bildungsgewebe haben einen mehr embryonalen Charakter, sie sind teilungsfähig und wenig differenziert. In den **Apikalmeristemen** der Sproß- und Wurzelspitzen sind die dünnwandigen Zellen relativ klein und besitzen keine nennenswerte Vakuole. Dagegen sind die Zellen der **Kambien** in der Sproßachse häufig in axialer Richtung gestreckt. Sie haben eine Vakuole und können ausdifferenzierte Plastiden und verstärkte Radialwände aufweisen. Bedingt durch deren gerichtete und ausgewogene Teilungsaktivität, ergeben sich häufig geschichtete Zellagen, die mit den einzelnen Schichten oder Teilungsrichtungen bereits bestimmte Differenzierungen determinieren können (Abb. 36).

Alle Gewebe der Organe werden von den Meristemen aufgebaut. Dabei stehen, entsprechend dem Bauplan der Cormophyten, die Apikalmeristeme von Sproß und Wurzel im Vordergrund. Bei den Farnen sind dies im einfachsten Fall einzelne **Scheitelzellen** oder, erweitert, einschichtige **Scheitelmeristeme**. Bei den Spermatophyten sind die Apikalmeristeme mehrschichtig. Während bei den Gymnospermen die Meristemzellen überwiegend noch gleichwertig sind, finden sich bei den Angiospermen Schichten von Initialzellen mit unterschiedlichen Differenzierungsaufgaben.

Meristeme, die sich von den Bildungsgeweben des Embryos ableiten, werden als **primäre Meristeme** bezeichnet. Zunächst sind es die bereits besprochenen Apikalmeristeme an der Spitze der Sproßachsen und der Wurzeln. Weiter gehören dazu die primären Kambien, Restmeristeme, die als embryonale Zellen im Bereich ausdifferenzierter Gewebe, wie der Leitbündel, erhalten bleiben können (Abb.37). **Sekundäre Meristeme** ergeben sich durch erneute Teilungsaktivität in bereits ausdifferenzierten Geweben. Dies zeigt, daß vollständig ausdifferenzierte Zellen die Fähigkeit besitzen, wieder embryonal zu werden. Mit der

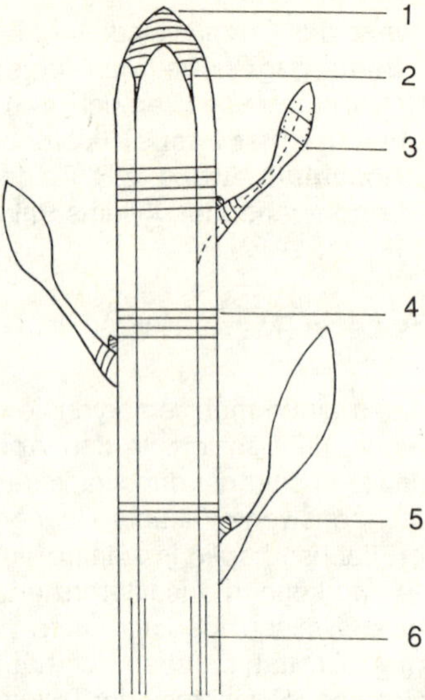

Abb.37: Schema zur Lage der Meristeme im Sproß; 1: Apikalmeristem; 2: Prokambium; 3: Blatt-Meristeme; 4: Interkalare Meristeme; 5: Knospen-Meristeme; 6: Laterales Meristem (Kambium).

erneuten meristematischen Aktivität ist prinzipiell jede Gewebedifferenzierung möglich.

Übersicht: Bildungsgewebe (Meristeme)

1.) Primäre Meristeme

a) Apikalmeristeme von Sproß und Wurzel
b) Restmeristeme, z.B. fasciculare Kambien
c) Interkalare Meristeme, z.B. Wachstumszonen der Gräser
d) Meristeme zur Blatt-Entwicklung
e) Perikambium der Wurzel

2.) Sekundäre Meristeme

a) z.T. interfasciculare Kambien
b) Korkkambien (Phellogene)
c) Kambium im Zwischengewebsparenchym
d) Kambien in Callus-Zonen

5.2.2 Grundgewebe (Parenchym)

Die Zellen der Grundgewebe sind überwiegend dünnwandig und isodiametrisch, d.h. mit gleicher Ausdehnung in allen Richtungen des Raumes. Da eine Tendenz zur Abrundung besteht, ergeben sich häufig durch Auflösung der Mittellamelle schizogene Interzellularen. Der Protoplast, oft mit Amyloplasten oder Chloroplasten, umschließt eine große Vakuole. In dieser können Stoffe in so hoher Konzentration angereichert sein, daß sogar Kristall-Ausfällungen auftreten (z.B. Ca-Oxalat-Kristalle). Der hohe osmotische Wert der Vakuolen unterstützt durch den damit gegebenen Turgor die mechanische Stabilität der krautigen Pflanzen (Abb. 38).

Abb.38: Rindenparenchym von *Begonia rex*; 1: Zellwand; 2: Tüpfel; 3: Leukoplast; 4: Interzellulare; 5: Plasmalemma; 6: Kristall von Ca-Oxalat-Dihydrat; 7: Vakuole; 8: Zellkern.

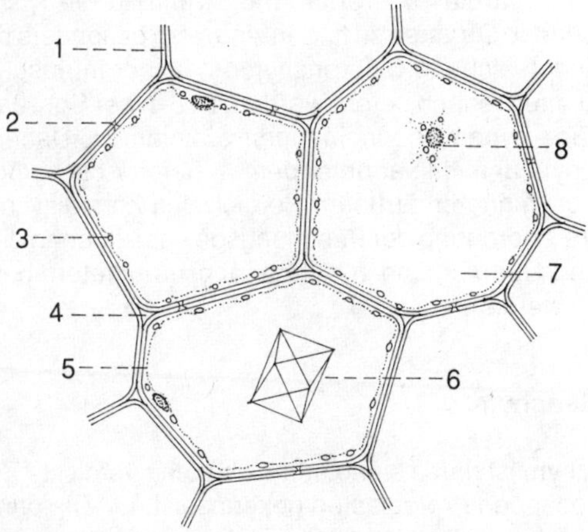

Parenchyme bilden die große Masse des Zellmaterials der Pflanzen. Je nach Spezialisierung unterscheiden wir Speicherparenchyme, Assimilationsparenchyme und Leitparenchyme. Eine weitere Gliederung ergibt folgende Übersicht:

Übersicht: Grundgewebe (Parenchyme)

1.) Speicherparenchyme

a) Rindenparenchym (überwiegend)
b) Markparenchym
c) Xylem- und Phloemparenchym
d) Speichergewebe der Samen

2.) Assimilationsparenchyme
   a) Mesophyll (Palisadenparenchym)
   b) z.T. Rindenparenchym der Sproßachse
3.) Leitparenchyme
   a) Markstrahlparenchym
   b) Schwammparenchym
   c) Aerenchym

5.2.3 Festigungsgewebe:

Die Festigungsgewebe sind, neben dem Turgor der Gewebe, entscheidend für die mechanische Stabilität der Cormophyten.

Zwei Formen von Festigungsgeweben sind zu unterscheiden: die **Kollenchyme** und die **Sklerenchyme**. Während die Kollenchyme in stark wachsenden Organen zu finden sind, also besonders bei krautigen Pflanzen, finden sich die Sklerenchyme häufiger in ausgewachsenen Organen. Es muß jedoch betont werden, daß in der Sproßachse häufig beide Gewebe-Typen nebeneinander vorkommen. Dabei findet sich das Kollenchym unmittelbar unter dem äußeren Abschlußgewebe und der Sklerenchymring im äußeren Bereich des Zentralzylinders. Durch die periphere Anordnung der Festigungsgewebe können die Kräfte, die in Längs- und Querrichtung zur Organachse auftreten, besonders gut aufgefangen werden.

5.2.3.1 Kollenchym

Das Kollenchym ist durch seine ungleichmäßig verdickte Zellwand und durch den lebenden Protoplasten gekennzeichnet. Die primäre Kollenchymzelle (Länge bis 2 mm) ist sekundär unterteilt in einen Kollenchym-Zellstrang. Bei dem **Ecken**- oder **Kantenkollenchym** sind die längsverlaufenden Kantenlinien verstärkt, wodurch sich an den Berührungspunkten von drei Zellen sternförmige Zellwandstrukturen ergeben. Im Querschnitt erscheint diese primäre Verdickungswand durch abwechselnde Schichten von Protopektin und Cellulose deutlich geschichtet (Abb. 39).

Bei dem **Plattenkollenchym** sind die Tangentialwände durchgehend verdickt, während die Radialwände nur gering verdickt sind. Durch diese Verdickungsbänder unmittelbar unter der Epidermis ergeben sich gleichsam Spannringe, die die tangentialen Zugkräfte auffangen können.

5.2.3.2 Sklerenchym

Das Sklerenchym, das gleichmäßig und stark verdickte Zellwände aufweist, tritt ebenfalls in zwei Hauptformen auf. Die **Steinzellen** sind nahezu isodiametrisch und sind durch ihre verzweigten Tüpfel charakterisiert. Sie haben in der Regel, wie die häufiger vorkommenden

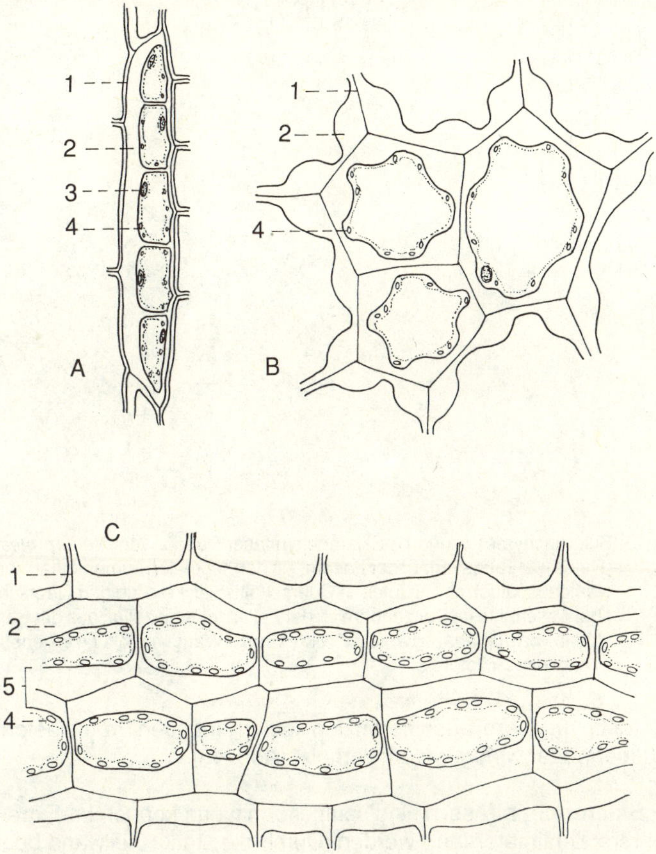

Abb.39: Kollenchyme: A und B: Eckenkollenchym (*Cucurbita pepo*); A: Primäre Kollenchymzelle (längs), die in einen Kollenchym-Zellstrang aufgegliedert ist; B: Querschnittsbild; 1: Mittellamelle; 2: Primäre Verdickungswand; 3: Zellkern; 4: Chloroplasten; C: Plattenkollenchym, Querschnittsbild (*Sambucus nigra*); 5: Verdickte Tangentialwände.

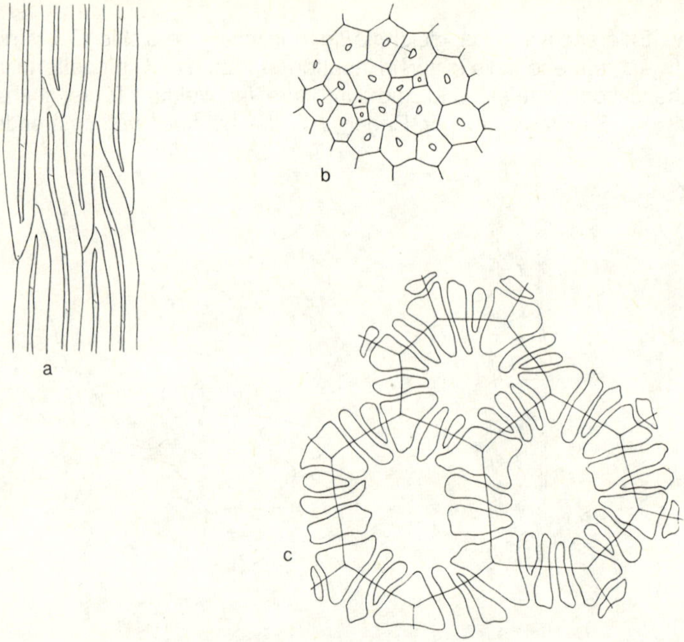

Abb.40: Sklerenchyme; a und b: Sklerenchymfaser-Bündel von *Nerium oleander* (Rinde); a: Längsverlauf der Fasern; - in den schmalen Lumenkanal münden wenige, spaltförmige Tüpfel; b) Querschnittsbild; - die kleinen Querschnitte sind Anschnitte im Spitzenbereich der Zellen; c: Steinzellen aus der Samenschale von *Juglans regia*; - durch die extreme Wandverdickung ergeben sich „verzweigte Tüpfel".

Sklerenchymfasern, ausdifferenziert keinen lebenden Protoplasten und sind mehr oder weniger stark verholzt (Abb. 40).

Die **Sklerenchymfasern** sind spindelförmig und können im Extremfall mehrere Zentimeter lang werden. Durch die starke Zellwand bedingt, ist das Lumen sehr klein. Die Tüpfel sind selten und spaltförmig schräg aufsteigend angelegt. Bedingt durch ihre Geometrie und durch die Anordnung der Mikrofibrillen in der Zellwand besitzen die Sklerenchymfasern die größte Widerstandskraft gegen Zugbelastung mit einem Tragvermögen, das dem von Eisen entspricht.

Unterschiedsmerkmale zwischen Kollenchym und Sklerenchym:

1.) **Kollenchym:**
   a) Festigungsgewebe in wachsenden Organen
   b) primären Ursprungs
   c) Wände ungleichmäßig verdickt (primäre Verdickungswand)
   d) Wände nicht verholzt
   e) lebende Zellen (mit Chloroplasten)
   f) primäre Kollenchymzelle etwa 2 mm lang

2.) **Sklerenchym**:
   a) Festigungsgewebe ausgewachsener Organe
   b) Primären oder sekundären Ursprungs
   c) Wände gleichmäßig verdickt (Sekundärwand)
   d) Wände meist verholzt
   e) Ausdifferenziert: meist abgestorben
   f) Fasern bis mehrere Zentimeter lang

5.2.4 Primäre Abschlußgewebe

5.2.4.1 Die Epidermis

Als primäre Abschlußgewebe des Sprosses können die Epidermis und, in bestimmten Fällen, auch eine Hypodermis oder eine Endodermis angesprochen werden.

Die Epidermis ist in der Regel eine einschichtige Zellage, die interzellularenfrei den Sproß gegenüber dem äußeren Gasraum abschließt (Abb. 41). Diese Isolier-Funktion wird durch die **Cuticula** unterstützt, die als Akkrustierung die Epidermis-Außenwand überzieht. Die Cuticula besteht aus einer Cutin-Matrix, in die oberflächenparallel Wachsschichten in gleichmäßigen Abständen eingelagert sind. Cutin ist ein überwiegend hydrophober, polymerer Fettsäureester. Dessen Bausteine (Monomere) sind meist Hydroxifettsäuren, die durch das Plasmalemma nach außen abgegeben werden und auf der Zellwand polymerisieren. Dabei bleibt die Cuticula umbau- und wachstumsfähig und folgt so dem Flächenwachstum der Epidermis.

Die Cuticula überzieht auch die Schließzellen der Spaltöffnungen. Sogar im Interzellularbereich des Mesophylls wurde eine dünne Cuticula-Auflage nachgewiesen.

Häufig findet sich zwischen der Cuticula und der Zellwand eine Übergangszone. Diese **Cuticularschicht** zeigt einen Mischaufbau der

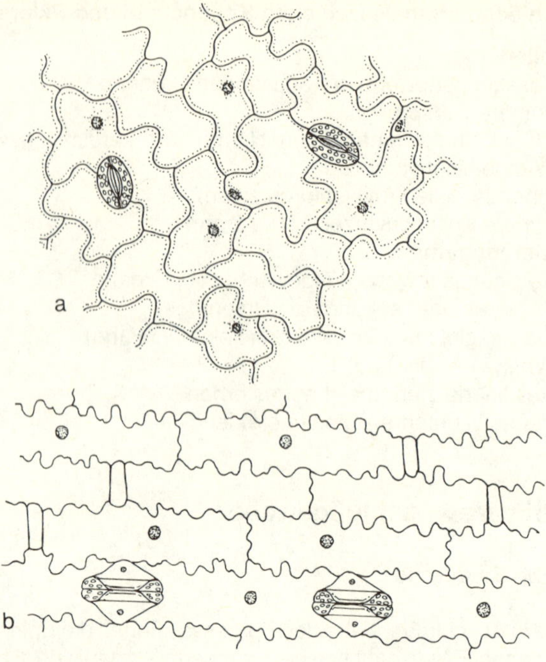

Abb.41: Epidermis des Blattes in Aufsicht; a: von *Vicia faba*; die Epidermiszellen sind irregulär und die Spaltöffnungen liegen gestreut; b: von *Zea mays*; hier sind die Epidermiszellen, die Langzellen mit den Kurzzellen und den Spaltöffnungen in bezug auf die Längsachse des Blattes orientiert.

hydrophoben Komponenten mit Polysacchariden geringerer innerer Ordnung.

Art- und organspezifisch können **Wachse** über der Cuticula auskristallisieren und so eine zusätzliche Schicht aufbauen. Diese Wachsschichten mit granulären oder stäbchenförmigen Strukturen verstärken den hydrophoben Effekt der Cuticula.

Die Cuticula schafft einen wirksamen Verdunstungsschutz. Sie unterstützt die mechanische Stabilität der Epidermiszellen und schützt diese vor Infektionen durch Pilze und Bakterien. Auch absorbiert die Cuticula die schädliche UV-Strahlung.

Die Epidermis-Außenwand ist in der Regel durch Sekundärwand-Material besonders verstärkt. Bei Pflanzen, die an Trockenstandorte angepaßt sind (Xerophyten), kann das Cutin auch als Inkrustierung vorhanden sein. Ebenso gibt es auch Mischinkrustierungen mit Lignin. Die Anpassung betrifft auch die Stärke der Cuticula: Sie ist um so stärker ausgeprägt, je mehr die Pflanze, entsprechend ihrem Standort, den Wasserhaushalt kontrollieren muß.

Die Epidermis der Pteridophyten ist mit Chloroplasten ausgerüstet. Dagegen enthält die typische Epidermiszelle der Spermatophyten keine Chloroplasten. Sie verfügt aber über einen lebenden Protoplasten, der in der Lage ist, bestimmte Stoffe nach außen abzugeben (z.B. Cutin, Wachse, Sekrete) oder von außen aufzunehmen (z.B. „Blattdüngung").

Häufig sind die Epidermiszellen isodiametrisch und weisen gefaltete Querwände auf. Im Zellverband ergibt sich daraus ein „Feder-Netzwerk", das auf mechanische Verformungen des Organs durch Dehnung oder Stauchung elastisch reagiert. Dieses Konstruktionsprinzip unterstützt, besonders beim Blatt, die mechanische Stabilität des Organs.

Im Bereich der Epidermis finden wir häufig neben den typischen Epidermiszellen auch Sonderbildungen: die Spaltöffnungen und die Haare. Diese Sonderbildungen gehen im einfachsten Falle jeweils von einer einzigen, noch jungen Epidermiszelle aus. Solche Einzelzellen mit besonderen Differenzierungsleistungen werden als Meristemoide bezeichnet. Die Meristemoide finden wir, artspezifisch, entweder in regelmäßigen Mustern, oder sie erscheinen gestreut, jedoch nie zufallsverteilt, da eine Minimaldistanz stets eingehalten wird.

Die **Spaltöffnungen** unterbrechen die dichte Abschlußschicht der Epidermiszellen. Sie schaffen also die notwendigen Poren für den Gasaustausch zwischen den Geweben und dem äußeren Gasraum. Da die Porenweite durch die Schließzellen geregelt wird, kann die Pflanze den Gasaustausch auf die physiologische Situation einstellen. Dies betrifft zunächst die kontrollierte Abgabe von „Wasserdampf", die (stomatäre) Transpiration. Weiter wird der Gasaustausch von CO_2 und O_2 unter den Bedingungen der Photosynthese und der Atmung geregelt. Bau und Funktion der Spaltöffnungsapparate werden in Kapitel 9 ausführlich besprochen.

Die zweite Differenzierung der Epidermis, die **Haare** (Trichome), erheben sich mit erheblicher Formen- und Funktionsvielfalt über die Epidermis-Oberfläche (Abb. 42). So können in einfachster Form ein- bis mehrzellige Fäden vorhanden sein. Oder es können durch verschiedenartige Verzweigungen der Haare filzige Beläge über der Epidermis

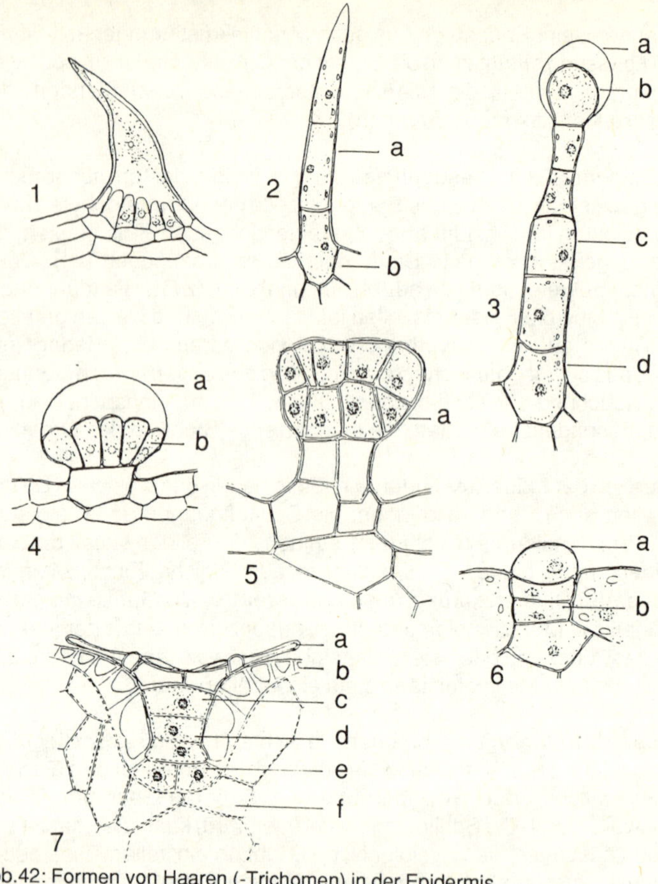

Abb.42: Formen von Haaren (-Trichomen) in der Epidermis
1: Kletterhaar am Sproß von *Galium aparine*
2: Mehrzelliges Haar, mit Chloroplasten von *Cucurbita pepo*
3: Drüsenhaar von *Pelargonium zonale*; a: Cuticula-Haube, welche ätherische Öle umschließt; b: Köpfchenzelle, c: Stielzellen; d: Fußzelle
4: kurzes Drüsenhaar mit ätherischen Ölen von *Mentha rotundifolia*; a: Cuticula-Haube; b: Sekretionszellen
5: Digestionsdrüsenhaar der insektenfangenden *Drosera capensis*; a: Drüsenzellen, welche Proteasen abgeben
6: Haustorialhaar der Blatt-Unterepidermis des Schwimmblattes von *Nuphar luteum*; a: Kopfzelle; b: Basalzelle
7: Absorptionshaar von *Vriesea splendens*; a: tote Schildhaarzellen; b: Epidermis; c: Absorptionszelle (- zur Wasseraufnahme); d: Stielzellen; e: Basiszellen; f: Hypodermis.

aufgebaut sein. Eine Variante sind die Schuppenhaare, deren Schirme einen geringbewegten Luftraum über der Epidermis schaffen.

Dies weist auf eine Funktion der Trichome hin, den Wasserverlust durch Verlängerung des Diffusionsweges zu reduzieren. Diese Aufgabe wird häufig dadurch unterstützt, daß die ausdifferenzierten Trichome keine lebenden Protoplasten beinhalten und luftgefüllt sind. In dieser Form reflektieren sie besonders stark das Sonnenlicht und schützen die Pflanzen vor zu starker Sonneneinstrahlung. Weiter können die filzigen Beläge die Pflanze auch gegen Frosteinwirkung abschirmen. - Je nach Standortanpassung (z.B. Trockenstandorte, montane Regionen, arktische Regionen) kann die eine oder andere Aufgabe mehr im Vordergrund stehen.

Ergänzend seien noch einige Spezialisierungen angesprochen: Drüsenhaare dienen der Exkretion von Stoffen. Absorptionshaare können Wasser mit gelösten Stoffen aufnehmen. Brennhaare und Borstenhaare dienen dem Schutz.

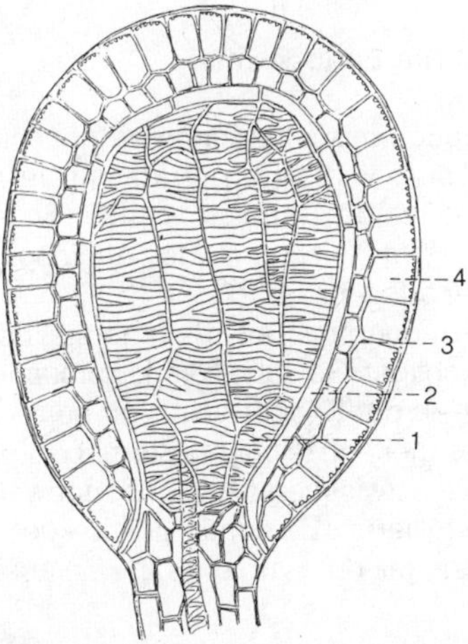

Abb.43: Drüsenemergenz von der Blattspreite der carnivoren Pflanze *Drosera capensis*; - dargestellt ist nur das Tentakelköpfchen, nicht der sehr viel längere Stiel der Tentakel. Dieser kann sich, nach Berührung des Köpfchens rch ein Insekt, zu der entsprechenden Seite hin krümmen (-thigmotropistisch). Durch den Stiel führen Schraubentracheiden in das Köpfchen. 1: Speichertracheiden; 2: Glockenzellenschicht (Schutzscheide); 3: subepidermale Drüsenzellen; 4: epidermales Drüsenepithel; dessen äußere Zellwände besitzen papillenartige „Fühltüpfel"; diese Zellen perzipieren mechanische und chemische Reize, sie sezernieren Fangschleim und Enzyme (Proteasen) und sie absorbieren die aufgelösten Stoffe.

Von den Trichomen zu unterscheiden sind die **Emergenzen**, bei denen neben der Epidermis auch darunter liegende Gewebe beteiligt sind. Die Basis der Brennhaare muß dazu gerechnet werden, wie auch die Stacheln der Rosen. Häufig finden wir in dieser Gruppe Formen mit Exkretions-Funktion (z.B. *Drosera*-Tentakeln; Abb. 43).

5.2.4.2 Die Hypodermis

Ebenfalls zu den primären, äußeren Abschlußgeweben kann die ein- bis mehrschichtige Hypodermis gerechnet werden, die bei verschiedenen Pflanzengruppen die Abschlußfunktion der Epidermis unterstützt.

Sie hat zusätzlich Festigungsfunktion: So finden wir eine sklerenchymatische, verholzte Hypodermis unter der Epidermis z.B. in der Sproßachse der monokotylen Mais-Pflanze oder im Nadelblatt der Gymnospermen. Eine Hypodermis mit Kollenchym- und Parenchym-Anteilen tritt z.B. im Sproß der Weißen Taubnessel auf.

5.2.4.3 Die Endodermis

Die Endodermis ist ein inneres Abschlußgewebe. Während sie in der Wurzel stets vorhanden ist, kommt sie in Sproßachsen und Blättern nur bei bestimmten Gruppen vor. Wir finden sie im Gymnospermen-Blatt und in Farn-Rhizomen. Bei Angiospermen ist sie nur in Rhizomen häufiger ausgebildet.

Die Endodermis ist die innerste Schicht der primären Rinde. Als einschichtiger Gewebezylinder umschließt sie die zentralen Gewebe. Die Zellen der Endodermis sind durch Inkrustierungen in den radialen Wänden gekennzeichnet. Sie haben die Aufgabe, den radialen Stoffaustausch zwischen dem Rindengewebe und den zentralen Geweben zu kontrollieren. Bau und Funktion der Endodermis werden im Zusammenhang mit der Wurzel (Kap. 10) ausführlich besprochen.

Übersicht: Primäre Abschlußgewebe

1.) Epidermis

a) äußeres Abschlußgewebe
b) einschichtig
c) mit Cuticula
d) Interzellularen-frei
e) Zellen lebend, z.T. ohne Chloroplasten
f) mit Spaltöffnungen und Trichomen

2.) Hypodermis
   a) subepidermales Abschlußgewebe
   b) ein- bis mehrschichtig
   c) sklerenchymatisch, kollenchymatisch oder parenchymatisch
   d) verholzt oder unverholzt

3.) Endodermis
   a) inneres Abschlußgewebe
   b) einschichtig
   c) innerste Rindenschicht
   d) Zellen lebend
   e) Radialwände inkrustiert

5.2.5 Leitgewebe

Für die Entwicklung der Landpflanzen waren drei Aspekte von besonderer Bedeutung: Der Cuticula-Überzug gegen Wasserverlust, die mechanische Stabilisierung durch Festigungsgewebe und die Entwicklung von Leitgeweben in den Leitbündeln.

Schon bei den Farnen ist in den Leitbündeln eine deutliche Arbeitsteilung zu beobachten: Im **Xylem** (Holzteil) wird das Wasser von den Wurzeln „nach oben" (akropetal) durch das Sproßsystem bis in die Blätter geleitet. Im **Phloem** (Siebteil) werden Assimilate aus den Blättern überwiegend „nach unten" (basipetal) in den Sproßachsen und bis zu den Wurzeln transportiert. Bei Bedarf leistet das Phloem durchaus auch akropetalen Transport.

Im Xylem finden wir als Leitelemente die verholzten und protoplastenfreien Tracheiden und Tracheen. Im Phloem sind es die unverholzten Siebzellen und Siebröhren mit Geleitzellen, die lebende Protoplasten haben. In beiden Teilen können auch parenchymatische Zellen vorhanden sein (Xylemparenchym/Phloemparenchym).

5.2.5.1 Xylem (Holzteil)

Allgemeine Merkmale

   a) Zellen überwiegend verholzt
   b) Zellen überwiegend abgestorben
   c) passiver Transport durch Tüpfel
   d) akropetale Wasserleitung

Funktion der Leitelemente

Der Wassertransport des Transpirationsstromes erfolgt in den Tracheiden und in den Tracheen. Die antreibende Kraft für den Wassertransport von den Wurzeln zu den Blättern ergibt sich aus dem Sog des verdunstenden Wassers an der Blattoberfläche.

Im Frühjahr, wenn noch keine Blätter vorhanden sind, oder bei wasserdampfgesättigter Atmosphäre kann auch der Wurzeldruck den Wassertransport unterstützen.

Stets werden mit dem Wasser auch die von den Wurzeln aufgenommenen Ionen transportiert. Im Frühjahr können ebenso gespeicherte Kohlenhydrate von der Wurzel in den Sproß geführt werden. Bei Bedarf transportiert das Xylem auch bestimmte Phytohormone.

Bau der Leitelemente

Die **Tracheiden** sind die Leitelemente der Pteridophyten und der Gymnospermen. Es sind langgestreckte, prosenchymatische Zellen, die eine Länge von einigen mm erreichen können. In Längsrichtung stehen die Tracheiden durch Tüpfel in schräggestellten Querwänden miteinander in Verbindung. Durch diese Anordnung wird die Querwand und damit die Kontaktfläche zwischen den benachbarten Zellen vergrößert.

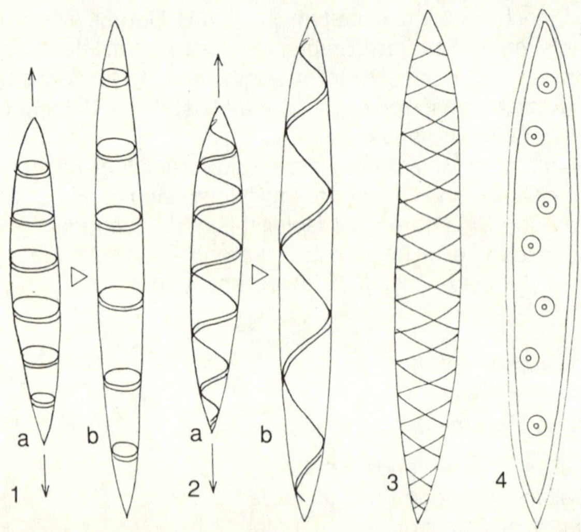

Abb. 44: Schematische Darstellung der Wandstrukturen von Tracheiden; 1: Ringtracheide; von a nach b: Streckung der Zelle; 2: Schraubentracheide; 3: Netztracheide; 4: Tüpfeltracheide.

Auch die besonders reiche Tüpfelung reduziert den Transportwiderstand des Wassers durch diese Wände. Trotz dieser Anpassungen bilden die Querwände den Hauptwiderstand für den Wasserstrom durch die Tracheiden (Abb. 44).

Eine wesentlich verbesserte Wasserleitung weisen die **Tracheen** auf, die die phylogenetische Ebene der Angiospermen charakterisieren. Der Transportwiderstand der Tracheen ist durch deren größeren Querschnitt (bis 0,7 mm) und durch Auflösung der meisten Querwände herabgesetzt. Es ergeben sich so Röhren mit einer freien Weglänge bis 10 m.

Eine Trachee entwickelt sich also aus einer in Längsrichtung angeordneten Zellkette. Deren Einzelzellen, die Gefäßglieder, wachsen zunächst in die Breite. Erst nachdem die charakteristischen Wandverstärkungen an den Längswänden aufgebaut sind, werden die Querwände aufgelöst und der Protoplast stirbt ab (Abb. 45).

Neben den Tracheen finden wir bei den Angiospermen durchaus auch Tracheiden. Diese können, jahreszeitlich bedingt, im Spätholz sogar überwiegen. Es gibt auch altertümliche Angiospermen und Wasserpflanzen, die nur Tracheiden besitzen.

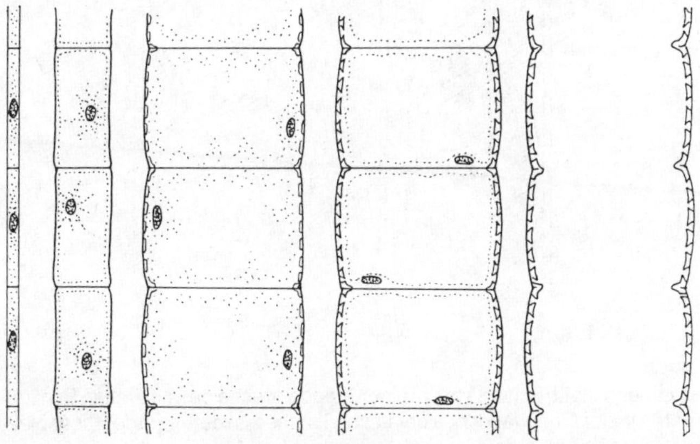

Abb.45: Tracheen-Entwicklung (bei *Robinia pseudoacacia*); 1: Zellkette prosenchymatischer Zellen; 2: Beginn der Querschnitts-Erweiterung; 3: die Erweiterung ist abgeschlossen und an den Längswänden wird die Sekundärwand aufgebaut; 4: der Aufbau der Längswände ist abgeschlossen und die Querwände werden nun abgebaut; 5: die Zellfusion ist abgeschlossen und die Protoplasten sind resorbiert. (Nach EAMES, verändert)

In ausdifferenziertem Zustand sind also die Tracheiden und Tracheen abgestorben. Damit entfällt der Turgor des Protoplasten, und unter dem Transpirationssog und dem Gewebedruck des umgebenden Parenchyms könnten die Leitelemente kollabieren. Um dies zu verhindern, werden während deren Entwicklung in den Längswänden **charakteristische Wandverstärkungen** aufgebaut. Nach der Wandstruktur der Längswände unterscheidet man Ring-, Schrauben-, Netz- und Tüpfel-Elemente.

Ergänzend ergibt sich in einigen Fällen eine Charakterisierung auch nach der Struktur der Querwand: Sind in den Tracheiden-Querwänden die Tüpfel quergestreckt und in Reihen übereinander, so ergeben sich Treppen-Tracheiden. Sind die weiten Schließhäute dieser Tüpfel aufgelöst, so ergeben sich breite Öffnungen und damit sind es definitionsgemäß Tracheen. Sie werden als Leiter-Tracheen angesprochen, die z.B. beim Adlerfarn und auch bei einigen Angiospermen zu finden sind (Abb. 46).

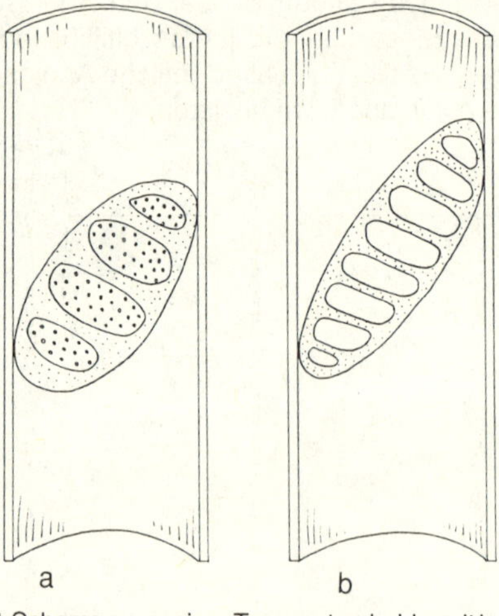

Abb.46: Längsschnitt-Schema zu: a: einer Treppentracheide, mit breiten Schließhäuten in der Querwand; b: einer Leiter-Trachee, in deren Perforationsplatte die Schließhäute aufgelöst sind.

Die mit den Wandverstärkungen gegebene, mechanische Stabilität der Leitelemente erklärt, daß die Tracheen und besonders die englumigeren Tracheiden auch eine Festigungsfunktion in der Sproßachse übernehmen. Bei den Gymnospermen wird die mechanische Stabilität der Stämme nur durch die Hoftüpfel-Tracheiden gewährleistet.

Tracheiden und Tracheen stehen untereinander häufig durch **Hoftüpfel** in Verbindung. Diese sind dadurch charakterisiert, daß die Schließhaut durch Sekundärwand-Material teilweise überwallt ist. Der Tüpfelkanal ist also verengt. Die verbleibende Öffnung zum Lumen wird als **Porus** bezeichnet.

Bei den Angiospermen bleibt die Schließhaut glatt und undifferenziert. Dagegen finden wir bei vielen Gymnospermen im zentralen Bereich der Schließhaut eine Verdickung durch aufgelagertes Wandmaterial, den **Torus**. Im peripheren Bereich aber wird die Schließhaut teilweise aufgelöst, so daß nur dünne, radial verlaufende Haltestränge den Torus am Rande verankern. Durch die aufgelösten Schließhaut-Bereiche wird die Wasserleitung erleichtert.

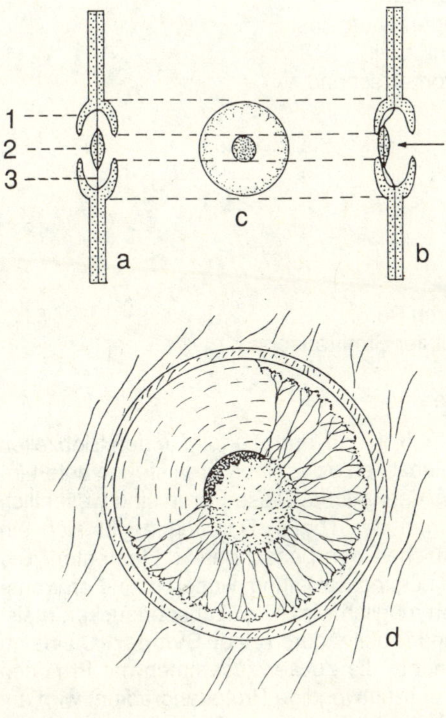

Abb. 47: Hoftüpfel der Gymnospermen:
a) Querschnitt; 1: Überwallung der Schließhaut durch die Sekundärwand; es bleibt eine Öffnung, der Porus; 2: zentrale Verdickung der Schließhaut, der Torus; 3: äußerer, unverdickter Bereich der Schließhaut;
b) bei einseitigem Druck (Pfeil) verformt sich die Schließhaut, so daß der Torus den Porus verschließt;
c) Aufsicht auf den Hoftüpfel; der zentrale Porus ist dunkel punktiert;
d) Hoftüpfel; Aufsicht: entfernt ist die vordere Sekundärwand-Überwal lung und ein Teil der Schließhaut auf der linken Seite; in diesem Bereich ist die hintere Überwallung mit dem hinteren Porus sichtbar; der verdickte Torus ist an den Haltesträngen der äußeren Schließhaut aufgehängt.

Generell wird die Schließhaut durch die Hoftüpfel-Konstruktion mechanisch stabilisiert, da bei einseitigem Druck und resultierender Verformung der Schließhaut diese durch die Überwallung abgestützt wird. Bei der Gymnospermen-Form ist die Mechanik dadurch verbessert, daß bei der Schließhaut-Verformung der Torus den Porus verschließt (Abb. 47).

Übersicht: Xylem-Leitelemente

1. Tracheiden
   a) Zellen abgestorben
   b) verholzte Wandverstärkungen
   c) Querwände mit Tüpfeln
   d) prosenchymatisch: Länge einige mm
   e) bei Pteridophyten und Gymnospermen vorherrschend

2. Tracheen
   a) Gefäßglieder abgestorben
   b) verholzte Wandverstärkungen
   c) Querwände überwiegend aufgelöst
   d) Gefäßglieder kurz und breit
   e) bei Angiospermen vorherrschend

5.2.5.2 Phloem (Siebteil)

Allgemeine Merkmale

a) Zellen unverholzt
b) Zellen lebend
c) aktiver Transport durch Poren
d) überwiegend basipetaler Stofftransport

Funktion der Leitelemente

Der Transport der Assimilate (Kohlenhydrate) erfolgt in den Siebzellen oder den Siebröhren. Die Siebzellen bzw. Siebröhren stehen untereinander durch große Poren in Verbindung. Diese Poren sind wesentlich weiter als die Plasmodesmen der Tüpfel. Dadurch ergibt sich ein plasmatischer Verbund zwischen den benachbarten Elementen. Die weiten Poren erlauben eine Lösungsströmung, wodurch ein Ferntransport in diesen Leitelementen möglich wird. Die Transportzucker, meist Saccharose, werden „sekundär-aktiv" durch einen **Symport-Carrier** in die Siebröhren gepumpt, indem die Zucker zusammen mit Protonen transportiert werden. Der dafür notwendige Protonengradient wird am Plasmalemma durch eine Protonen-Transport-ATPase aufgebaut.

Der Langstreckentransport in den Siebröhren beruht auf einer Lösungsströmung, in der die gelösten Stoffe (z.B. Zucker in einer 10 bis 20%igen Lösung) mitgeführt werden. Nach der „**Druckstromtheorie**" ergibt sich die Lösungsströmung durch einen osmotischen Gradienten in Phloemlängsrichtung:

Im Bereich der Einspeisung, also z.B. in assimilierenden Blättern oder abgebenden Speicherorganen, wird durch den aktiven Transport eine hohe Konzentration in den Siebröhren aufgebaut. Dadurch ergibt sich ein Konzentrationsgradient, und Wasser strömt, osmotisch bedingt, in die Siebröhren.

In den aufnehmenden Bereichen, also z.B. in Wurzeln oder generell in wachsenden Geweben, werden die gelösten Stoffe aktiv entnommen, wodurch die Konzentration in den Siebröhren abgesenkt wird. Nun haben die umgebenden Gewebe einen höheren osmotischen Wert und Wasser wird den Siebröhren entzogen.

Durch diesen, im Fließgleichgewicht in Phloem-Längsrichtung aufrechterhaltenen Konzentrationsgradienten, strömt Wasser zu den Orten des Verbrauchs und wird dort vom Phloem wieder abgegeben. Je nach Strömungsrichtung und Bedarf, kann das Wasser über den Xylem-Weg zurückgeführt werden.

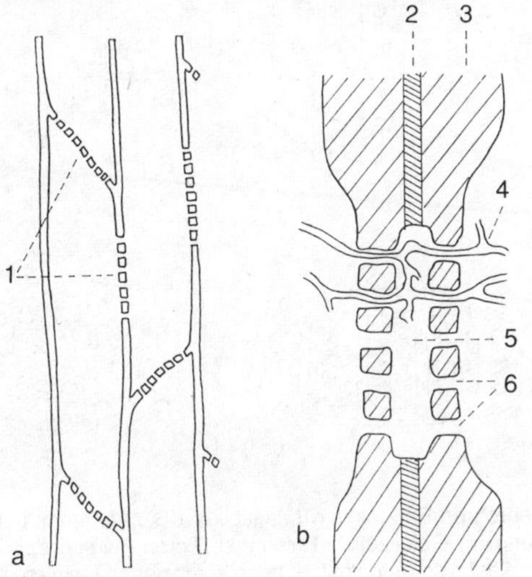

Abb.48: a: Siebzellen (längs) von *Lycopodium* spec.; die Siebfelder (1) finden sich in den Quer- und Längswänden dieser Zellen; b: Feinbau der Porenverbindung zwischen Siebzellen; 2: Mittellamelle; 3: Sekundärwand; 4: ER-Stränge; 5: Bereich der aufgelösten Mittellamelle; 6: Porenöffnungen.

Neben Kohlenhydraten können im Phloem auch andere Stoffe, wie z.B. Aminosäuren, Vitamine, Phytohormone und bestimmte Ionen, transportiert werden.

Bau der Leitelemente

Bei den Pteridophyten und den Gymnospermen erfolgt der Stofftransport durch die prosenchymatischen **Siebzellen**. Es sind, im Vergleich mit Siebröhren, englumige und dünnwandige, an ihren Enden spitz

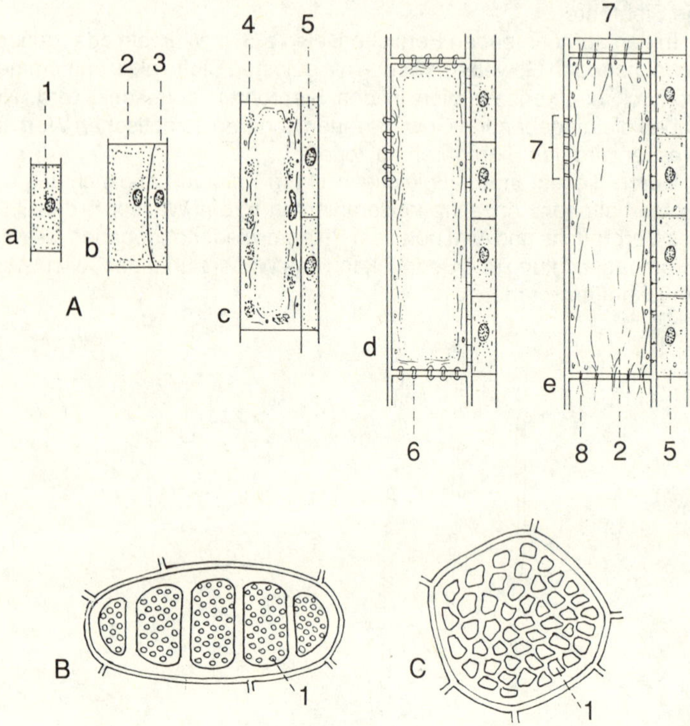

Abb.49: A: Siebröhren-Entwicklung (Längsbild); a: Siebröhrenmutterzelle; b: Inäquale Teilung; c: Geleitzellen-Teilung; d: Poren-Anlage; der Zellkern und der Tonoplast sind aufgelöst; e: ausdifferenziertes Leitelement; 1: Zellkern; 2: Siebröhre; 3: Geleitzelle; 4: Schleimkörper; 5: Geleitzellen; 6: Poren-Anlage; 7: Siebplatten; 8: Poren mit P-Proteinfibrillen. B: Zusammengesetzte Siebplatte in Aufsicht; mit mehreren Siebfeldern mit Poren (1); - z.B. bei *Nicotiana*. C: Einfache Siebplatte mit großen Poren (1); - z.B. bei *Cucurbita*.

zulaufende Zellen (Abb. 48). Das Leitungssystem ergibt sich aus der Kette der Siebzellen, in deren Längswänden Gruppen von feinen Poren in Siebfeldern angeordnet sind. Die einzelnen Poren sind verzweigt, wobei die Verzweigungen im Bereich der aufgelösten Mittellamelle miteinander verknüpft sind. Die Siebzellen besitzen keine Geleitzellen. Jedoch wurden parenchymatische Zellen nachgewiesen, die funktionell den Geleitzellen nahestehen. Da sie proteinreich sind, werden sie als „Eiweißzellen" bezeichnet. Wir finden sie z.B. im Gymnospermen-Bast als Teil der stehenden Strahlzellen des Markstrahls.

Wie im Xylem die „Erfindung" der Tracheen den phylogenetischen Schritt von den Gymnospermen zu den Angiospermen charakterisiert, so ergeben sich auch im Phloem mit den **Siebröhren** neue, leistungsfähigere Leitelemente. Die Siebröhre der Angiospermen entsteht durch eine inäquale Teilung einer Siebröhrenmutterzelle. Dabei wird neben der Siebröhre die Geleitzelle angelegt (Abb. 49).

Bei den ausdifferenzierten, weitlumigen Siebröhren ist der Zellkern weitgehend zurückgebildet. Weiter ist kein Tonoplast und damit keine Vakuole nachzuweisen: Das randständige, dichte Plasma unter dem

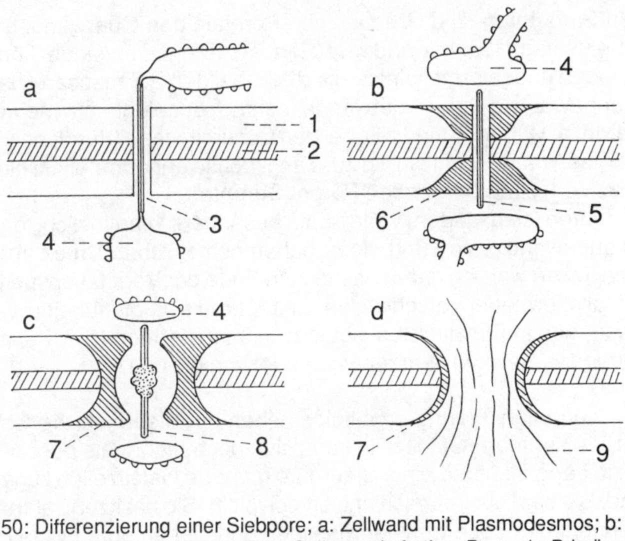

Abb.50: Differenzierung einer Siebpore; a: Zellwand mit Plasmodesmos; b: Einbau der Callose; c: Abbau der Callose; d: fertige Pore; 1: Primärwand; 2: Mittellamelle; 3: Plasmodesmos; 4: Rauhes ER; 5: Desmotubulus, vom ER getrennt; 6: Callose-Plättchen; 7: Callose; 8: median verdickter Desmotubulus; 9: P-Protein-Fibrillen; (Nach ROBARTS, verändert).

Plasmalemma geht zum Zentrum des Lumens über in ein Netzwerk stark hydratisierter Proteinfibrillen (P2-Proteintubuli). Sie gleichen den P1-Proteintubuli in dichteren Strukturen, sogenannten Schleimkörpern, die während der Siebröhrendifferenzierung auftreten. P-Protein durchzieht auch die einfachen Poren.

Die **Siebröhren-Pore** entsteht, vereinfacht gesprochen, durch Erweiterung eines Plasmodesmos. In dessen Nachbarschaft wird **Callose** anstelle von Cellulose als Wandmaterial eingebaut. Callose, ein wasserunlösliches β-(1,3)-Polyglucan, ist mit Cellulose eng verwandt. Am Ende dieser Einbauphase hat das Callose-Material den späteren Porenkanal vorgeformt. Dieser ergibt sich, indem die Callose bis auf einen dünnen Belag abgebaut wird (Abb. 50).

Nachdem die Zellwand der Siebröhre fertiggestellt ist und der Golgi-Apparat seine Aufgabe erfüllt hat, wird auch dieser aufgelöst. Das endoplasmatische Retikulum zeigt in der Differenzierungsphase eine Tendenz zur Vesikel-Bildung („Siebröhren-Retikulum") und kann schließlich weitgehend degenerieren.

An Organellen finden wir in der ausdifferenzierten Siebröhre Amyloplasten, einige Proteinoplasten und Mitochondrien.

Bei den Siebröhren sind Gruppen von Poren in den Querwänden und in gemeinsamen Längswänden zu finden. Die Querwände können verschieden ausgeformt sein: So sind z.B. bei den Solanaceae (Nachtschattengewächse) die Querwände schräg angelegt mit mehreren **Siebfeldern**. Dagegen sind z.B. bei den Cucurbitaceae (Kürbisgewächse) die Querwände rechtwinklig zur Längsachse angeordnet mit gleichmäßiger Verteilung der großen Poren (**Siebplatte**).

Siebröhren sind gegen Verletzung besonders empfindlich, da sie relativ dünnwandig sind und einen hohen osmotischen Druck aufweisen. Die Poren werden daher häufig zum Ende der Vegetationsperiode durch Callose wieder verschlossen. Siebröhren sind oft nur eine Vegetationsperiode in Funktion. Es gibt jedoch auch Formen (z.B. Palmen), bei denen sie mehrere Jahrzehnte in Funktion bleiben.

Bei der inäqualen Teilung ergibt sich neben der Siebröhre die **Geleitzelle**. Diese primäre Geleitzelle kann sich noch mehrmals quer teilen, so daß in Längsrichtung einer Siebröhre mehrere Geleitzellen zugeordnet sind. Sie sind plasmareich und oft polyploid. Sie besitzen zahlreiche Mitochondrien, jedoch weniger Plastiden und stehen durch viele Plasmodesmen mit Poren der Siebröhren in Verbindung. Mit diesen stellen die Geleitzellen eine funktionelle Einheit dar und greifen steuernd und energetisch in deren Stoffwechsel ein.

Unterschiedsmerkmale:

	Siebröhre		Geleitzellen
a)	ohne Zellkern	a)	mit Zellkern
b)	ohne Tonoplast (Vakuole)	b)	mit Tonoplast
c)	ohne Golgi-Apparat	c)	mit Golgi-Apparat
d)	ER reduziert	d)	mit ER
e)	mit Amyloplasten	e)	einige Plastiden
f)	einige Mitochondrien	f)	viele Mitochondrien
g)	Verbindung durch Poren	g)	Verbindung durch Tüpfel
h)	Weitlumig	h)	Englumig
i)	Plasma hydratisiert	i)	Plasma dicht

5.3 Die Leitbündel-Typen

Xylem und Phloem sind in der Regel in Leitbündeln zusammengefaßt. Jedes Leitbündel differenziert sich aus einem Prokambiumstrang. Dies gilt für die zentralen Elemente der Achse, die sich aus dem Corpus

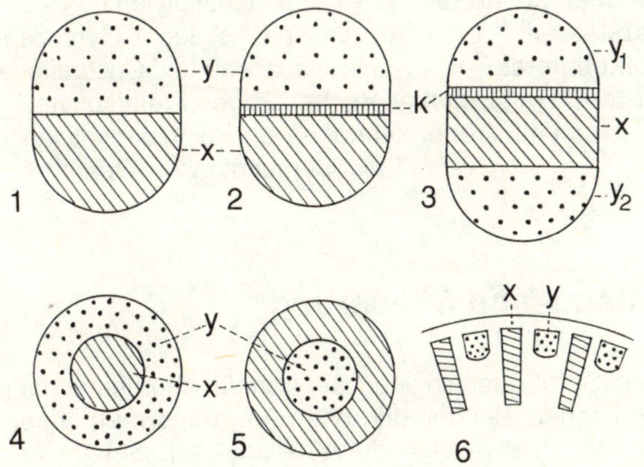

Abb.51: Leitbündel-Typen; 1 - 3: kollaterale Leitbündel; 1: geschlossen; 2: offen (mit Kambium); 3: offen, bikollateral; 4 - 5: konzentrische Leitbündel; 4: mit Innenxylem; 5: mit Außenxylem; 6: radiales Leitbündel; k: Kambium; x: Xylem; y: Phloem.

ableiten, und für die Blattspuren, die die Blätter inserieren und die zum Teil im Bereich der Tunica angelegt werden.

Die Lage und die Differenzierungsform der Prokambiumstränge, welche sich vom Apikalmeristem ableiten, bestimmt damit die Verteilung und den Bau der Leitbündel und ist ein wichtiges Merkmal für die verschiedenen systematischen Gruppen. Drei Hauptformen können hier unterschieden werden:

Beim **kollateralen Typ** liegt das Phloem dem Xylem gegenüber, welches zum Zentrum der Achse hin orientiert ist.
Beim **konzentrischen Typ** wird ein zentrales Leitgewebe vom Gegentyp konzentrisch umgeben.
Beim **radialen Typ** sind Xylem und Phloem nebeneinander auf Radien angeordnet.

Von einem „offenen" Leitbündel spricht man, wenn es kambiales Gewebe enthält. Ist kein Kambium vorhanden, so wird das Leitbündel als „geschlossen" bezeichnet.

Folgende Zuordnungen ergeben sich für die Leitbündeltypen (Abb. 51):

Leitbündeltypen:

a) **geschlossen kollateral**: bei vielen Monokotylen
b) **offen kollateral**: bei vielen Dikotylen u. Gymnospermen
c) **offen bikollateral**: bei Solanaceae und Cucurbitaceae
d) **konzentrisch mit Innenxylem**: bei einigen Pteridophyten
e) **konzentrisch mit Außenxylem**: bei einigen Monokotylen
f) **radial**: bei Spermatophyten-Wurzeln

5.4 Anatomische Gliederung

Anhand von Sproßquerschnitten läßt sich die Anordnung der primären Gewebe erkennen. Bei den **dikotylen Angiospermen** ergibt sich von außen nach innen etwa folgende Verteilung (Abb. 52):

Unter der Epidermis, dem primären Abschlußgewebe, findet sich häufig als äußeres Festigungsgewebe ein mehrschichtiges Kollenchym. Den größten Teil der primären Rinde nimmt das Rindenparenchym ein. Es kann in seinem äußeren Bereich mit Chloroplasten ausgerüstet sein. In seinem inneren Bereich finden sich vermehrt Amy-

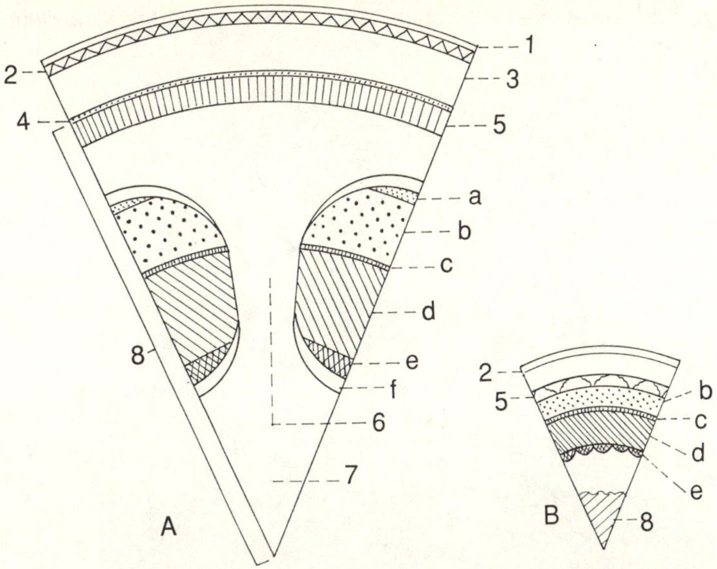

Abb.52: Dikotylen-Sproßachse im Querschnittsbild (Sektor); A: die Hauptform am Beispiel von *Aristolochia* spec.; 1: Epidermis; 2: Hypodermis (Kollenchym); 3: Rindenparenchym; 4: Stärkescheide; 5: Sklerenchymring; 6: Markstrahlparenchym; 7: Markparenchym; 8: Zentralzylinder; die Leitbündel mit a: Protophloem; b: Metaphloem; c: Kambium; d: Metaxylem; e: Protoxylem; f: skl. Leitbündelscheide; B: die Nebenform am Beispiel von *Linum usitatissimum*; hier liegen die Protoxylem-Zentren so dicht, daß sich ein geschlossener Leitgewebe-Zylinder ergibt; die Hypodermis (2) ist hier parenchymatisch, das Sklerenchym (5) ist unverholzt („Flachsfasern"); indem während der frühen Entwicklung im Zentrum das Markparenchym zerreißt, entsteht so (rhexigen) ein Interzellulargang, die Markhöhle (8).

loplasten. Bei besonderer Ausformung der innersten Rindenschicht kann eine Stärkescheide oder eine Endodermis angelegt sein.

Im äußeren Zentralzylinder finden sich häufig Sklerenchym-Anteile, die auch ringförmig geschlossen sein können. Unter diesen sind die Leitbündel kreisförmig angeordnet. Von deren (fascicularen) Kambium ist nach außen das Phloem, nach innen das Xylem differenziert (Abb. 53). Zwischen den Leitbündeln liegt das Parenchym der primären Markstrahlen. Es geht zum Zentrum in das Gewebe des Markparenchyms über. Im Zentrum der Sproßachse kann ein Interzellularraum, die Markhöhle, ausgebildet sein. Sie kann rhexigen, durch Zerreißen von Zellmaterial, oder schizogen, durch Auflösung der Mittellamellen, entstanden sein.

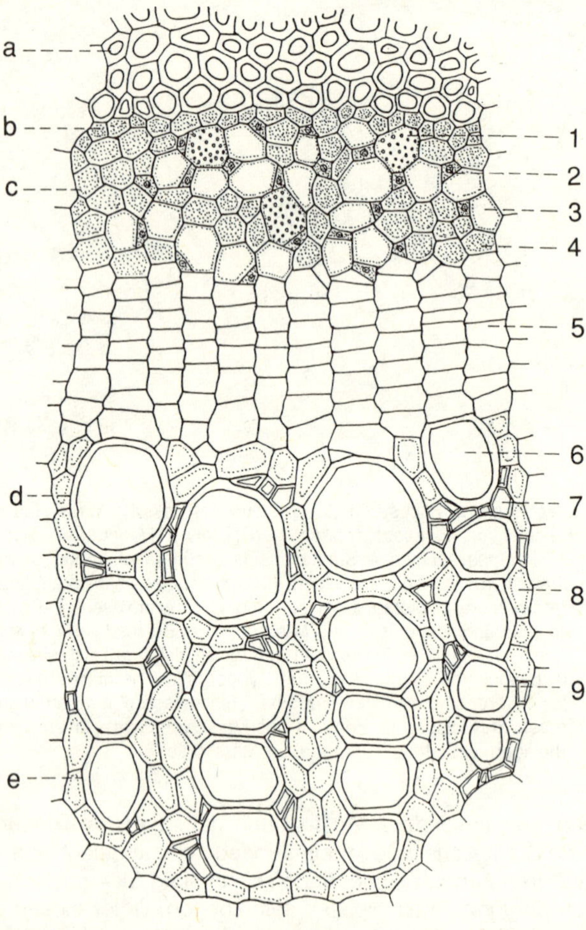

Abb.53: Offen, kollaterales Leitbündel (Querschnittsbild) von *Helianthus annuus*; a: sklerenchymatische Leitbündelscheide; b: Protophloem; c: Metaphloem; d: Metaxylem; e: Protoxylem; 1: Siebplatte einer Siebröhre; 2. Geleitzelle; 3: Siebröhre; 4: Phloemparenchym; 5: fasciculares Kambium; 6: Tüpfel-Trachee; 7: Xylemfasern; 8: Xylemparenchym; 9: Protoxylem-Tracheiden; in der Folge: Ring-, Schrauben- und Netz-Elemente.

Ergänzend zur exemplarischen Besprechung für diese Gruppe muß jedoch festgestellt werden, daß eine große Bandbreite von Varianten gegeben ist. Im Zusammenhang der Besprechung des sekundären Dickenwachstums (siehe Kap. 6.2.) wird eine weitere Differenzierung vorgenommen.

Auch **Gymnospermen** haben offen-kollaterale Leitbündel, die kreisförmig angeordnet sind. Diese Leitbündel sind allerdings einfacher organisiert, da noch keine Tracheen und Siebröhren auftreten. In der breiten, primären Rinde finden sich zahlreiche Harzkanäle, die in axialer Richtung verlaufen (Abb. 54).

Betrachtet man im Vergleich hierzu den Sproß-Querschnitt einer **monokotylen Angiospermen** (Abb. 55), so fällt zunächst auf, daß hier die geschlossen-kollateralen Leitbündel (vgl. Abb. 56) über den gesamten Querschnitt gestreut angeordnet sind. Allerdings ist auch hier das Xylem stets zum Zentrum der Achse hin orientiert. Die primäre Rinde ist auf wenige Zellreihen unter der Epidermis beschränkt. Kambiale Gewebe

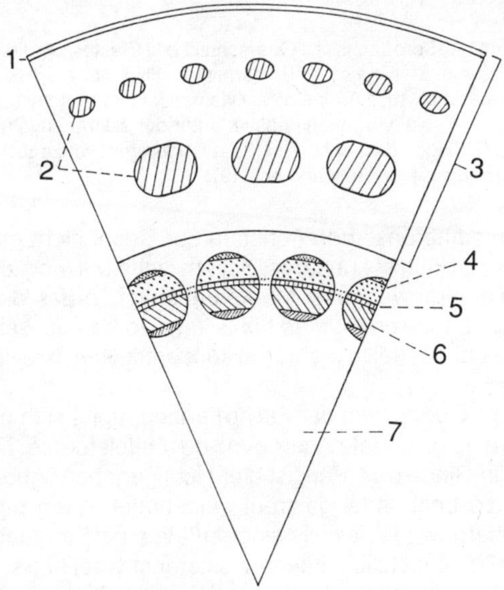

Abb.54: Gymnospermen - Sproßachse im Querschnittsbild (Sektor); 1: Epidermis; 2: Harzkanäle; 3: Primäre Rinde; 4: Phloem; 5: Kambium; 6: Xylem; 7: Markparenchym.

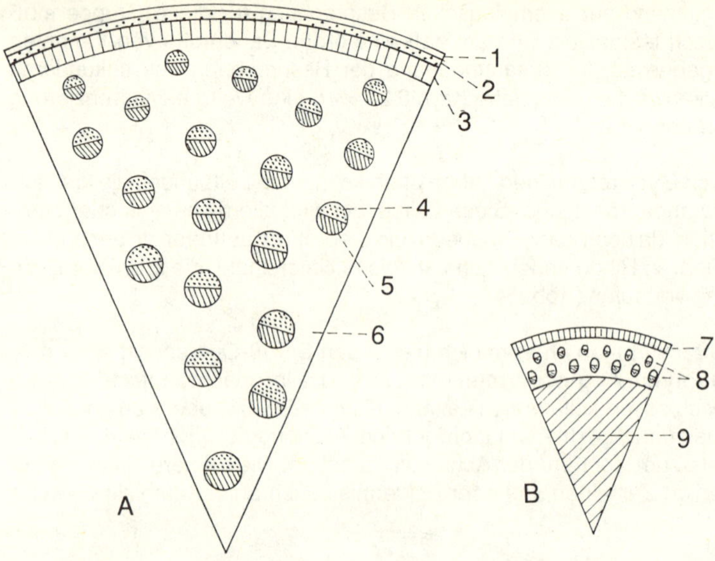

Abb.55: Monokotylen-Sproßachse im Querschnittsbild (Sektor); A: die Hauptform am Beispiel von *Zea mays*; 1: Epidermis; 2: Hypodermis (Sklerenchym); 3: Rindenparenchym; 4: Phloem; 5: Xylem; 6: Markparenchym; B: die Nebenform am Beispiel von Avena sativa; unter der sklerenchymatischen Hypodermis (7) liegen die Leitbündel (8) auf mehreren, konzentrischen Kreisen; - im Zentrum die große Markhöhle (9).

sind in der ausdifferenzierten Achse in der Regel nicht mehr nachzuweisen. Daher ist kein sekundäres Dickenwachstum möglich. Die große Masse des Dauergewebes ist Markparenchym, in das die Leitbündel eingebettet sind. Eine große Markhöhle kann vorhanden sein. In diesem Falle sind die Leitbündel in mehreren konzentrischen Kreisen angelegt.

Für den Sproß-Querschnitt der **Farnpflanzen** ergibt sich nur für einige Untergruppen eine zentrale Anordnung der Leitelemente. Eine generelle Trennung in Rinde und Mark ist hier nicht gegeben (Abb. 57). Häufig finden sich die Leitbündel gestreut eingebettet in ein parenchymatisches Speichergewebe, jeweils eingefaßt von einer eigenen Endodermis (Abb. 58). Zusätzlich können sklerenchymatische Festigungsgewebe als peripherer Ring oder in Schichten hinzutreten. Kambien sind im ausdifferenzierten Sproß der Farne nicht vorhanden. Allerdings weist die endogene, sproßbürtige Wurzel-Anlage (vgl. Kap. 10.2.2.) auf potentiell kambiale Zellen der Endodermis oder auch des Pericykel.

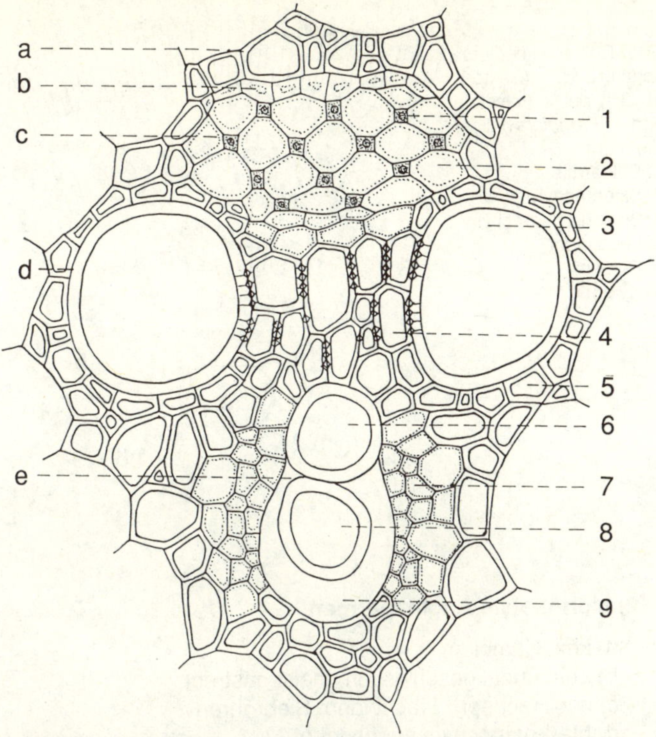

Abb.56: Geschlossen, kollaterales Leitbündel (Querschnittsbild) von *Zea mays*; a: sklerenchymatische Leitbündelscheide; b: Protophloem; c: Metaphloem; d: Metaxylem; e: Protoxylem; 1: Geleitzelle; 2: Siebröhre; 3: Trachee; 4: Tracheiden; 5: verholztes Xylemparenchym; 6: Schraubentracheide; 7: unverholztes Xylemparenchym; 8: Ringtracheide; 9: Interzellulargang.

Primärer Bau der Sproßachse

1.) Dikotyle Angiospermen

a) z.T. geschlossener Kambiumring
b) Leitbündel offen, kreisförmig angeordnet
c) mit Tracheen, Tracheiden, Siebröhren
d) häufig breite Markstrahlen
e) breite, primäre Rinde

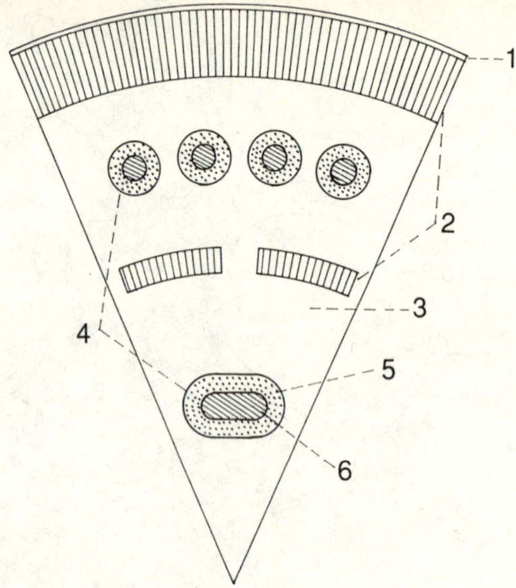

Abb. 57: Farn-Rhizom im Querschnittsbild (Sektor), ähnlich der Polystele von *Pteridium* (Filicatae, Lept.)
1: Epidermis
2: Sklerenchym
3: Speicherparenchym
4: Leitbündel
5: Phloem
6: Xylem.

2) Monokotyle Angiospermen

a) kein Kambium
b) Leitbündel geschlossen, meist gestreut
c) mit Tracheen, Tracheiden, Siebröhren
d) Markparenchym ausgedehnt
e) primäre Rinde aus wenigen Zellreihen

3) Gymnospermen

a) zunächst fasciculares Kambium
b) Leitbündel deutlich getrennt
c) mit Tracheiden, Siebzellen
d) Markstrahlen zunächst breiter
e) primäre Rinde mit Harzkanälen

4) Pteridophyten

a) kein Kambium
b) Leitbündel z.T. konzentrisch mit Innenxylem
c) mit Tracheiden, Siebzellen
d) einheitliches Speicherparenchym
e) überwiegend Rhizom

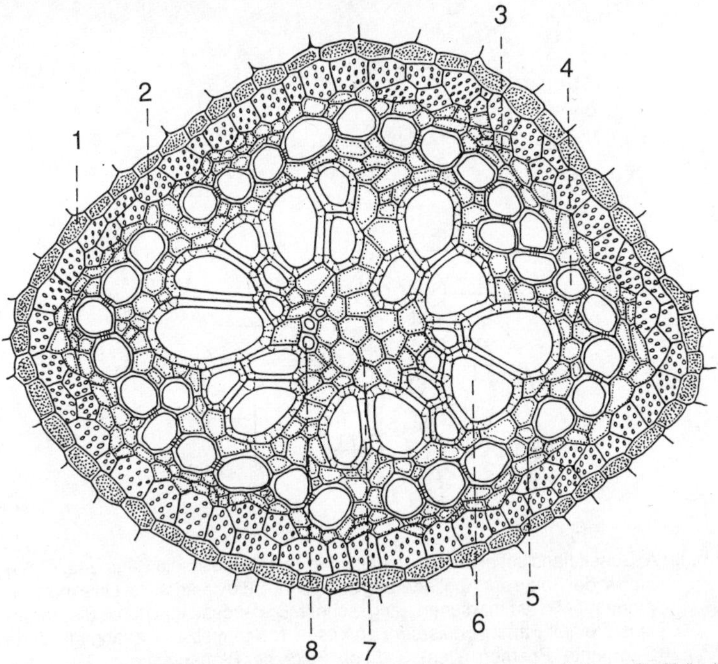

Abb.58: Konzentrisches Leitbündel mit Innenxylem: eines der äußeren Leitbündel aus dem Rhizom von *Pteridium aquilinum* (Querschnittsbild); 1: Endodermis; 2: Pericykel; 3: Protophloem; 4: Siebzellen des Metaphloems; 5: Phloemparenchym; 6: Leiter-Tracheen (Metaxylem); 7: Xylemparenchym; 8: Protoxylem-Tracheiden.

5.5 Die Entwicklung der Sproßachse

Die Differenzierung der Sproßachse geschieht vom apikalen Pol aus. Bei einigen Farn-Gruppen (z.B. Schachtelhalme, Equisetatae) geschieht dies aus einer **apikalen Scheitelzelle** (Abb. 59). Sie hat die Form einer auf dem Kopf stehenden, dreiseitigen Pyramide. Die vorgestellte Basisfläche der Pyramide ist damit die Außenfläche der Sproßspitze. Die drei Seitenflächen weisen zum Achsenkörper und gliedern in umlaufender Folge Segmente ab. Diese antiklin (senkrecht zur Oberfläche) abgegliederten Segmente vergrößern sich unter weiterer perikliner (parallel zur Oberfläche) und antikliner Unterteilung und bauen so den Achsenkörper auf.

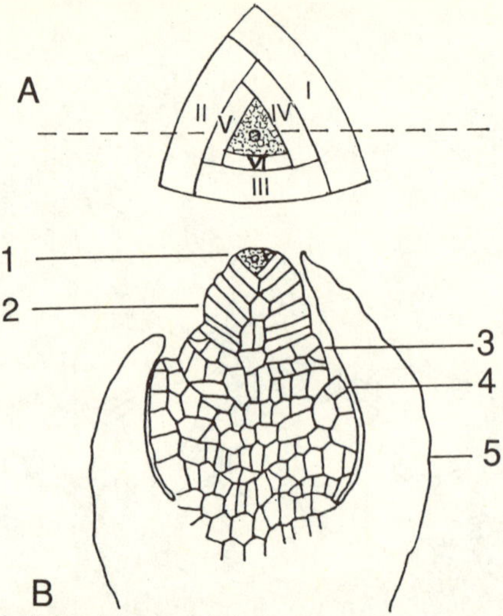

Abb.59: A: Scheitelansicht einer dreischneidigen Scheitelzelle; die Segmente (I - VI) sind in der Folge der Abgliederung bezeichnet; die gestrichelte Linie markiert einen möglichen medianen Längsschnitt. B: Längsschnitt durch die Sproßspitze eines Farns (*Equisetum arvense*); 1: Scheitelzelle; 2: abgegliederte Segmente (Prismenzellen); 3 - 5: die Folge der Blattanlagen.

Bei anderen Farnpflanzen (z.B. Bärlappgewächse, Lycopodiales) findet man ein **einschichtiges Scheitelmeristem**, das man sich aus einer Gruppe von Scheitelzellen zusammengesetzt denken kann. Allerdings teilen sich diese Zellen nicht nur antiklin, sondern auch periklin. Somit entsteht spitzennah bereits ein stärkerer Achsenkörper (Abb. 60).

Die nächste Entwicklungsstufe der Gymnospermen besitzt ein **mehrschichtiges Apikalmeristem**, das sich, im einfachsten Falle, aus einer Gruppe gleichwertiger Initialzellen zusammensetzt.

Bei den Angiospermen bildet das Apikalmeristem einen **Vegetationskegel** (Abb. 61) aus mehreren Schichten von nicht gleichwertigen Initialzellen: Die äußeren Schichten der **Tunica** (häufig 2, selten bis 9) teilen sich nur antiklin. Sie differenzieren die Epidermis und den äußeren Bereich der primären Rinde. Die darunter liegenden Initialzellen, der **Corpus**, teilen sich periklin und antiklin. Sie liefern das Zellmaterial der inneren Rinde und des Zentralzylinders mit dem Kambium, den Elementen des Phloems und Xylems und dem Markparenchym.

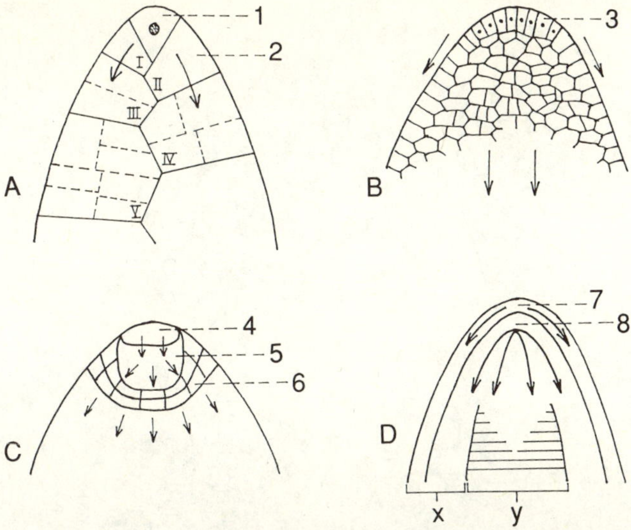

Abb. 60: Apikalmeristeme der Sproßachse. A: bei Equisetales (Pteridophyta); 1: Scheitelzelle; 2: abgegliederte Zellen (I - V), die sich weiter teilen; B: bei Lycopodiales (Pteridophyta); 3: einschichtiges Scheitelmeristem, welches antiklin und periklin Zellen abgliedert; C: bei Gymnospermen: ein mehrschichtiges Apikalmeristem; z.B. *Araukaria*: 4: Apikale Initialen; 5: Zentrale Mutterzellen; 6: Teilungszone; D: bei Angiospermen: ein differenziertes Apikalmeristem mit Tunica (7) und Corpus (8); x: Primäre Rinde; y: Zentralzylinder.

Differenzierung der Angiospermen-Sproßachse

Embryonalzone	1. Tunica	Übrige Tunica	Corpus	
Determinationszone	Protoderm	Urrinde	Restmeristem	Urmark
Differenzierungs- und Streckungszone	Epidermis	Prim. Rinde	Prokambiumstränge	Mark
		Protophloem	Prokambium	Protoxylem
		Metaphloem	Kambium	Metaxylem

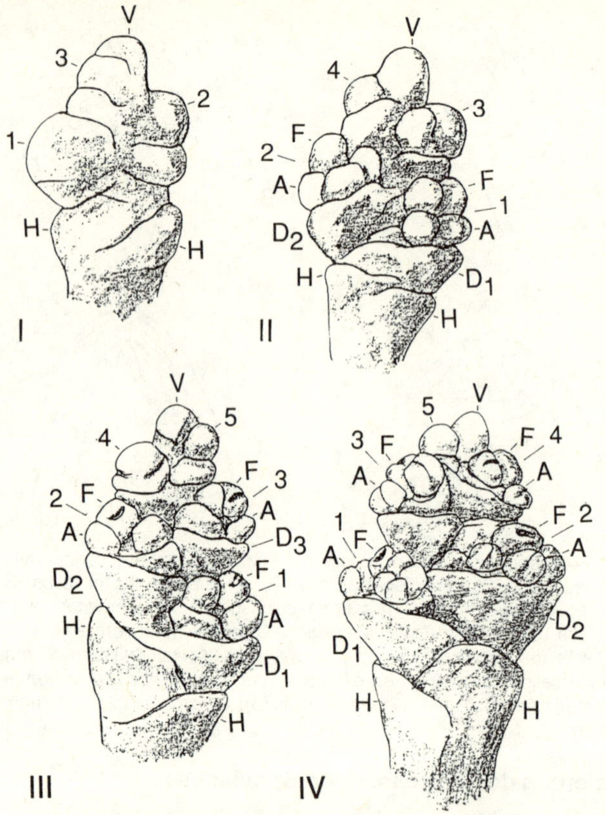

Abb.61: Vegetationskegel (V), mit Blattprimordien und Blüten-Anlagen (Nr. 1 - 4) eines Teilblütenstandes (Ährchen) von *Poa annua*; I - IV: Folge der Entwicklungsstadien; H: Hüllspelzen; D: Deckspelzen; A: Antheren; F: Fruchtknoten; (- weitere Erklärung s. Abb. 167).

6 Das Dickenwachstum der Sproßachse

6.1 Primäres Dickenwachstum

6.1.1 Die parenchymale Form

Bei den dikotylen Kräutern und Stauden kann die Sproßachse durch primäres Dickenwachstum erweitert werden (Abb. 62, B). Dieses Erstarkungswachstum geschieht im scheitelnahen oder im scheitelfernen

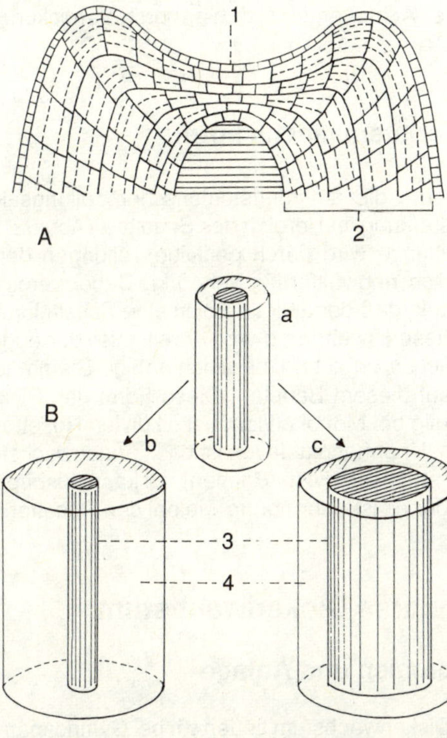

Abb.62: Primäres Dickenwachstum der Sproßachse; A: Meristematische Form bei Monokotylen (z.B. Palmen); Schema des Apikalbereichs im Längsschnitt; durch den verdickten Meristemmantel (2) ergibt sich über dem Scheitelmeristem eine Scheitelgrube (1). B: Parenchymale Form: aus der Ausgangsform (a) ergibt sich die kortikale Form (b) durch Vermehrung des Rindenparenchyms, oder die medulläre Form (c) durch Vermehrung des Markparenchyms.

Bereich. In jedem Falle ist es eine vermehrte und diffuse Teilungsaktivität im Bereich eines Parenchyms. Ein Meristem ist dabei nicht beteiligt. Weiter kann die gesamte Achse mehr gleichmäßig verdickt sein oder es sind nur bestimmte Achsenabschnitte verdickt.

Bei der **medullären Form** liegt der Schwerpunkt der Teilungen im Bereich des Marks, so daß, wie beim Kohlrabi oder bei der Kartoffelknolle, das Markparenchym vermehrt wird. Hier erweitert sich also der Zentralzylinder.

Bei der **kortikalen Form** wird dagegen das Rindenparenchym vermehrt, wie es z.B. bei der Kakteen-Sproßachse zu beobachten ist. Die Verdickung der Achse ergibt sich hier durch Verdickung der primären Rinde.

6.1.2 Die meristematische Form

Bei dieser Form, die auf meristematischer Teilungsaktivität beruht, erfolgt die Erstarkung im Bereich des Scheitels (Abb 62, A). Bereits bei der jungen Pflanze wird durch perikline Teilungen der scheitelnahe Meristembereich ringwallförmig verstärkt. Dabei verdickt sich dieser Bereich so stark, daß der apikale Pol in eine Scheitelgrube eingesenkt wird. Durch diese Erweiterung wird bereits hier der endgültige Durchmesser der Achse erreicht. Der gleichmäßige Stammaufbau der Palmen beruht auf diesem Bauplan. Diese Form des Dickenwachstums finden wir häufig bei Monokotylen, bei dikotylen Rosettenpflanzen und bei Cycadeen. Unabhängig davon ist das Längenwachstum festgelegt: Es kann sehr stark sein (viele Palmen), es kann ausgeprägt sein (viele Cycadeen) oder es ist eher gering wie bei den Rosettenpflanzen.

6.2 Sekundäres Dickenwachstum

6.2.1 Vorkommen und Anlage

Sekundäres Dickenwachstum finden wir bei Gymnospermen und vielen Dikotylen. Dagegen ist es bei Monokotylen selten. Voraussetzung für den Übergang zu sekundärem Dickenwachstum ist ein geschlossener **Kambiumzylinder** in der Sproßachse. Dieser wird zwischen den Leitbündeln entweder bereits in der primären Achse geschlossen, oder das Kambium wird erst beim Übergang zum sekundären Dickenwachstum interfascicular angelegt.

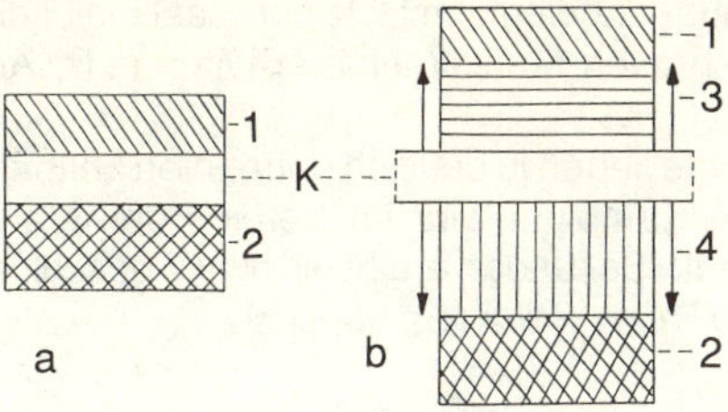

Abb.63: Änderung der Konfiguration im Bereich der Leitbündel durch sekundäres Dickenwachstum; a: Primärer Bau; b: Sekundärer Bau; K: Kambium; 1: Primäres Phloem; 2: Primäres Xylem; 3: Sekundäres Phloem (= Bast); 4: Sekundäres Xylem (= Holz).

In jedem Falle beginnt diese kambiale Aktivität im scheitelfernen Bereich. Zwischen den Leitbündeln differenziert das Kambium nach beiden Richtungen das Zellmaterial des Markstrahls, überwiegend Markstrahlparenchym. Im Bereich der Leitbündel wird nach außen das Zellmaterial des sekundären Phloems, also des Bastes abgegliedert. Nach innen differenzieren sich die Zellen des sekundären Xylems, also des Holzes (Abb. 63). Da die Leitbündel den größten Teil des kambialen Ringes besetzen, erbringt das sekundäre Dickenwachstum vor allem eine Vermehrung von Leit- und Festigungsgeweben.

Differenzierungen durch kambiale Aktivität:

1.) Primärer Bau	2.) Sekundärer Bau
	Prim. Phloem
Prim. Phloem	Sek. Phloem = Bast
Kambium	**Kambium**
Prim. Xylem	Sek. Xylem = Holz
	Prim. Xylem

6.2.2 Typen des sekundären Dickenwachstums

Drei Hauptgruppen können unterschieden werden, die allerdings durch Übergangsformen miteinander verbunden sind (Abb. 64):

a) Typ 1: Die Leitbündel sind primär durch breite, primäre Markstrahlen getrennt. Erst vor Beginn des sekundären Dickenwachstums wird das interfasciculare Kambium angelegt. Im Holz und Bast bleibt die Leitbündel-Zuordnung mit breiten Markstrahlen erhalten (z.B. *Aristolochia*, *Vitis*).

b) Typ 2: Die primären Elemente liegen in deutlich getrennten Leitbündeln. Das interfasciculare Kambium wird im Bereich des Markstrahlparenchyms angelegt. Sekundär ergibt sich ein geschlossener Holz-Zylinder (z.B. *Pinus* , *Salix* , *Sambucus*).

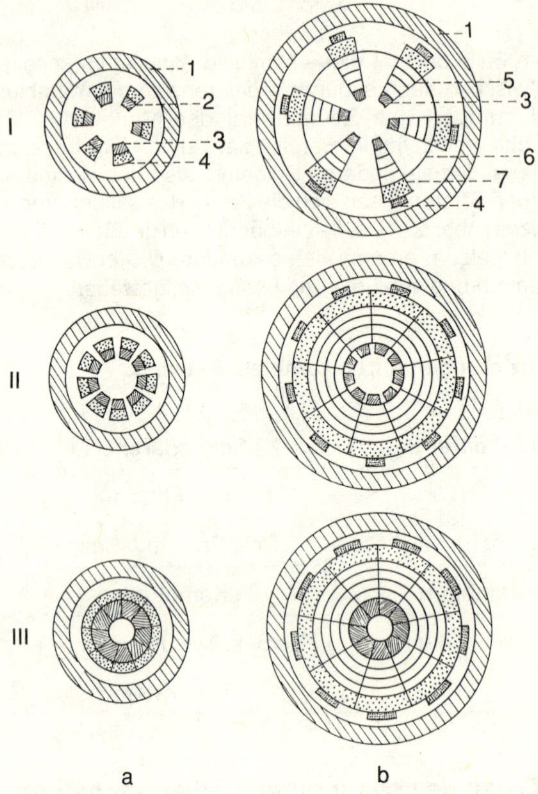

Abb.64: Formen des sekundären Dickenwachstums der Sproßachse. I: Typ 1, dessen Leitbündel auch sekundär getrennt bleiben; II: Typ 2, dessen Leitbündel erst sekundär in einem geschlossenen Zylinder verbunden sind; III: Typ 3, dessen Leitbündel bereits primär verbunden sind; a: Querschnittsbild der primären Achse; b: -der sekundären Achse; 1: Primäre Rinde; 2: Kambium; 3: Primäres Xylem; 4: Primäres Phloem; 5: Holz (4 Jahresringe); 6: Kambiumring; 7: Bast.

c) Typ 3: Die primären Leitbündel liegen so dicht beieinander, daß sich schon primär ein geschlossener Kambium-Zylinder und Gefäß-Zylinder ergibt. Daraus entwickelt sich, in gleichem Bauplan ohne Änderung, der Holzkörper (z.B. *Tilia* , *Syringa* , *Nicotiana*).

6.2.3 Der Holzkörper

6.2.3.1 Übersicht

Als Folge der kambialen Aktivität über mehrere Vegetationsperioden ergibt sich eine stark verdickte Sproßachse, die überwiegend aus Elementen des Holzes besteht. Diese Achse besitzt eine wesentlich verbesserte mechanische Stabilität und Leitfähigkeit.

Häufig sind dann die Markstrahlen nur schmale Streifen von begrenzter Höhe, die den geschlossenen Holzkörper in radialer Richtung durchziehen. Bei Lianenartigen aber ist der Holzkörper, wie die primären Leitbündel, in einzelne Stränge gegliedert. Hier sind die Markstrahlen von Knoten zu Knoten durchgehende, parenchymatische Streifen. Die verdickte Achse bleibt dadurch biegungsfähig.

Entsprechend der jahresperiodischen Wachstumsaktivität vom Frühjahr (weitlumiges Frühholz) bis zum Spätsommer (englumiges Spätholz) ergibt sich eine Schichtung, die **Jahresringe**. Diese haben,

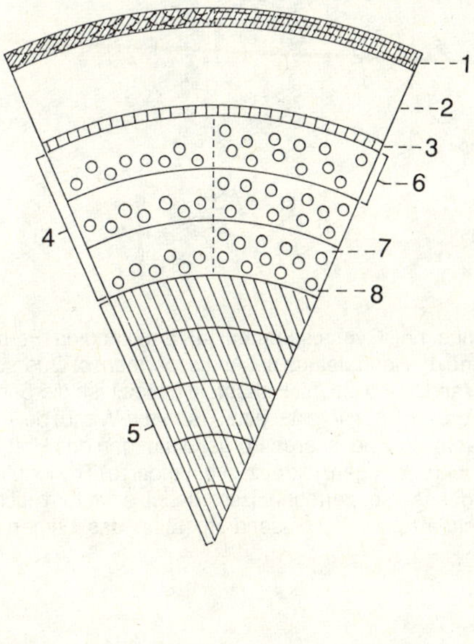

Abb.65: Querschnittsbild (Sektor) einer sekundär verdickten Sproßachse, bei der die primäre Rinde bereits als Borke abgestoßen ist
1: Borke, auf der linken Seite als Schuppenborke, auf der rechten Seite als Ringelborke; 2: Bast; 3: Kambiumring; 4: Splintholz; hier ist auf der linken Seite die Verteilung der Tracheen im ringporigen Holz, auf der rechten Seite die Verteilung im zerstreutporigen Holz dargestellt. 5: Kernholz; 6: Jahresring; 7: Spätholz; 8: Frühholz.

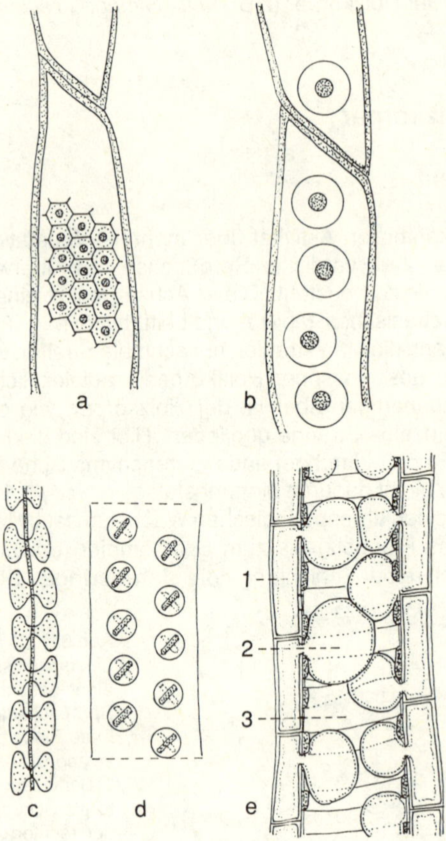

Abb.66: a) und b): Hoftüpfelung bei Gymnospermen; a) araukarioide Form; b) abietinoide Form; c) und d): Hoftüpfelung bei Angiospermen; c) Querschnitt durch die Tracheen-Wand, die dicht mit Hoftüpfeln besetzt ist; die Schließhaut hat hier keinen Torus; d) Aufsicht auf eine Tracheen-Wand: bei dieser Form (z.B. *Spiraea cana*) sind die inneren Porus-Öffnungen des Hoftüpfelpaares schrägspaltförmig und liegen gekreuzt zueinander; e) Thyllenbildung bei der Verkernung des Angiospermenholzes; dabei erweitern sich die umgebenden Peritrachealzellen (1) blasenartig (2) in das Lumen der Trachee (3).

entsprechend der unterschiedlichen Witterung der Wachstumsperioden, eine unterschiedliche Stärke. Durch Vergleichsmessungen mit Hölzern bekannten Alters kann das Jahresringmuster zur Altersbestimmung von Hölzern herangezogen werden (Dendrochronologie). Die Kartierung der Jahresringmuster reicht inzwischen über mehr als 2.000 Jahre zurück.

Entsprechend der Anordnung der Tracheen innerhalb des Jahresringes unterscheidet man zwei Formen von Hölzern: Im **ringporigen Holz** werden die weiten Tracheen nur im Frühjahr angelegt (z.B. *Quercus*). Im **zerstreutporigen Holz** finden sich die Tracheen über fast die ganze Wachstumsperiode verteilt (z.B. *Tilia*). Nur der letzte Spätholzbereich ist hier englumig und frei von Tracheen (Abb. 65).

Lebende Zellen und Gefäße in Funktion, die in Verbindung mit den Blättern stehen, sind nur in den äußeren Holzschichten zu finden (Splint- oder Weichholz). Die inneren Holzschichten dienen ausschließlich der Festigung (Kern- oder Hartholz).

Im Kernholz können bei bestimmten Angiospermen die Tracheen durch Thyllenbildung verstopft werden (Abb. 66, e). **Thyllen** sind blasenartige Erweiterungen der Schließhäute der benachbarten Parenchymzellen (Peritrachealzellen). Bei Gymnospermen können im Kernholz-Bereich die Hoftüpfel permanent verschlossen sein, indem die Tori auf Dauer die Porusöffnung verschließen. Dabei verholzen die Schließhäute. Weiter sind im verkernten Bereich die Zellwände häufig durch Gerbstoffe, Phlobaphene und Harze gegen Pilz- und Bakterienbefall imprägniert. Bleibt diese Art von Verkernung aus (z.B. *Salix*), so ergeben sich durch Fäulnis häufig Hohlstämme.

6.2.3.2 Das Gymnospermenholz

Dieses Holz ist einfach gebaut mit nur wenig Zelltypen. Der überwiegende Teil des Zellmaterials besteht aus Längstracheiden, die sowohl Festigungsfunktion haben als auch die axiale Wasserleitung im Cormus übernehmen (Abb. 67). Ihre Wände weisen typischerweise geringe Wandstrukturen auf. Sie stehen untereinander durch Hoftüpfel, die meist mit Tori ausgerüstet sind, in Verbindung. Die Hoftüpfel sind häufig den Radialwänden zugeordnet.

Bei den Gymnospermen ist die usprüngliche Form der Hoftüpfel die araukarioide Form (Abb. 66 a,b). Diese Hoftüpfel liegen dicht mehrreihig und alternierend. Dadurch bilden sie ein „Wabenmuster". Die araukarioide Tüpfelung finden wir zunächst bei den fossilen Gymnospermen (bis zum Keuper). Bei vielen rezenten Gymnospermen ist sie im Wur-

Abb.67:
Gymnospermen-Holz (*Pinus*),
Querschnittsbild
1: Frühholz
2. Spätholz
3: Holzparenchym
4: Harzkanal mit Drüsenepithel
5: Markstrahlparenchym
6: Tracheiden
7: Fenstertüpfel
8: Hoftüpfel

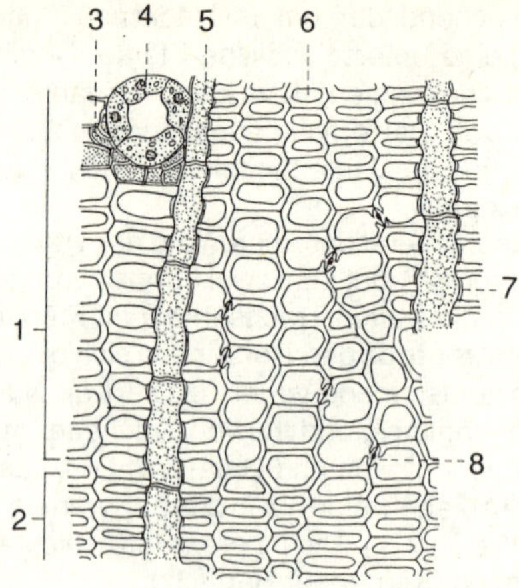

zelholz gegeben. Auch im Stammholz einiger Araukarien ist diese Tüpfelung anzutreffen.

Seit dem Jura nahm die abietinoide Tüpfelung zu. Wir finden sie im Stammholz der meisten rezenten Gymnospermen. Hier sind die großen, runden Hoftüpfel in einer lockeren Längsreihe angeordnet.

Die radial verlaufenden **Markstrahlen** (Holzstrahlen) bestehen häufig aus zwei Zelltypen: dem Markstrahlparenchym und den Quertracheiden. Typisch sind diese Holzstrahlen nur eine Zellreihe breit und etwa 5 bis 9 Zellreihen hoch.

Das Markstrahlparenchym dient dem radialen Stofftransport und der Reservestoff-Speicherung. Dessen Zellen stehen untereinander durch einfache Tüpfel in Verbindung. Mit den Längstracheiden ist es über „Fenstertüpfel" verbunden. Deren Schließhäute sind so stark vergrössert, daß sie ein Gutteil der Kontaktfläche zwischen den benachbarten Zellen einnehmen (Abb. 68).

Die Quertracheiden sind nicht prosenchymatisch und dienen der Wasserleitung in radialer Richtung. Sie schließen mit unregelmäßiger Kontur und Wandstruktur den Holzstrahl nach oben oder/und unten ab. Sie stehen untereinander und mit den Längstracheiden durch kleine Hoftüpfel in Verbindung.

Das Holz ist in axialer und in radialer Richtung von Harzkanälen durchzogen. In axialer Richtung sind sie mit dem spärlich vertretenen Holzparenchym vergesellschaftet. Diese Parenchymzellen stehen durch einseitig behöfte Tüpfel mit den Längstracheiden in Verbindung.

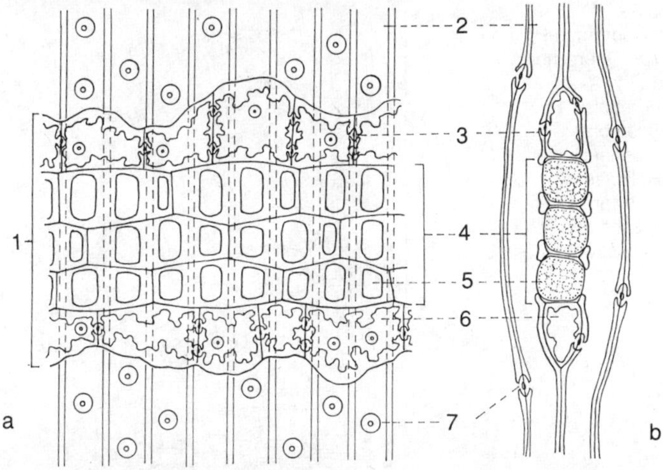

Abb.68: Gymnospermen-Holz (*Pinus*): Radialschnitt (a) und Tangentialschnitt (b); 1: Markstrahl; 2: Längs-Tracheiden; 3: Hoftüpfel der Quertracheiden; 4: Markstrahlparenchym; 5: Fenstertüpfel; 6: Quertracheiden; 7: Hoftüpfel der Längs-Tracheiden.

In radialer Richtung folgen die Harzkanäle dem Verlauf von Holzstrahlen, die dadurch wesentlich breiter werden.

6.2.3.3 Das Angiospermenholz

Das Angiospermenholz weist, im Vergleich mit dem Gymnospermenholz, mehr Zelltypen auf und ist daher wesentlich differenzierter gebaut (Abb. 69).

Hier sind die **Tracheen** die wichtigsten Elemente der Wasserleitung. Je nach Art können sie von lebenden Peritrachealzellen umgeben sein, die den Stoffaustausch mit den Tracheen kontrollieren. Die Tracheen sind entweder in Gruppen angeordnet, oder aber es treten bei mehr gestreuter Anordnung zumindest in Abschnitten Kontaktflächen zwischen benachbarten Tracheen auf. Diese Kontaktwände sind dicht mit sehr kleinen Hoftüpfeln besetzt, deren Schließhäute keine Tori aufweisen (Abb. 66 c,d). Durch den Tracheen-Verbund ist ein Queraustausch des Wassers zwischen den Leitelementen möglich. Die Tracheen-Wände können zusätzlich, z.B. durch schraubige Wandverstärkungen, strukturiert sein.

Abb.69:
Angiospermen-Holz (*Tilia*), Querschnittsbild
1: Frühholz
2: Spätholz
3: Tracheen
4: Holzfasern
5: Holzparenchym
6: Tracheiden
7: Markstrahl.

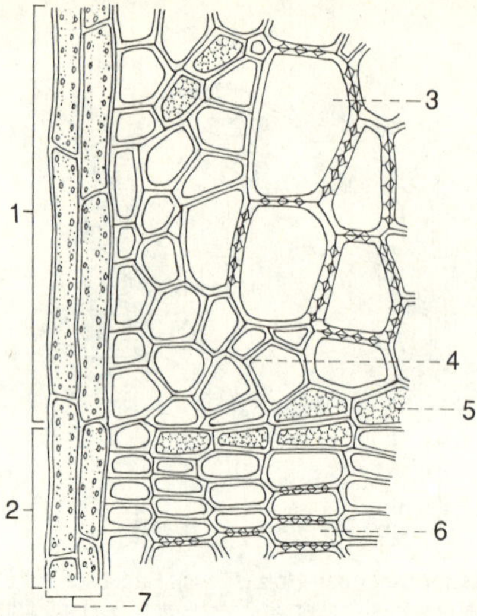

Mehr gegen Ende der Vegetationsperiode werden die englumigen Tracheiden angelegt. Wie die Tracheen, stehen sie untereinander durch Hoftüpfel in Verbindung und können ähnliche Wandstrukturen aufweisen. Auch die Tracheiden bilden häufig Gruppen.

Zwischen den Leitelementen finden sich Bereiche mit **Holzfasern**. Diese sind Sklerenchymfasern mit der entsprechenden prosenchymatischen Gestalt, haben unstrukturierte Wände und sind spärlich mit schräg-spaltförmigen Tüpfeln ausgerüstet. Untypisch dagegen ist die manchmal geringere Wandstärke. Dieser Aspekt und der mengenmäßige Anteil der Holzfasern bestimmt die Härte des Holzes.

Auch das Holzparenchym ist axial orientiert. In seiner besonderen Zuordnung und Funktion als Peritrachealzellen wurde es bereits erwähnt. Häufiger aber liegt das **Holzparenchym** gestreut oder in mehr geschlossenen Lagen zwischen den übrigen Längselementen. Auch der mengenmäßige Anteil des Holzparenchyms kann artspezifisch erheblich variieren. Immer aber sind dessen Zellen mit Amyloplasten ausgerüstet. Es dient also der Reservestoff-Speicherung und bildet, zusammen mit dem Markstrahlparenchym, ein dreidimensionales Netzwerk lebender Zellen im Splintholz (Abb. 70).

Die radialen **Holzstrahlen** sind homogen gebaut. Sie enthalten nur Parenchym. Die Holzstrahlen sind etwa 2 bis 6 Zellen breit und bis 20 und mehr Zellen hoch. Sie sind, besonders in den Tangentialwänden, intensiv getüpfelt, was die radiale Transportrichtung erleichtert. Auch

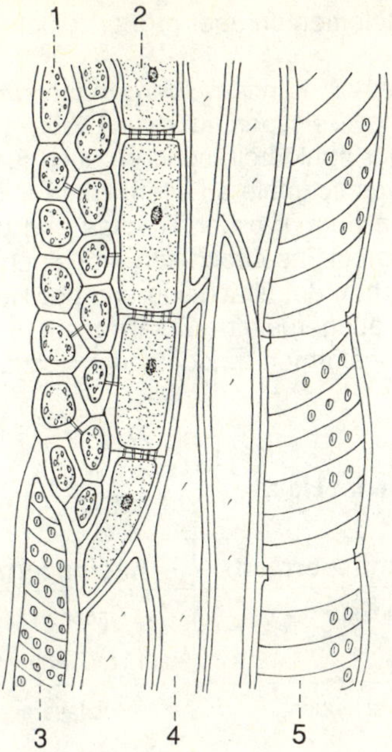

Abb.70:
Angiospermen-Holz (*Tilia*), tangential
1: Markstrahlparenchym
2: Holzparenchym
3: Tracheide
4: Holzfasern
5: Trachee.

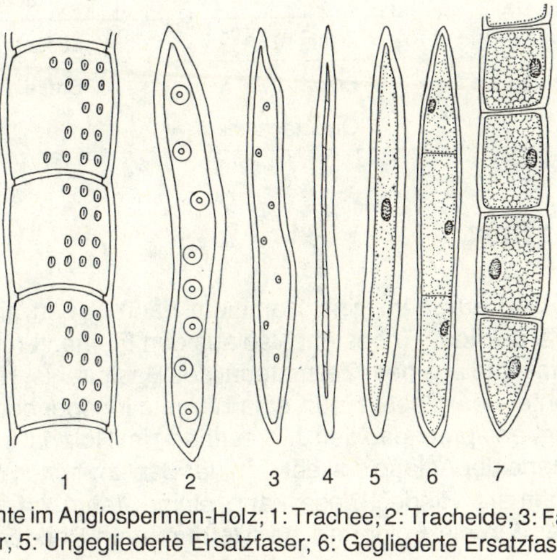

Abb.71: Elemente im Angiospermen-Holz; 1: Trachee; 2: Tracheide; 3: Fasertracheide; 4: Holzfaser; 5: Ungegliederte Ersatzfaser; 6: Gegliederte Ersatzfaser; 7: Holzparenchym.

stehen sie mit den axialen Leitelementen über größere Tüpfel in Verbindung.

Besonders im Angiospermenholz können **Übergangsformen** zwischen den besprochenen, axialen Zelltypen auftreten (Abb. 71). Diese Übergangsformen sind nicht nur strukturell, sondern auch funktionell intermediär. So stehen die etwas schmalere Leitertrachee und weiter die Treppentracheide zwischen dem Typ der Trachee und dem der Tracheide. Ebenso ist die englumige Fasertracheide mit kleinen Hoftüpfeln eine Übergangsform zwischen der Tracheide und der Holzfaser. Die mit lebenden Protoplasten ausgerüsteten Ersatzfasern, ohne und mit Querwänden, sind Übergangsformen zwischen der Holzfaser und dem Holzparenchym.

6.2.3.4 Unterschiedsmerkmale im Holz

	Gymnospermen	**Angiospermen**
Leitelemente:	Tracheiden	1. Tracheen 2. Tracheiden
Festigungselemente:	nur Tracheiden	1. Holzfasern 2. Tracheiden 3. Tracheen
Holzparenchym:	wenig	ausgeprägt
Holzstrahlen:	Breite: 1 Zellreihe Quertracheiden	Breite: 2-6 Zellreihen ohne Quertracheiden

6.2.4 Der Bast

Der Bast wird aus dem vom Kambium nach außen abgegliederten Zellmaterial gebildet. Er besteht also aus den Elementen des sekundären Phloems und aus dem Zellmaterial des Baststrahls. Häufig sind die Leitelemente des Bastes nur eine Vegetationsperiode aktiv. Eine Schichtung, entsprechend den Jahresringen im Holz, ist im Bast selten. Entsprechend der Anlage schiebt sich der Bast zwischen das Kambium und die primäre Rinde. Diese kann einige Jahre erhalten bleiben, während außen die Epidermis bereits durch ein Periderm ersetzt ist.

Später aber wird die primäre Rinde, zusammen mit dem älteren Bastmaterial, als Borke abgestoßen.

6.2.4.1 Der Gymnospermenbast

Das radial verlaufende Leitparenchym der Holzstrahlen setzt sich im Bereich der Baststrahlen in gleicher Zellform fort. Dagegen enden die Quertracheiden der Holzstrahlen im Bereich des Kambiums. Im Bast werden sie durch axial orientierte, plasmareiche Parenchymzellen ersetzt. Ist der letzte Aspekt betont, so werden sie als Eiweißzellen oder Strasburger-Zellen bezeichnet. Diese sind eng mit den Siebzellen verbunden und werden daher funktionell mit den Geleitzellen verglichen.

Mengenmäßig im Vordergrund stehen die axial orientierten Siebzellen, die durch zahlreiche Siebfelder in den Längswänden miteinander verbunden sind. Das axiale Bastparenchym kann entweder in dünnen Schichten in das Siebzellengewebe eingebettet sein (z.B. Pinaceae) oder es ergeben sich, wie z.B. bei den Cupressaceen, regelmäßige Lagen von durch Siebzellen beidseitig eingefaßtem Bastparenchym im Wechel mit Bastfasern (Abb. 72).

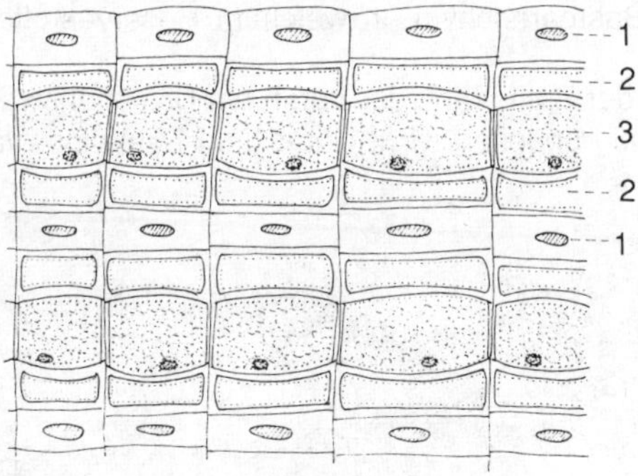

Abb.72: Gymnospermen-Bast (Cupressaceae, Taxaceae), Querschnittsbild; 1: Bastfasern; 2: Siebzellen; 3: Bastparenchym.

6.2.4.2 Der Angiospermenbast

Auch im Angiospermenbast finden wir die Zelltypen des primären Phloems, jedoch ist der sklerenchymatische Anteil häufig vermehrt (Abb. 73). Diese Bastfasern sind entweder gestreut angeordnet, oder

Abb.73: Angiospermen-Bast (*Tilia*), Querschnittsbild aus einer jungen Achse, ohne Borke
1: Bast
2: Holz (Ansatz)
3: Periderm
4: Primäre Rinde
5: Baststrahl
6: Weichbast
7: Hartbast
8: Kambium
9: Holzstrahl.

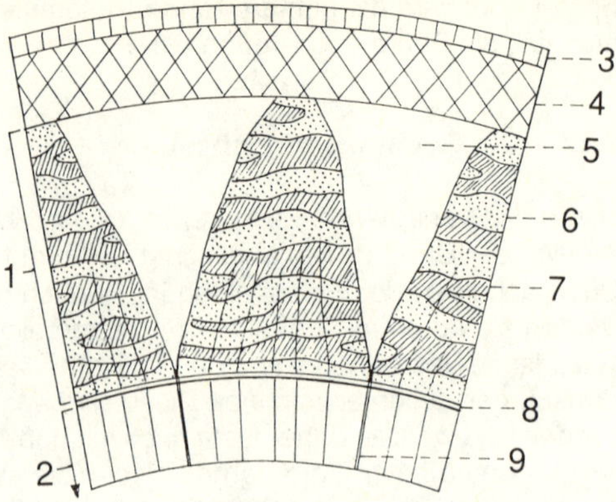

sie finden sich in tangentialen Lagen (**Hartbast**), im Wechsel mit dem anderen Zellmaterial (**Weichbast**). Hartbast und Weichbast finden sich oft in mehreren Schichten pro Vegetationsperiode. Bei bestimmten Arten können auch innerhalb des Weichbastes Schichtungen auftreten. Der Weichbast besteht aus den Siebröhren mit den Geleitzellen und aus dem axialen Bastparenchym, in welchem Reservestoffe gespeichert sind (Abb. 74).

Auffällig ist der Baststrahl, der durch ein Dilatationswachstum nach außen keilförmig erweitert wird. Unter dem Dilatationswachstum ver-

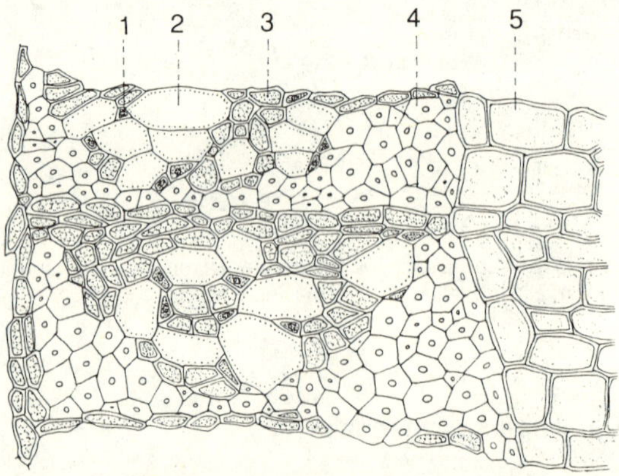

Abb.74: Angiospermen-Bast (*Tilia*); Querschnittsbild: Weichbast mit Geleitzellen (1), Siebröhren (2) und Bastparenchym (3); Hartbast mit Bastfasern (4); Baststrahltrichter mit Markstrahlparenchym (5).

steht man den durch antikline Teilungen erbrachten Zuwachs, welcher die Umfangserweiterung kompensiert. Diese Teilungsaktivität findet sich zunächst auch in der primären Rinde und in der Epidermis.

6.3 Das Periderm

6.3.1 Periderm mit Korkkambium

Das Periderm ist ein sekundäres Abschlußgewebe und übernimmt die Funktion der Epidermis. Es schützt gegen Wasserverlust, Infektionen und Schädlinge und gegen zu starke Erwärmung.

Meist wird es von einem Korkkambium, dem **Phellogen**, gebildet. Oft wird das Phellogen schon in der ersten Vegetationsperiode und vor oder mit Beginn des sekundären Dickenwachstums in der Subepidermis angelegt. In einigen Fällen kann es auch unmittelbar in der Epidermis (z.B. *Malus*) oder nahe am Phloem (z.B. *Thuja*) angelegt werden.

Das Phellogen ist also ein sekundäres Meristem. Es differenziert nach innen Phelloderm und nach außen Phellem, das eigentliche Korkgewebe. Phellem, Phellogen und Phelloderm bilden zusammen das Periderm (Abb. 75).

Das **Phelloderm** hat den Charakter eines sekundären Rindenparenchyms mit Chloroplasten. Es kann mehrschichtig werden oder einschichtig bleiben. Bei einigen Formen fehlt es sogar ganz.

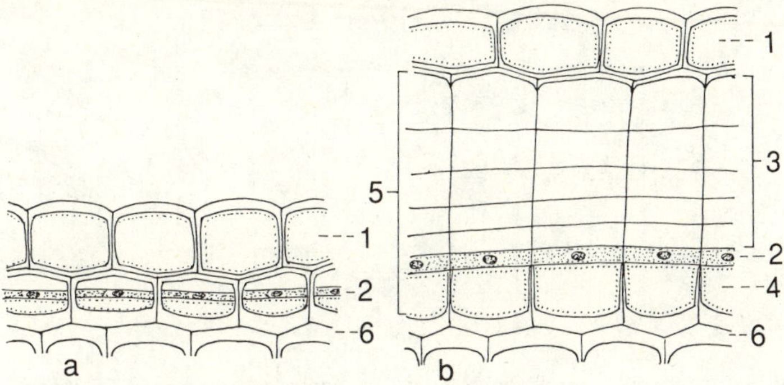

Abb.75: Periderm-Entwicklung (bei *Sambucus nigra*); a: Anlage des Korkkambiums (Phellogens) in der Subepidermis; 1: Epidermis; 2: Phellogen; 6: Zellwände des Plattenkollenchyms; b: differenziertes Periderm (5); 3: Phellem; 4: Phelloderm.

Das **Phellem** ist immer mehrschichtig. Da die Phellemzellen synchron nach außen abgegliedert werden, ergeben sich gleichförmige Lagen dieser viereckigen Zellen, welche verkorken.

Die Verkorkung im Phellem bedeutet eine allseitige Akkrustierung von Suberin, das von monomolekularen Wachsschichten durchzogen ist. Bei einigen Formen verkorken nicht alle Phellemzellen. Die unverkorkten Bereiche werden dann als Phelloid bezeichnet. In besonderen Fällen kann noch eine tertiäre Celluloseschicht aufgelagert werden, wodurch die Phellemzellen dickwandig und hart werden. Man spricht dann von Steinkork. Finden sich die Bereiche der Steinkorkzellen in regelmäßigen Lagen im Wechsel mit unverdickten Zellen, so ergibt sich ein Ringelkork (z.B. *Betula*). Ältere Phellemzellen sterben ab und sind dann luftgefüllt.

Das interzellularenfreie Phellem blockiert den Gasaustausch. Daher wird zusätzlich ein spezifisches, interzellularenreiches Durchlüftungsgewebe, die Lenticellen, angelegt. Dies geschieht unter Spaltöffnungen

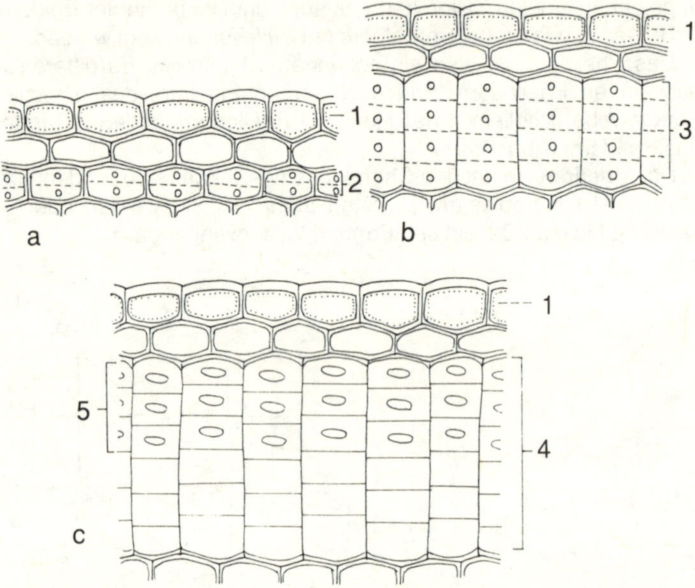

Abb.76: Etagenkork-Entwicklung; a: Erste Teilungen; 1: Epidermis; 2: Teilungen in der 2. subepidermalen Zellschicht; b: Etagenkork-Anlage durch äquale Teilungen der Tochterzellen (3); c: Differenziertes Stadium des Etagenkorks (4); ein Teil der Phellem-Zellen kann durch Wandverdickung zu Steinkorkzellen (5) werden.

und oft über den Markstrahlen. Gegen Ende der Vegetationsperiode werden weniger Interzellularen ausgebildet.

Das erste Periderm (**Initialperiderm**) kann beständig erhalten bleiben. Bei starker Umfangserweiterung jedoch wird es durch **Folgeperiderme** abgelöst. Dazu werden neue Phellogene in tieferen Gewebeschichten angelegt. Die Tiefenperiderme entstehen zunächst im Bereich der primären Rinde, dann im Bereich des Bastes.

Die außerhalb des aktuellen Periderms liegenden Gewerbe sterben ab und werden zur Borke. Diese besteht also aus altem Periderm- und Bast-Material. Mit der weiteren Umfangserweiterung reißt die alte Borke schließlich auf und kann abgestoßen werden.

Werden die aufeinanderfolgenden Phellogene ringförmig, stammumfassend angelegt, so ergibt sich eine **Ringelborke** (z.B. *Prunus avium*). Werden die Phellogene bogenförmig nach außen laufend angelegt, so folgt daraus eine **Schuppenborke** (z.B. *Pinus*).

Dieses oft recht harte Borkenmaterial schützt die darunter liegenden Schichten des Bastes und des Kambiums vor Verletzung und zu starker Sonneneinstrahlung.

6.3.2 Der Etagenkork

Eine Sonderform der Periderm-Entwicklung, der Etagenkork, findet sich z.B. bei Achsen von Monokotylen mit sekundärem Dickenwachstum, bei Luftwurzeln (z.B. *Monstera*) und bei Kork-Anlagen zum Wundverschluß (Abb. 76). Hier wird kein Phellogen angelegt. Vielmehr entwickelt sich das Phellem in einer Schicht der äußeren Rinde durch mehrmalige, äquale Teilung in perikliner Orientierung. Die so gebildeten Zellen verkorken anschließend.

Eine Modifikation dieses Phellems ergibt sich, wenn auf die Suberinschicht zusätzlich Verdickungsschichten aus Cellulose aufgelagert werden, die auch verholzen können. Auch hier kann also Steinkork entstehen.

6.4 Sekundäres Dickenwachstum bei einigen Monokotylen

Bei diesen Sonderformen (z.B. *Dracaena* , *Yucca* , *Aloe*) findet sich in den inneren Schichten der Rinde ein ringförmiges Meristem ohne

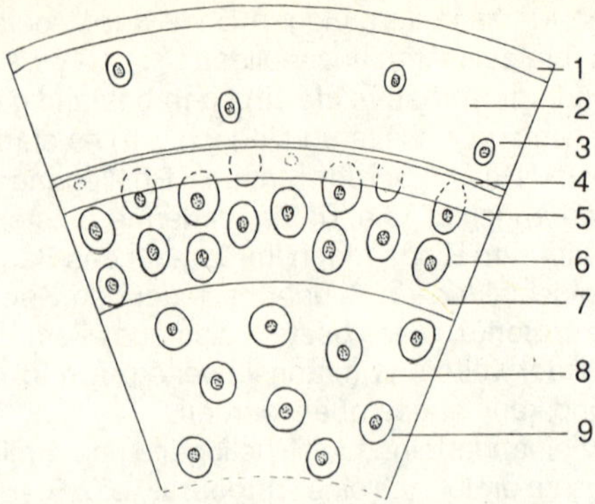

Abb.77: Querschnitt durch die sekundär verdickte Monokotylen-Achse (*Dracaena*); 1: Periderm; 2: Primäre Rinde; 3: Blattspur-Leitbündel; 4: Kambium; 5: Differenzierungszone; 6: Sekundäre Leitbündel; 7: Sekundäres Markparenchym; 8: Primäres Markparenchym; 9: Primäre Leitbündel.

Initialschicht (Abb. 77). Dieses leitet sich entweder von einem primären Verdickungsmeristem ab, oder es wird als sekundäres Meristem in den Rindenzellen angelegt. Dieses Meristem hat eine nur geringe Teilungsaktivität nach außen. Daraus differenzieren sich die sekundären Rindenzellen. Die überwiegende Teilungsaktivität erfolgt nach innen, es ergeben sich Leitbündel und Parenchymzellen (Abb. 78). Die Leitbündel sind konzentrisch mit Außenxylem, in dem sich nur Tracheiden befinden. Das Phloem ist schwach ausgeprägt. Das die Leitbündel umgebende Parenchym entwickelt verdickte und verholzte Zellwände. So stabilisiert auch das Parenchym die sekundär verdickte Sproßachse.

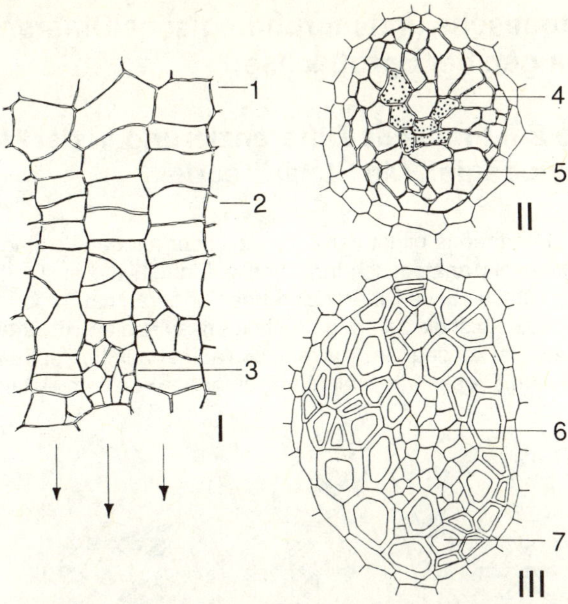

Abb.78: Entwicklung eines sekundären Leitbündels bei *Dracaena*; I: Unter dem Rindenparenchym (1) findet sich die Kambiale Zone (2), in der sich durch mehrfache Teilung einer Zelle (3) ein Prokambiumstrang herausbildet. Auch in der rechten und linken Abgliederungsreihe werden einige Zellen in die Teilungsaktivität einbezogen. II: aus dem Prokambiumstrang hat sich ein junges Leitbündel entwickelt; im Zentrum findet sich die Phloem-Anlage (4), diese ist kreisförmig von der Xylem-Anlage (5) umgeben. III: Entwickeltes Leitbündel: Es besteht im äußeren Xylemring (6) aus Tracheiden; das zentrale, kleinzellige Phloem (7) besteht aus Siebröhren und Geleitzellen.

7 Anatomische und morphologische Differenzierungen der Sproßachse

7.1 Die anatomische Differenzierung in der Phylogenie: Die Stelärtheorie

Nach der Stelärtheorie bildet der Zentralzylinder mit den Leitungsbahnen die Stele als anatomisch-funktionelle Einheit, die im Laufe der Phylogenie verschiedene Differenzierungen erfahren hat.

Ausgangspunkt ist die zentrale Tracheidensäule, die **Protostele** der Urfarne. Diese ist konsequent konzentrisch aufgebaut: Im Zentrum liegt das Protoxylem. Dieses wird kreisförmig umgeben von dem Metaxylem,

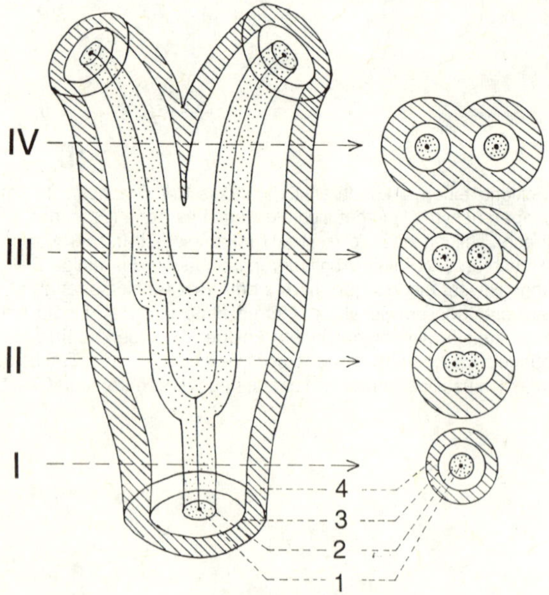

Abb.79: Mögliche Differenzierungsebenen einer „inneren Verzweigung": I: Unverzweigte Stele (-Protostele); II: Protoxylem geteilt (- für a) Siphonostele, b) Aktinostele); III: Metaxylem geteilt (- für a) Dictyostele, b) Plektostele); IV: Endodermis geteilt (- für Polystele); 1: Protoxylem, 2: Metaxylem, 3. Endodermis; 4: Rinde. Links: Stelenstück, längs; Rechts: Querschnittsbilder zu den angezeigten Ebenen.

dem Phloem und der Endodermis. Die dichotome Teilung ist die Verzweigungsform dieser Achse.

Die phylogenetische Ableitung der Stelen-Typen von der Protostele kann durch verschiedene Schwerpunkte einer „inneren Verzweigung" erklärt werden (Abb. 79):

Das Protoxylem-Zentrum (I) kann sich teilen, ohne daß sich das Metaxylem vollständig teilt (II). Das Metaxylem kann sich teilen, ohne daß sich der Endodermis-Zylinder teilt (III). Schließlich kann sich der Endodermis-Zylinder teilen, ohne daß sich die ganze Achse teilt (IV).

Zu den besonderen Ausformungen der einzelnen Stelen-Typen findet man, wenn man beachtet, daß die Protoxylem-Zentren sich mehrfach teilen und sich überwiegend kreisförmig anordnen. Weiter kann das Metaxylem tangentiale oder radiale Differenzierungsrichtungen herausbilden (Abb. 80).

Ausgehend von den kreisförmig angeordneten Protoxylem-Zentren ergibt sich bei tangentialer Differenzierungsrichtung die **Siphonostele** mit ringförmig geschlossenem Metaxylem. Bei der **Aktinostele** mit zentripetaler Differenzierungsrichtung sind die Metaxylem-Anteile im Zentrum miteinander verbunden.

Die Auflösung der Siphonostele, z.B. durch Blattlücken, führt zur **Dictyostele** mit mehreren Metaxylem-Bereichen. Entsprechend führt die Aufgabe des Entwicklungszentrums von der Aktinostele zur **Plektostele** mit mehr unregelmäßig angeordneten Metaxylem-Bereichen. Bei diesen Formen bleibt aber der durch die Endodermis begrenzte Zentralzylinder erhalten.

Dies gilt auch für die **Eustele** der Dikotylen und Gymnospermen, deren Metaxylem-Anteile sich in zentrifugaler Richtung differenzieren. Dagegen sind bei der **Ataktostele** der Monokotylen die Protoxylem-Zentren in mehreren Kreisen oder gestreut angeordnet.

Auch die **Polystele** der Höheren Farne zeigt eine gestreute Anordnung der Leitbündel, allerdings ist jedes von einer eigenen Endodermis umgeben. Der ursprünglich zentrale Zylinder ist damit in mehrere Stränge aufgeteilt.

7.2 Die morphologische Differenzierung in der Phylogenie: Die Telomtheorie

Die Urfarne (Psilophytales) bestanden, in der einfachsten Form, nur aus einem dichotom verzweigten Achsenkörper ohne Blätter. Aus diesem Grundtyp der Landpflanzen entwickelten sich die differenzierten, rezen-

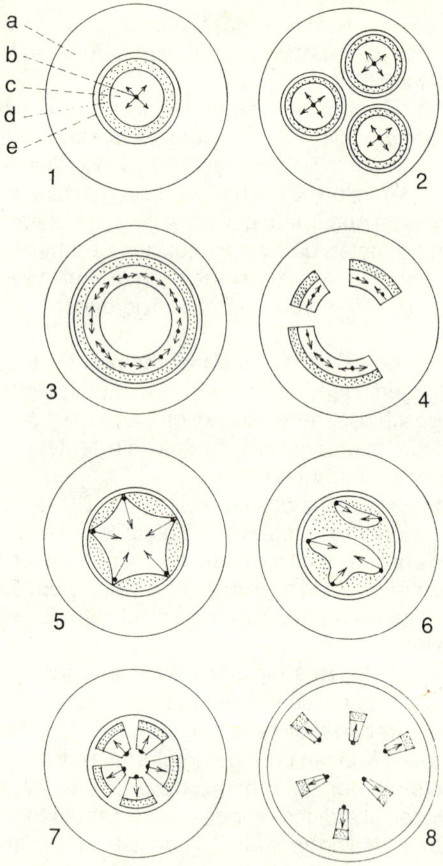

Abb.80: Stelen-Typen: 1: Protostele, 2: Polystele, 3: Siphonostele; 4: Dictyostele, 5: Aktinostele; 6: Plektostele; 7: Eustele; 8: Ataktostele; - dazu die Bereiche: a: Rinde; b: Protoxylem, von diesem ausgehend zeigen die Pfeile jeweils die Differenzierungsrichtung des Metaxylems (c); d: Phloem (punktiert); e: Pericykel.

ten Cormophyten. Einige wichtige Prinzipien der morphologischen Differenzierung werden in der Telomtheorie als Elementarprozesse beschrieben (Abb. 81):

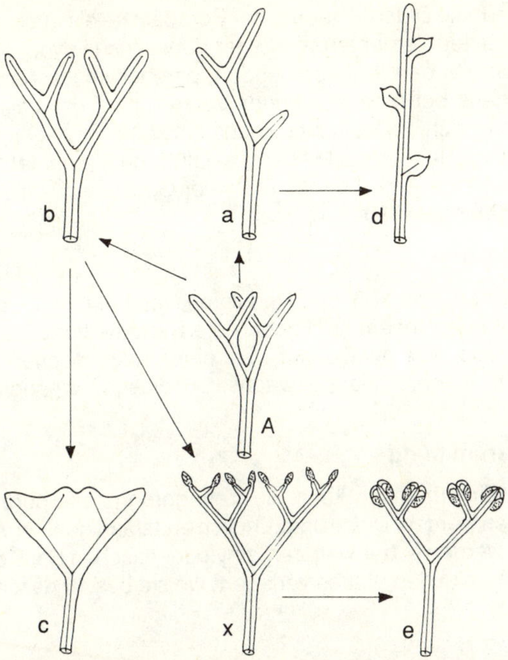

Abb.81: Elementarprozesse der Telomtheorie; A: Urform; a: Übergipfelung; b: Planation; c: Verwachsung; d: Reduktion; e: Einkrümmung; x: Endständige Sporangien; - die Pfeile geben mögliche Entwicklungslinien an.

1.) Die Übergipfelung

Die Übergipfelung beschreibt, wie sich aus dem gleichwertig verzweigten Achsensystem die Dominanz einer zusammengesetzten Hauptachse herausbildet. Weiter ergibt sich daraus für das Blatt die dominante Mittelrippe mit den nachgeordneten Adern erster und zweiter Ordnung.

2.) Die Planation

Die Planation beschreibt, besonders für die Entwicklung des Blattes, die Umwandlung eines primär dreidimensional verzweigten Achsensystems in ein flächiges System. Die Adern des Blattes sind in dieser Weise angeordnet.

3.) Die Verwachsung

Sowohl für die Differenzierung der Sproßachse als auch für die des Blattes ist der Elementarprozeß der Verwachsung von Bedeutung. Er beschreibt den fortbestehenden, parenchymatischen Verbund des Organs bei fortschreitender Verzweigung der Leitelemente. Hier ergibt sich ein logischer Bezug zu einem wichtigen Gesichtspunkt der Stelärtheorie. Mit den aufgeführten Elementarprozessen lassen sich wesentliche Merkmale der Gestalt eines mehradrigen Blattes (Megaphyll) beschreiben.

4.) Die Reduktion

Der Elementarprozeß der Reduktion verstärkt den Prozeß der Übergipfelung, indem nachgeordnete Systeme zum Teil reduziert werden. So werden die nur von einer Ader inserierten Blätter (Mikrophylle) der Bärlappgewächse auf diesen Vorgang zurückgeführt.

5.) Die Einkrümmung

Mit der Einkrümmung kann die Verlagerung der Sporangien beschrieben werden. Diese ursprünglich endständigen Vermehrungsorgane werden in der weiteren, phylogenetischen Entwicklung auf die Unterseite des Blattes verlagert, wo sie besser geschützt sind.

7.3 Die Morphologie der Sproßachse

7.3.1 Die Knospe

Nur bei den ursprünglichen Farnen (Psilophytatae, Lycopodiatae) finden wir eine Verzweigung durch die dichotome Teilung des Apikalmeristems der Hauptachse. Bei den Spermatophyten aber, und auch bei einigen Farn-Gruppen, ergibt sich das Sproß-System durch den Austrieb von Knospen (Abb. 82).

Diese stehen als Gipfelknospen apikal, endständig oder als Seitenknospen in der Achsel von Tragblättern. Diese Achselknospen finden sich bei den Angiospermen in allen, bei den Gymnospermen in einigen Blattachseln.

Bei den verschiedenen Farn-Gruppen variiert die Position der Knospen. So liegen die Seitenknospen bei *Equisetum* zwischen den Blättern. Bei *Polypodium* liegen sie gegenüber dem Blattansatz.

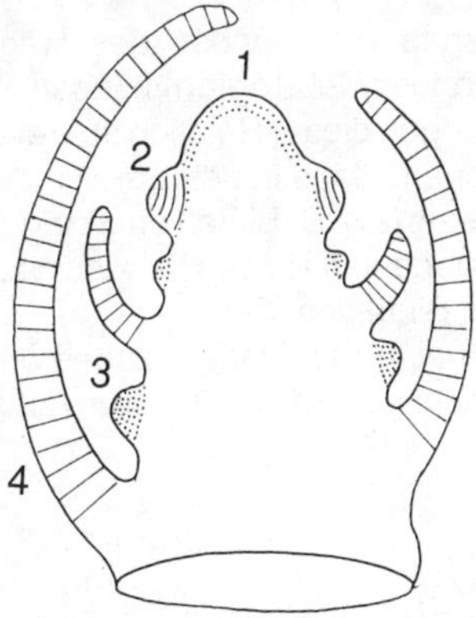

Abb.82:
Knospe (längs)
1: Vegetationskegel
2: Blatt-Primordien
3: Anlagen der Seitenzweige
4: junge Blätter

Jedoch nicht alle Seitenknospen treiben aus. Generell wird der Austrieb der Knospen durch Phytohormone gefördert oder unterdrückt. Dies geschieht entsprechend dem Bauplan der jeweiligen Art. So kann bei vielen Laubbäumen ein Teil der Seitenknospen als „schlafende Knospen" bis zu mehreren Jahren im Ruhezustand verharren. Sie werden von der Rinde überwallt und treiben erst aus, wenn, z.B. nach Verletzungen, Ersatztriebe benötigt werden.

Die Knospe ist eine Sproß-Anlage. Sie besteht aus:

a) dem Apikalmeristem (Vegetationskegel,)
b) den Blattprimordien,
c) den Anlagen der Seitenzweige,
d) den jungen Blättern.

Letztere umhüllen, durch verstärktes Wachstum der Unterseite, das Apikalmeristem und schützen so die Knospe.

Neben den beschriebenen Blattknospen finden wir auch Blütenknospen. Es sind Anlagen von Blüten oder Blütenständen. Beide Formen werden bei den Holzgewächsen häufig schon im Frühsommer angelegt und verbleiben in Ruhe bis zum nächsten Frühjahr. Diese Winterknospen werden durch derbe Knospenschuppen geschützt, die beim Austrieb abgeworfen werden.

Bei einer Reihe von Angiospermen werden in der Achsel des Tragblattes zusätzliche Beiknospen angelegt mit möglicherweise unterschiedlichen Differenzierungsrichtungen. So wird bei *Passiflora* aus der ersten Knospe eine Ranke differenziert. Aus den Beiknospen ergeben sich 1 bis 2 Blütenknospen und eine vegetative Knospe.

Primär entstehen die Knospen genau in der Achsel des Tragblattes. Durch interkalare Wachstumsvorgänge (**Metatopien**) können während der Entwicklung jedoch Verschiebungen dieser Relation auftreten (Abb. 83). Durch die Mitnahme der Knospenanlage in den Bereich des Internodiums ergibt sich die **Concauleszenz** (z.B. Blüte von *Solanum tuberosum*). Durch Mitnahme der Knospenanlage in den Bereich des Blattes ergibt sich die **Recauleszenz** (z.B. Blüte von *Tilia*).

Da die Knospen für die Seitenzweige den Blättern zugeordnet sind, ist die Position der Blätter ein wichtiger Faktor für den Aufbau des Verzweigungssystems.

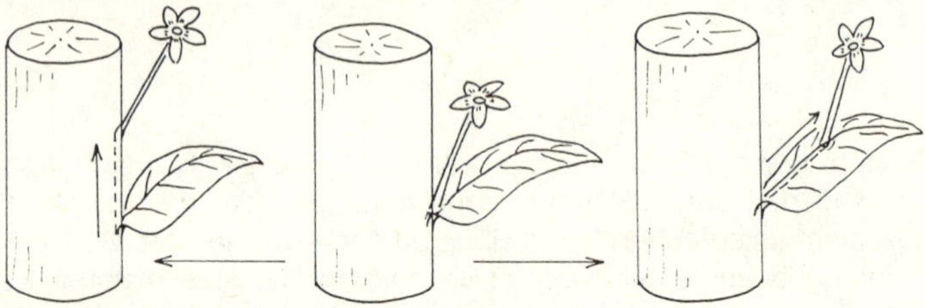

Abb.83: Metatopien: a: Normalform; b: Concauleszenz; c: Recauleszenz.

7.3.2 Die Blattstellung an der Achse

Der Bereich des Blattansatzes an der Achse wird als Knoten (Nodus) bezeichnet. Der Bereich der Sproßachse zwischen den Blättern ist das Internodium. An einem Knoten können ein, zwei oder auch zahlreiche Blätter inseriert sein (Abb. 84). Dabei gilt immer die Regel, daß der Winkelabstand zwischen benachbarten Blättern konstant ist (**Äquidistanzregel**).

a) Ein Blatt an einem Knoten

Weist der Knoten nur ein Blatt auf, und sind die Blätter in der Folge jeweils um einen Divergenzwinkel von 180° versetzt, so ergibt sich eine **zweizeilige** (distiche) Beblätterung. Die Blätter stehen also in zwei Längsreihen (Orthostichen). Wir finden diese Form bei vielen Monokotylen, aber auch bei einigen Dikotylen-Gruppen (z.B. Fabaceae, Apiaceae).

Ist der Divergenzwinkel kleiner als 180°, so ergibt sich eine **schraubige** Blattstellung (Dispersion). Der Winkel liegt häufig im Bereich von 135° (=3/8) bis 144° (=2/5). Diese Anordnung finden wir bei vielen

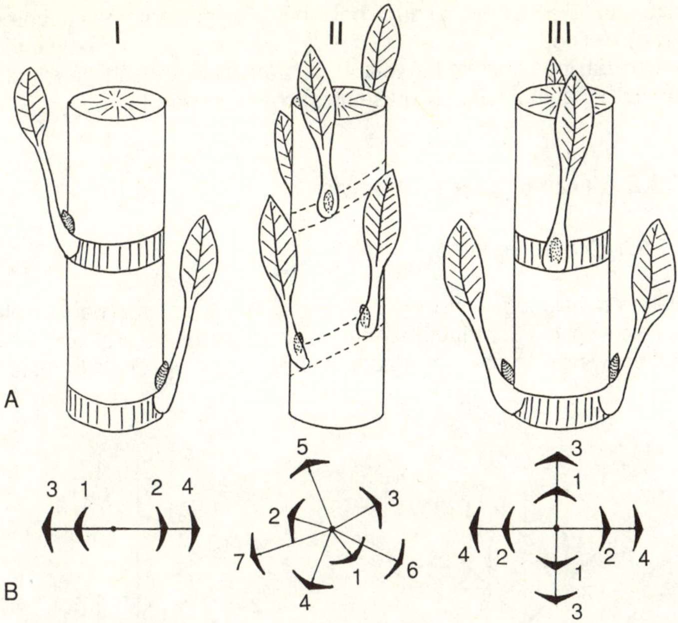

Abb.84: Blattstellung; I: Distichie; II: Dispersion; III: Decussation; A: Sproßstücke in Seitenansicht, an den durch Längsschraffur markierten Knoten stehen die Blätter mit den Achselknospen. B: Polare Projektion; in den Blattstellungs-Diagrammen bezeichnen die Zahlenwerte, von oben nach unten fortschreitend, die Position der Knoten bzw. der Blattansätze.

Dikotylen und Gymnospermen. Dieser Bau ist besonders gut bei Rosettenpflanzen, wie z.B. *Sempervivum* oder *Plantago*, zu erkennen. Der Vorteil dieser Anordnung liegt in der Minimierung der gegenseitigen Beschattung durch die aufeinanderfolgenden Blätter.

b) Mehrere Blätter an einem Knoten

Sind an einem Knoten mehrere Blätter inseriert, so spricht man von Wirteln. Dabei stehen die Blätter an den aufeinanderfolgenden Knoten „auf Lücke" zu dem jeweils vorhergehenden Wirtel (**Alternanzregel**).

Mit zwei Blättern an einem Knoten, einem zweizähligen Wirtel, sind die Blätter in der Folge jeweils um 90° gegeneinander versetzt. Es ergibt sich eine **kreuzgegenständige** (dekussierte) Blattstellung mit vier Orthostichen. Diese Form ist bei mehreren Dikotylen-Gruppen (z.B. Lamiaceae, Oleaceae) und auch bei einigen Gymnospermen (Cupressaceae) zu finden.

Dreizählige Wirtel finden wir z.B. bei *Juniperus*, vielzählige Wirtel sind für die Schachtelhalme (Equisetales) charakteristisch.

7.3.3 Verzweigungssysteme

7.3.3.1 Die Sproßfolge

Das Verzweigungssystem des Sprosses ergibt sich aus der Hauptachse, die sich von der Plumula-Anlage des Embryos ableitet, und aus den Seitenzweigen erster und nachfolgender Ordnung. Der Charakter der

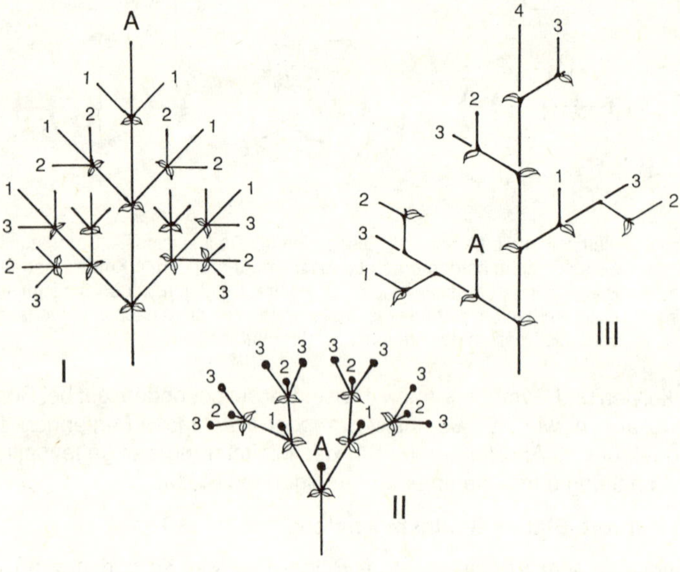

Abb.85: Sproßaufbau; I: Monopodiale Form, für einen Sproß mit dekussierter Blattstellung; II und III: Sympodiale Formen; II: Dichasium; die entständigen schwarzen Kreise beschreiben jeweils die Position einer ruhenden Endknospe oder z.B. eines Blütenstandes; III Monochasium, dargestellt für einen Sproß mit disticher Beblätterung. - Die eingezeichneten Blätter haben die Funktion von Tragblättern für die nachgeordneten Sproßsysteme. A: Primärachse; 1 - 4: Ordnung der Seitenachsen.

Sproßfolge wird zunächst durch die alternative Dominanz der Hauptachse oder der Seitenzweige bestimmt (Abb. 85).

a) Hauptachse dominant: Monopodium

Bei der monopodialen Form ist die Hauptachse stets länger und stärker als die Seitenzweige erster Ordnung. Diese wiederum sind länger als die Seitenzweige zweiter Ordnung. Dieses Prinzip bleibt für die weitere Verzweigungsfolge erhalten und erbringt die regelmäßige, pyramidale Wuchsform vieler Gymnospermen (z.B. *Picea*, *Abies*) und einiger Laubbäume (z.B. *Populus*).

b) Seitenzweige dominant: Sympodium

Diese Verzweigungsform ist für viele unserer Laubbäume und Sträucher charakteristisch. Manchmal schon nach einer Vegetationsperiode stellt das aktuell dominante Apikalmeristem sein Wachstum ein und wird zu einer ruhenden Endknospe, oder es stirbt ab. Abschließend kann auch eine Blüte oder ein Blütenstand angelegt werden.

Stehen die Seitenzweige decussiert und gleichwertig, so ergibt sich ein regelmäßig aufgebautes **Dichasium** (z.B. *Viscum*, *Syringa*).

Übernimmt dagegen jeweils ein Seitenzweig die Dominanz, so entwickelt sich, oft in Verlängerung der primären Hauptachse, ein **Monochasium**. Die Stämme und Äste vieler Laubbäume (z.B. *Castanea*) sind solche Scheinachsen. Aber auch Rhizome, z.B. von *Polygonatum*, können monochasial aufgebaut sein (Abb. 88, B).

7.3.3.2 Die Orientierung im Raum

Unabhängig davon, ob ein Monopodium oder ein Sympodium vorliegt, verzweigen sich die dominanten, vertikal (orthotrop) wachsenden Achsen dreidimensional. Sie erschließen so den Raum für das beblätterte Zweigsystem. Dagegen haben die nachgeordneten Verzweigungen eine deutliche Tendenz, sich mehr horizontal (plagiotrop) zu orientieren. Diese Tendenz bedeutet eine Verzweigung mehr in der Ebene, um eine große Absorptionsfläche zu erschließen. Gleichzeitig ist damit eine unterschiedlich stark ausgeprägte Dorsiventralität verbunden. Diese kann genetisch fixiert sein, wie bei einigen Gymnospermen. Oder sie kann aufgehoben werden, wenn, z.B. durch Verlust des Gipfeltriebes oder durch Abtrennung, die normale Korrelation gestört wird.

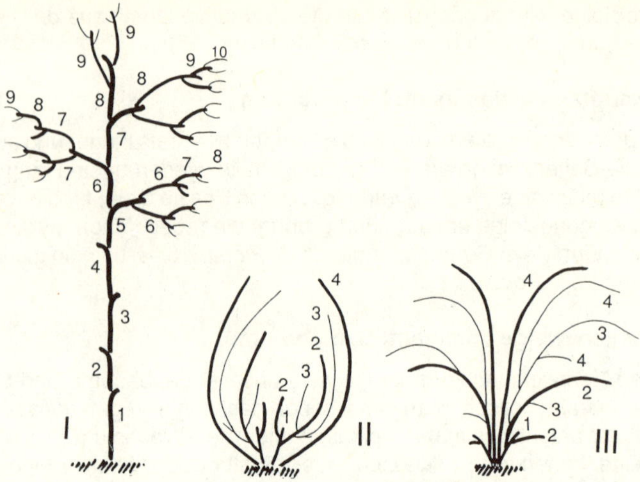

Abb.86: Wuchsformen bei sympodial verzweigten Sproßsystemen; I. Acrotonie (- „Baumform"); mit dem sekundär astlosen Stamm (1 - 5; Sympodium) und der verzweigten Krone (6 - 10). II und III: Basitonie (- „Strauchform"); II: Dominanz der unterseitigen Verzweigungen ergibt eine konvexe Kontur; III Dominanz der oberseitigen Verzweigungen ergibt eine konkave Kontur.

7.3.3.3 Die Steuerung des Längenwachstums

Die Wuchsform zu einem Strauch oder zu einem Baum ist artspezifisch festgelegt. Sie ergibt sich aus der unterschiedlichen Wachstumsförderung im unteren oder oberen Teil des Sproßsystems (Abb. 86).

a) Die „Strauch"-Wuchsform

Typisch kann hier von einer sympodialen Sproßfolge ausgegangen werden. Wird nun das Längenwachstum der basalen Seitenzweige gefördert (**Basitonie**), so ergibt sich die niedere, breite und bogige Wuchsform. Modifiziert wird diese Form durch die alternative Förderung der oberseitigen Knospenposition (Epitonie) oder der unterseitigen Position (Hypotonie). Die Epitonie führt zu einer mehr konkaven Seitenkontur (z.B. *Sambucus*, *Forsythia*), die Hypotonie zu einer mehr konvexen Seitenkontur (z.B. *Rhododendron*, *Corylus*).

b) Die „Baum"-Wuchsform

Auch hier bezieht sich die Betrachtung auf die sympodiale Sproßfolge. Bereits nach einigen Vegetationsperioden ergibt sich eine Gliederung:

Basal entwickelt sich ein Stamm, der sich aus dem Sympodium aufbaut und in dessen Bereich sich die Seitenzweige schwächer entwickeln und auch absterben. Apikal entwickelt sich das **akroton geförderte** Verzweigenssystem der Krone. Viele unserer Laubbäume entwickeln sich in dieser Weise (z.B. *Tilia*, *Betula*).

Bei einigen Formen dieser Gruppe kann ein weiteres Differenzierungsprinzip des Längenwachstums wirksam werden: Während die Langtriebe mit kräftiger Internodienstreckung die Vergrößerung der Krone vorantreiben, ist bei den nachgeordneten Verzweigungen, den Kurztrieben, die Internodienstreckung reduziert oder unterbleibt vollständig (Abb. 87).

Diese Kurztriebe verzweigen sich nicht oder nur wenig und können, z.B. bei *Taxodium*, bereits nach einer Vegetationsperiode abgeworfen

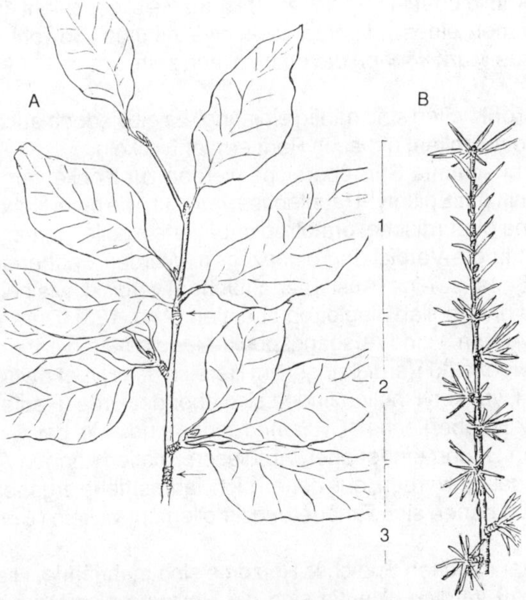

Abb.87: Langtriebe und Kurztriebe; A: *Fagus sylvatica*; B: *Larix decidua*; 1: diesjähriger Langtrieb; 2, 3: zwei- bzw. dreijähriger Zweigabschnitt; die Pfeile weisen auf die Grenzen zwischen den Jahrestrieben. Der diesjährige Langtrieb trägt Blätter bzw. Nadeln, aus deren Achselknospen sich im nächsten Jahr Kurztriebe entwickeln. Kurztriebe sind Sprosse mit extrem gestauchten Internodien. Sie haben einen geringen, jährlichen Zuwachs. An den mehrjährigen Zweigabschnitten stehen die Blätter, bzw. Nadeln nur an Kurztrieben.

werden. Bei einigen Formen (z.B. *Larix*, *Ginkgo*) stehen an den mehrjährigen Zweigen die Blätter nur an den Kurztrieben. Auch die Blüten können, wie bei *Malus* oder *Prunus avium*, den Kurztrieben zugeordnet sein.

7.4 Umbildungen der Sproßachse (Metamorphosen)

7.4.1 Sproßverdickung zur Reservestoffspeicherung

Wird der Sproß zum Reservestoffspeicher, so ergibt sich entweder eine Sproßknolle oder ein Speicher-Rhizom. Meist geschieht die Verdickung im Rahmen eines primären Dickenwachstums. Sowohl die Rinde als auch das Mark können davon betroffen sein.

Die Sproßknollen sind häufig einjährig. Es gibt jedoch auch mehrjährige Hypokotylknollen, die auch Periderm entwickeln.

Nur bestimmte Sproßbereiche werden zur Knolle verdickt: Wird ein Abschnitt der Epikotyl-Hauptachse verdickt, wie beim Kohlrabi, so ergibt sich eine oberirdische, orthotrop orientierte Knolle. Immer sind mehrere Nodien in die Verdickung einbezogen. Werden Endbereiche unterirdischer Seitenzweige (Ausläufer, Stolonen) verdickt, wie bei der Kartoffel, so sind die Knollen plagiotrop orientiert (Abb. 123). Deren Achselknospen („Augen") sind Ausgangspunkte für die neuen Jahrestriebe.

Häufiger sind Verdickungen im Bereich des Hypokotyls. Diese orthotropen Hypokotylknollen finden sich über der Erde (Radieschen), mehr an der Erdoberfläche (*Cyclamen*) oder sind, wie bei *Corydalis cava*, tiefer im Boden eingebettet. An diesen Knollen können Adventivknospen angelegt werden, aus denen sich Jahrestriebe ergeben (*Cyclamen*) oder aus denen sich Erneuerungsknollen entwickeln (*Corydalis*).

Die unterirdischen Speicher-Rhizome sind mehrjährig. Hier ist der ganze Sproß verdickt. Häufig sind die Rhizome plagiotrop orientiert und verzweigen sich sympodial. Sie können dorsiventral gebaut sein, wie bei *Iris*, mit der Unterseite zugeordneten, sproßbürtigen Wurzeln (Abb. 88, A).

Abb.88: A: Speicher-Rhizom von *Iris germanica*. Das dorsiventrale Organ verzweigt sich in der Horizontalebene sympodial. In seinen älteren Teilen ist es oberseits mit querliegenden Blattnarben bedeckt. Im Internodialbereich finden sich unterseits die sproßbürtigen Wurzeln. Nur die endständigen Schwertblätter sind orthotrop orientiert. B: Das Rhizom von *Polygonatum odoratum* verzweigt sich sympodial in der Vertikalebene. Pro Vegetationsperiode entwickelt sich aus der aktuellen Endknospe ein orthotroper, distich beblätterter Blütentrieb. Er hinterläßt am Ende des Vegetationsjahres eine „siegelförmige" Narbe an der Rhizom-Oberseite. Das Rhizom wird über die basal ansetzende Seitenknospe verlängert. Die sproßbürtigen Wurzeln sind allseitig am Rhizom inseriert.

7.4.2 Die Stammsukkulenz

Pflanzen, die an Trockenstandorte angepaßt sind, werden als Xerophyten bezeichnet. In Wüsten und Halbwüsten müssen die Pflanzen in der Lage sein, das nur in kurzen Regenperioden angebotene Wasser über lange Zeit zu speichern und den Wasserverlust so gering wie möglich zu halten.

Die konsequenteste Anpassung zeigt sich in der Stammsukkulenz, wie sie besonders von den Kakteen bekannt ist. Dabei wird der Rindenbereich der Sproßachse durch primäres Dickenwachstum vergrößert. Das Rindenparenchym wird überwiegend zu einem Wasserspeichergewebe. Die Verdickung führt zu einem säulenartigen, in einigen Fällen sogar kugelförmigen Achsenkörper. Oder aber die Glieder des Achsensystems sind abgeflacht und verbreitert, wie bei *Opuntia* und anderen „Gliederkakteen". Man spricht dann von Flachsprossen oder Platycladien (Abb. 89).

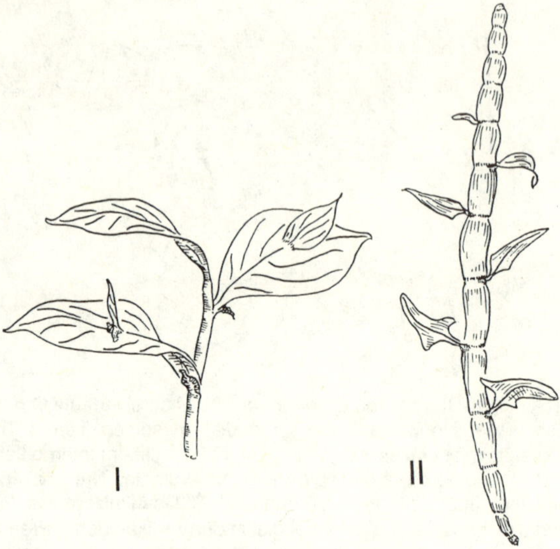

I II

Abb.89: Phyllocladien und Platycladien; I: *Ruscus hypoglossum* (Sproßstück): Die Seitenzweige sind Kurzsprosse und sind blattartig ausgebildet (-Phyllocladien). Sie stehen in den Achseln schuppenförmiger Blätter. Auf jedem Phyllocladium findet sich ein einziges Blatt, in dessen Achsel eine Blütenknospe angelegt wird. II: *Mühlenbeckia platyclados* (Sproßstück): Durch Abflachung der Internodien ergeben sich Flachsprosse (-Platycladien). Die zweizeilig angeordneten Blätter sind deutlich reduziert und kurzlebig.

Bei den stammsukkulenten Formen sind die Blätter weitgehend zurückgebildet, um die Oberfläche und damit den Wasserverlust zu reduzieren. Die Photosynthese-Funktion übernehmen die äußeren Rindenschichten der Sproßachse. Die Blätter können in Blattdornen umgewandelt sein. Bei Vertretern der amerikanischen Cactaceen sind auch die Achselknospen in Blattdornen-Büschel (Areolen) umgewandelt.

Eine „kakteenartige" Wuchsform zeigen auch Vertreter anderer Pflanzengruppen, die in Trockengebieten angesiedelt sind. So zeigen Pflanzen aus den Gruppen der afrikanischen Euphorbiaceen und Asclepiadaceen das Bild eines „Säulenkaktus". Diese durch analoge Lebensbedingungen erzwungene Formangleichung genetisch unabhängiger Pflanzengruppen wird als **Konvergenz** bezeichnet.

7.4.3 Die Sproßdornen

Auch Sproßachsen können zu Dornen umgewandelt sein. Bei Pflanzen aus Trockengebieten ist die Bedornung häufig, da bei diesen Formen der Schutz gegen Tierfraß besonders wichtig ist. Aber auch in der gemäßigten Klimazone finden sich bedornte Pflanzen. Häufig sind es unverzweigte Kurztriebe, die zu Dornen umgewandelt sind. Erwähnt seien hier der Weißdorn (*Crataegus*), der Sanddorn (*Hippophae*) und der Feuerdorn (*Pyracantha*). Aber auch verzweigte Kurztriebe können zu Dornen umgewandelt sein, die bei der nordamerikanischen *Gleditsia triacanthos* die älteren Sproßteile bedecken.

7.4.4 Die Ranken

Ranken dienen der mechanischen Verankerung der Pflanze. Sie können aus verschiedenen Organen hervorgehen. Sproßranken, die von der jeweiligen Sproßspitze gebildet werden, finden wir bei dem Sympodium von *Vitis* (Abb. 90). Oder sie ergeben sich durch den Austrieb von Seitenknospen, wie bei *Passiflora*. Blattranken, die anstelle einer Blattspreite gebildet werden, finden wir bei den Cucurbitaceen. Bei *Pisum* dagegen ergeben sich die Ranken anstelle von Blattfiedern (Abb. 113).

In jedem Falle sind die Ranken fadendünne, bewegliche und reaktive Organe, die häufig eine dorsiventrale Differenzierung aufweisen. Durch Berührung (-thigma) „finden" die Ranken eine Stütze und umwickeln diese.

Häufig ist nur die Ranken-Unterseite reaktiv, wie bei den Cucurbitaceen und bei der *Passiflora*-Gruppe. Nur bei Berührung der Unterseite krümmen sich die Ranken in diese Richtung (Thigmonastie). Es gibt jedoch auch allseitig reaktive Ranken, wie bei der *Cissus*-Gruppe. Sie krümmen sich jeweils in Richtung des Reizes. Man spricht daher von einem Thigmotropismus.

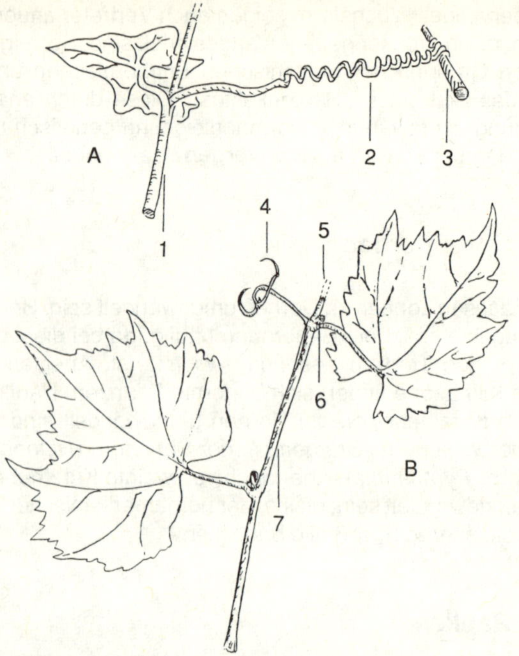

Abb.90: A: Ranke von *Bryonia dioica*; 1: Sproßstück, mit Blatt und zugeordneter Ranke; 2: Wendepunkt in der Mitte des spiralisierten Teils der Ranke; 3: umwickelte Stütze. B: Lottentrieb (Sympodialglied; 7) von *Vitis vinifera*, welcher in einem Rankensystem (4) endet. Diese Ranken zeigen Altersein-rollung. Die Achselknospe des oberen Blattes ist bereits ausgewachsen (5) und hat das Monochasium verlängert. Die noch vorhandene Beiknospe (6) kann zu einem „Geiztrieb", einer Verzweigung auswachsen.

Die **Entwicklung der Ranke** beschreibt auch deren Reaktionsformen:

a) In der Anfangsphase der Rankenentwicklung ist diese spiralfederartig eingerollt mit konvexer Unterseite und noch nicht reaktiv.
b) In der anschließenden Wachstumsphase führt die nun ausgestreckte Ranke kreisförmige Suchbewegungen (Nutationsbewegungen) aus. Diese Circumnutation ist also eine autonome, eine endogen festgelegte Wachstumsbewegung. In dieser Phase ist die Rankenspitze für den Berührungsreiz empfindlich.
c) Durch den Berührungsreiz induziert, wird ein Aktionspotential ausgelöst. Nach einer Latenzzeit von häufig nur wenigen Minuten

beginnt die Rankenspitze die Stütze zu umwickeln. Diese Einkrümmung ist zunächst eine Turgor-Variationsbewegung. Anschließend krümmt sie sich, indem das Wachstum auf der konvexen Seite beschleunigt, auf der konkaven Seite aber gehemmt wird.

d) Nachdem die Stütze umwickelt ist, wird das Längenwachstum der Ranke reduziert. Nun beginnt die Ranke sich schraubenfederartig einzurollen. Da das Rankenende festgelegt ist, geschieht dies durch eine Drehbewegung an zumindest einem „Wendepunkt" im mittleren Teil der Ranke. Von dem aus baut sich nach der einen Seite ein rechtswindender, nach der anderen Seite ein linkswindender Abschnitt auf. Durch die Aufrollung verkürzt sich die Ranke, zieht so die Pflanze an die Stütze und verankert sie elastisch.

e) Nachdem der Wachstums- und Formungsprozeß abgeschlossen ist, verdickt sich die Ranke. In ihr differenziert sich ein verholzendes Festigungsgewebe (Thigmomorphose).

f) Hat die Ranke keine Stütze gefunden, so kann das Längenwachstum noch etwas länger erhalten bleiben. Spätestens aber, wenn an dem nachfolgenden Knoten eine neue Ranke ausgebildet ist, wird die alte Ranke sich einrollen und ihr Wachstum einstellen (Alterseinrollung). Sie ist dann nicht mehr reaktiv.

8 Das Blatt

Bei den ersten Landpflanzen, den Urfarnen, war das Sproß-System noch undifferenziert. Es bestand, in der einfachsten Form, aus dichotom verzweigten Protostelen. Entsprechend der Telom-Theorie ergibt sich die Blattdifferenzierung durch Planation und Verwachsung von Sproßverzweigungen. Diese Blätter, die Megaphylle, finden wir bei verschiedenen Farn-Gruppen und bei allen Spermatophyten (Abb. 91).

Damit ist eine grundsätzliche Differenzierung geschaffen: Die Sproßachsen haben die Aufgabe, den Cormus aufzubauen, ihn mechanisch zu stabilisieren und den Transport von Wasser und Assimilaten zu gewährleisten. Die Blätter dagegen haben die Aufgabe, große Flächen für die Absorption von Sonnenlicht und für die Abgabe von Wasserdampf bereitzustellen. Durch die damit verbundene Verdunstungskälte kann das Mesophyll vor Überhitzung geschützt werden. Auch ist das Blatt ein Syntheseort für Phytohormone, die steuernd in den Stoffwechsel und die Entwicklung der Pflanze eingreifen. Sowohl die Synthese als auch die Verteilung der Phytohorme wird von den Photorezeptor-Systemen des Blattes kontrolliert.

Somit ergibt sich für die **Blatt-Funktion**:

a) Photosynthese
b) Transpiration
c) Thermoregulation
d) Phytohormon-Synthese
e) Photoregulation

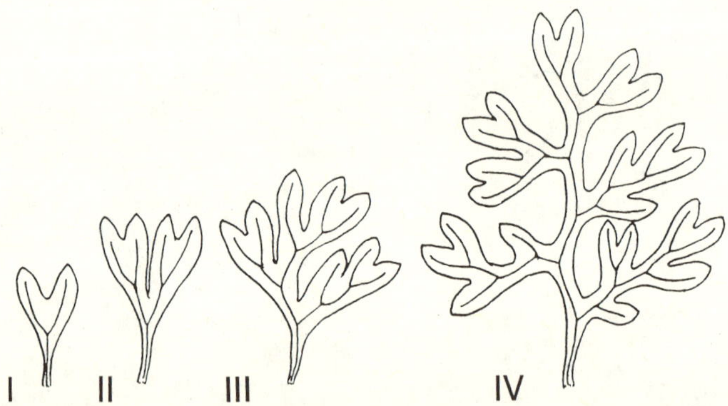

Abb.91: Blattfolge der ersten Blätter eines Farns (ähnlich *Dryopteris*); I und II: dichotome Gliederung der Blattadern; III: Beginnende Übergipfelung; IV: Entwicklung einer Mittelrippe, mit Fiedern.

8.1 Morphologische Gliederung

Die Sproßachsen sind überwiegend radiär gebaut. Dagegen sind die meisten Blätter dorsiventrale Organe, worauf zunächst deren Abflachung hinweist. Die Entwicklung orientiert sich entweder an der Medianebene, wie bei den unifacialen Schwertblättern (Abb. 108), oder an der Transversalebene, was für die meisten Laubblätter gilt.

Häufig erlaubt schon die Form des Blattes eine Zuordnung zu bestimmten Pflanzengruppen. So ist das **einnervige Nadelblatt** charakteristisch für viele Gymnospermen. Bei den Monokotylen besteht die Tendenz zum ungegliederten, lanzettlichen Blatt mit **Parallelnervatur**. Bei den Dikotylen finden wir häufig eine Gliederung in den Blattgrund, den Blattstiel und die Spreite mit **Netznervatur** (Abb. 92).

Der **Blattgrund**, der aus dem **Unterblatt** hervorgeht, verankert mit breitem Ansatz das Blatt an der Achse. Ist dieser Ansatz in der Tendenz stengelumfassend, so spricht man von einer Blattscheide (Abb. 93). Auch kann der Blattgrund spreitenartig zu Nebenblättern (Stipeln) erweitert sein (Abb. 113; 117). Immer aber schützt der Blattgrund die Achselknospe, die jedem Blattansatz zugeordnet ist.

Der **Blattstiel** gewinnt seine mechanische Festigkeit durch die Blattspur-Leitbündel, die, ähnlich wie in der Achse, peripher und mehr kreisförmig angeordnet sind. Bei einigen Gruppen, wie bei den Fabales, werden Blattgelenke ausgebildet. Sie können an der Blattbasis und am Ansatz zur Spreite oder zu den Fiedern vorhanden sein. Im Gelenkbereich werden die Leitbündel zu einem zentralen, verformbaren Strang zusammengezogen. Das umgebende Parenchym ist verstärkt und bildet das Motorgewebe (Abb. 94).

Die Turgor-Variationsbewegung ergibt sich durch ungleichmäßige Veränderung der Turgeszenz in diesem Gewebe. So senkt sich der Blattstiel, wenn im Blattgrund-Gelenk die Unterseite des Motorgewebes an Turgeszenz verliert. Die physiologische Steuerung dieser Bewegung kann tagesperiodisch, also endogen, oder durch äußere Reize bestimmt sein.

Diese Mechanik erlaubt eine relativ rasche und reversible Positionierung der Spreite. Sind keine Gelenke ausgebildet, so wird die Spreite durch eine Verformung des Blattstiels (Krümmung und Torsion), also durch eine Wachstumsbewegung, positioniert.

Die **Blattspreite**, die aus dem **Oberblatt** hervorgeht, stellt die Absorptionsfläche für das Sonnenlicht zur Verfügung. Daher ist dieses Kon-

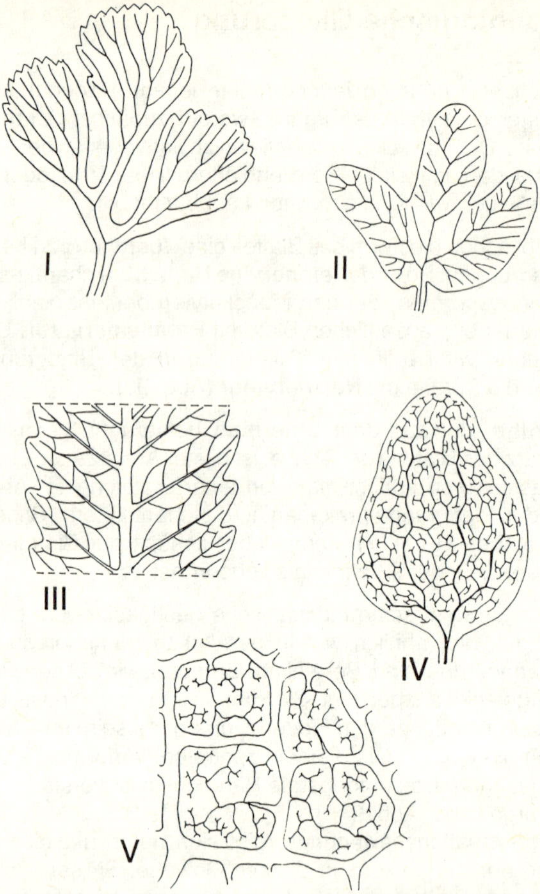

Abb.92: Blattnervatur bei Farnen (I - IV) und bei Dikotylen (V); I: *Anemia adiantifolia*, (junge Blattfiedern): offene Nervatur, noch fast gleichwertig-dichotom verzweigt; II: *Osmunda regalis* , (junge Blattfiedern): noch offene Nervatur, jedoch mit deutlicher Pendelübergipfelung; III: *Polybotrya caenopteris* , (Primärblatt-Segment): beginnende Vernetzung der Fiedern 2. Ordnung; IV: *Cheiropleuria bicuspis* , (junges Blatt): weitgehende Vernetzung der Blattadern; V: *Morus alba* , (einige Intercostalfelder aus der Spreite): Netznervatur.

struktionsprinzip so universell zu finden. Im Gegensatz dazu ist für die Form der Spreite eine artspezifische Vielfalt möglich und realisiert: Die ganzrandige Kontur der Spreitenfläche kann im Extremfall bis in ein

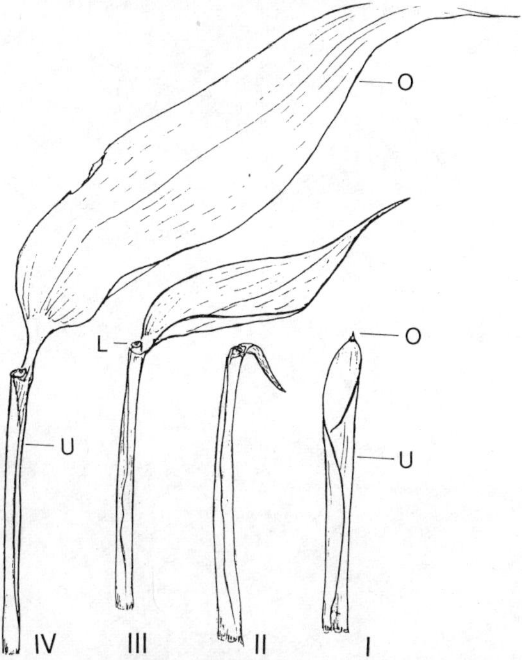

Abb.93: Blattfolge bei *Sasa paniculata* (Poaceae); I - IV: Aufsteigende Folge; die unteren Blätter bestehen fast nur aus dem Unterblatt (U), welches eine stengelumfassende, jedoch offene Blattscheide bildet. Die oberen Blätter haben ein großes Oberblatt (O). Es besteht aus einer langen, schmalen Spreite mit Parallelnervatur. Am oberen Ende der Blattscheide findet sich die Ligula (L), ein dünnes Häutchen um die Achse.

mehrgliedriges Fiedersystem aufgelöst sein. Als besondere Anpassung kann die Spreite zugunsten der Ausbildung von Blattranken, die der mechanischen Verankerung dienen, teilweise oder ganz rückgebildet sein (z.B. *Pisum sativum*; Abb. 113).

In jedem Falle wird die Spreite, oder ihre Äquivalente, durch die Leitbündel (Blattnerven) stabilisiert. Sie bauen die besonders verstärkte Mittelrippe auf. Auch die Abzweigungen erster und zweiter Ordnung sind in der Regel durch starke Sklerenchymstränge in der Leitbündelscheide stabilisiert.

Nachgeordnete Verzweigungen bauen Brücken (Anastomosen) zwischen benachbarten Verzweigungssystemen auf. Diese Vernetzung trägt erheblich zur mechanischen Stabilisierung bei. Die von den „Netz-

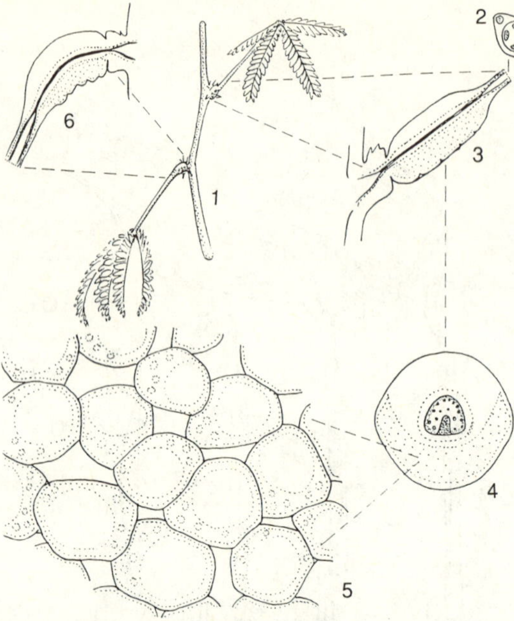

Abb.94: Blattgelenk-Bewegung bei *Mimosa pudica* ; Sproßstück (1) mit einem oberen, nicht gereizten Blatt (auch Tagstellung) und einem unteren, gereizten Blatt (auch Nachtstellung), Blattstiel-Querschnitt (2): die Leitbündel sind mehr peripher angeordnet; Blattgrundgelenk (unteres Blattstielgelenk) im Längsschnitt (3) und im Querschnitt (4): die Leitbündel sind zu einem zentralen, fast konzentrischen, biegungsfähigen Strang zusammengefaßt und von einer parenchymatischen Leitbündelscheide umgeben; um den zentralen Strang liegt das stark turgeszente Gelenkparenchym, auf der Ventralseite mit großen Interzellularen und großen Tannin-Vakuolen (5). In diesem ventralen Motorgewebe wird, z.B. nach mechanischer Reizung, Wasser aus den Vakuolen in die Interzellularen gepreßt. Dabei verliert dieses Gewebe an Turgeszenz und das Gelenk krümmt sich nach unten (6). Eine entsprechende Mechanik haben auch die Fiedern 1. und 2. Ordnung.

maschen" eingeschlossenen Flächen (Interkostalfelder) werden zusätzlich durch blind endende Leitbündel-Verzweigungen erschlossen (Abb. 92).

Diese „geschlossene Nervatur" ist charakteristisch für die Angiospermen. Dagegen finden wir eine „offene Nervatur" ohne Anastomosen bei den Gymnospermen und bei einigen Farnen.

8.2 Entwicklung

Die typisch dreiteilige Gliederung des Dikotylen-Blattes bestimmt auch die Entwicklungsschritte zu dieser Blattform. Die Blattprimordien werden nahe dem Vegetationskegel angelegt. Es sind meristematische Gewebehöcker, die sich unmittelbar aus dem Tunica-Bereich ableiten. In der Folge erweitern sich die Primordien zum Unterblatt, wobei Prokambiumstränge bereits den späteren Verlauf der Blattspur-Leitbündel vom Blattansatz zu den Leitbündeln der Achse vorzeichnen (Abb. 95).

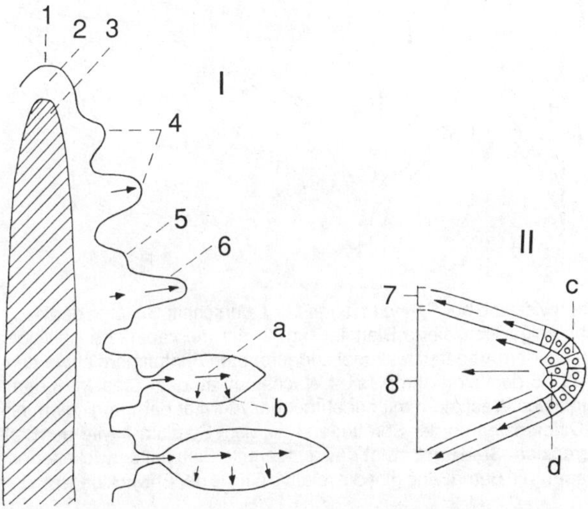

Abb.95: Blatt-Entwicklung; I: Längsschnittschema der Sproßspitze; 1: Vegetationskegel; 2: Tunica; 3: Corpus; 4: Blattprimordien; 5: Unterblatt; 6: Oberblattanlage mit akroplastem Wachstum; a: basiplastes Wachstum zur Verlängerung der Spreite; b: Blattrand-Meristeme; II: Blattrand, quer; c: marginale Initialen; d: submarginale Initialen; 7: Epidermis; 8: Mesophyll.

Die Oberblatt-Entwicklung beginnt im Scheitel des Unterblattes, indem durch Spitzenwachstum (**akroplastes Wachstum**) ein kurzer Fortsatz (1-4 mm) angelegt wird. Sehr früh verlagert sich die Wachstumsintensität in basalinterkalare Wachstumszonen (**basiplastes Wachstum**), die die weitere Achsenverlängerung vorantreiben (Abb. 96).

Weiter wird die Spreite durch marginale und submarginale Initialen aufgebaut. Erstere differenzieren durch nur antikline Abgliederungen

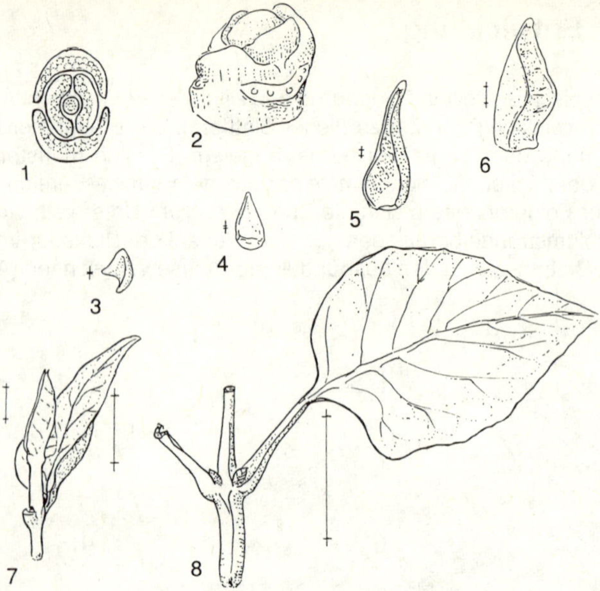

Abb.96: Blattentwicklung bei *Syringa vulgaris*; 1: Querschnitt-Schema des Apikalbereichs zeigt decussierte Blattstellung; 2: der freipräparierte Apikalbereich zeigt die dem Vegetationskegel zugeordneten Blattprimordien; in den Stadien 3 - 5 dominiert akroplastes Wachstum; ab dem Stadium 6 dominiert basiplastes Wachstum mit zunehmender Aktivität der marginalen Initialen zur Differenzierung der Spreite; erst mit dem Stadium 7 wird der Blattstiel differenziert; Stadium 8 zeigt das ausgereifte Blatt mit entwickelter Achselknospe; - die Bemaßung gibt die relative Größe der Entwicklungsstadien an.

die Epidermis. Letztere bauen durch antikline und perikline Teilungen das Mesophyll mit den Parenchymen und den Leitbündeln auf (Abb. 97).

Die Leitbündel werden also sowohl endogen, und zwar im Zentralzylinder der Achse, als auch exogen, nämlich im Bereich des Blattes, angelegt. Dies weist darauf hin, daß mit der Deszendenz der Gewebe aus dem Corpus oder der Tunica noch keine Determination für bestimmte Zelltypen gegeben ist. Vielmehr bestimmt das aktuelle, lokale Milieu, z.T. durch Phytohormone kontrolliert, die Differenzierungsrichtung.

Nachdem das Blatt voll ausdifferenziert ist, sind die Bildungsgewebe in der Regel aufgebraucht. Restmeristeme (Kambien), wie in der Sproßachse, sind im Blatt nur selten zu finden.

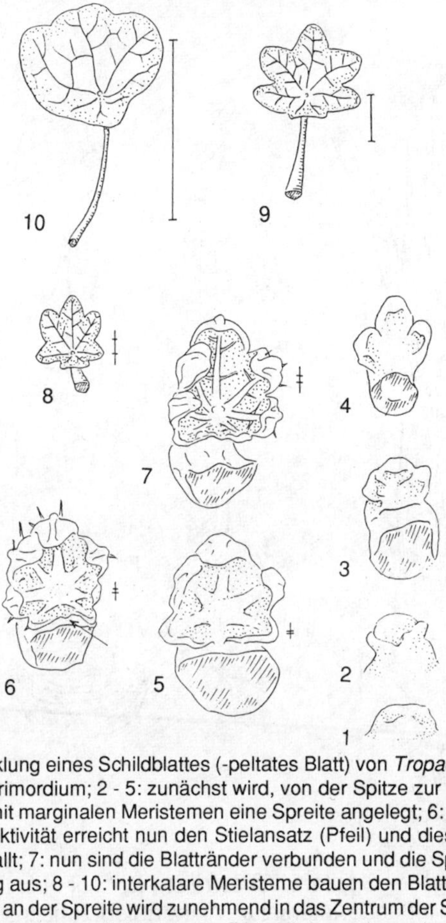

Abb.97: Entwicklung eines Schildblattes (-peltates Blatt) von *Tropaeolum majus* ; 1: Blatt-Primordium; 2 - 5: zunächst wird, von der Spitze zur Basis fortschreitend, mit marginalen Meristemen eine Spreite angelegt; 6: die meristematische Aktivität erreicht nun den Stielansatz (Pfeil) und dieser Bereich wird überwallt; 7: nun sind die Blattränder verbunden und die Spreite dehnt sich allseitig aus; 8 - 10: interkalare Meristeme bauen den Blattstiel auf, dessen Ansatz an der Spreite wird zunehmend in das Zentrum der Spreite verlagert; das zunächst deutlich gelappte Blatt wird zunehmend ganzrandig; - die Bemaßung gibt die relative Größe der Entwicklungsstadien an.

Bei den Monokotylen ist die deutliche Gliederung des Oberblattes nicht häufig. Bei dieser Gruppe besteht dagegen die Tendenz zur Verbreiterung des Blattansatzes bis zum ringförmigen Schluß um die Achse. In diesem Falle wird das Primordium als Ringwulst um den Vegetationskegel angelegt. Die sich daraus entwickelnde Blattscheide umhüllt den Vegetationskegel (Abb. 98).

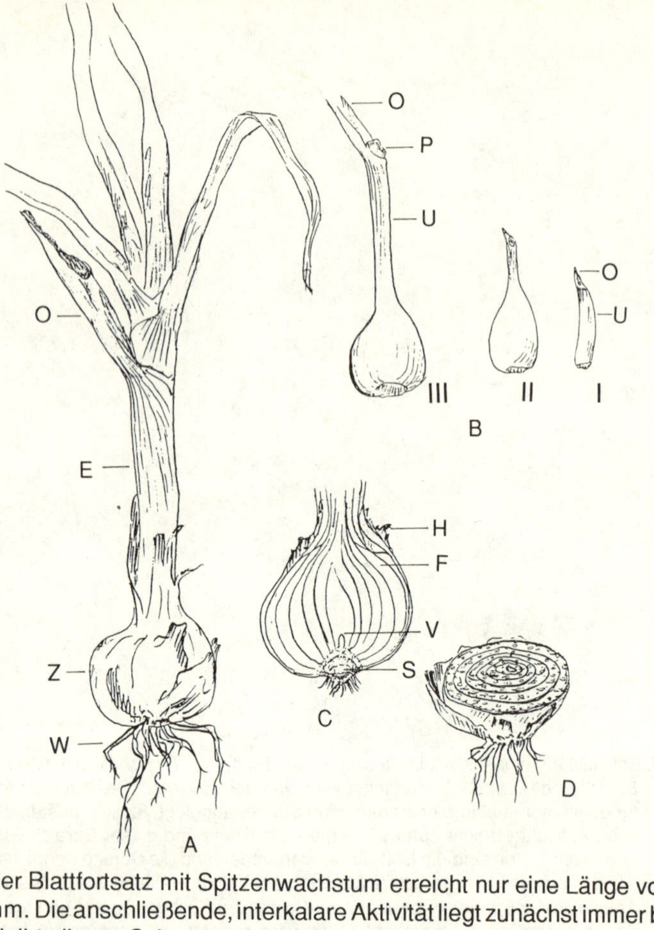

Der Blattfortsatz mit Spitzenwachstum erreicht nur eine Länge von 0,3 mm. Die anschließende, interkalare Aktivität liegt zunächst immer basal. Bleibt dieser Schwerpunkt erhalten, wie bei vielen Monokotylen, so entwickeln sich die Blätter rein basiplast und sind ungegliedert.

Wo zumindest eine Gliederung in Unter- und Oberblatt sichtbar wird, wie z.B. bei *Clivia* und *Iris*, ergibt sich eine Meristemzone an der Basis der Blattscheide und eine weitere an der Basis des bandförmigen Oberblattes.

Bei *Sanseveria* und anderen wird die meristematische Basalzone der sich entwickelnden Blätter durch die mehrfache Umhüllung der älteren Blätter geschützt und mechanisch stabilisiert.

Abb.98: (linke Seite)
A: Vegetative Pflanze von *Allium cepa*. Aus der Zwiebel (Z) hat sich ein Scheinsproß (E) entwickelt. Er besteht aus den röhrenförmigen Unterblättern (Blattscheiden). Die abstehenden, unifacialen Oberblätter (O) sind ebenfalls rund und innen hohl. Basal an der Zwiebel finden sich die sproßbürtigen, homorrhizen Wurzeln (W)
B: Freipräparierte junge Blätter; I - III: aufsteigende Folge. Das Unterblatt (U) ist in einen basal verdickten Abschnitt und in einen oberen, röhrenförmigen Abschnitt gegliedert. An der Grenze zum Oberblatt (O) findet sich die Scheidenöffnung (P), durch welche das nachfolgende Blatt mit interkalarem Wachstum der Blattscheiden auswächst
C: Längsgeschnittene Zwiebel, mit häutigen (H) und fleischigen (F) Zwiebelschalen (-Niederblätter, z.T. Speicherblätter). Auf der durch primäres Dickenwachstum scheibenförmig gewordenen Sproßachse (S) findet sich der Vegetationskegel (V), aus dem später die Blütenachse auswächst
D: Zwiebel-Querschnitt: zeigt die quergeschnittenen, röhrenförmigen Unterblätter, die sich konzentrisch umschließen. Sie entwickeln sich aus den ringförmig um den Vegetationskegel angelegten Primordien.

Das Nadelblatt der Gymnospermen wird zunächst als höckerförmiges Primordium angelegt, mit anschließend akroplaster Aktivität. Auch bei dieser Gruppe ist die Phase des Spitzenwachstums kurz (Ausnahme: *Ginkgo*, einige *Podocarpus*-Arten). Die weitere Entwicklung beschränkt sich auf basiplaste Aktivität in axialer Richtung. Ein kambiales Restmeristem in den Leitbündeln kann vorhanden sein.

Im Gegensatz zu den Spermatophyten, zeigen die Blätter der Farn-Sporophyten ein lang anhaltendes Spitzenwachstum. Dieses geht von Scheitelzellen aus, die sich zu Scheitelkanten erweitern. Jedoch ergeben sich auch hier intermediäre Teilungsaktivitäten, die an der Stielbildung beteiligt sind und die im Mesophyll zu fast gleichen Differenzierungen wie im Spermatophyten-Blatt führen können.

8.3 Anatomie des Blattes

Beim Blatt umschließt ein Abschlußgewebe, die Epidermis, ein zentrales Gewebe, das als Mesophyll bezeichnet wird (Abb. 99). Die Epidermis gliedert sich je nach Lage in eine obere und untere Epidermis. In der Epidermis differenzieren sich Spaltöffnungen (Stomata), die bei Angiospermen mehr gestreut, bei Monokotylen und Gymnospermen mehr in Längsreihen angeordnet sind (Abb. 41). Weiter kann die Blattepidermis Haare (Trichome) differenzieren.

Das Mesophyll gliedert sich häufig in ein Palisadenparenchym und in ein Schwammparenchym (Abb. 100). Weiter werden im Mesophyll Leitbündel angelegt, deren Xylem zur anatomischen Blattoberseite

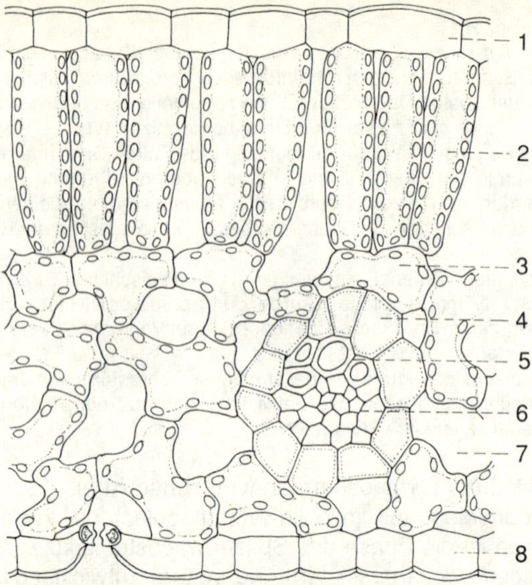

Abb.99: Querschnitt durch ein bifaciales Blatt mit nachgeordnetem Leitbündel (Nebenader); 1: Oberepidermis; 2: Palisadenparenchym; 3: Schwammparenchym; 4: Parenchymatische Leitbündelscheide; 5: Xylem; 6: Phloem; 7: Interzellularraum; 8: Unterepidermis, mit Spaltöffnung.

Abb.101: Aufsicht auf das Ende eines Blatt-Leitbündels von *Vicia faba* ;
1: Zellen des Schwammparenchyms
2: Parenchymatische Leitbündelscheide
3: Tracheiden.

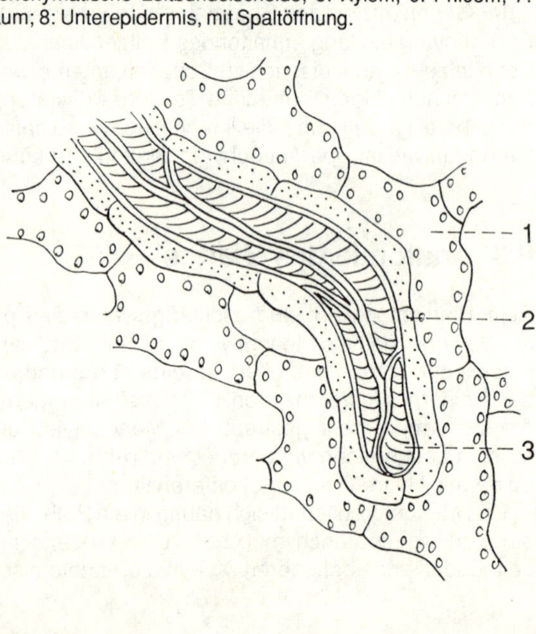

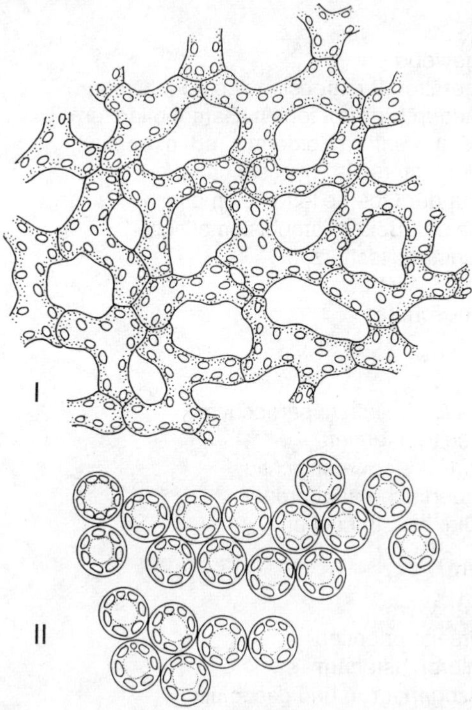

I

II

Abb.100: Flächenschnitt-Bilder vom Blatt von *Vicia faba*
I: in der Ebene des Schwammparenchyms
II. in der Ebene des Palisadenparenchyms.

orientiert ist (Abb. 101). Dies ergibt sich aus der Inserierung des Blattes an der Sproßachse.

Eine Blattspur innerhalb der Sproßachse hat das Xylem zum Zentrum orientiert. Sie erfährt beim Ausbiegen aus der Vertikalen der Sproßachse in die Horizontale des Blattstiels eine Verlagerung des Xylems zur Oberseite des Leitbündels.

Die wichtigsten Merkmale der angesprochenen Gewebe zeigt folgende Übersicht:

A) Epidermis:

a) primäres Abschlußgewebe
b) Querwände häufig gefaltet (2-dimensionales Federsystem)
c) Chloroplasten vorhanden (Farne), fehlen (Samenpflanzen)
d) differenziert in obere und untere Epidermis (ad- u. abaxial)
e) Stomata: nur auf der Unterseite (hypostomatisch)
nur auf der Oberseite (epistomatisch)
auf beiden Seiten (amphistomatisch)
f) Trichome: als Verdunstungsschutz,
Strahlungsschutz,
Wärmeschutz

B) Palisadenparenchym

a) chloroplastenreiches Assimilationsparenchym
b) häufig zur Blattoberseite orientiert
c) Zellen zylindrisch, ein- oder zweischichtig
d) senkrecht zur Blattoberfläche angeordnet
e) Interzellularen antiklin, bes. in Lücken

C) Schwammparenchym

a) Leitparenchym: Aerenchym
b) häufig zur Blattunterseite orientiert
c) Zellen verzweigt, chloroplastenarm
d) Interzellularen: schizogen, groß und gasgefüllt
e) mehrschichtig, mit Schwammstruktur
f) Ort des Gasaustausches

D) Leitbündel

a) meist geschlossen, kollateral: Xylem oben
b) Hauptadern mehr im Schwammparenchym
c) am Ende Tracheiden oft verstärkt (Speichertracheiden)
d) Siebröhren enden früher als Tracheiden
e) Leitbündelscheide sklerenchymatisch und parenchymatisch

E) Die parenchymatische Leitbündelscheide

a) geschlossene Hülle ohne Interzellularen
b) kontrolliert den radialen Austausch
c) bei C3-Pflanzen auch ohne Chloroplasten
d) bei C4-Pflanzen mit Stroma-Chloroplasten

8.4 Anatomische Blatt-Typen

Je nach Anordnung der Leitbündel und der Assimilationsgewerbe lassen sich verschiedene anatomische Blatt-Typen unterscheiden (Abb. 102). Vier Hauptformen seien zunächst beschrieben:

8.4.1 Das bifaciale Blatt

Bei dieser Form ist die Dorsiventralität dieses Organs am stärksten betont. Zunächst bestimmt die Anordnung von Xylem und Phloem die anatomische Ober- und Unterseite. Weiter ist das Palisadenparenchym der Oberseite, das Schwammparenchym der Unterseite zugeordnet (Abb. 99; 114; 122).

Diesem Bauplan entspricht die plagiogeotrope Orientierung des Organs, die bei bestimmten Arten durch eine phototrope Orientierung zur Richtung der Sonnenstrahlung modifiziert wird.

Dies ist die Hauptform bei den dikotylen Angiospermen. Jedoch ist diese Form auch bei bestimmten Monokotylen und einigen Farn-Gruppen zu finden.

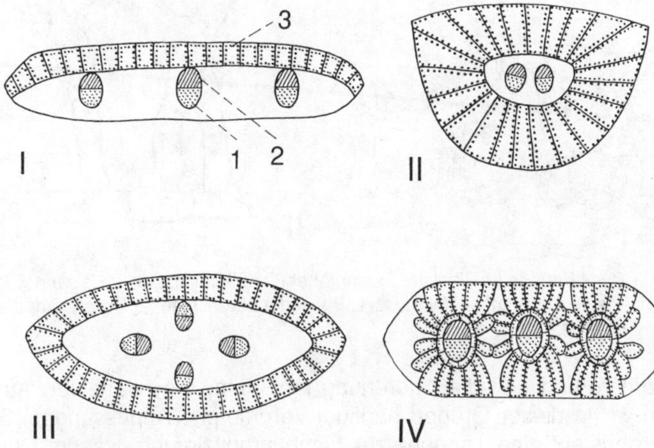

Abb.102: Anatomische Blatt-Typen: I: Bifaciales Blatt; II: Äquifaciales Blatt; III: Unifaciales Blatt; IV: Blatt mit Kranzanatomie; 1: Phloem; 2: Xylem (schraffiert); 3: Assimilationsgewebe (punktiert eingefaßt).

Eine Variante ist das invers-bifaciale Blatt. Bei diesem ist das Assimilationsgewebe zur Blattunterseite orientiert. Entsprechend finden wir diese Form bei Blättern, deren Unterseite zum Licht hin orientiert ist. Dies betrifft besonders die kleinen, der Achse anliegenden Schuppenblätter, wie sie bei Vertretern der Cupressaceen oder Crassulaceen zu finden sind.

8.4.2 Das äquifaciale Blatt

Auch im äquifacialen Blatt wird die Ober- und Unterseite durch die Lage von Xylem und Phloem markiert. Das Assimilationsgewebe ist jedoch gleichwertig beiden Seiten zugeordnet (Abb. 103).
Entsprechend steht hier die plagiogeotrope Spreitenorientierung nicht

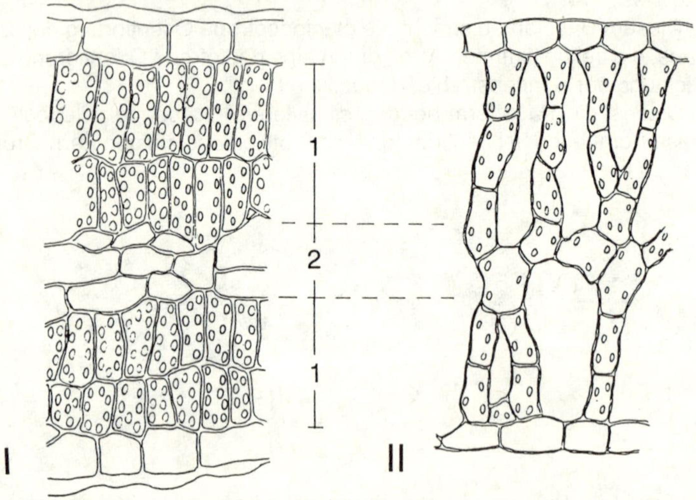

Abb.103: Zwei Formen äquifacialer Flachblätter (Querschnittsbild); I: *Falcaria vulgaris*; II: *Eucalyptus globulus* ; 1: Palisadenparenchym; 2: Schwammparenchym.

im Vordergrund und die Anordnung im Raume wird variabler. Auch finden wir in dieser Gruppe häufiger xeromorphe Anpassungen. Bei diesen besteht eine Tendenz zur Flächenreduzierung, was im Querschnitt zu einer Abrundung führt. Rundblätter finden wir z.B. bei Formen von *Hakea* und *Sedum*. Auch die Nadelblätter vieler Gymnospermen (z.B. *Pinus*; Abb. 104) gehören dazu.

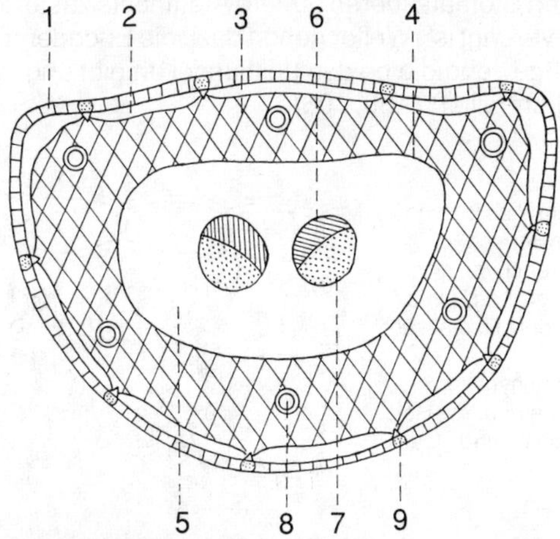

Abb.104: Querschnitt-Schema zu einem Nadelblatt von *Pinus nigra* ; 1: verholzte Epidermis; 2: sklerenchymatische Hypodermis; 3: Assimilationsgewebe; 4: Endodermis; 5: Transfusionsgewebe; 6: Xylem; 7: Phloem; 8: Harzkanäle; 9: Spaltöffnungen.

Weitere xeromorphe Anpassungen, die dem Verdunstungsschutz und der mechanischen Stabilisierung dienen, können angesprochen werden:

Bei der *Pinus*-Nadel sind dies zu dem ersten Gesichtspunkt die verdickte, durch Cutin und Lignin inkrustierte Epidermis (Abb. 105) mit

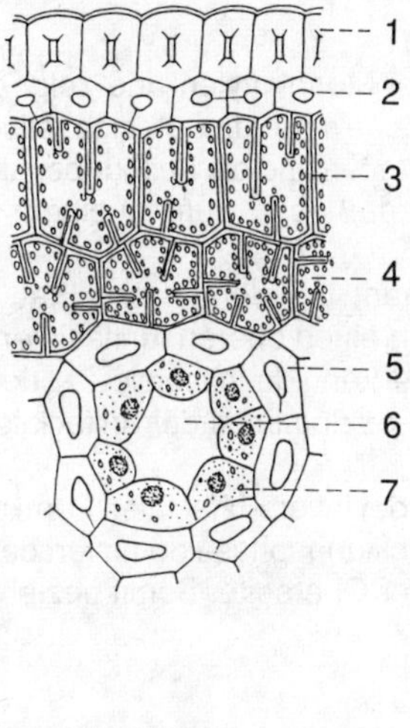

Abb.105:
Nadelblatt (Querschnittsbild) von *Pinus nigra* (äußerer Bereich)
1: verdickte und verholzte Epidermis
2: sklerenchymatische Hypodermis
3: Armpalisadenparenchym
4: Armschwammparenchym
5: Sklerenchymscheide des Harzkanals
6: Harzgang (schizogen)
7: Drüsenepithel.

stark eingesenkten Stomata, deren äußere Atemhöhle zusätzlich durch Wachskörnchen verengt ist. Weiter gehört dazu die Endodermis, die als inneres Abschlußgewebe die beiden Leitbündel umgibt und den radialen Wasserweg kontrolliert (Abb. 106).

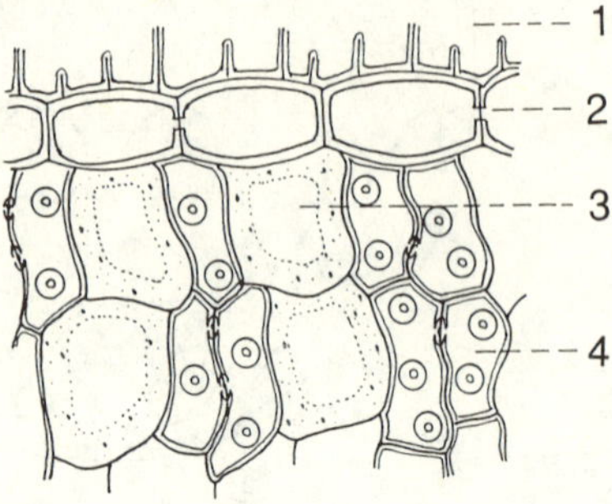

Abb.106:
Nadelblatt (Querschnittsbild) von *Pinus nigra* (innerer Bereich)
1: Armschwammparenchym
2: Endodermis, mit großen, einfachen Tüpfeln in den Radialwänden
3: Transfusionsparenchym
4: Transfusionstracheiden, mit Hoftüpfeln in Aufsicht und Querschnitt.

Zu dem zweiten Gesichtspunkt gehören die sklerenchymatische Hypodermis und weitere Sklerenchyme im Bereich der Harzkanäle und der Leitbündel. Auch der besondere Bau des Assimilationsgewebes muß erwähnt werden. Dessen Zellen sind durch Wandleisten stabilisiert, die in das Zellumen hineinragen. Dadurch wird auch die innere Oberfläche der Zelle vergrößert, wodurch mehr Chloroplasten untergebracht werden können. Weiter ist dieses Parenchym scheibenartig angeordnet und stabilisiert so diesen Bereich.

8.4.3 Das unifaciale Blatt

Diese Form findet sich fast nur bei Monokotylen und zeigt geringere Dorsiventralität: Das Assimilationsgewebe findet sich allseitig und gleichwertig unter der Epidermis. Weiter sind die Leitbündel ähnlich wie in der Sproßachse so angeordnet, daß das Xylem zu einem zentralen Bereich hin orientiert ist.

Es gibt jedoch Übergangsformen, bei denen das Blatt in einen unteren, noch bifacialen Teil, und in einen oberen, unifacialen Teil, der Vorläuferspitze, gegliedert ist. Dabei kann der bifaciale Teil dominieren, wie bei *Sanseveria ceylanica*, oder es dominiert der unifaciale Teil, wie bei *Sanseveria cylindrica*.

Der unifaciale Bauplan kann von der invers-bifacialen Form abgeleitet werden. Bereits in der frühen Entwicklungsphase dominiert das Wachstum der Blattunterseite über das der Oberseite. Somit bezieht sich der

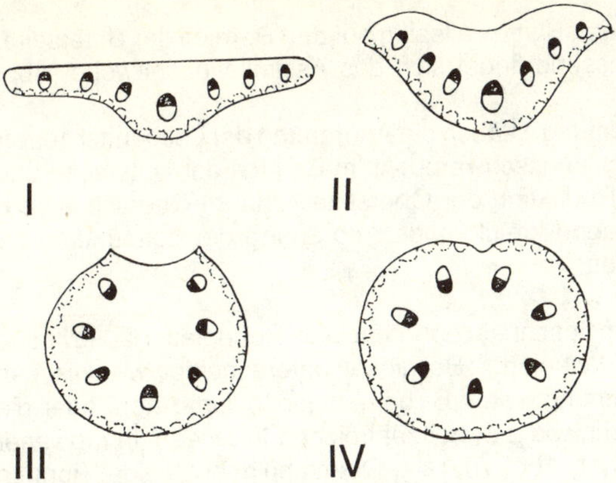

Abb.107: Übergang von einem invers-bifacialen Blatt (I) zu einem unifacialen Rundblatt (IV). Die Übergangsformen II und III zeigen die zunehmende Reduktion der Blattoberseite zugunsten der Unterseite.

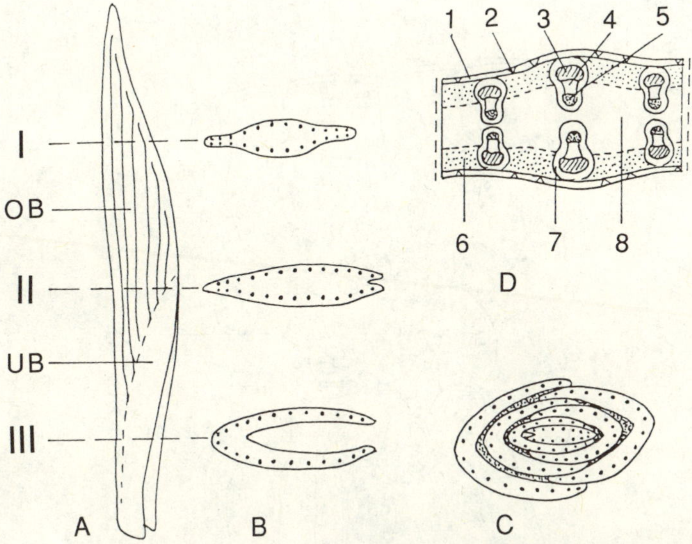

Abb.108: Unifaciales Flachblatt von *Iris germanica*. A: Seitenansicht; B: dazu Querschnitt in den Positionen I, II und III; C: Querschnitt (in Pos. III) durch die sich gegenseitig umhüllenden Blattscheiden der aufeinanderfolgenden Blätter; D: Vergrößerter Ausschnitt (aus Pos. I); OB: Oberblatt, UB: Unterblatt; 1: Epidermis; 2: Spaltöffnungen; 3: Sklerenchymscheide; 4: Phloem; 5: Xylem; 6: Assimilationsparenchym; 7: Parenchymatische Leitbündelscheide; 8: Mesophyll ohne Chloroplasten.

größte Teil des fertigen Blattes allseitig auf den Bereich der Unterseite. Entsprechend umfassend findet sich das Assimilationsgewebe (Abb. 107).

Von dieser Umformung ist auch die Anordnung der Leitbündel betroffen: Mit dem Entwicklungsschwerpunkt im Bereich der Unterseite und der zunehmenden Reduktion der Oberseite kann im Querschnittsbild formal eine zunehmend kreisförmige Anordnung der Leitbündelreihe angenommen werden.

Die betrachtete Form beschreibt ein unifaciales Rundblatt. Häufig finden wir auch unifaciale Flachblätter: Bei diesen unterscheiden wir zwischen transversaler Abflachung, wie z.B. bei einigen *Allium*-Arten, oder die Abflachung geschieht, wie z.B. bei zahlreichen Iridaceen, in medianer Ebene (Schwertblätter; Abb. 108). Im Querschnittsbild beider Formen sind die Leitbündel im Prinzip zweireihig mit zur Mittellinie orientiertem Xylem angeordnet.

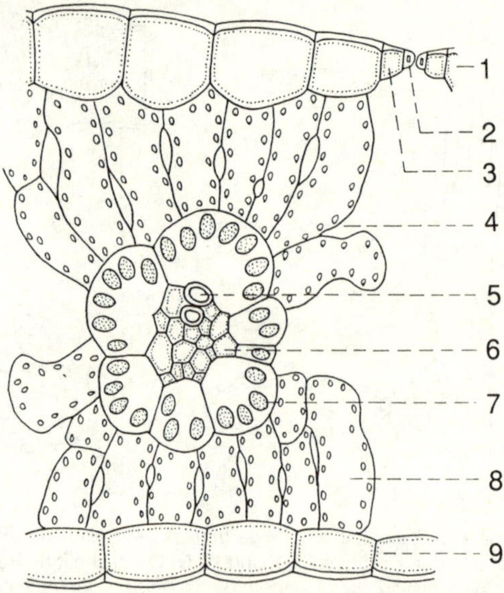

Abb.109: Blatt mit Kranzanatomie (Querschnittsbild) von *Zea mays*; 1: obere Epidermis; 2: Schließzellen; 3: Nebenzellen; 4: Interzellularen; 5: Xylem; 6: Phloem; 7: parenchymatische Leitbündelscheide; 8: Mesophyll; 9: untere Epidermis.

8.4.4 Das Blatt mit Kranzanatomie

Ergänzend soll das Blatt mit Kranzanatomie (Kranztyp) besprochen werden. Diese Form ist in verschiedenen Familien, wie Poaceae oder Amaranthaceae, zu beobachten (Abb. 109).

Zunächst gelten die Merkmale, die den äquifacialen Typ charakterisieren. Hier aber sind die Zellen der parenchymatischen Leitbündelscheide besonders groß und mit besonderen Chloroplasten ausgerüstet. Häufig sind diese in der Zelle der Seite zugeordnet, die in Kontakt mit dem Mesophyll steht. Weiter sind die Zellen des Mesophylls strahlenförmig um die Leitbündel angeordnet. Etwas dichter gepackt sind sie über und unter den Leitbündeln, so daß sich dort eine Palisadenstruktur ergibt. Die seitlich anschließenden Zellen lockern sich zu großen Interzellularen auf, wie sie im Schwammparenchym zu beobachten sind. Diese Interzellularen stehen entsprechend mit den Stomata in Verbindung.

Die mit diesem Bau gegebene, besondere Form der Photosynthese ist bei tropischen Nutzpflanzen (z.B. Mais, Zuckerrohr) bei Dürrebelastung besonders effektiv. Obwohl Wassermangel leicht zu einem CO_2-Defizit im Mesophyll führt, erbringen diese C4-Pflanzen eine höhere Photosynthese-Leistung.

Die Besonderheit dieser Photosynthese beruht darauf, daß in den Chloroplasten der Mesophyllzellen das CO_2 bei niederer Konzentration in Form von C4-Komponenten, wie Malat oder Aspartat, vorfixiert wird. Diese Stoffe werden in die Zellen und Chloroplasten der Bündelscheidenzellen transportiert und damit konzentriert. Dort kann dann bei relativ höherer Konzentration der Kohlenstoff effektiver eingebaut werden.

Diese Spezialisierung zeigt sich auch im Bau der Chloroplasten: Im Mesophyll sind sie klein und haben die typische Grana-Stroma-Struktur. In der Bündelscheide sind sie groß und weisen Primärstärke und ausschließlich Stroma-Thylakoide auf.

8.5 Die Blattfolge

8.5.1 Die Bedingung der Ontogenie

Keine Pflanze besitzt einen völlig einheitlichen Blattbau. Vielmehr ergeben sich im Laufe der Ontogenie, mit der Entwicklung der aufeinanderfolgenden Knoten, jeweils die funktionell angepaßten Blätter (Abb. 110).

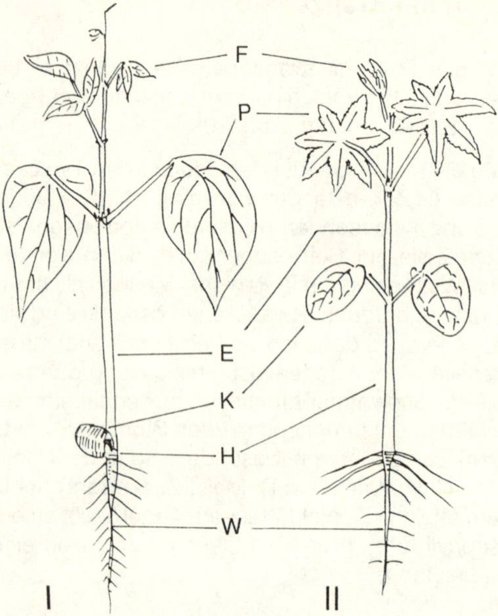

Abb.110: Junge Pflanze von *Phaseolus coccineus* (I), mit hypogäischer Keimung, und von *Ricinus communis* (II), mit epigäischer Keimung; W: Hauptwurzel mit Seitenwurzeln; H: Hypokotyl; K: Keimblätter; E: Epikotyl; P: Primärblätter; F: Folgeblätter.

Für die gesamte Pflanze können zunächst drei Differenzierungsschwerpunkte festgestellt werden: Zunächst sind es die Keimblätter, die die heterotrophe Ernährung aus den Reservestoffen des Samens sicherstellen. Dann übernimmt die große Masse der Folgeblätter (Laubblätter) die autotrophe Ernährung. Schließlich bauen die Blütenblätter zusammen mit den Staubblättern und den Fruchtblättern die Blüte auf.

8.5.2 Die Keimblätter

Die Keimblätter, Kotyledonen, sind bereits im Samen als Embryonalorgane angelegt. Sie sind an dem einen, apikalen Knoten des Hypokotyls inseriert. Bei den Angiospermen finden sie sich dort in Einzahl (Monocotyledonae) oder als gegenständiges Paar (Dicotyledonae). Bei den Gymnospermen ist es ein 2- bis 12-zähliger Wirtel. Bei den höheren

Farnen entspricht das erste Blatt, mit dichotomer Nervatur, einem Keimblatt.

Die Keimblätter der Spermatophyten sind einfacher gebaut als die Folgeblätter, doch besitzen sie wie diese Achselknospen. Ihr Mesophyll ist wenig differenziert. In der Regel sind die Keimblätter ganzrandig und ohne Blattstiel an der Achse inseriert. Seltener sind gestielte Keimblätter (*Ricinus*) oder solche mit gelappten Spreiten (*Tilia*).

Bei **Speicherkotyledonen** (z.B. *Vicia*, *Phaseolus*) ist das Speicherparenchym des Mesophylls stark vergrößert. Dort finden sich die Reservestoffe, meist in Form von Stärke, in den Amyloplasten. Weiter können auch Fette, Öle und Eiweißkristalle vorhanden sein.

Haustorialkotyledonen (z.B. *Ricinus*) haben dagegen kein vergrössertes Mesophyll und stehen in engem Kontakt mit dem benachbarten Endospermgewebe. In diesem aktivieren sie enzymatisch die dort gespeicherten Reservestoffe und resorbieren sie durch die untere Epidermis.

In der Regel werden die Kotyledonen, wenn die Reservestoffe verbraucht sind, abgeworfen. Nur wenn sie ergrünen und photosynthetisch aktiv werden (z.B. *Ricinus*), bleiben sie länger erhalten.

8.5.3 Anisophyllie

Im Bereich der Folgeblätter können morphologische Unterschiede auftreten. Sind die Blätter an jedem Knoten oder Achsenabschnitt verschieden gestaltet, so spricht man von Anisophyllie.

Häufig ist es ein Aspekt der Dorsiventralität des Sprosses. Anisophyllie finden wir bereits bei den foliosen Lebermoosen (Jungermaniales). Deren abgeflachte Sproßsysteme, die sich häufig der Bodenoberfläche anschmiegen, weisen typisch eine dreizeilige Beblätterung auf. Die der Unterseite zugewandte Reihe der Bauchblätter (Amphigastrien) sind klein und schuppenförmig. Die Flankenblätter der beiden seitlichen Reihen sind größer und können bei einigen Familien durch Faltung in Ober- und Unterlappen gegliedert sein.

Diese genetisch fixierte, habituelle Anisophyllie zeigt sich auch bei dem Wasserfarn *Salvinia* , dessen Sprosse an der Wasseroberfläche schwimmen. Seine Blätter stehen in dreizähligen Wirteln. Davon sind zwei Blätter gleich gestaltet und dienen als Schwimmblätter und Trophophylle. Das nach unten gerichtete, dritte Blatt ist als Wasserblatt feinverzweigt. Weiter trägt es als Sporophyll die Sporokarpien (Abb. 111).

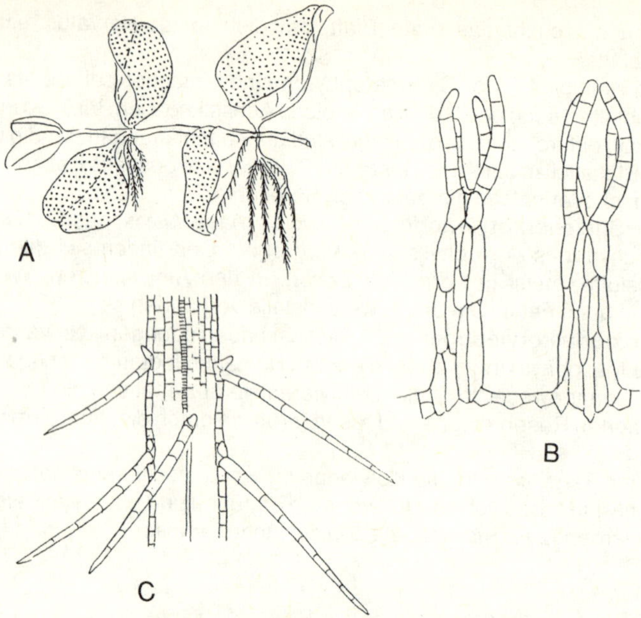

Abb.111: Anisophyllie bei *Salvinia natans*; A: Sproßstück mit Blättern in dreizähligen Wirteln. An jedem Knoten stehen zwei Schwimmblätter und ein Wasserblatt, welches in feine Zipfel aufgelöst ist. B: Auf der Oberseite der Schwimmblätter stehen krönchenförmig verzweigte Haare, welche bei Überspülung ein Luftpolster einschließen und so das Blatt an der Wasseroberfläche stabilisieren. C: Ausschnitt aus einem Wasserblattzipfel. Zentral sind Leitelemente vorhanden. In der Epidermis sind mehrzellige Haare integriert. Die „Wurzel-Funktion" des Wasserblattes wird hier deutlich.

Auch die Selaginellales haben dorsiventrale Sprosse. Sie tragen zwei Reihen größerer Unterblätter und zwei Reihen kleinerer Oberblätter. Weiter muß für *Selaginella* die Ligula erwähnt werden. Diese Saugschuppe ist in der Blattachsel inseriert und steht mit den Tracheiden der jeweiligen Blattspur in Verbindung. Über die Ligula kann Wasser direkt in das Sproßsystem aufgenommen werden (Abb. 112).

Wird dagegen die Dorsiventralität durch die aktuelle, mehr plagiotrope Orientierung des Sproßteils induziert, so spricht man von lateraler oder induzierter Anisophyllie.

Ein Beispiel hierfür wären die seitlich geneigten Rosetten von *Sempervivum*-Arten. Deren nach oben orientierte Blätter werden größer als die nach unten orientierten. Umgekehrt zeigen plagiotrope Zweige bei

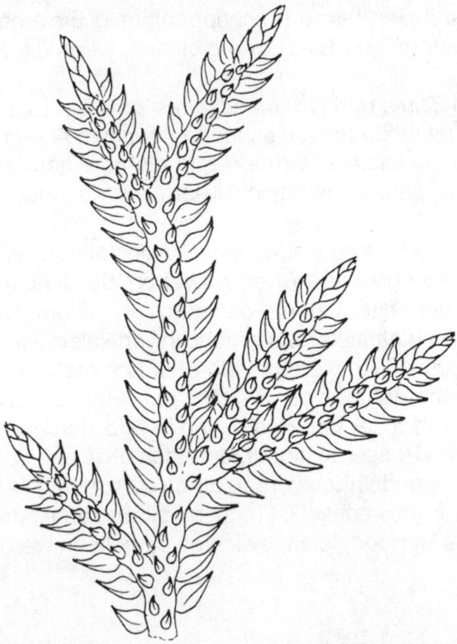

Abb.112: Dorsiventraler Sproß von *Selaginella cuspidata* mit Anisophyllie (Oberseitenansicht). Die Blätter stehen dekussiert: Jedem großen Ventralblatt ist diagonal ein kleines Dorsalblatt zugeordnet. - Der Sproß ist bereits fertil: An jedem Sproßende findet sich ein Sporophyllstand (Strobilus) mit Mikro- und Megasporphyllen.

einigen Arten von *Acer* und *Fraxinus* die größeren Blätter an der Unterseite.

8.5.4 Heterophyllie

Ergibt sich der Gestaltwechsel im Bereich der Folgeblätter in axialer Richtung, so spricht man von Heterophyllie. Es ist häufig der Ausdruck eines Phasenwechsels während der Entwicklung einer Pflanze. Dieser Gestaltwechsel kann zum einen durch eine genetisch fixierte, ökologische Anpassung bedingt sein, oder es ist der Übergang von einer rein vegetativen zu einer reproduktiven Phase.

So können wir bei *Juniperus chinensis* beobachten, daß die junge Pflanze nadelförmige Blätter trägt. Dagegen sind die Blätter an den älteren Sproßteilen klein und schuppenförmig. Ein erneuter Gestaltwandel zu nadelförmigen Blättern ergibt sich, wenn die Zweigteile Blüten entwickeln.

Auch bei *Thuja* und *Chamaecyparis* kann ein Übergang von nadelförmigen Jugendblättern zu schuppenförmigen Altersblättern beobachtet werden. Bei letzterer Gruppe sind mehrere gärtnerische Varietäten bekannt, bei denen, genetisch fixiert, nur Jugendblätter ausgebildet werden.

Als ökologische Anpassung an Trockenstandorte sind auch die Phyllodien bei einigen *Acacia*-Arten zu werten. Bei diesen sind die Jugendblätter einfach bis doppelt gefiedert. In einem Übergangsbereich werden deren Blattstiele zunehmend in vertikaler Richtung spreitenartig erweitert. Schließlich werden keine Fiedern mehr ausgebildet und die Phyllodien übernehmen die Photosynthesefunktion (Abb. 113).

Der Formwechsel bei *Hedera helix* wird durch den Übergang zur reproduktiven Phase bestimmt, der nach etwa zehn Jahren eintritt. Die gelappten Jugendblätter werden durch ganzrandige Altersblätter abgelöst. Dieser Formwechsel ist recht stabil. Er kann jedoch durch äußere Störung des Hormongleichgewichtes umgekehrt werden.

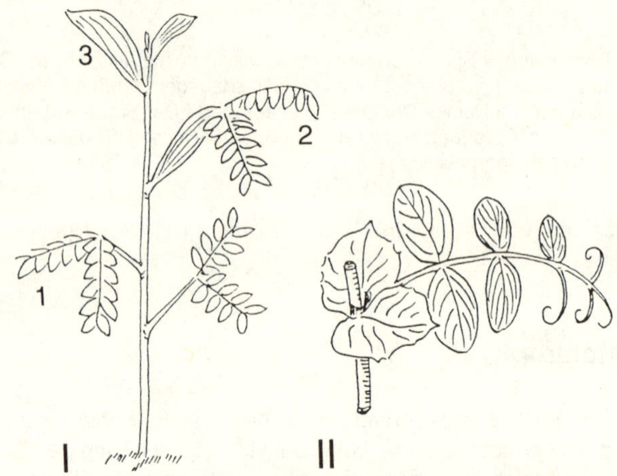

Abb.113: I: Phyllodien-Entwicklung: Heterophyllie bei einer jungen Pflanze von *Acacia cyclops*; 1: Jugendblätter als Fiederblätter; 2: Übergangsblatt, mit vertikal verbreitertem Blattstiel; 3: Phyllodien, die den Blattstielen homolog sind; II: Blattranken bei *Pisum sativum*. Am Ansatz des Fiederblattes finden sich große Stipeln. Die oberen Fiedern sind zum Teil zu Blattranken umgebildet.

Durch die Jahresperiodik kann ebenfalls ein Formwechsel eingeleitet werden. So wird bei einigen leptosporangiaten Farnen (z.B. *Blechnum spicant*) der Wechsel von den Trophophyllen zu den Sporophyllen mit reduzierter Spreite induziert. Ebenfalls jahresperiodisch bestimmt ist bei *Nuphar luteum* der Übergang von den einfachen, kurzgestielten Wasserblättern zu den Schwimmblättern mit langem Blattstiel und differenzierter Spreite (Abb. 114).

8.5.5 Niederblätter, Primärblätter, Hochblätter

Zwischen Keimblättern und Folgeblättern können Übergangsformen eingeschaltet sein. Werden diese Blätter überwiegend vom Unterblatt gebildet, so spricht man von Niederblättern. Sie zeigen Übergangsformen zu den Laubblättern (z.B. *Vicia faba*; Abb. 115). Weiter finden wir Niederblätter als Vorblätter von Seitenästen, als Knospenschuppen zu Erneuerungssprossen und als Schuppenblätter von Rhizomen.

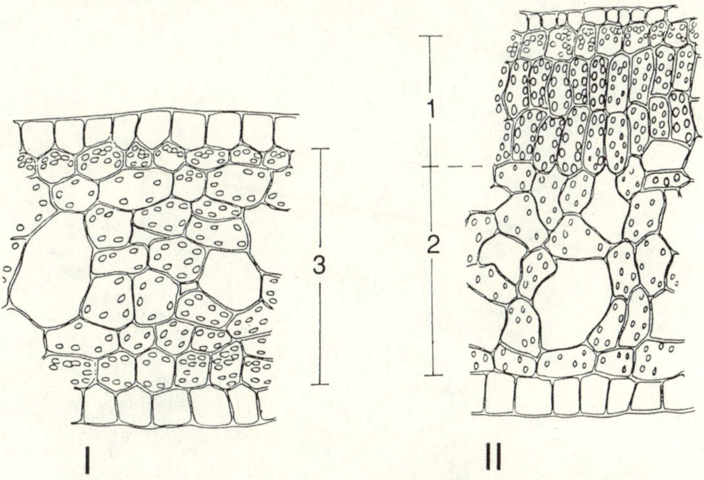

Abb. 114: Anatomisch manifestierte Heterophyllie bei *Nuphar luteum* (Blattquerschnitte). I: Wasserblatt, mit undifferenziertem Mesophyll (3) und ohne Stomata; II: Schwimmblatt, bei dem das Mesophyll in ein Palisadenparenchym (1) und in ein Schwammparenchym (2) differenziert ist. - Im Frühjahr und Herbst werden Wasserblätter gebildet. Sie sind zart, kurzgestielt, gelbgrün und salatblattähnlich. Im Sommer werden Schwimmblätter gebildet. Sie sind langgestielt und haben eine große, herzförmige Spreite.

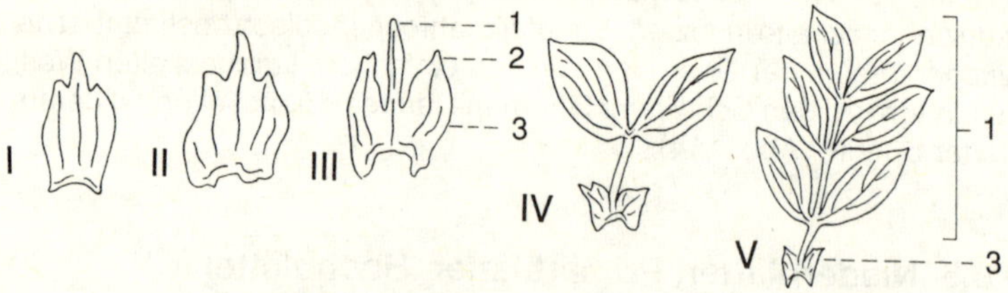

Abb.115: Blattfolge, aufsteigende Folge bei *Vicia faba*; I - III Niederblätter; IV Primärblatt; V differenziertes Folgeblatt; 1: Oberblatt; 2: Stipeln; 3: Unterblatt.

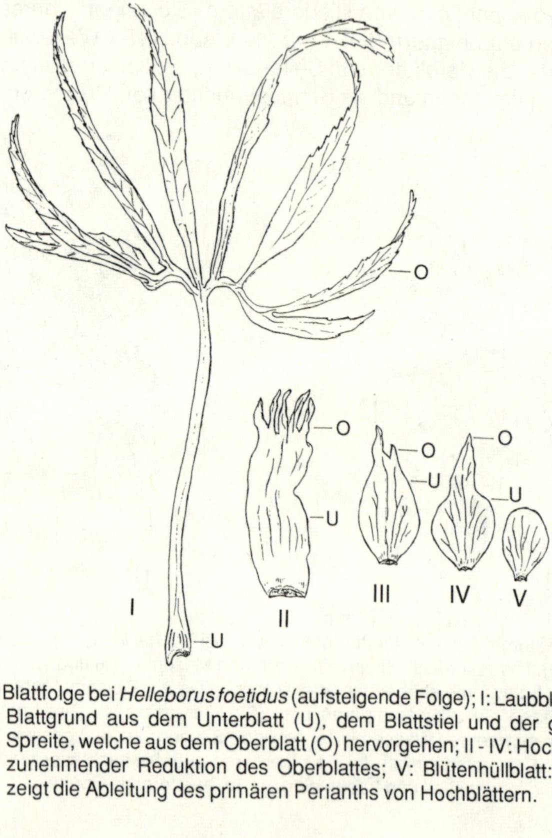

Abb.116: Blattfolge bei *Helleborus foetidus* (aufsteigende Folge); I: Laubblatt mit dem Blattgrund aus dem Unterblatt (U), dem Blattstiel und der gefingerten Spreite, welche aus dem Oberblatt (O) hervorgehen; II - IV: Hochblätter mit zunehmender Reduktion des Oberblattes; V: Blütenhüllblatt: die Reihe zeigt die Ableitung des primären Perianths von Hochblättern.

Zwischen den Keimblättern und den Folgeblättern können auch Primärblätter stehen. Bei diesen ist aber das Oberblatt gut ausgebildet. Übergangsformen zu den Folgeblättern sind nicht vorhanden. So werden bei Phaseolus nach den Keimblättern zwei gegenständige, einfach-ganzrandige Primärblätter angelegt. Auf diese folgen dreizählig gefiederte Folgeblätter in disticher Anordnung (Abb. 110).

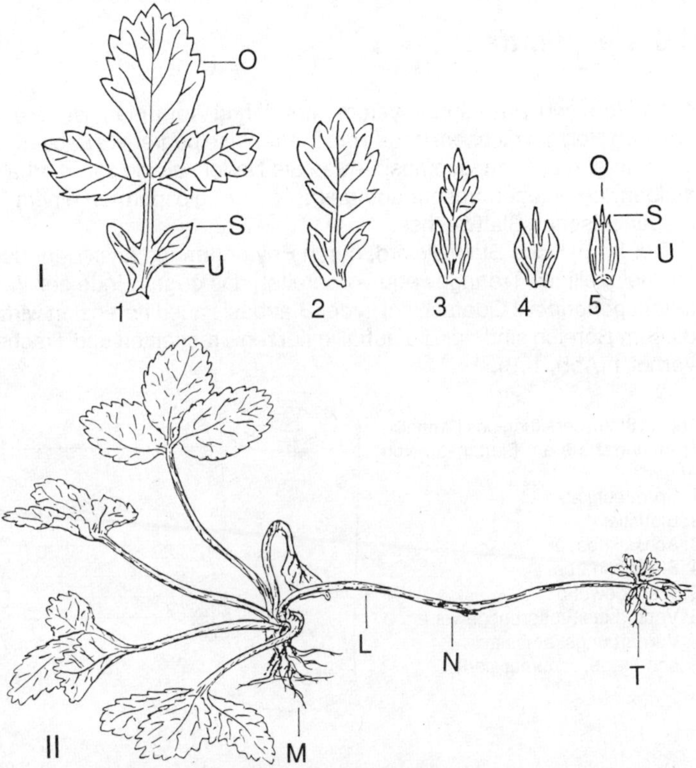

Abb.117: Blattfolge bei der Erdbeere (*Fragaria vesca*); I: Übergangsformen zu Hochblättern an einem Blütensproß; 1 - 5: aufsteigende Folge. Das Oberblatt (O) wird zunehmend reduziert: Zunächst wird der Blattstiel verkürzt, dann wird die dreizählig gefiederte Spreite verkleinert. Auch die vom Unterblatt (U) differenzierten Stipeln (S) werden rudimentär. II: Die vegetative Mutterrosette (M) bildet einen plagiotrop wachsenden Seitensproß, mit extrem gestreckten Internodien. Dieser Ausläufer (Stolo, L) trägt am ersten Knoten ein schuppenförmiges Niederblatt (N). Am zweiten Knoten wird eine Tochterrosette (T) mit sproßbürtiger Bewurzelung angelegt.

Auch zwischen den Folgeblättern und der Blüte können Übergangsformen auftreten, die als Hochblätter bezeichnet werden. Entweder sind sie klein und schuppenförmig und bestehen überwiegend aus dem Unterblatt (z.B. *Helleborus*; *Fragaria*) oder sie sind besondere Tragblätter (Bracteen) von Blüten oder Blütenständen (Abb. 116; 117).

8.6 Der Blattfall

Auch dort, wo das Sproßsystem mehrjährig konzipiert ist, wie bei unseren Holzgewächsen, haben die Blätter eine begrenzte Lebensdauer. Während bei den Gymnospermen die Nadeln einige Jahre erhalten bleiben, unterliegen unsere sommergrünen Angiospermen einem jahresperiodischen Blattwechsel.

Der herbstliche Blattfall wird, durch Phytohormone gesteuert, durch ein kleinzelliges Trenngewebe vorbereitet, das gegen Ende der Vegetationsperiode als Querschicht in der Blattbasis ausdifferenziert wird. In diesem Bereich sind nur die auffällig kurzen Tracheiden und Tracheen verholzt (Abb. 118).

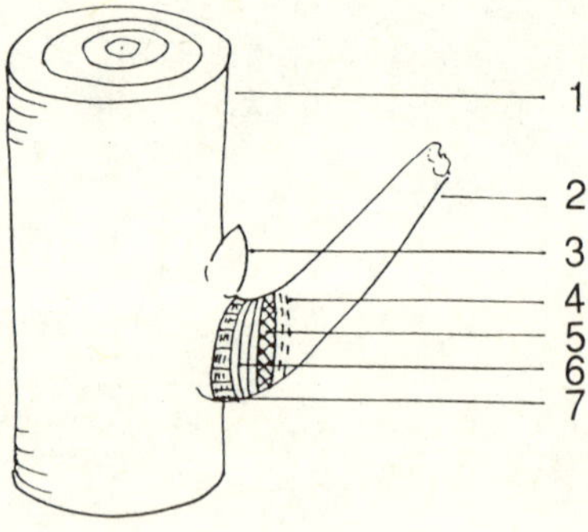

Abb.118: Vorbereitung des Blattfalls: Trennungszone am Blattansatz von *Alnus*
1: Sproßachse
2: Blattstiel
3: Achselknospe
4: Blattstielnarbe
5: Trenngewebe
6: Verkorktes Blattgrundgewebe
7: Vernarbungskambium
(Nach TISON, schematisiert).

Wenn im Trenngewebe die Mittellamellen verschleimen und die Zellen sich abrunden, wird die Ablösung des Blattes eingeleitet. Weiter werden die Tracheen der Blattspuren durch Thyllen verschlossen und die Poren der Siebröhren durch Callose verstopft. Das mit dem Blattfall freigelegte Gewebe der Sproßachse, die Blattnarbe, kann verkorken oder verholzen. Darunter baut ein bereits vorher angelegtes Phellogen ein neues Periderm auf.

8.7 Anpassungen an den Wasserhaushalt

Die Anpassungen an zu geringe Wasserverfügbarkeit und extreme Temperaturen kann an verschiedenen Standorten und Arealen erforderlich sein:

a) Trockengebiete, besonders Steppen und Wüsten
b) Wasserarme Bereiche, z.B. steinig-felsiger Untergrund
c) Frosttrocknis, bes. in hochmontanen und subarktischen Gebieten
d) Physiologische Trockenheit durch hohe Salzkonzentration im Boden, z.B. in Salzmarschen.

Der letzte Gesichtspunkt beleuchtet die besonderen physiologischen Bedingungen der **Halophyten**. Sie begegnen dem hohen osmotischen Wert der Böden durch Akkumulation von NaCl in der Vakuole. Allerdings führt dann die Wasserabgabe durch Transpiration rasch zu einer Überkonzentration in den abgebenden Geweben. Die Reduzierung der Spreite und die Sukkulenz des Blattes kann bei einigen Formen diesem Gradienten entgegenwirken. Diese Ausformungen können also nicht als xeromorph angesprochen werden.

Andere Halophyten können hochkonzentrierte Salzlösung aus Salzdrüsen auspressen. Bemerkenswert ist die hohe Natriumtoleranz dieser Gruppe.

Die Formen zu den übrigen Gesichtspunkten (a, b, c) zeigen morphologische (und anatomische) Anpassungen, die als **Xeromorphien** zusammengefaßt werden.

Ergänzend zu den Ausführungen zum Gymnospermen-Nadelblatt seien hier die wichtigsten Entwicklungstendenzen zu diesem Formenkreis aufgezeigt:

A) Verstärkung und Verholzung der Epidermis, Verstärkung der Cuticula; z.T. zusätzliche Lack- und Wachsschichten oder Haarfilz (Trichome)
   - z.B. bei immergrünen Hartlaubgewächsen.

B) Reduktion der Blattgröße
   - z.B. bei den immergrünen *Nothofagus*- und *Cotoneaster*-Arten

C) Reduktion der Spreite
   - bis zur Nadelform bei vielen Gymnospermen
   - bis auf den Blattstiel bei den Phyllodien der Acacien
   - bis zur Dornenform bei vielen Cacteen und *Berberis*-Arten (Abb. 119)

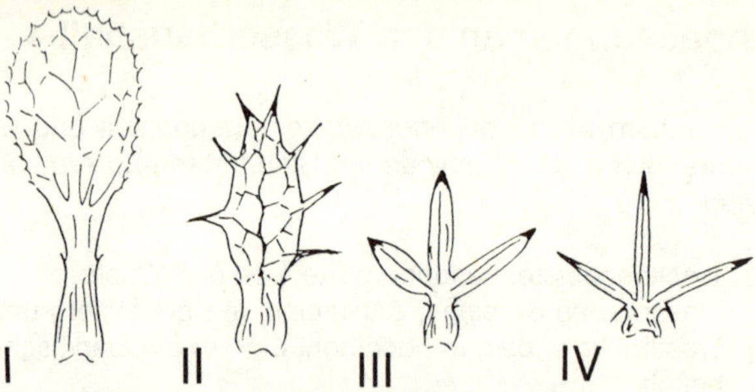

Abb.119: Verdornung der Laubblätter bei *Berberis vulgaris* ; I: Laubblatt; II u. III: Übergangsblätter; IV: Dornblatt.

D) Reduktion der Oberfläche durch Einrollung des Blattes
- nur in der Trockenphase: z.B. bei Steppengras (*Stipa*; Abb. 120)
- beständig: z.B. bei einigen Ericaceen

E) Wasserspeicherung für Dürrephasen in besonders verstärkten Speichergeweben (Sukkulenz)
- in der Epidermis: z.B. *Tillandsia*
- im Mesophyll: z.B. *Agave*, *Sempervivum*

F) Kantenstellung des Blattes als Schutz gegen zu starke Wärmestrahlung und Verdunstung
- bei Altersblättern von *Eucalyptus*-Bäumen und Phyllodien der Acacien
- Blätter von „Kompaßpflanzen" sind zusätzlich in Nord-Südrichtung ausgerichtet: Thermotropismus (z.B. *Lactuca serriola*).

8.8 Geotropismus und endogene Tagesrhythmik

Wie die anderen Organe orientieren sich die Blätter im Schwerefeld der Erde. Sie verhalten sich also geotrop und orientieren sich an der Richtung der Erdbeschleunigung.

Positiv geotrop, d.h. nach unten, orientieren sich Hauptwurzeln. Negativ geotrop orientieren sich die meisten Sproß-Hauptachsen.

Die Blätter dagegen orientieren sich mit Vorzug plagiogeotrop, d.h. in einem mehr oder weniger rechten Winkel zur Richtung der Erdbeschleunigung. Dieser Orientierungsmodus ergibt sich aus dem Gegeneinanderwirken zweier Kräfte:

a) einem negativen Geotropismus und
b) einem verstärkten Oberseitenwachstum (Epinastie).

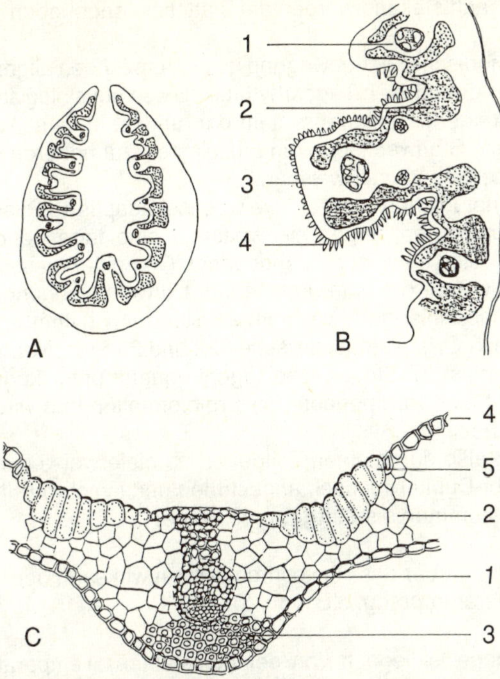

Abb.120: Xeromorphe Rollblätter von Gräsern; A u. B: *Stipa tenacissima* ; A: Blatt-Querschnitt; die epistomatischen Blätter rollen sich bei Trockenheit zur Oberseite hin ein; sie reduzieren so die exponierte Oberfläche und schützen zusätzlich die Stomata; B: vergrößerter Ausschnitt aus A; 1: Leitbündel; 2: Assimilationsgewebe; 3: Sklerenchym; 4: Oberepidermis, bei „B" mit Trichomen; C: *Sesleria coerulea* ; mittlerer Bereich des Blattquerschnittes; die großen Polster der Gelenkzellen (5) in der Oberepidermis bewirken die Einrollung: bei Trockenheit verlieren diese dünnwandigen Zellen zuerst Wasser und schrumpfen; indem die Oberseite schrumpft, rollt sich die Spreite nach dieser Seite ein.

Der Winkel zur Richtung der Erdbeschleunigung ist kein absolut fester Wert. Vielmehr ist er als Sollwert eines Regelmechanismus zu begreifen. Dieser Sollwert kann in Abhängigkeit von der Tageszeit verändert werden. Daraus ergibt sich die tagesperiodische Blattbewegung.

Ein klassisches Untersuchungsobjekt für dieses Phänomen sind die Primärblätter von *Phaseolus*, die mit Gelenken an der Blattbasis und am Spreitenansatz ausgerüstet sind. Beim Übergang zur Tagstellung werden die Blattstiele gesenkt und die Spreiten angehoben, wodurch beide Teile der horizontalen Orientierung angenähert werden. Beim

Übergang zur Nachtstellung werden die Blattstiele angehoben und die Spreiten gesenkt.

Die tagesperiodische Blattbewegung ist ein Aspekt des allgemeinen Phänomens der endogenen Tagesrhythmik. Diese physiologische Uhr stellt ein körpereigenes Zeitmeßsystem dar, und ist in verschiedenen Phänomenen des Stoffwechsels vom Einzeller bis zur höheren Pflanze oder bis zum Menschen nachweisbar.

Werden auf natürlichen Licht-Dunkelwechsel adaptierte Pflanzen in Dauerlicht gebracht, so zeigen sie weiterhin eine tagesperiodische Blattbewegung. Dies beweist den endogenen Charakter dieser Rhythmik. Allerdings weicht die unter konstanten Umweltbedingungen sich einstellende Periodenlänge etwas vom 24-Stunden-Rhythmus ab und schwankt, je nach Organismus, zwischen 22 und 28 Std. (*Neurospora*: 23 Std., *Phaseolus*: 27 Std.). Diese Eigenfrequenz unter konstanten Bedingungen ist eine Komponente der Erbinformation und wird durch mehrere Gene bestimmt.

Die Uhr muß also durch einen Zeitgeber, normalerweise durch den natürlichen Licht-Dunkelwechsel, angestoßen und synchronisiert werden. Allgemein kommen als **Zeitgeber** in Frage:

a) Licht: Hellrot, über das Phytochromsystem wirksam, oder
b) ein Temperatursprung, z.B. von 20 auf 5°C.

Die Periodenlänge ist jedoch von der (konstanten) Temperatur fast unabhängig. Erst dadurch ist eine Zeitmessung möglich. Temperaturabhängig sind dagegen die Amplitude und Prozesse, die von der physiologischen Uhr gesteuert werden.

Über die physiologische Uhr wird von der Pflanze die Nachtlänge gemessen. Da die Nachtlänge jahresperiodisch schwankt, können die Entwicklungsprozesse mit der Jahreszeit synchronisiert werden (Photoperiodismus).

8.9 Photorezeptor-Systeme im Blatt

Nicht nur für die Energetik, für die Versorgung mit energiereichen Assimilaten, ist die Lichtabsorption im Blatt von Bedeutung. Mehrere, voneinander unabhängige Photorezeptor-Systeme sind in diesem Organ lokalisiert. Sie steuern die Entwicklung und Differenzierung der Pflanze. Sie greifen regelnd in den Stoffwechsel ein. Weiter steuern sie phototrope und photonastische Bewegungen.

8.9.1 Der Phototropismus

Blätter und Sproßachsen können auch phototropisch reagieren. Viele Blattspreiten orientieren sich senkrecht zur Lichtrichtung. Sie reagieren also transversal-phototrop. Diese Einstellung kann so genau sein, daß bei bestimmten Formen (z.B. *Malva neglecta*) die Spreitenstellung im Tagesverlauf dem aktuellen Sonnenstand nachgeführt wird.

Dagegen wurde für Sproßachsen vieler krautiger Pflanzen eine positiv phototrope Reaktion nachgewiesen. Sie orientieren sich also in Richtung des einfallenden Lichtes (Abb. 121).

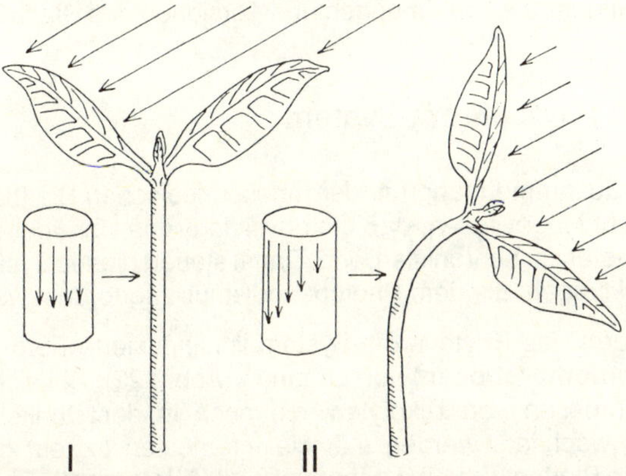

Abb.121: Phototrope Krümmung der Sproßachse; I: bei geradem Wuchs ist IES in der Achse gleichmäßig verteilt (Länge der abwärts gerichteten Pfeile). Seitliche Belichtung ergibt eine Asymmetrie in der Ausleuchtung der Blätter; II: Dies führt zu einem verstärkten IES-Strom auf der lichtabgewandten Seite der Achse und bewirkt deren Krümmung zur Richtung des einfallenden Lichtes.

Das phototrop wirksame Licht wird von den obersten Blättern perzipiert. Wirksam ist Licht, welches von Riboflavin und von β-Carotin absorbiert wird. Damit hat das Wirkungsspektrum Maxima im Bereich von 370, 450 und 480 nm. Die Pigmentmoleküle finden sich geordnet im Ectoplasma der Zellen.

Da seitliche Belichtung eines Sprosses zu einem Helligkeitsunterschied an den gegenüberliegenden Blättern führt, ergibt sich in der Folge basalwärts eine Querpolarisierung in der Sproßachse. Daraus resultiert eine höhere Wuchsstoffkonzentration auf der lichtabgewandten Seite. Die Sproßachse wird sich also so lange zur Lichtquelle hin krümmen, bis der Helligkeitsunterschied aufgehoben ist, d.h. bis sie genau in Lichtrichtung wächst.

Als getrenntes Phänomen ist die laterale Verschiebung der Blätter bei der „Schattenflucht" zu sehen: Werden Spreiten partiell beschattet, etwa durch benachbarte Blätter, so weichen die betroffenen Blätter zur besonnten Seite aus, bis eine gleichmäßige Ausleuchtung erreicht ist. Das gleichmäßige Blattmuster vieler Bäume resultiert aus dieser Reaktion. Mit dieser Verteilung kann die Lichtenergie optimal erfaßt werden. Die Mechanik dieser Orientierungsbewegungen unterscheidet sich nicht grundsätzlich von der der geotropischen Reaktion. Auch hier können, wenn vorhanden, Blattgelenke beteiligt sein oder die Bewegung erfolgt über die Krümmungen und Torsionen des Blattstiels.

8.9.2 Das Phytochrom-System

Bereits im Zusammenhang mit der tagesperiodischen Blattbewegung wurde darauf hingewiesen, daß die physiologische Uhr über das Phytochrom-System synchronisiert wird. Damit steuert dieses System auch alle Entwicklungen, die dem Photoperiodismus zugeordnet werden.

Weiter steuert das Phytochrom-System lichtinduzierte Formveränderungen (**Photomorphosen**) von Organen (Abb. 122): Bei sich entwikkelnden Sprossen von Dikotylen, die noch in der Dunkelheit des Erdreiches wachsen, werden u.a. die Internodien extrem gestreckt, während die Blattentwicklung gehemmt wird (**Etiolement**). Ein sinnvolles, biologisches Programm also, um den Sproß möglichst rasch an das Tageslicht zu bringen (Abb. 123).

Schon einige Minuten Sonnenlicht pro Tag genügen, um eine Deetiolierung einzuleiten: Die Internodienstreckung wird gehemmt, während die Blattentwicklung gefördert wird und die Chlorophyllbildung einsetzt.

Das Phytochrom-System ist auch an den photonastischen Bewegungen von Blättern (z.B. *Mimosa*) und an der lichtinduzierten Chloroplastenverlagerung beteiligt.

Eine Reihe von Samen keimt nur, wenn sie mit hellrotem Licht (660 nm) bestrahlt werden. Man spricht dann von Lichtkeimern. Wird nach Hellrot-Bestrahlung mit dunkelrotem Licht (730 nm) bestrahlt, so wird die Förderung aufgehoben. Die Samen keimen dann nicht. Dieser Hellrot-Dunkelrot-Antagonismus gilt für alle Phytochrom-Effekte.

Dies zeigt, daß das Phytochrom-System wie ein physiologischer Schalter arbeitet. Es wird durch Hellrot aktiviert und durch Dunkelrot

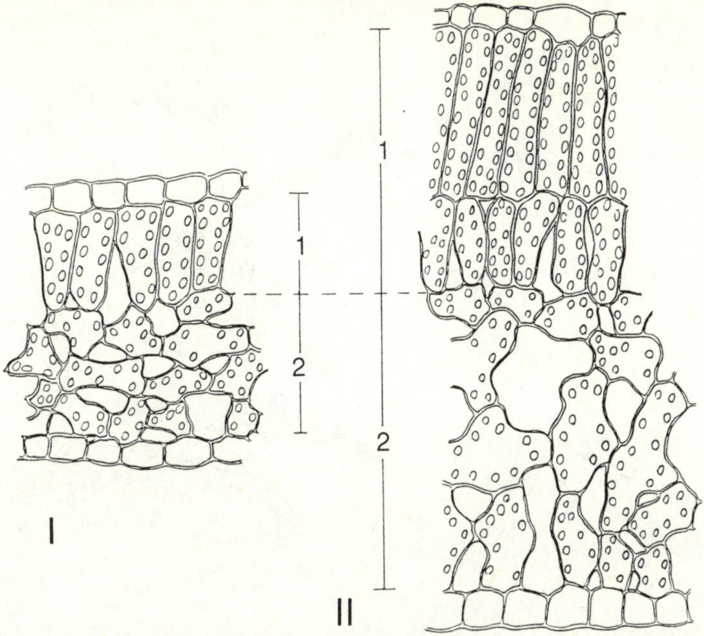

Abb.122: Photomorphose bei *Fagus sylvatica*: Querschnitt durch ein Schattenblatt (I) und durch ein Sonnenblatt (II); 1: Palisadenparenchym; 2: Schwammparenchym. - In Schattenlage gewachsene Blätter zeigen ein relativ schwach differenziertes Mesophyll. Volles Sonnenlicht induziert eine Photodifferenzierung: Es ergibt sich ein zweischichtiges Palisadenparenchym und ein verstärktes Schwammparenchym. Auch die Enzymkonzentration im Mesophyll ist erhöht.

inaktiviert. Daraus kann geschlossen werden, daß das Pigment in zumindest zwei Modifikationen vorkommt, die durch lichtinduzierte Konformationsänderung ineinander überführt werden.

Das Pigment ist ein Chromoproteid mit einem linearen Tetrapyrrolkörper als chromophore Gruppe ähnlich den Phycobilinen. Die Absorptionsspektren der beiden Formen zeigen ein Nebenmaximum im blauen Bereich und ein Hauptmaximum im roten Spektralbereich. Nur im roten Bereich unterscheiden sich die beiden Absorptionsspektren deutlich, so daß sich im Wirkungsspektrum bei 660 nm ein Maximum der Aktivierung, bei 730 nm ein Maximum der Inaktivierung ergibt.

Die physiologisch aktive Form (in der Literatur: P_{fr}, P 730 oder F), die bei 730 nm ihr Hauptmaximum hat, unterliegt einem ständigen Abbau,

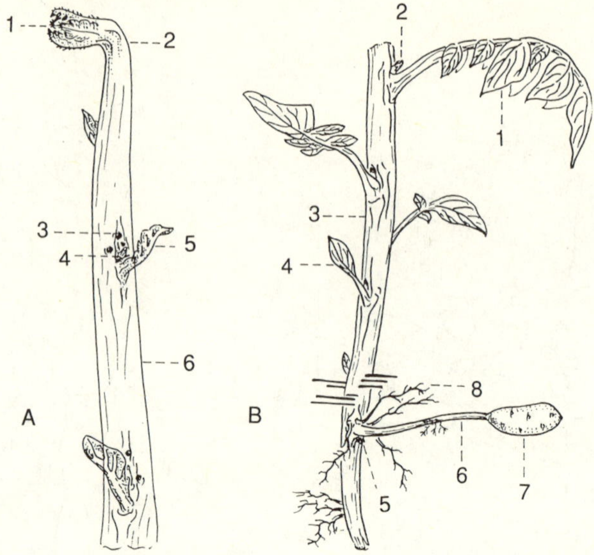

Abb.123: Photomorphosen bei *Solanum tuberosum* ; A: Spitzenbereich eines im Dunkeln gewachsenen, etiolierten Sprosses (- im Vergleich zu „B" vergrößert); 1: Sproßspitze, von Blattanlagen eingehüllt; 2: Plumulahaken; 3: sproßbürtige Wurzelanlagen (- Überknotenwurzler); 4: Achselknospe; 5: schuppenförmiges Blatt; 6: gestrecktes Internodium; B: Sproßstück von einer im Licht kultivierten Pflanze (die horizontale Schraffur gibt den Bodenhorizont an); 1: entwickeltes Laubblatt; 2: Achselknospe; 3: kurzes Internodium; 4: oberirdisches Niederblatt; 5: unterirdisches Niederblatt; 6: unterirdischer Seitensproß (Ausläufer); 7: Sproßknolle; 8: entwickelte Überknotenwurzeln.

der auch oxidativ erfolgt. Von dieser Form besteht eine negative Rückkopplung auf die Neusynthese: Mit abnehmender Konzentration von P 730 wird die Expression des Gens und damit die Neusynthese gefördert.

Dem Verbrauch steht also die Neusynthese gegenüber. Sie führt zunächst zu der physiologisch inaktiven Form (in der Literatur: P_r, P 660 oder R), die bei 660 nm ihr Hauptmaximum hat. Sie ist in Dunkelheit relativ stabil. Durch Sonnenlicht wird sie zu etwa 50% in P 730 umgewandelt. Phytochromgesteuerte Reaktionen sind dann bereits gesättigt, d.h. voll aktiviert.

Bei der Umwandlung von P 660 in P 730 durch Hellrot und auch bei der Rückwandlung von P 730 in P 660 durch Dunkelrot ist die Dauer und die Stärke der Belichtung nur bis zur Sättigung der Reaktion von Bedeutung (Reizmengengesetz). Die Steuerung der Reaktion erfolgt jedoch weniger über die Lichtenergie als vielmehr über die Lichtqualität: Die zuletzt eingestrahlte Wellenlänge entscheidet über Aktivierung oder Inaktivierung.

Synthese → mRNS → P 660 $\underset{730\,\text{nm}}{\overset{660\,\text{nm}}{\rightleftarrows}}$ P 730 (Aktivierung) → Abbau

8.9.3 Photosynthese-Steuerungen

Auch für Regelungen und Steuerungen wird das Pigment-System der Photosynthese in Anspruch genommen. So erfolgt die Regelung von bestimmten Enzymaktivitäten und Redoxsystemen in dieser Abhängigkeit. Weiter wird der Ionentransport zwischen den Chloroplasten und dem Cytoplasma und der Ionentransport am Plasmalemma bzw. am Tonoplasten auch über die Photosynthese geregelt. Unter dieser Kontrolle steht auch das Membranpotential zwischen der Vakuole und dem Außenmedium. Schließlich erfolgt auch die photonastische Steuerung der Spaltöffnungsbewegung über die Photosynthesepigmente. Hier wird allerdings ein weiteres Pigment, welches im Blaulicht ein Absorbtionsmaximum besitzt, diskutiert.

Ergänzend sei darauf hingewiesen, daß schon bei niederen Organismen (bestimmte Bakterien oder Algen) Steuerungen über die Photosynthesepigmente möglich sind: So wird die phototaktische Orientierungsbewegung über den photosynthetischen Elektronentransport gesteuert.

9 Der Spaltöffnungsapparat

9.1 Funktion

Der Spaltöffnungsapparat (Stoma) besteht aus zwei **Schließzellen** mit dem Spalt (Porus), und, wenn vorhanden, aus zwei oder mehr **Nebenzellen** (Abb. 124).

Der Spaltöffnungsapparat ist ein Regelventil für Gase. Er ist die logische Ergänzung zur Isolierschicht der cutinisierten Epidermis. Da die Landpflanzen der Atmosphäre mit vergleichsweise niedrigem Wasserpotential ausgesetzt sind, ergeben sich partiell gegensätzliche Zielsetzungen: Einerseits verlangt der Stoffwechsel der Photosynthese und der Atmung einen möglichst optimalen Gasaustausch mit der Atmosphäre. Andererseits kann dies nur soweit ermöglicht werden, wie der Wasserverlust bei der Spaltöffnung nicht für die Pflanze bedrohlich wird. Die Wasserabgabe (Transpiration) ist jedoch für die Pflanze wichtig, da über den Xylemweg Ionen und andere Stoffe transportiert werden. Ein weiterer Gesichtspunkt für die Regelung ist die Kühlung des Gewebes durch zusätzliche Wasserabgabe (Verdunstungskälte).

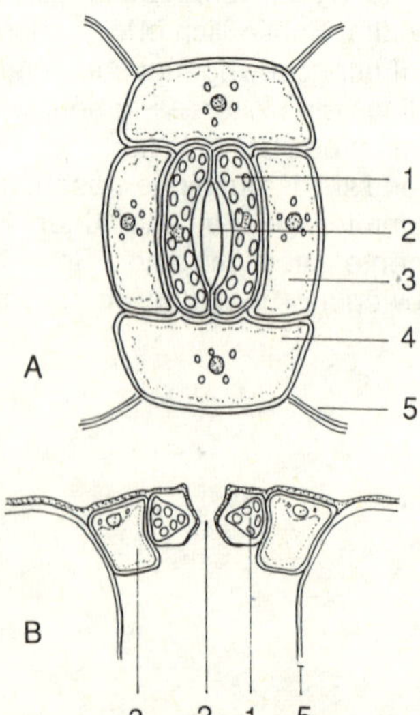

Abb.124:
Spaltöffnungsapparat von *Rhoeo spathacea* (Commelinaceae)
A: Aufsicht
B: medianer Querschnitt
1: Schließzellen
2: geöffneter Porus
3: erstes Nebenzellenpaar
4: zweites Nebenzellenpaar
5: angrenzende Epidermiszellen
Schließzellen mit Chloroplasten, Nebenzellen mit Leukoplasten im Bereich des Zellkerns.

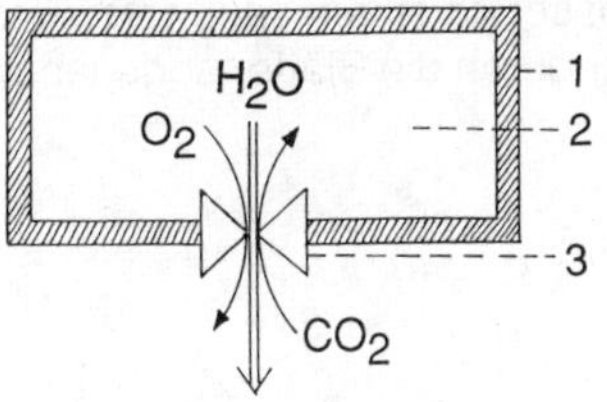

Abb.125:
Die Spaltöffnung, ein Regelventil für den Gasaustausch zwischen dem Mesophyll und dem äußeren Gasraum
1: Epidermis
2: Mesophyll
3: Spaltöffnung

Somit ergeben sich für die Funktion folgende Gesichtspunkte (Abb. 125):

a) Gasaustausch von CO_2 / O_2 (Aufnahme / Abgabe)
b) Abgabe von H_2O (Transpiration)
c) Temperaturregelung (durch Verdunstungskälte)

Die Blätter stehen in ihrem Wasserpotential näher dem des Bodens als der Luft. Dies beruht auf dem Diffusionswiderstand der Cuticula. Bei bestimmten Formen wird der Isoliereffekt durch Trichome, Wachsschichten oder eingesenkte Spaltöffnungen verbessert.

Der cuticuläre Wasserverlust liegt bei Mesophyten im Bereich von 5 bis 10%. Bei den xeromorphen Gymnospermen liegt der cuticuläre Verlust unter 1%, bei den Kakteen sind es weniger als 0,1%.

Das Porenareal bei maximaler Öffnung erreicht nur etwa 2% der Epidermis-Oberfläche. Es werden aber bis zu 70% der Verdampfung einer gleichgroßen, freien Wasseroberfläche erreicht: Durch den Randeffekt der Wasserdampf-Diffusionsfelder, die sich halbkugelförmig über den Spaltöffnungen aufbauen, sind die vielen, kleinen Poren effektiver als wenige, große Poren (Abb. 126).

Die Zahl der Spaltöffnungen pro Flächeneinheit schwankt von Art zu Art erheblich. Überwiegend liegt sie im Bereich von 100 bis 500 pro mm^2.

Bei starker Exposition können bestimmte Pflanzen täglich das mehrfache ihres Wassergehaltes verdunsten. An einem Sonnentag verdun-

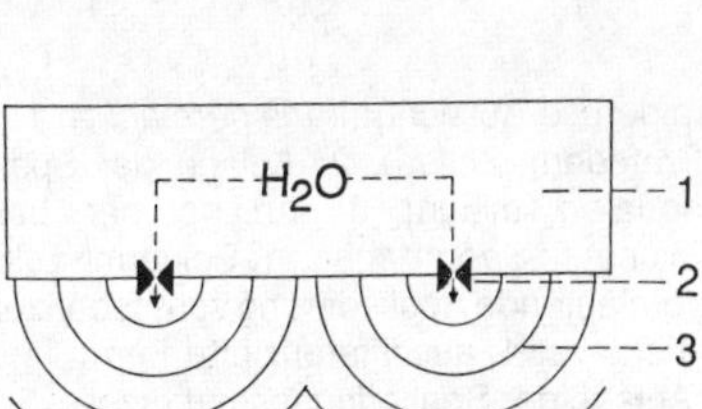

Abb.126:
Der Diffusionsraum (3) über den Stomata (2) für Wassergas aus dem Bereich des Mesophylls (1);
- eingezeichnet sind die Äquipotentiallinien, die den Diffusionsgradienten im äußeren Gasraum beschreiben.

stet ein Baum bis zu 70 Liter Wasser. In einem Laubwald werden bis zu 60% des Niederschlages wieder durch die Blätter abgegeben.

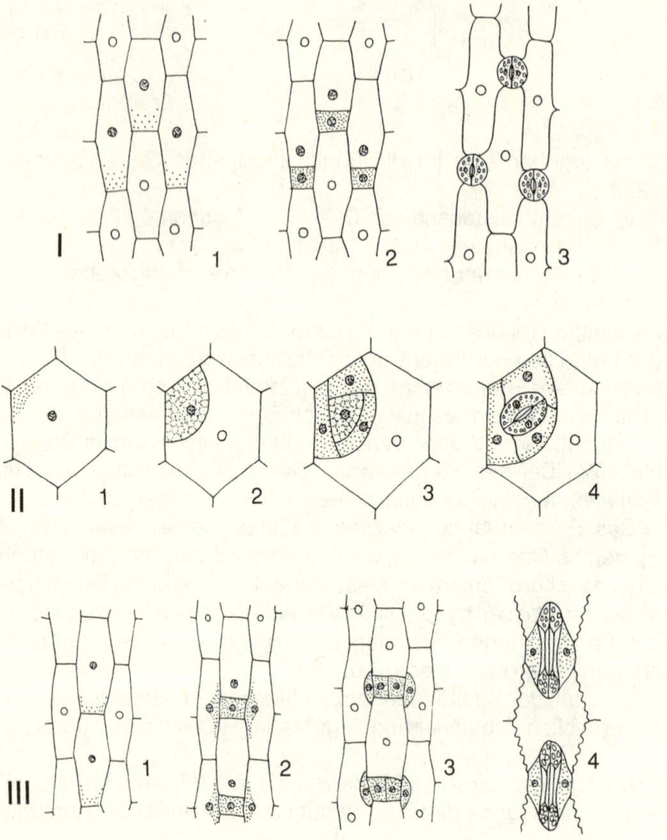

Abb.127: Spaltöffnungs-Entwicklung (Epidermis-Aufsicht); I: *Iris germanica*; 1: embryonale Epidermis-Zellen (Protoderm-Zellen); 2: Anlage der Spaltöffnungsmutterzelle durch inäquale Teilung; 3: Anlage der beiden Schließzellen durch äquale Teilung; II: *Sedum* spec.; 1: Epidermiszelle; 2: Anlage eines Meristemoids; 3: umlaufende Abgliederung von Nebenzellen; im Zentrum: Schließzellenmutterzelle; 4: ausdifferenzierte Form; III: *Zea mays* : 1: Epidermiszellen; 2: Anlage der Spaltöffnungsmutterzelle; 3: von den benachbarten Epidermiszellen werden die Nebenzellen angelegt; 4: ausdifferenzierte Form. (Nach POPHAM, verändert).

9.2 Entwicklung

Die Differenzierung der Spaltöffnung aus der Epidermis erfolgt aus einzelnen Zellen (Meristemoide) durch inäquale Teilungen. Die Meristemoide finden sich oft in regelmäßigem Abstand in Reihen, oder gestreut, jedoch mit Minimaldistanz durch Hemmzonen. Dadurch wird eine Überschneidung der Diffusionsfelder vermieden (Abb. 127).

Die teilungsfähige Zelle, das Meristemoid, teilt sich in eine Spaltöffnungsmutterzelle und in eine größere Zelle, die zu einer normalen Epidermiszelle differenziert wird. Die Spaltöffnungsmutterzelle rundet sich elliptisch ab und teilt sich längs, äqual, in zwei Schließzellen. In der Längswand zwischen den beiden Schließzellen ergibt sich im mittleren Bereich der Spalt, ein schizogener Interzellulargang (z.B. *Iris*).

Weiter können Nebenzellen, wie z.B. bei *Zea mays*, aus benachbarten Epidermiszellen differenziert werden. Diese Nebenzellen sind den Schließzellen zugeordnet und unterstützen deren Funktion. Schließlich kann, wie z.B. bei *Sedum*, die gesamte Entwicklung aus einer Epidermiszelle erfolgen: Zuerst werden umlaufend Nebenzellen abgegliedert, bis schließlich die zentrale Zelle zur Spaltöffnungsmutterzelle wird und sich in zwei Schließzellen teilt.

9.3 Bau der Spaltöffnung (Stoma)

Beim hier gewählten Beispiel der Spaltöffnung von *Iris germanica* (Abb. 128) sind die beiden bohnenförmigen Schließzellen, die deutlich kleiner sind als die benachbarten Epidermiszellen, an beiden Enden miteinander verwachsen. Sie umschließen einen zentralen Spalt, der sich öffnet, wenn die Schließzellen unter Turgor-Erhöhung auseinanderweichen. Im Querschnitt wird der Bau dieser Schließzellen deutlicher: Der dem Zentralspalt zugewandte Teil der Zellwand, die Bauchwand, ist wesentlich stärker verdickt als die der Epidermiszelle benachbarte Rückenwand. Dieser unverdickte Teil der Zellwand ist wesentlich dehnbarer und folgt damit der Volumenvergrößerung der Zelle bei Turgorerhöhung durch Ausdehnung. Dies führt zu einer stärkeren Durchkrümmung der Schließzellen, was das Prinzip dieses Öffnungsmechanismus erklärt. Unterstützt wird diese Bewegung durch schwach verdickte Bereiche der benachbarten Epidermis-Zellwand, sogenannte Hautgelenke, die die Bewegung der Schließzellen erleichtern.

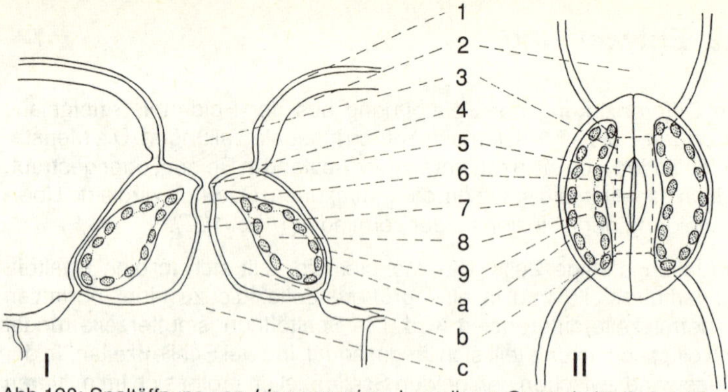

Abb.128: Spaltöffnung von *Iris germanica* ; I: medianer Querschnitt; II: Aufsicht; 1: Cuticula; 2: Epidermiszelle; 3: äußere Atemhöhle; 4: Hautgelenk; 5: Cuticularhörnchen; 6: Vorhof; 7: Zentralspalt; 8: Schließzelle; 9: Chloroplasten; a: Rückenwand; b: Bauchwand; c: Interzellularraum.

Dem Zentralspalt vorgelagert ist der sogenannte Vorhof, der von den Cutikularhörnchen eingefaßt ist, und diesem wiederum vorgelagert, bedingt durch die Einsenkung der Schließzellen, findet sich die äußere Atemhöhle.

Ergänzend zu den bereits besprochenen morphologischen Merkmalen unterscheiden sich die Schließzellen von den Epidermiszellen, aus denen sie sich differenzieren, durch den Besitz von zahlreichen Chloroplasten. Durch deren photosynthetische Aktivität ist eine selbständige, weitgehend autarke Energetik dieser Schließzellen möglich.

9.4 Spaltöffnungs-Typen

Entsprechend dem Bau der Schließzellen und der daraus resultierenden Bewegungsmechanik können mehrere Leitformen definiert werden (Abb. 129). Überwiegend haben diese Typen bohnenförmige Schließzellen. Sie unterscheiden sich jedoch im Querschnittsbild und in der Anordnung der Wandverstärkungen. Dadurch kann die Krümmung dieser Schließzellen für die Spaltöffnung entweder stärker die Bauchwand oder die Rückenwand betreffen. Weiter kann die Öffnungsbewegung in der Ebene der Epidermis, senkrecht dazu oder intermediär zu diesen beiden Richtungen erfolgen.

Die Form der Poaceen (Gramineen-Typ) hat dagegen hantelförmige Schließzellen. Deren Endstücke sind dünnwandig und können sich für

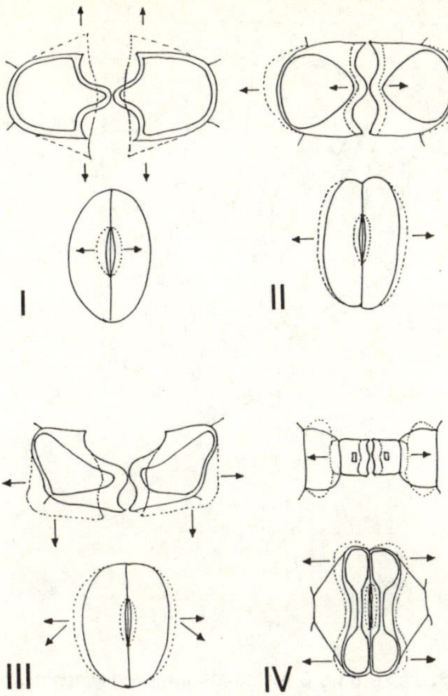

Abb.129: Spaltöffnungstypen - die Verformung der Zellen bei der Öffnung des Spalts ist gestrichelt eingezeichnet; jeweils oben: medianer Querschnitt durch die Schließzellen; jeweils unten: Aufsicht; I: *Mnium* -Typ II: Amaryllideen-Typ III: *Helleborus* -Typ IV: Gramineen-Typ (Nach HABERLANDT, GUTTENBERG u. SCHWENDENER, verändert).

die Öffnungsbewegung ausdehnen. Dabei werden deren stark verdickte Mittelteile, im Porusbereich, passiv auseinandergeführt. Eine modifizierte Form findet sich bei den Gymnospermen (Abb. 130).

a) *Mnium*-Typ:
Bauchwand dünn und stark durchgebogen. Bewegung senkrecht zur Epidermis-Oberfläche.

b) Amaryllideen-Typ:
Bauchwand verdickt, Rückenwand dünn und dehnbar. Bewegung parallel zur Epidermis-Oberfläche.

c) *Helleborus*-Typ:
Verdickung ähnlich Amaryllideen-Typ, jedoch asymmetrisch, daher Bewegung parallel und senkrecht zur Epidermis-Oberfläche.

d) Gramineen-Typ:
Hantelförmige Schließzellen: Mittelstücke starr, Endstücke dehnbar. Bewegung parallel zur Epidermis-Oberfläche.

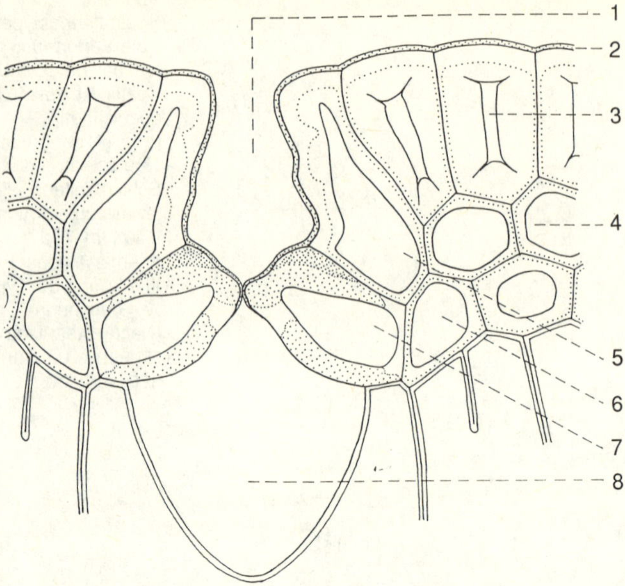

Abb.130: Medianer Querschnitt durch die xeromorphe Spaltöffnung von *Pinus nigra*; die Mechanik ist ähnlich dem Gramineen-Typ; 1: äußere Atemhöhle; 2: Cuticula; 3: Epidermis; 4: sklerenchymatische Hypodermis; 5: epidermale Nebenzelle; 6: hypodermale Nebenzelle; 7: Schließzelle, z.T. verholzt; 8: Interzellularraum.

9.5 Allgemeine Merkmale der Schließzellen

Trotz der unterschiedlichen Formen und Bewegungsmodi besteht doch ein gemeinsames Grundkonzept für die Schließzellen mit folgenden Gesichtspunkten:

a) Sie sind an beiden Enden miteinander verwachsen.
b) Sie sind im mittleren Teil getrennt durch den Porus.
c) Sie haben ungleichmäßig verdickte Wände.
d) Die Mikrofibrillen der Zellwände verlaufen senkrecht zur Dehnungsrichtung.
e) Sie haben Chloroplasten.
f) Die Turgorerhöhung führt zur Öffnung des Porus.

9.6 Spaltöffnungsbewegung

Die Öffnung erfolgt durch Zunahme des osmotischen Wertes und der damit verbundenen Wasseraufnahme in den Schließzellen. Das Wasser wird den benachbarten Nebenzellen oder Epidermiszellen entzogen. Es gibt zwei Mechanismen, die den osmotischen Wert der Schließzellen verändern:

a) Umwandlung von Stärke in Zucker in den Schließzellen: Dieser Vorgang wird über die Amylase-Aktivität und deren pH-Abhängigkeit gesteuert. Es ist ein langsamer Prozeß und steuert mit Vorzug die tagesperiodische Schließzellen-Bewegung.

b) Aufnahme von Kalium-Ionen aus den Nachbarzellen (Abb. 131): Dazu werden am Plasmalemma durch einen „primär-aktiven" Transport Protonen aus der Zelle gepumpt. Dabei wird ATP verbraucht, welches durch die Photophosphorylierung bereitgestellt wird. Der entstehende Protonengradient bewirkt eine Hyperpolarisierung (Zunahme des Membranpotentials) am Plasmalemma. Dadurch werden spezifische Kalium-Kanäle (elektrogen gekoppelter Uniport-Carrier) geöffnet und Kalium-Ionen (K^+) „sekundär-aktiv" in die Schließzelle transportiert.
Der Ladungsausgleich für die Kalium-Aufnahme erfolgt bei einigen Monokotylen (z.B. *Allium*) durch Chlorid-Ionen (Cl^-). Häufiger wird das Anion in den Schließzellen durch Synthese von Äpfelsäure bereitgestellt. Das Säure-Anion verbleibt in der Schließzelle, die anfallenden Protonen werden aus der Zelle transportiert. Ein entstehender pH-Gradient kann durch Cl^-/OH^--Austausch ausgeglichen werden.

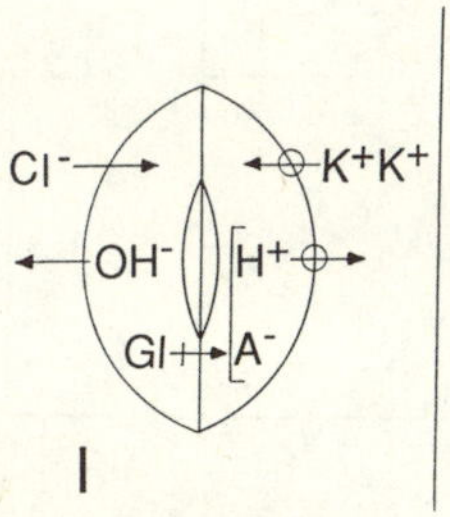

Abb.131: Schließzellen der Spaltöffnung; I: Ionen-Bewegung zur Öffnung; II: Ionen-Verteilung nach der Öffnung; Pfeile mit Kreis: aktiver Transport; einfache Pfeile: passive Diffusion; GL: Glucose; A-: Äpfelsäure-Anion.

Stomata-Regelung

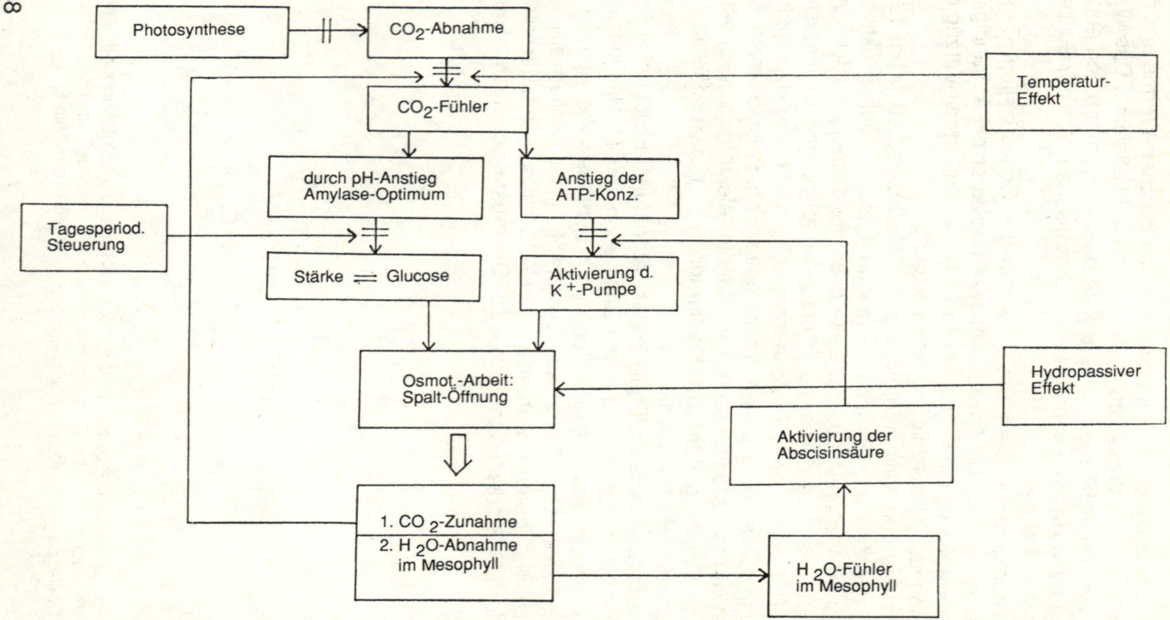

Abb. 132: Schema zur Regelung der Spaltöffnungsbewegung. Extern greifen die Faktoren: Licht, Wasserversorgung und die Temperatur in die Regelung des Turgors der Schließzellen ein. Über die CO_2- und die H_2O- Fühler im Mesophyll ergeben sich Rückkopplungsschleifen in diesem Regelsystem. (Nach RASCHKE, verändert).

9.7 Steuerung der Spaltöffnungsbewegung

Die Turgoränderungen werden durch mehrere, miteinander in Wechselwirkung stehende Regelkreise kontrolliert (Abb. 132).

9.7.1 Der Licht-Effekt (photonastisch)

Bei Belichtung öffnet sich der Spalt. Durch Licht ergibt sich im Mesophyll eine Aktivierung der Photosynthese-Mechanismen mit CO_2-Einbau und damit eine Verringerung des CO_2-Partialdruckes. Dieser CO_2-Defizit kann zwei verschiedene Mechanismen aktivieren:

a) Die CO_2-Konzentrationsabnahme läßt den pH-Wert ansteigen. Dadurch wird ein Amylase-Optimum angesteuert: Amylase spaltet Stärke in Glucose und erhöht damit den osmotischen Wert.

b) Das CO_2-Defizit verursacht ein zusätzliches ATP-Angebot aus der Photosynthese, da dieses nicht mehr für die CO_2-Fixierung eingesetzt werden kann. Dieses ATP steht nun für den „primär-aktiven" H^+-Transport zur Verfügung. Die damit gekoppelte, „sekundär-aktive" K^+-Aufnahme wird also beschleunigt.

9.7.2 Der Wasser-Effekt (hydronastisch)

a) hydropassiv:

Es besteht ein unmittelbarer Wasser-Effekt auf die Turgeszenz: Unterschreitet das Wasserpotential der Blätter einen kritischen Schwellenwert (-7 bis -18 bar), so schließen sich die Stomata (auch im Licht).

Dazu folgende Phänomene, die die Wechselwirkung mit dem umgebenden Gewebe beleuchten:

1) Wird eine unter Wassermangel stehende Pflanze beregnet, so schließen zunächst die Stomata, weil das H_2O von den Epidermiszellen schneller aufgenommen wird.
2) Wird ein Blatt abgeschnitten, so öffnen die Stomata vorübergehend, weil zuerst die Epidermiszellen den Turgorverlust erleiden.

b) hydroaktiv:

Hormonale Regelung: Bei Dürrebelastung wird durch den H_2O-Fühler im Mesophyll Abscisinsäure synthetisiert, die zu den Schließzellen transportiert wird und den aktiven H^+/K^+-Austausch hemmt.

9.7.3 Der Temperatur-Effekt (thermonastisch)

Gute Wasserversorgung vorausgesetzt, kann bei hohen Temperaturen die CO_2-Abhängigkeit der Spalt-Bewegung verlorengehen: Die Öffnung mit zunehmender Temperatur bedeutet eine Kühlung durch mehr Verdunstungskälte. Dadurch kann eine für die Photosynthese optimale Temperatur eingestellt werden.

9.7.4 Art der Regelung

Der Spalt öffnet bei Veränderung folgender Größen:

a) Verringerung des CO_2-Partialdruckes im Schwammparenchym (bei genügend H_2O) durch Licht.

b) Erhöhung des H_2O-Partialdruckes (bei vorausgehendem H_2O-Mangel).

c) Erhöhung der Temperatur (bei genügend H_2O) im Mesophyll.

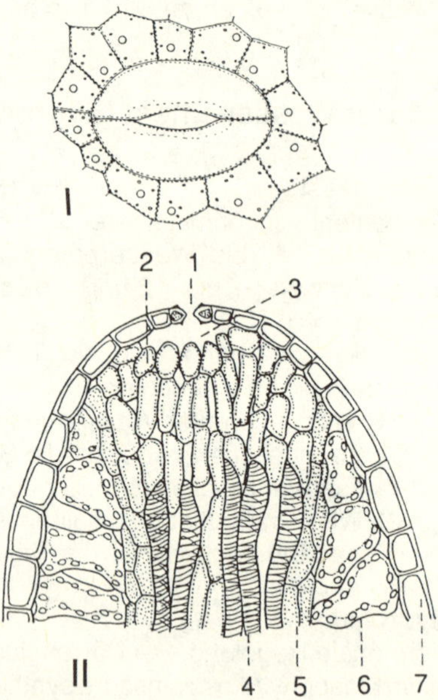

Abb.133: Hydathode von *Fuchsia* spec.
I: Aufsicht, mit angrenzenden Epidermiszellen
II: Längsschnitt durch einen Blattzahn mit Hydathode (1)
2: Epithem
3: Wasser-Interzellulare
4: Tracheiden
5: Leitbündelscheide
6: Assimilationsparenchym
7: Epidermis.

Dadurch wird:

a) der CO_2-Partialdruck im Schwammparenchym möglichst konstant gehalten,
b) der Transpirationsstrom und damit die H_2O-Verdunstung so lange aufrecht erhalten, so lange kein Wassermangel im Gewebe auftritt,
c) die Temperatur in den Bereich des Temperatur-Optimums der Photosynthese heruntergeregelt.

9.8 Die Guttation

In dem Maße, wie das Wasserpotential der Luft sich dem des feuchten Bodens nähert, wird der Transpirationsstrom geringer. Schließlich kann kein Wasser in gasförmiger Form mehr abgegeben werden.

Unter diesen Bedingungen, die wir im tropischen Regenwald finden oder die sich häufig durch Abkühlung der feuchten Luft in der Nachtphase ergeben (Taupunkt), können bestimmte Pflanzen durch Hydathoden das Wasser in flüssiger Form ausscheiden (Guttation).

9.8.1 Hydathoden mit Schließzellen (Wasserspalten)

Eine erste Gruppe von Hydathoden kann man sich von den Stomata abgeleitet denken. Sie besitzen, wie diese, zwei Schließzellen, die allerdings unbeweglich sind (Abb. 133). Die Hydathoden finden sich im exponierten Bereich des Blattrandes: an der Blattspitze (Poaceae), an Blattzähnchen (*Fuchsia*) oder am Ende von Blattadern (*Tropaeolum*).

Die treibende Kraft für diese Wasserabgabe ist der **Wurzeldruck**. Das Xylemwasser wird so aus den endständigen Tracheiden ausgepreßt und über die Wasserspalten nach außen abgegeben. Dieses Wasser enthält damit Ionen und organische Komponenten, die über den Xylemweg transportiert wurden. Diese einfache Relation finden wir bei den Poaceae. Dagegen liegt bei den dikotylen Formen über dem Leitbündelende ein **Epithem**. Dies ist ein kleinzelliges, chloroplastenfreies Parenchym mit Interzellularen. In diesem Gewebe findet ein Stoffaustausch mit dem Ausscheidungswasser statt. Hier ist auch eine Rückresorption von Ionen möglich. Andererseits findet sich in dem austretenden Wasser, besonders bei *Saxifraga*-Arten, eine höhere Konzentration von kohlensauerem Kalk.

9.8.2 Hydathoden ohne Schließzellen

Auch bei den epidermalen Hydathoden geht man von einer Epithem-Funktion aus. Wie der Name schon sagt, sind es Sonderbildungen der Epidermis, über die das Wasser abgegeben wird.

Hierzu gehören die Wassergruben des Farnes *Polypodium*. Es sind abgerundete, kleinzellige Gewebebereiche in der Epidermis. Weiter gehören dazu die Trichomhydathoden, also Exkretionshaare, von *Phaseolus*.

10 Bau und Funktion der Wurzel

10.1 Der primäre Bau

10.1.1 Die Aufgaben der Wurzel

Der im Vergleich zur Sproßachse oder zum Blatt recht einheitliche Bau der Wurzel ergibt sich aus deren Entwicklungsumgebung. Die strukturellen Gegebenheiten des Bodens schaffen so strikte Selektionsbedingungen, daß für eine Differenzierungsvielfalt wenig Raum bleibt.

Zunächst hat die Wurzel die Aufgabe, den Bodenraum zu durchdringen und so für den Cormus zu erschließen. Dazu zeigt die Wurzelspitze eine optimale Anpassung: Sie ist pfriemförmig und wird von einer Wurzelhaube geschützt. Weiter beinhaltet sie die einzige Wachstumszone der Wurzel. Das Längenwachstum der Wurzel erfolgt also, im Gegensatz zur Sproßachse, nur im Spitzenbereich.

Beim Vorschub der Wurzel durch den Boden werden die festen Bodenpartikel auseinandergeschoben. Diese mechanische Arbeit resultiert aus der osmotischen Arbeit bei der Erweiterung der Wurzelzellen. Die dazu notwendige Stoffwechselenergie bezieht die Wurzel aus der Zellatmung, wofür der Sproß die Assimilate liefert. Der Sauerstoff wird der Boden-Luft entzogen. Der Boden muß also auch Lufträume aufweisen. Die Wurzel ist ein typisch heterotrophes Organ.

Die Wurzel verankert das Sproßsystem im Boden. Dabei wird die Wurzel kaum tordiert, da sie durch das umgebende Bodenmaterial stabilisiert wird. Dagegen treten Zugkräfte auf, die Leit- und Festigungsgewebe sind daher zu einem zentralen Strang zusammengefaßt. Entsprechend den auftretenden Zugkräften sind Sklerenchymfasern in der Wurzel häufiger als Kollenchyme.

Die Wurzel versorgt den Cormus mit Wasser und Ionen, die dem Boden entzogen werden. Dazu muß der Bodenraum vom Wurzelsystem möglichst intensiv erschlossen werden. Je nach Pflanzengruppe ist es ein System von Hauptwurzel mit Seitenwurzeln oder es sind Büschel von sproßbürtigen Wurzeln. Weiter wird die Wurzeloberfläche durch die Wurzelhaare wesentlich vergrößert. Indem diese die Bodenpartikel umwachsen, verbessern sie den Kontakt zwischen der Wurzel und dem Bodenmaterial.

Die Wurzel speichert auch Reservestoffe in ihrem Parenchymgewebe. Ist diese Funktion besonders betont, so spricht man von Speicherwurzeln. Das Parenchym kann dann zusätzlich verdickt sein. Dies ist bei mehrjährigen Stauden besonders augenfällig, deren oberirdische Teile im Spätherbst absterben. Im Frühjahr regenerieren sie das Sproßsystem aus den Reserven der Wurzel.

Schließlich ist die Wurzel auch ein Syntheseort von Phytohormonen, besonders von Cytokininen. Diese beteiligen sich nicht nur am Wachstum des Wurzelsystems, sondern steuern auch im Sproß, zusammen mit anderen Phytohormonen, eine Reihe von Differenzierungen.
Somit sind die wichtigsten Funktionen der Wurzel:

a) Mechanische Verankerung der Pflanze
b) Aufnahme und Transport von H_2O und Ionen
c) Speicherung von Reservestoffen
d) Phytohormon-Synthese

Wo die Wurzel nicht an das Bodenmilieu gebunden ist, wird deren Struktur variabler: So können sich **Stützwurzeln**, wie sie bei Bambus-Arten vorkommen, primär verdicken. Bei tropischen *Ficus*-Arten (Baumwürger) können sich **Luftwurzeln** zu sekundär verdickten, stammähnlichen Säulenwurzeln entwickeln. Bei anderen Luftwurzeln, z.B. bei bestimmten epiphytischen Orchideen und auch bei *Clivia*, wird im äußeren Rindenbereich ein Wasserspeichergewebe, ein Velamen radicum, angelegt.

Im Bereich des tropischen Regenwaldes verankern sich viele Epiphyten mit Hilfe von **Haftwurzeln**. Auch Wurzelkletterer, wie der Efeu und bestimmte *Monstera*-Arten, verankern sich mit Hilfe von Haftwurzeln, deren Wurzelhaare in alle Unebenheiten der Rinde des stützenden Baumstammes einwachsen.

Atemwurzeln, wie sie bei Mangrove-Gehölzen vorkommen, wachsen aus dem Wasser und versorgen über ein Durchlüftungsgewebe (Aerenchym) das Wurzelsystem im Faulschlamm mit dem notwendigen Sauerstoff. Bei einigen epiphytischen Orchideen (z.B. *Taeniophyllum*) übernehmen die bandförmigen, grünen **Assimilationswurzeln** die Funktion der Blätter.

10.1.2 Anatomie der Wurzelspitze

Zunächst soll der Bauplan der Wurzelspitze für die **Angiospermen** betrachtet werden (Abb. 134). Das Apikalmeristem teilt sich bipolar. Akropetal wird vom **Kalyptrogen** das Zellmaterial für die **Kalyptra** (Wurzelhaube) abgegeben. Sie schützt den Wurzelkörper beim Vorschub durch den Boden. Dazu lösen sich ständig die äußeren Zellschichten der Kalyptra schizogen ab. Sie werden zerquetscht und bilden einen schützenden Schleimmantel um die Wurzelspitze.

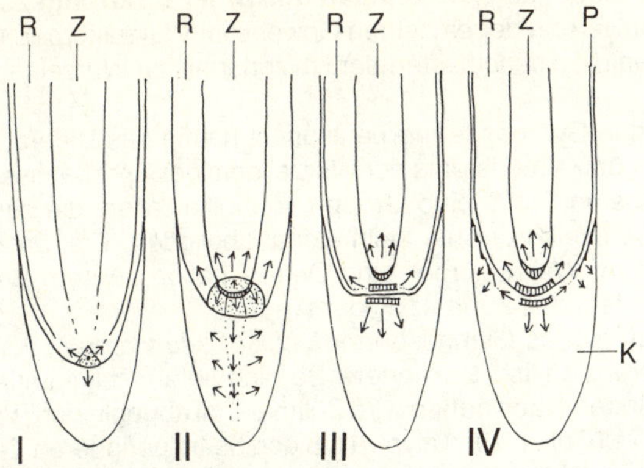

Abb.134: Organisation der Wurzelspitze; I: Farne mit vierschneidiger Scheitelzelle; II: Gymnospermentyp (*Pseudotsuga*-Form); zentrale Initialschicht mit abgegliederten Mutterzellen (punktiert); III: Monokotyle (- Poaceentyp); mit 3 Initialschichten, Protoderm aus den Initialen der Rinde; IV Dikotyle (-differenzierte Form); mit 3 Initialschichten, Protoderm aus den Initialen der Kalyptra; K: Kalyptra; R: Rinde; Z: Zentralzylinder; P: Protoderm; (Nach ESAU, verändert).

Bei Dikotylen können die Initialzellen der Kalyptra als **Dermato-Kalyptrogen** bezeichnet werden, da aus der gleichen Zellschicht auch das **Protoderm** für die Rhizodermis hervorgeht. Bei Monokotylen (Poaceentyp) kann das Protoderm aus den Initialen der Rinde hervorgehen.

Durch die mit Vorzug antiklinen Abgliederungsreihen ergeben sich deutliche Schichtungen, die sich auf das Apikalmeristem beziehen. Somit kann auch für das Apikalmeristem der Angiospermen-Wurzel häufig von einer qualitativen Schichtung ausgegangen werden: Die Deszendenzreihen beziehen sich dann auf die **Initialzellen** der **Rinde** oder auf jene des **Zentralzylinders**.

Es gibt jedoch auch Dikotyle und Monokotyle (Liliaceentyp) mit einem nicht geschichteten Initialzellenkomplex, in dessen Zentrum nur eine geringe Teilungsaktivität zu beobachten ist. Im äußeren Initialzellenbereich wird periklin Zellmaterial zur Kalyptra abgegliedert. Im inneren Bereich findet sich die Zellteilungszone zum Wurzelkörper.

An die Teilungszone schließt sich die **Streckungszone** an. Die zunächst kleinen, würfelförmigen und fast vakuolenfreien Zellen vergrössern ihr Volumen, indem sie eine große Vakuole aufbauen. Das damit verbundene Zellwachstum führt mit Vorzug zu einer Zellstreckung in axialer Richtung. Dies ist gleichzeitig das Wachstum der Wurzel.

In der anschließenden **Wurzelhaar- und Differenzierungszone** erfolgt die Differenzierung der einzelnen Gewebe im Wurzelkörper. Gleichzeitig wachsen die Trichoblasten der Rhizodermis zu Wurzelhaaren aus.

Auch bei den Gymnospermen entspricht häufig das Differenzierungsniveau des Apikalmeristems der Wurzel dem der Sproßachse. Es ist, in der einfachsten Form, eine Gruppe von Initialzellen, die zur Kalyptra und zum Wurzelkörper hin Zellmaterial abgliedert. Erst anschließend ergibt sich im Wurzelkörper eine Determination zu dem Bereich der Rinde und dem des Zentralzylinders.

Daneben gibt es Gymnospermen (z.B. *Pseudotsuga*), deren Initialzone differenziert ist: Der innere Bereich liefert Zellmaterial für den Zentralzylinder. Nach außen wird Zellmaterial abgegliedert, welches im zentralen Teil Zellen zur Kalyptra hin abgibt. Im peripheren Teil werden die Zellen zur Wurzelrinde abgegeben.

Die Pteridophyten-Wurzel besitzt typischerweise eine **vierschneidige** Scheitelzelle (Abb. 135). Sie kann als eine auf dem Kopf stehende, dreiseitige Pyramide gedacht werden, deren Basisfläche die Zellen zum Aufbau der Kalyptra abgliedert. Die drei Seitenflächen gliedern Zellen ab, die den Wurzelkörper aufbauen.

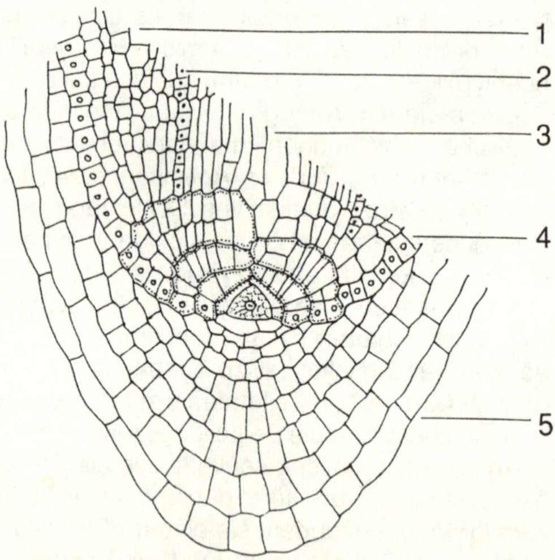

Abb.135:
Längsschnitt durch die Wurzelspitze eines Farns (Filicatae), mit vierschneidiger Scheitelzelle (punktiert)
1: Rinde
2: Endodermis-Anlage
3: Zentralzylinder, mit Anlagen von Leitelementen
4: Protoderm
5: Kalyptra.

10.1.3 Anatomie des Wurzelkörpers

Zunächst soll der Aufbau der ausdifferenzierten Wurzel betrachtet werden (Abb. 136). Die primäre Rinde umgibt den Zentralzylinder mit den Leitelementen:

Die primäre Rinde gliedert sich, von außen nach innen, in die einschichtige **Rhizodermis**, in die ein- bis mehrschichtige **Exodermis**, in das **Rindenparenchym** und in die einschichtige **Endodermis**. Der größte Teil des Wurzelkörpers wird vom Rindenparenchym eingenommen, welches auch die Reservestoffe speichert.

Der Zentralzylinder wird von dem **Pericykel** (Perikambium) eingefaßt. Dieser ist bei den Dikotylen häufig einschichtig. Dagegen ist er bei Gymnospermen und bei den Poaceae häufig mehrschichtig. Der Pericykel beteiligt sich an sekundären Differenzierungen: der Seitenwurzelanlage, dem sekundären Dickenwachstum und an der Periderm-Anlage.

Im **Zentralzylinder** finden sich, auf Radien angeordnet, die Elemente des Xylems und des Phloems. Sie differenzieren sich von außen nach innen, d.h. die Elemente des Protoxylems und des Protophloems liegen unmittelbar unter dem Pericykel, während die jüngeren Elemente der Meta-Anteile sich zum Zentrum hin orientieren.

Zwischen den Elementen des Xylems und des Phloems liegt das Zwischengewebsparenchym, welches im Zusammenhang mit dem sekundären Dickenwachstum der Wurzel wieder teilungsfähig werden kann. Im Zentrum des Zentralzylinders können entweder die Xylemstrahlen aufeinandertreffen, oder es ist dort Markparenchym zu finden.

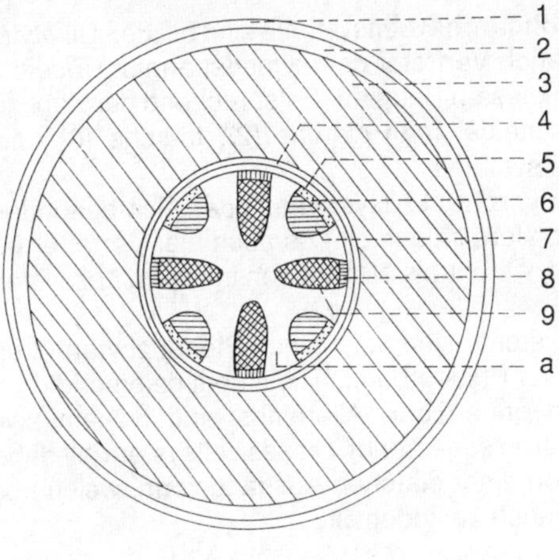

Abb.136: Querschnitt-Schema zu einer tetrarchen Wurzel
1: Rhizodermis
2: Exodermis
3: Rindenparenchym
4: Endodermis
5: Pericykel
6: Protophloem
7: Metaphloem
8: Protoxylem
9: Metaxylem
a: Zwischengewebe.

Abb.137:
Übergang von dem radialen Leitsystem der Wurzel (I) zu den kollateralen Leitbündeln der Sproßachse (IV); die Übergangsformen (II und III) zeigen die Teilung und Verlagerung der Xylemstränge
Phloem: punktiert
Xylem: schraffiert.

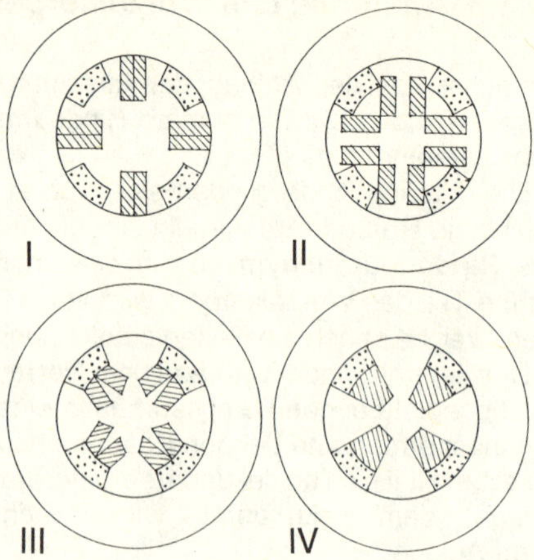

Erst im Übergangsbereich zum Sproß verändert sich dieser Bauplan (Abb. 137).

Die Zahl der **Xylem- bzw. Phloem-Strahlen** der Wurzel kann stark variieren. Jedoch können bestimmte Tendenzen festgestellt werden:

a) Wenigstrahlige (**oligarche**) Leitsysteme sind bei den Dikotylen häufig, jedoch auch Vertreter der Gymnospermen (*Picea*: 2; *Pinus*: 3) folgen diesem Bauplan. Entsprechend der Zahl der Strahlen unterscheidet man diarche (2), triarche (3) und tetrarche (4) Leitsysteme.

b) Vielstrahlige (**polyarche**) Leitsysteme finden sich besonders bei den Monokotylen, jedoch gibt es auch hier Vertreter der Gymnospermen. - Mehr als 10 Strahlen in einem Leitsystem sind häufig.

c) **Monarche** Leitsysteme sind bei einigen Pteridophyten-Gruppen zu finden. Der Phloembereich liegt dem halbmondförmigen Metaxylem gegenüber. Allerdings sind diesem zwei Protoxylem-Zentren zugeordnet. Dieses Leitsystem gilt daher als abgeleitet von einer diarchen Ausgangsform, welche bei einigen Farnen auch zu finden ist.

10.1.4 Die Gewebe der Rinde

10.1.4.1 Die Rhizodermis

Als primäres Abschlußgewebe entspricht die Rhizodermis der Wurzel der Epidermis der Sproßachse. Sie hat jedoch keine Cuticula und keine Stomata.

Aus der Rhizodermis entwickeln sich die **Wurzelhaare**, die der Wasseraufnahme dienen (Abb. 138). Die Zellen, welche die Wurzelhaare differenzieren, werden als **Trichoblasten** bezeichnet. Je nach Art werden alle Rhizodermiszellen zu Trichoblasten, oder es ergibt sich ein Muster aus Trichoblasten und Atrichoblasten. Auch können Wurzelhaare bei bestimmten Sumpfpflanzen (z.B. *Caltha*) ganz fehlen.

Indem die Wurzelhaare die Bodenteilchen umwachsen, ergibt sich ein inniger Verbund zwischen Wurzel und Boden. Beim Auswachsen der Wurzelhaare kann beobachtet werden, daß der Zellkern, der dieses Wachstum steuert, stets im Spitzenbereich des Haares zu finden ist. In aller Regel sind die Wurzelhaare einfache, schlauchförmige Ausstülpungen der Rhizodermiszellen. Selten werden sie mehrzellig oder verzweigt.

Die Wurzelhaare dienen der Oberflächenvergrößerung der Rhizodermis, wodurch die Wasseraufnahme erleichtert wird. Mit dem Wasser werden auch die Ionen aktiv in die Rhizodermiszellen aufgenommen. Anschließend werden die Ionen in die Zellen des Rindenparenchyms weitergeleitet.

Durch die Wurzelhaare kann die Oberfläche um mehr als das zehnfache vergrößert werden. Dabei erreichen sie, artspezifisch, eine Länge

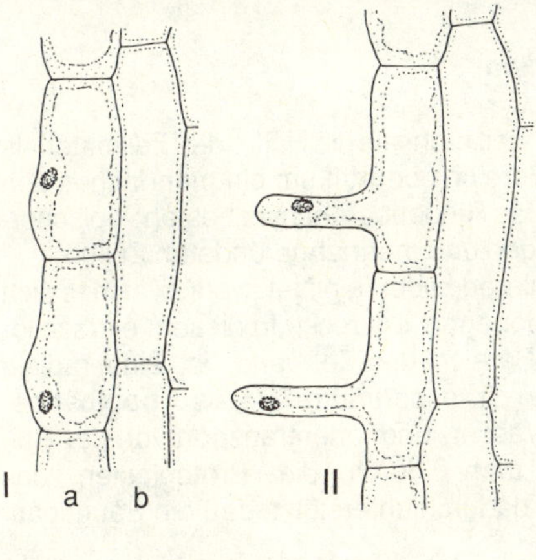

Abb.138:
Wurzelhaarbildung (Rhizodermis, längs) bei *Lepidium sativum*
I: Trichoblasten (mit Zellkern)
II: auswachsende Wurzelhaare
a: Rhizodermis
b: Exodermis

Abb.139:
Abschlußgewebe der Wurzel (Querschnittsbild) von *Caltha palustris*
1: Rhizodermis (ohne Wurzelhaare)
2: Exodermis
3: Rindenparenchym (mit Amyloplasten)

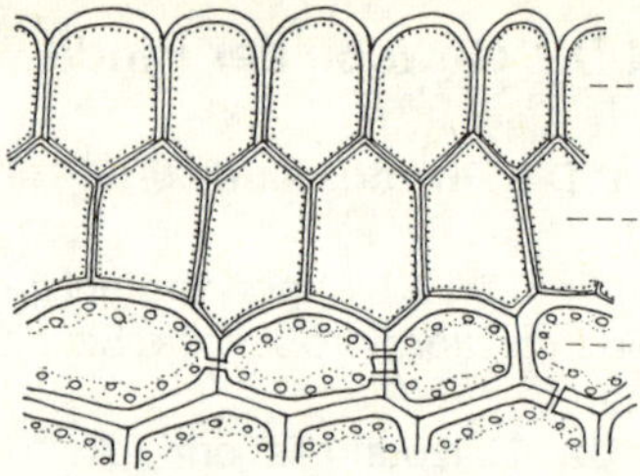

von 0,8 bis 8 mm. Deren Lebensdauer beträgt häufig nur wenige Tage, da mit dem weiteren Spitzenwachstum der Wurzel neue Wurzelhaare angelegt werden.

10.1.4.2 Die Exodermis

Indem die Wurzelhaare absterben, wird die Rhizodermis in diesem Bereich zerstört. Nun übernimmt die **Exodermis** die Funktion des äußeren Abschlußgewebes. Abgeleitet vom Apikalmeristem, wird die Exodermis einschichtig, häufiger jedoch mehrschichtig unmittelbar unter der Rhizodermis angelegt (Abb. 139).

Von den Zellen des Rindenparenchyms unterscheiden sich die Zellen der Exodermis sowohl in ihrer Größe als auch in der Tatsache, daß sie interzellularenfrei aneinanderschließen. Weiter sind deren Zellwände mit Suberin akkrustiert und werden so für den radialen Wasserweg gesperrt. Nur wenige Zellen, sog. Durchlaßzellen, sind von dieser Akkrustierung nicht betroffen.

10.1.4.3 Das Rindenparenchym

In der primären Wurzel besteht weit mehr als die Hälfte des Zellmaterials aus Rindenparenchym. Sein Bereich übertrifft um ein mehrfaches den Bereich des Zentralzylinders. Das Rindenparenchym besteht typischerweise aus großen, dünnwandigen und mehr abgerundeten Zellen.

Deren schizogene Interzellularen bilden ein Netzwerk, welches sich von der Exodermis bis zur Endodermis erstreckt. In diesem extrazellulären Bereich, wie auch im Bereich der Zellwand, ist eine radiale Wasserführung möglich. Dieser Transportraum wird als **Apoplast** bezeichnet. Jedoch erfolgt der Wasser- und Ionentransport von der Rhizodermis zur Endodermis mehr durch die Protoplasten des Rindenparenchyms. Dies wird dadurch unterstützt, daß die Saugspannung der Zellen des Rindenparenchyms bis zur Endodermis kontinuierlich zunimmt. Dieser intrazelluläre Transportraum wird als **Symplast** bezeichnet.

Das Rindenparenchym ist als Speicherparenchym reichlich mit Amyloplasten ausgerüstet. In diesem Bereich können also die Assimilate zwischengespeichert werden. Dies ist besonders für mehrjährige Formen von Bedeutung, da der Frühjahrsaustrieb aus dieser Reserve heraus erfolgen kann.

Im Rindenparenchym können außer Amyloplasten auch Chloroplasten oder Chromoplasten auftreten. Chloroplasten findet man besonders bei Luft- und Assimilationswurzeln. Chromoplasten findet man z.B. in der Karotte.

Bei vielen Monokotylen (z.B. Araceae) treten im Bereich des Rindenparenchyms Schichten von Sklerenchymen und Kollenchymen auf.

10.1.4.4 Die Endodermis

Die Endodermis als inneres Abschlußgewebe zeichnet sich in ihrer primären Differenzierung durch Inkrustierung von Suberin und auch von Lignin in allen Radialwänden aus. Dieser Imprägnierungsstreifen in den Radialwänden wird als **CASPARY'scher Streifen** bezeichnet. Er hat die Aufgabe, die unkontrollierte Diffusion im Bereich der Zellwand in den Zentralzylinder zu unterbinden (Abb. 144). Somit kann die Wasser- und Ionenaufnahme in den Zentralzylinder nur durch die Protoplasten der Endodermiszellen erfolgen. Deren aktiver Ionentransport ist selektiv: An

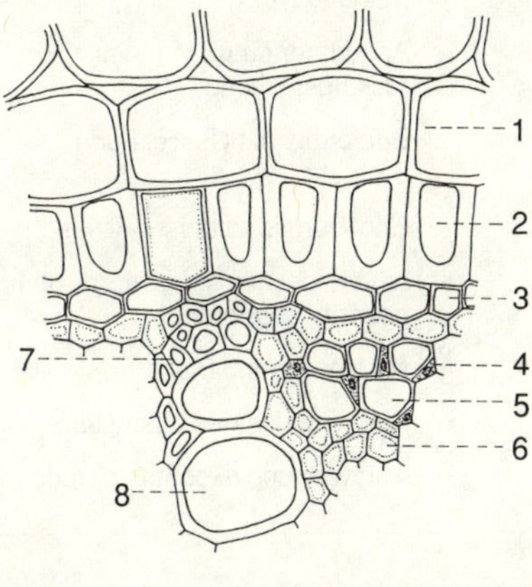

Abb.140:
Wurzel-Querschnitt (Ausschnitt) von *Iris germanica* : Übergangsbereich zwischen der Rinde und dem Zentralzylinder
1: Rindenparenchym
2: tertiäre Endodermis (mit Durchlaßzelle)
3: Pericykel
4: Geleitzelle
5: Siebröhre
6: parenchymatisches Zwischengewebe
7: Protoxylem-Tracheiden
8: Metaxylem-Trachee

der Endodermis erfolgt eine Auswahl nach Art und Menge der benötigten Ionen.

Im Zentralzylinder werden die Ionen vom Xylemparenchym, vermutlich aktiv, in die Wasserleitungsbahnen abgegeben. Auf einen Sekretionsvorgang weist auch die Transferzellenstruktur von Peritrachealzellen hin.

Aus der primären Endodermis kann sich eine **sekundäre Endodermis** entwickeln. Dies geschieht durch eine zusätzliche, allseite Auflagerung (Akkrustierung) von Suberin. Dabei werden nur einige Durchlaßzellen ausgespart. Diese Form der Endodermis ist bei den Gymnospermen häufig. Auch bei bestimmten Angiospermen ist sie zu finden.

Die **tertiäre** Endodermis, häufiger bei Monokotylen, besitzt zusätzlich eine verholzte Sekundärwand. Diese ist entweder allseitig aufgetragen („O-Endodermis"), oder die äußere Tangentialwand ist ausgespart („U-Endodermis"). Auch hier gibt es Durchlaßzellen (Abb. 140).

10.1.5 Unterschiedsmerkmale der Wurzel gegenüber dem Sproß

	Wurzel	Sproß
a)	Kalyptra vorhanden	Keine Kalyptra
b)	Apikalmeristem mit zwei Teilungsrichtungen	Apikalmeristem mit einer Teilungsrichtung
c)	Rhizodermis mit Wurzelhaaren	Epidermis mit Cuticula und Stomata
d)	Endodermis vorhanden	Endodermis selten
e)	Radiales Leitsystem	Leitbündel häufig kollateral, mehr peripher angeordnet
f)	Keine Nodien und Blätter	Mit Nodien und Blättern
g)	Nur Spitzenwachstum	Auch interkalares Wachstum
h)	Verzweigung endogen, in Längsreihen	Verzweigung exogen, an Nodien

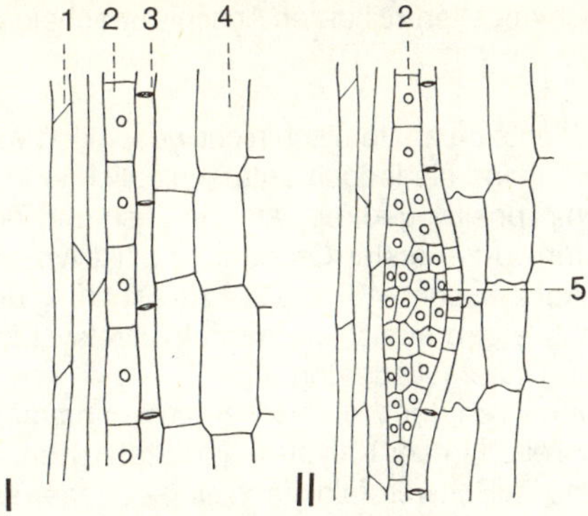

Abb.141:
Seitenwurzel-Anlage im Pericykel der Hauptwurzel
I: Längsschnitt-Bild vor der Differenzierung
II: die Seitenwurzel-Anlage (5) ergibt sich durch multiple Teilung von wenigen Pericykelzellen (2); in der Folge erweitert sich die Endodermis (3) durch antikline Teilungen zur Wurzeltasche; 1: Elemente des Xylems; 4: Rindenparenchym.

10.2 Verzweigungen und Anlage der Wurzel

10.2.1 Die Seitenwurzel

Die Entwicklung der Seitenwurzel beginnt im Pericykel (Perikambium). Der Pericykel ist ein plasmareicher, parenchymatischer und lückenloser Gewebezylinder. Er liegt unter der Endodermis und über den Proto-Elementen des Leitsystems.

Die meristematische Aktivität beginnt in einzelnen Pericykel-Zellen (Abb. 141). Bei den Monokotylen geschieht dies über den Phloem-Radien. Bei den Dikotylen beginnt eine Teilung in Zellen, die unmittelbar über den Xylem-Strahlen liegen, oder, wie bei diarchen Spermatophyten-Wurzeln, die paarweise diesen symmetrisch zugeordnet sind (Abb. 142).

Die Zuordnung der Seitenwurzeln zu den Leitelementen der Hauptwurzel bedingt, daß die Seitenwurzeln in Längsreihen angeordnet sind. Die Zahl dieser Längsreihen an der Hauptwurzel gibt häufig Auskunft über die Zahl der Radien der Leitelemente in der Hauptwurzel (Ausnahme: diarche Wurzeln).

Da die Seitenwurzel in der äußersten Schicht des Zentralzylinders angelegt wird, muß sie zunächst das Rindenparenchym der Hauptwurzel durchbrechen. Dabei kann die Endodermis durch antikline Teilungen mitwachsen und so als Wurzeltasche die junge Seitenwurzel umgeben.

In diesem Entwicklungsstadium wird in der Seitenwurzel die gleiche Gliederung sichtbar wie sie in der Wurzelspitze der Hauptwurzel gegeben ist. Die neu angelegten Tracheiden der Seitenwurzel finden Anschluß an den zugeordneten Xylemstrahl der Hauptwurzel, indem die dazwischen liegenden Parenchymzellen zu kurzen Anschlußtracheiden umgeformt werden.

Die Seitenwurzeln unterscheiden sich anatomisch nicht wesentlich von der Hauptwurzel, physiologisch sind sie jedoch unterschiedlich eingestellt: Die Hauptwurzel wächst positiv geotrop, also in Richtung der Erdbeschleunigung. Die Seitenwurzel erster Ordnung wächst typisch plagiotrop, also in einem Winkel zwischen 45° und 90° zur Richtung der Erdbeschleunigung. Allerdings ergeben sich, je nach Wurzelsystem, zahlreiche Abweichungen von dieser Gliederung.

Der geotrope Reiz wird immer von der Wurzelspitze aufgenommen, und zwar von spezialisierten Zellen in der Kalyptra, den Statocyten. In diesen wird eine Lageänderung im Schwerefeld durch eine Verlagerung von Statolithen (Amyloplasten) gegenüber den umgebenden ER-Membranen wahrgenommen.

Seitenwurzeln können ihrerseits nachgeordnete Seitenwurzeln anlegen. Diese sind meist geotropisch nicht induzierbar, d.h., sie verzweigen sich im Boden in alle Richtungen.

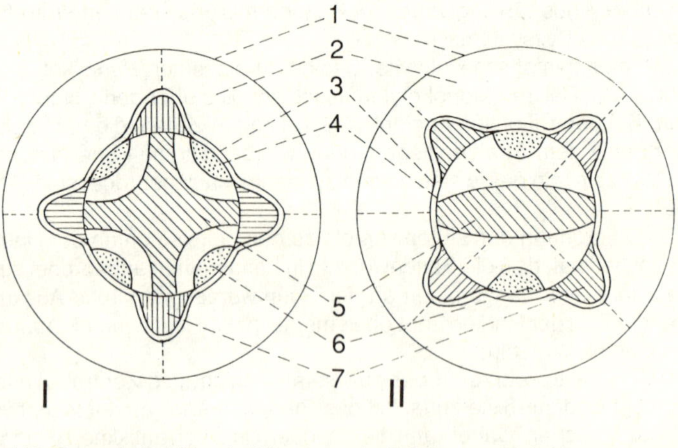

Abb.142: Querschnittsbilder der Hauptwurzel mit Seitenwurzel-Anlagen; I: tetrarche Wurzel; II: diarche Wurzel; 1: Hauptwurzel; 2: Rinde; 3: Endodermis; 4: Pericykel; 5: Xylem; 6: Phloem; 7: Seitenwurzel-Anlagen; diese liegen bei (I) über den Xylem-Strahlen, bei (II) sind diese mit einem Ablenkungswinkel von 45° paarweise den Xylem-Strahlen zugeordnet (z.B. Solanaceae, Scrophulariaceae).

10.2.2 Formen der Wurzelanlage und der Verzweigung

a) Bei Pteridophyten:

Bei den Sporophyten der Farnpflanzen ist die primäre Wurzelanlage meist schwach ausgeprägt. An den Rhizomen finden sich, in gestreuter Anordnung, gleichwertige, sproßbürtige Wurzeln: „**Primäre Homorrhizie**" (Abb. 143). Diese Wurzeln verzweigen sich bei den Bärlappgewächsen dichotom.

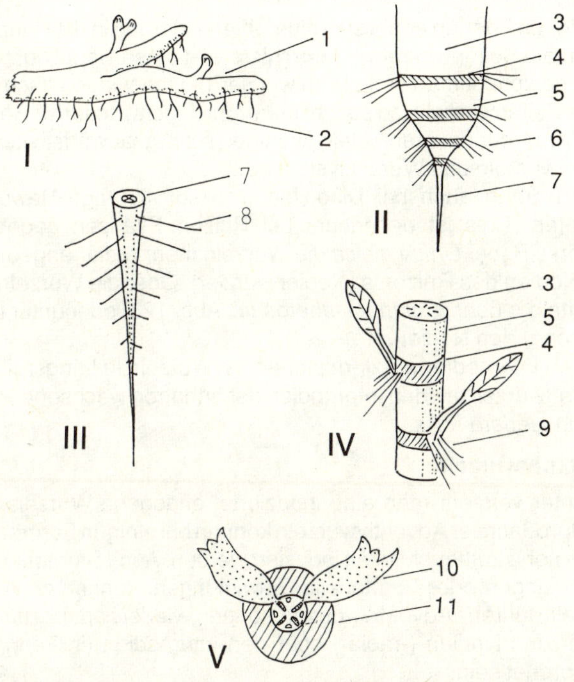

Abb.143: Formen der Wurzelanlage und der Verzweigung; I: bei Pteridophyten: gleichwertige, sproßbürtige Wurzeln; II: bei Monokotylen: Gleichwertige, sekundäre Wurzeln an Nodien; III: bei Gymnospermen und Dikotylen: Hauptwurzel mit Seitenwurzeln; IV: Adventivwurzeln an den Nodien der Sproßachse; V: Wurzelsprossung: endogene Sproßanlage an den Seitenwurzeln; 1: Farn-Rhizom; 2: sproßbürtige Wurzeln; 3: Sproßachse; 4: Knoten; 5: Internodium; 6: Büschelwurzeln; 7: Hauptwurzel; 8: Seitenwurzeln; 9: Adventivwurzeln; 10: Sproßanlage; 11: Seitenwurzel-Querschnitt.

b) Bei Monokotylen:

Bei dieser Gruppe stirbt die primäre Hauptwurzel meist ab. An deren Stelle treten sekundäre, sproßbürtige und gleichwertige Wurzeln: „**Sekundäre Homorrhizie**". Diese Wurzeln werden entweder in radialer Anordnung im Bereich der Nodien angelegt („Büschelwurzeln", z.B. *Zea mays*), seltener erscheinen sie im Bereich der Internodien (z.B. *Iris*). Nachgeordnete Seitenwurzeln sind weniger stark entwickelt oder fehlen ganz.

c) Bei Gymnospermen und Dikotylen:

Bei diesen Formen ergibt sich eine Differenzierung in die Hauptwurzel und in die Seitenwurzeln: „**Allorrhizie**". Ist diese Hauptwurzel dominant, so spricht man von „Pfahlwurzlern". Überwiegen flach auslaufende Seitenwurzeln, so spricht man von „Flachwurzlern". Bei „Herzwurzlern" bauen mehr gleichwertige, schräg abwärts wachsende Seitenwurzeln das Wurzelsystem auf.
Jedoch kann auch bei Dikotylen eine sproßbürtige Bewurzelung auftreten. Dies ist besonders bei Rhizom-Pflanzen gegeben. So stehen z.B. bei *Urtica dioica* die Wurzeln mehr radiär angeordnet an den Nodien des Rhizoms (Nodienwurzler). Oder die Wurzeln stehen unmittelbar über (*Solanum tuberosum*; Abb. 123) oder unter (Ranunculaceae) den Nodien.
Bei den Internodienwurzlern stehen die Wurzeln in Längsreihen, wie die Haftwurzeln an den Internodien der orthotrop wachsenden Sprosse von *Hedera helix*.

d) Adventivwurzeln:

Darunter versteht man eine induzierte, endogene Wurzelanlage in der Sproßachse. Adventivwurzeln können bei einigen Formen bereits durch hohe Luftfeuchtigkeit induziert werden. Auch Störeinflüsse, wie Verletzungen oder hormonelle Einwirkungen, können zu Adventivwurzeln führen. Adventivwurzeln können wieder, artspezifisch, entweder den Nodien (-radiär) oder den Internodien (in Längsreihen) zugeordnet sein.

e) Wurzelsprossung:

So wie im Sproß sekundär Wurzelanlagen auftreten können, so können auch in der Wurzel Sproßanlagen auftreten, unter der Wurzelsprossung versteht man also die sekundäre Anlage von Sproßpolen im Bereich der Wurzel. Diese endogene Sproßanlage in weit auslaufenden Seitenwurzeln erfolgt, wie eine Seitenwurzelanlage, im Pericykel über den Xylemstrahlen. Diese Form der vegetativen Vermehrung findet man bei einigen Pteridophyten (z.B. *Ophioglossum*) und bei einer Reihe von Dikotylen (z.B. *Salix*, *Prunus*, *Hippophae*).

10.3 Der sekundäre Bau

10.3.1 Die Anlage des Kambiums

Das sekundäre Dickenwachstum der Wurzel findet sich, wie das der Sproßachse, bei Gymnospermen und Dikotylen.

Auch bei der Wurzel ist diese Form der Verdickung nur mit einem geschlossenen Kambiumring möglich. Im Bereich des Zwischengewebsparenchyms werden um die Phloem-Anteile bogenförmige Kambien angelegt. Diese schließen sich nach außen an den Pericykel an. Dieser beteiligt sich, indem er kambiales Material über dem Xylem abgliedert. Insgesamt ergibt sich ein im Querschnitt **sternförmiges** Kambium. Es besteht überwiegend aus sekundärem Meristem (Abb. 144).

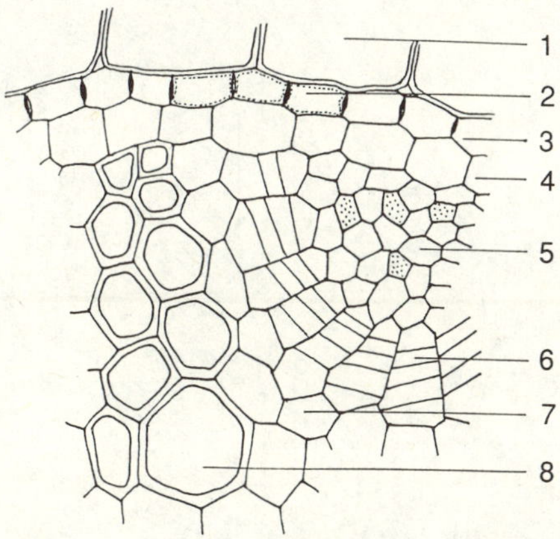

Abb.144:
Kambiale Teilungen in der Wurzel von *Caltha palustris* (Querschnitt: Zentralzylinder-Ausschnitt)
1: Rindenparenchym
2: sekundäre Endodermis
3: primäre Endodermis
4: Pericykel
5: Phloem
6: kambiale Zellen
7: parenchymatisches Zwischengewebe
8: Xylem.

10.3.2 Die anatomischen Veränderungen

Es gilt die Regel, daß sekundäres Xylem, also Holz, nur unter dem primären Phloem angelegt wird. Die radialen Entwicklungsachsen des sekundären Xylems finden sich damit genau auf der Winkelhalbierenden zwischen den primären Xylemstrahlen. Über dem primären Xylem werden Markstrahlen angelegt.

Der primäre Bau der Wurzel ist von der radialen Anordnung der Leitelemente bestimmt. Beim Übergang zum sekundären Dickenwachstum wird das sekundäre Phloem, also der Bast, vom Kambium nach außen, genau über dem Holz, differenziert. Das bedeutet, daß der primär radiale Bauplan der Wurzel in einen sekundär kollateralen Bau umgewandelt wird (Abb. 145).

Diese Umwandlung wird durch die Umformung des zunächst sternförmigen Kambiums in ein kreisförmiges Kambium eingeleitet, indem die konkaven Anteile durch sekundäres Xylem ausgerundet werden. Die weitere Entwicklung ist weitgehend mit derjenigen der Sproßachse identisch. Jedoch treffen bei der Wurzel die Holzstrahlen im Zentrum auf die Radien des primären Xylems.

Der Pericykel beteiligt sich in zweierlei Weise am sekundären Dickenwachstum der Wurzel: Nach innen differenziert er Anteile des Kambiums, nach außen differenziert er das erste Periderm (**Initialperiderm**).

Der Pericykel wird damit zum ersten Phellogen der Wurzel. Hier ist, im Unterschied zur Sproßachse, das Initialperiderm ein Tiefenperiderm. Es entspricht in seinem Bau und in seiner Funktion weitgehend dem der Sproßachse. Nachdem das Periderm ausdifferenziert ist, wird mit der

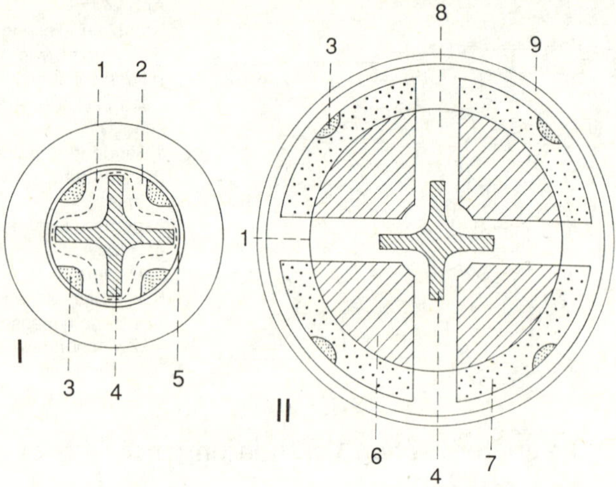

Abb.145: Sekundäres Dickenwachstum der Wurzel; I: Anlage des sternförmigen Kambiums (gestrichelte Linie); II: Sekundär verdickte Wurzel; die primäre Rinde ist abgestoßen; 1: Kambium; 2: parenchymatisches Zwischengewebe; 3: primäres Phloem; 4: primäres Xylem; 5: Pericykel; 6: Holz; 7: Bast; 8: Markstrahl; 9: vom Pericykel gebildetes Periderm.

weiteren Dilatation die primäre Rinde aufgesprengt und schließlich abgestoßen.

Bedingt durch die weitere Dilatation, ist das Initialperiderm nur für eine begrenzte Zeit funktionsfähig. Es wird durch **Folgeperiderme** abgelöst, welche im Bereich des Bastes angelegt werden. Das über dem aktuellen Periderm liegende Bast- und Periderm-Material wird damit zur Borke.

In der Wurzel von bestimmten Monokotylen (z.B. *Monstera*, Araceae) wird, unabhängig vom sekundären Dickenwachstum, ein Periderm angelegt. Hier ist das Initialperiderm ein Oberflächenperiderm. Es wird in der äußeren Rinde als **Etagenkork** angelegt.

Häufiger bei Rosaceen-Wurzeln findet sich ein besonderes Periderm, das **Polyderm**, welches auch vom Pericykel gebildet wird. Das Polyderm zeigt eine regelmäßige Schichtung. Jede Schicht besteht aus mehreren Lagen parenchymatischer Zellen im Wechsel mit einer Folgeendodermis.

10.3.3 Formen des sekundären Dickenwachstums

Die unterschiedliche Teilungsaktivität des Kambiums nach außen und innen kann bei Rüben gezeigt werden (Abb. 146).

Überwiegend bestehen sie aus dem oberen, verdickten Teil der Hauptwurzel. Allerdings ist auch das Hypokotyl beteiligt, dessen Anteil leicht daran zu erkennen ist, daß es keine Seitenwurzeln trägt.

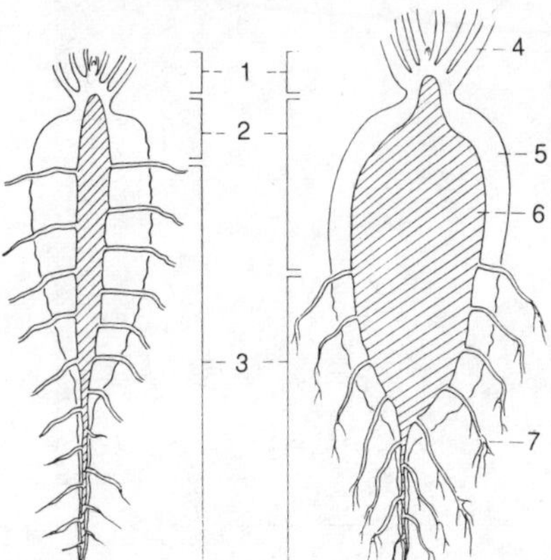

Abb.146:
Bastrübe (a) von *Daucus* und Holzrübe (b) von *Raphanus* im Längsschnitt
1: Epikotyl
2: Hypokotyl
3: Hauptwurzel, im oberen Teil sekundär verdickt
4: Blattstiele
5: Bast
6: Holz (schraffiert)
7: Seitenwurzeln.

Erfolgt die überwiegende Teilungsaktivität nach innen, erfolgt also die Volumenzunahme durch Vermehrung besonders von sekundärem Xylem, so spricht man von einer **Holzrübe**. Diese Form findet man z.B. beim Rettich, dessen Holz viel Xylemparenchym enthält. Das Hypokotyl ist an der Rübe zu etwa einem Drittel beteiligt. Den diarchen Wurzelanteil der Rübe erkennt man an den näherungsweise zwei Seitenwurzelreihen.

Erfolgt die Teilungsaktivität mehr nach außen, wird also mit Vorzug Bastmaterial angelegt, so ergibt sich eine **Bastrübe**. Dies gilt z.B. für die Karotte, an der das Hypokotyl zu etwa einem Fünftel beteiligt ist. Entsprechend dem tetrarchen Leitsystem zeigt der Wurzelbereich vier Seitenwurzelreihen.

Eine stark abweichende Form des sekundären Dickenwachstums findet sich bei der **Betarübe**: Nach anfänglicher Aktivität des regulär angelegten Kambiums wird vom Pericykel Zellmaterial für weitere Kambien des sekundären Dickenwachstums abgegliedert. Jedes dieser Kambien differenziert Holz- und Bastanteile. So entstehen abwechselnd konzentrische Ringe von Holz, Kambium und Bast. Diese Form findet sich z.B. bei Zuckerrüben, Futterrüben und Roten Rüben (Abb. 147).

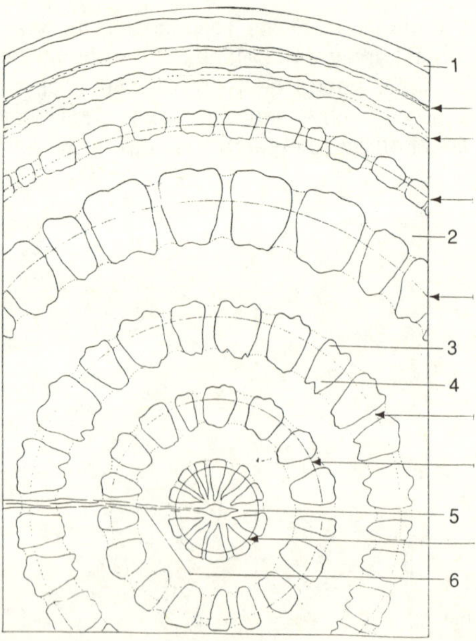

Abb.147:
Betarübe (Querschnitt) von *Beta vulgaris* , mit mehreren, konzentrisch angeordneten Kambien (durch Pfeile markiert). Jedem Kambium ist nach außen Bast (3) und nach innen Holz (4) zugeordnet.
1: Periderm
2: Speicherparenchym
3: Bast
4. Holz
5: primäres Xylem
6: Seitenwurzel.

10.4 Der Mineralstoff- und Wasserhaushalt

10.4.1 Die benötigten Nährelemente

Viele Mineralstoffe sind Pflanzennährstoffe. Sie sind für das Pflanzenwachstum essentiell und haben spezifische Funktionen im Stoffwechsel. Ist eine Komponente nicht in der ausreichenden Menge verfügbar, so ergeben sich Entwicklungsstörungen mit charakteristischen Mangelsymptomen. Mit Ausnahme von Kohlenstoff, Sauerstoff und Wasserstoff werden die Nährstoffe in Form von im Bodenwasser gelösten Ionen aufgenommen. Nach dem Mengenbedarf der Pflanzen für eine optimale Entwicklung unterscheidet man Makroelemente und Mikro- oder Spurenelemente. In der Ertragslandwirtschaft können für einzelne Makroelemente bis über 100 kg je ha erforderlich sein. Für Mikroelemente genügen in der Regel etwa 100 g je ha.

Die wichtigsten Elemente für beide Gruppen zeigt folgende Übersicht:

a) Makroelemente

C, O, H: aus Luft und Wasser (CO_2, H_2O). Cl, N, S, P: werden als Anionen aufgenommen. K, Ca, Mg: werden als Kationen aufgenommen.

b) Spurenelemente:

Fe, Mn, Zn, Cu: werden als Kationen aufgenommen. B, Mo: werden als Anionen aufgenommen.

10.4.2 Die Funktionen der Nährelemente

a) Die eher unspezifischen Wirkungen der Ionen sind der Einfluß auf die Osmoregulation der Zelle, der Beitrag zu pH-Regulation und der generelle Einfluß auf die elektrischen Gleichgewichte an den Membranen.
b) Proteine haben negative Festladungen, die zum Teil hydratisiert sind. Angelagerte Kationen wirken entquellend (dehydratisierend). Dabei wirken zweiwertige Ionen stärker als einwertige Ionen („Ionenantagonismus"). Der Quellungszustand beeinflußt die Struktur der Proteine (- Enzyme). Die Enzymaktivität wird also von der

Ladung und von der Konzentration der sorbierten Kationen beeinflußt.

c) C, H, O: universelle Bestandteile der organischen Stoffe (- z.B. Zucker, Proteine, Fette).
d) N und S: in reduzierter Form (NH_2^-, SH^-) in homöopolarer Bindung z.B. in Aminosäuren zu finden.
e) P und B: als Phosphat- und Borat-Ester alkoholischer Gruppen (z.B. in Nucleinsäuren und Zuckerphosphaten, ATP u.a.).
f) K, Mg, Ca: Ca wirkt strukturstabilisierend in Zellwänden und Membranen, Mg bei Ribosomen. K und Mg sind auch Cofaktoren von Enzymen.
g) Fe, Mn, Cu, Zn, Mo, Co: überwiegend als Chelate gebunden, Bestandteile von Enzymen und Cofaktoren.
h) Cl und K: sind entscheidend an der Regulation der Membranpotentiale am Plasmalemma und am Tonoplasten beteiligt.

10.4.3 Der Boden und seine Nährelemente

Der Aufbau des Bodens ist für das Wurzelwachstum und für die Leistungsfähigkeit der Wurzel von entscheidender Bedeutung. Der Boden ist ein mehrphasiges System (Abb. 148):

Die feste Phase des Bodens besteht aus **Mineralien** (Tonmineralien, Kalk und Silikate) und aus organischen Bestandteilen (**Humus**). Je nach Bodentyp, kann der Anteil der verschiedenen Komponenten recht unterschiedlich sein.

Stehen die Silikate im Vordergrund, so besteht die Tendenz zu einem sandig-sauren Bodentyp. Liegt der Boden über Kalkgestein, so ergibt sich ein eher trocken-alkalischer Boden. Der Anteil von Tonmineralien und von Humus bestimmt wesentlich die Fruchtbarkeit des Bodens.

Entsprechend dem Bodentyp ergeben sich charakteristische Pflanzengemeinschaften. Deren Zusammensetzung und typische Vertreter als Zeigerpflanzen geben Auskunft über die Zusammensetzung und über den Zustand des Bodens.

Zwischen den festen Bestandteilen des Bodens ergeben sich **Hohlräume**. Sie sind, bei günstiger Einstellung, zum Teil mit Kapillarwasser, zum Teil mit Luft (zur **Wurzelatmung**) gefüllt. Die für das Hohlraumsystem wichtige Bodenstruktur wird verbessert, wenn die negativ geladenen Tonmineralien durch Kalk ausgefällt werden.

Die mineralischen Bestandteile des Bodens sind bis zu etwa 0,1% im Wasser gelöst. Nur dieser Anteil ist für die Pflanze unmittelbar verfügbar.

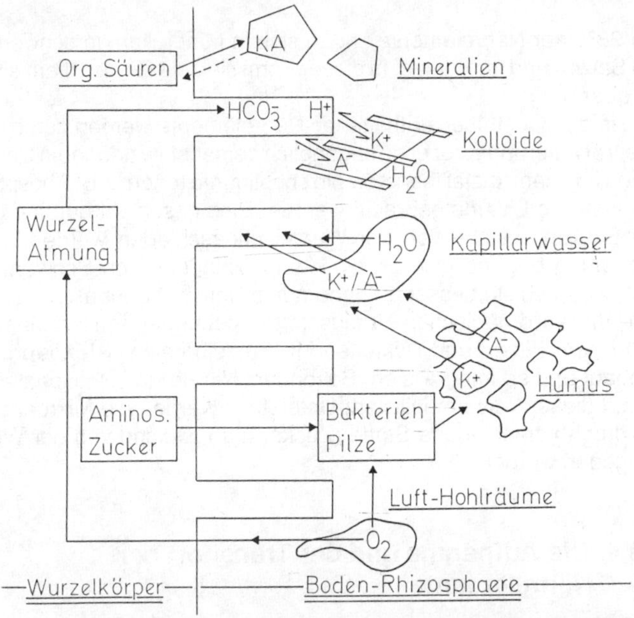

Abb.148: Wechselwirkungen zwischen dem Wurzelkörper und der Rhizosphaere. Die in Mineralien kristallin gebundenen Ionen (98%) können durch die organischen Säuren der Wurzel nur begrenzt aufgeschlossen werden. Die in den Bodenkolloiden adsorptiv gebundenen Ionen (2%) können durch Austauschadsorption gegen die ausgeschiedene Kohlensäure freigesetzt werden. Die im Kapillarwasser gelösten Ionen (1%) sind für die Wurzel unmittelbar verfügbar. Durch Bakterien und Pilze werden die in den Humus-Stoffen enthaltenen Nährstoffe mineralisiert. K^+: Kationen; A^-: Anionen.

Etwa 2% sind adsorptiv an Festladungen von kolloidalen Bodenteilchen und von Humus-Komponenten gebunden. Dieser Anteil variiert stark: je nach Bodentyp, Nährstoffversorgung und Nutzungsart des Bodens.

Die an Tonmineralien und Humussubstanzen adsorptiv gebundenen Ionen können durch **Austauschadsorption** freigesetzt und damit verfügbar gemacht werden. Sie werden gegen H^+ oder HCO_3^- ausgetauscht, die von der Pflanze abgeschieden werden. Sie entstammen der Wurzelatmung. Auch hierfür ist also die Bodenluft erforderlich.

Die Festigkeit der adsorptiven Bindung nimmt mit kleiner werdender Ladung und Hydrathülle der Ionen ab. K^+ ist also leichter verfügbar als Ca^{++}, Cl^- ist leichter verfügbar als PO_4^{3-}.

Etwa 98% der Nährelemente finden sich in Mineralien, in schwerlöslichen Salzen und im Humus. In dieser Form sind sie für die Pflanze nicht verfügbar.

Die in den Gesteinen enthaltenen Nährelemente werden durch langsame Verwitterungsprozesse zugänglich gemacht. In geringem Umfang können aus dem kristallinen Komplex bestimmte Ionen (z.B. Phosphate, Carbonate) in Lösung gebracht werden. Dies geschieht durch organische Säuren, welche von der Wurzel abgeschieden werden. Diese Ansäuerung begünstigt auch die Komplexbindung von Schwermetall ionen, wodurch sie besser aufgenommen werden können.

Die in den organischen Humusstoffen gebundenen Nährelemente werden von Pilzen und Bakterien im Wurzelbereich (**Rhizosphaere**) abgebaut und so mineralisiert. Besonders Nitrate und Phosphate werden auf diese Weise mobilisiert. Unterstützt werden die Mikroorganismen durch verschiedene Stoffe (Zucker u.a.), welche von der Wurzel abgegeben werden.

10.4.4 Die Aufnahme und der Transport der Nährelemente

Die Aufnahme der Nährstoffe ist ein komplexes Geschehen, bei dem sich mehrere Teilprozesse überlagern: Dies sind der Transport im Wasserstrom, die **passive Diffusion**, Austauschabsorptionen an Festladungen und der aktive Ionentransport.

Zunächst ergibt sich eine Ionenbewegung im Massenfluß. In dem durch die osmotische Saugkraft der Wurzel und durch den Transpirationssog aufrechterhaltenen Wasserstrom werden die Ionen passiv mitgeführt. Dies betrifft den Raum nahe der Wurzeloberfläche und, bis zu einem gewissen Grad, auch den Bereich des Apoplasten der Rinde. Schließlich gilt dies auch für den Bereich der Gefäße im Zentralzylinder.

Dort, wo für bestimmte Ionen ein Konzentrationsgefälle besteht, ergibt sich eine passive Diffusion. Diese Konzentrationsgradienten entstehen sowohl durch den raschen Abtransport der Ionen im Transpirationsstrom als auch durch aktive Pumpen, die den radialen Transportweg unterstützen. Auch können z.B. Phosphat- und Nitrat-Ionen durch Einbau in organische Verbindungen aus dem Gleichgewicht entfernt werden.

Eine freie Diffusion ist nur möglich im Bereich des Kapillarwassers und im Bereich der Interzellularen. Bereits im Bereich der Zellwand ergibt sich zusätzlich eine Wechselwirkung mit den negativen Festladungen der Carboxylgruppen des Protopektins. Auch die Plasmalemma-Aussenseite besitzt durch anionische Protein- und Phosphatidgruppen einen negativen Ladungsüberschuß. Somit kann in diesem Bereich auch eine Austauschabsorption der Kationen erfolgen.

Die Diffusion durch die Biomembranen (Plasmalemma, Tonoplast) muß als „behinderte Diffusion" gewertet werden. Hier bestimmen die chemische Konfiguration, die Ladung und die Größe der permeierenden Stoffe das Diffusionsgeschehen. Größere Moleküle permeieren entsprechend ihrer Lipidlöslichkeit, kleinere Moleküle permeieren durch Poren.

Im Gegensatz zur passiven Diffusion kann der **aktive Ionentransport** auch entgegen dem elektrochemischen Gradienten erfolgen. Dies geschieht im Verbund von „primär-aktiven" und „sekundär-aktiven" Transportprozessen in den Biomembranen, die unter Verbrauch von Stoffwechselenergie die Konzentrierungsarbeit leisten. Dabei werden die Stoffe auch durch Membranen transportiert, die für sie auf dem Diffusionsweg nur schwer permeabel wären.

Aktive Pumpen sind ein Bestandteil der Strukturproteine in den Membranen. Es sind Enzymkomplexe (Transport-ATPasen) und Trägerkomponenten (Carrier) eine Substrat-Spezifität aufweisen. Jedes Substrat, also der zu transportierende Stoff, hat seinen spezifischen Carrier. Oft wird dieser erst synthetisiert, wenn die Transportkomponente angeboten wird. Damit ergeben sich Induktionseffekte mit zeitlichen Verzögerungen der Carrier-Synthese und der Transportleistung.

Da die aktiven Pumpen spezifisch sind, können bestimmte Ionen selektiv aufgenommen und angereichert werden. Kalium z.B. kann in der Zelle auf mehr als das 100-fache konzentriert werden. Dagegen wird Natrium, z.B. bei Meeresalgen, entgegen dem Konzentrationsgradienten aus der Zelle gepumpt. Auf diese Weise wird die Natrium-Konzentration im Protoplasten auf etwa einem Zehntel der Außenkonzentration gehalten.

Die aktiven Pumpen sind allerdings nur begrenzt selektiv. So kann z.B. die Kaliumpumpe durch Rubidium, welches Kalium chemisch sehr nahesteht, kompetitiv gehemmt werden, d.h. Rubidium konkurriert mit Kalium um die substratspezifischen Bindungsstellen am Carrier und verursacht so eine Verdrängungshemmung.

10.4.5 Der Wassertransport

10.4.5.1 Die osmotische Saugkraft und die Transpiration

Aus dem Boden kann das Kapillarwasser und, bis zu einem gewissen Grad, das Hydratationswasser der Bodenkolloide aufgenommen werden. Dabei muß die **Bodensaugspannung** überwunden werden, die sich aus dem potentiellen osmotischen Druck und aus dem potentiellen Quellungsdruck des Bodens zusammensetzt.

Der potentielle osmotische Druck des Bodens liegt in der Regel zwischen 0 und -5 bar, in Salzsteppen liegt er bei -30 bar.

Die zentripetale Wasserbewegung in der Wurzel folgt zunächst dem zunehmenden osmotischen Wert der Zellen des Rindenparenchyms bis zur Endodermis. Im Zentralzylinder ist der osmotische Wert wieder geringer, da die Ionen im Transpirationsstrom rasch abtransportiert werden. Dieser akropetale Wasserstrom im Xylem erfolgt durch die Wurzel und das Sproßsystem zu den Orten der Wasserverdunstung, den Blattoberflächen.

Bei Bedarf können die im Xylemwasser gelösten Stoffe an beliebigen Stellen durch die Peritrachealzellen entnommen werden. Die spätere Umverteilung der Makroelemente (außer Ca^{2+}) im Pflanzenkörper erfolgt über den Phloem-Weg. Für Spurenelemente ist der Phloem-Transport erschwert. Ca^{2+} kann über das Phloem nicht transportiert werden. Daher wird dieses Kation in Organen mit starker Xylem-Versorgung überproportional angereichert und ist in Organen mit starker Phloem-Versorgung (z.B. Kartoffel-Knolle) zugunsten von K^+ schwach vertreten.

Der jeweilige **Transpirationsstrom** (Tr) ergibt sich aus dem Unterschied im Wasserpotential zwischen dem Pflanzenkörper und der Atmosphäre. Er ist also der **Dampfdruck-Differenz** zwischen dem Bereich des Pflanzengewebes und dem der Atmosphäre (C_i-C_a) proportional. Er ist umgekehrt proportional der Summe der **Strömungswiderstände** (S (r)) im Transportweg. Somit ergibt sich folgende Beziehung für den Transpirationsstrom:

$$\mathbf{Tr = (C_i - C_a) / S\,(r)}$$

Die Antriebskraft der Transpiration ist die **Saugspannung** der nicht wasserdampfgesättigten Luft. Ein Wert von 50% relative Feuchte der Luft entspricht (bei 20 °C) bereits einem potentiellen osmotischen Druck (Saugspannung) von -933 bar. Ein Wert von 99% relative Feuchte der Luft entspricht noch einem potentiellen osmotischen Druck von -13,5 bar.

Bei wassergesättigtem Boden liegt dessen Saugspannung nahe 0 bar. Von der Wurzel bis zum Blatt steigt die (negative) Saugspannung bei krautigen Pflanzen um etwa -10 bar, bei Bäumen um etwa -30 bar an. Der relativ niedere Wert im Blattgewebe beweist den hohen Transpirationswiderstand der Epidermis. Der bestimmende Gradient, der Anstieg der (negativen) Saugspannung von -10 bar (-30 bar) auf -933 bar (bei 50% rel.F.), ergibt sich in der Grenzschicht über den Stomata der Epidermis. Die Stärke der Grenzschicht beeinflußt wesentlich den Transpirationswiderstand. Soll bei xeromorphen Pflanzen der Wasserverlust reduziert werden, so wird die Grenzschicht verstärkt, indem Trichome einen Diffusionsraum über der Epidermis aufbauen, indem die Stomata eingesenkt werden oder indem die Stomata in geschützten Bereichen (z.B. bei Rollblättern) angelegt werden.

Funktionell steht die Pflanze zwischen dem fast wassergesättigten Bodenraum und dem Luftraum mit seiner hohen (negativen) Saugspannung. Daraus wird deutlich, daß der Transpirationsstrom ohne Energieeinsatz der Pflanze erfolgt.

10.4.5.2 Der Wurzeldruck

Der Wurzeldruck ergibt sich, wenn der Transpirationsstrom schwächer wird als der aktive, energieabhängige Transport von Ionen durch die Endodermis in den Zentralzylinder der Wurzel. Durch die Ionenkonzentrierung in den Elementen des Xylems ergibt sich ein steigender osmotischer Wert, und Wasser wird entsprechend dem Gradienten von außen aufgenommen.

Dieser Wurzeldruck beträgt selten mehr als 5 bar. Er tritt immer dann auf, wenn die Luft wassergesättigt ist, wenn also die relative Feuchte einen Wert nahe 100% erreicht. In unseren Breiten ergeben sich diese Bedingungen, wenn die feuchte Luft sich in den Nacht- und Morgenstunden abkühlt. Dann kann an den Blättern Guttation beobachtet werden: Bedingt durch den Wurzeldruck, wird Wasser nun in flüssiger Form an den Kanten und Spitzen der Blätter durch Hydathoden abgegeben.

Auch im Frühjahr, vor der Blattentwicklung, ergibt sich bei Holzgewächsen ein Wurzeldruck. Da zu diesem Zeitpunkt noch keine Transpiration an den Blättern möglich ist, wird auf diese Weise das Sproßsystem mit dem nötigen Wasser für den Knospenaustrieb versorgt.

10.5 Symbiosen im Wurzelbereich

10.5.1 Die Mycorrhiza

10.5.1.1 Die Ernährungsgemeinschaft

Mycorrhiza ist bei den Cormophyten sehr verbreitet: Von den untersuchten Pteridophyten können etwa 70% Mycorrhiza haben, bei den Gymnospermen sind es über 90%. Bei den Angiospermen können etwa 80% der untersuchten Arten mit Mycorrhiza ausgerüstet sein.

Die Mycorrhiza ist eine **Symbiose** zwischen einem Pilz und einem Cormophyten. Diese Symbiose bedeutet eine mehr oder weniger enge Ernährungsgemeinschaft zwischen den beiden Symbionten. Der Pilz bezieht von der Wirtspflanze meist energiereiche Assimilate. Die Wirtspflanze bezieht, je nach Bedarf, Phosphat, Nitrat und Spurenelemente.

Diese Stoffe kann der Pilz wesentlich effektiver als die Wurzel aus dem Bodenraum gewinnen: Zunächst vergrößert das sich in den Bodenraum hinein verzweigende Myzel die absorbierende Kontaktoberfläche wesentlich. Weiter erschließt der Pilz aktiv die Nährstoffe im Humus, indem er diesen enzymatisch abbaut. So werden diese Nährstoffe für die Wirtspflanze verfügbar gemacht.

Zusätzlich schützt das die Wurzel umgebende Myzel diese vor wurzelpathogenen Bakterien und Pilzen.

Nicht alle Mycorrhiza-Formen stellen eine ausgewogene Symbiose dar. Schon bei der Orchideen-Mycorrhiza ist der Wirt mehr oder weniger stark parasitär: Der Pilz wird nicht mit Assimilaten versorgt. Auch die

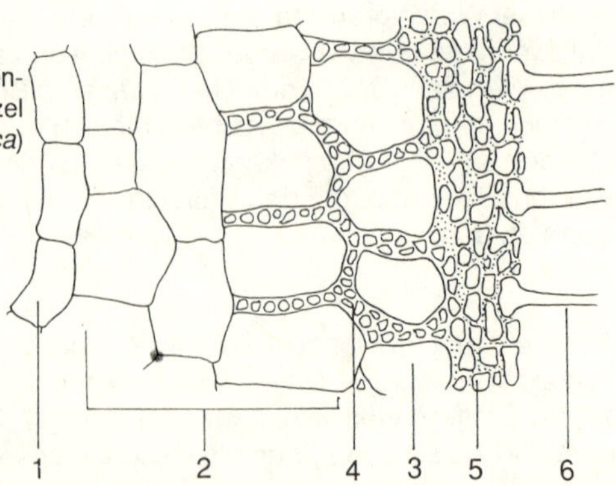

Abb. 149:
Querschnitt durch den Rindenbereich einer jungen Wurzel der Rotbuche (*Fagus sylvatica*) mit ektotropher Mycorrhiza
1: Endodermis
2: Rindenparenchym
3: Rhizodermis
4: HARTIGsches Netz
5: äußerer Hyphenmantel
6: Bodenhyphen

obligat heterotrophen Farn-Gametophyten parasitieren auf ihrem Mycorrhiza-Pilz.

Damit stellt sich die Frage nach der generellen, wechselseitigen Abhängigkeit der beiden Symbionten. Eine Reihe von Wirtspflanzen sind obligat mycotroph (z.B. Orchideen). Jedoch kann eine größere Zahl sich auch ohne den Pilz, wenn auch weniger effektiv, entwickeln. Umgekehrt scheint eine größere Gruppe der Pilze auf die Symbiose angewiesen zu sein. Allerdings ist die Spezifität zwischen Wirtspflanze und Mikrosymbiont nicht sehr hoch: So konnten für bestimmte Gymnospermen mehr als 20 verschiedene Mikrosymbionten nachgewiesen werden.

Der enge trophische Verbund zwischen den Symbionten dokumentiert sich auch in der strukturellen Integration. Wie der Name schon sagt, ist von der Pilz-Infektion in der Regel die Wurzel betroffen. Jedoch kann, wie bei mehreren Farn-Gruppen, auch das Rindengewebe des Gametophyten besiedelt werden.

Bei der Wurzel werden nur Bereiche der Wurzelrinde von dem Pilz durchwachsen. Der Zentralzylinder ist nie betroffen. Wachsen die Hyphen nur im **extrazellulären** Bereich der Interzellularen des Rindenparenchyms, so spricht man von einer „ektotrophen Mycorrhiza". Wachsen die Hyphen **intrazellulär**, also in den Rindenzellen, so liegt eine „endotrophe Mycorrhiza" vor. Auch gibt es intermediäre Formen, die sowohl extrazelluläre wie intrazelluläre Besiedlung aufweisen. Die häufigste Form ist die vesikulär-arbusculäre Mycorrhiza. Weiter wurde eine Ekt-endo-Mycorrhiza bei Gymnospermen nachgewiesen.

Eine deutliche Zuordnung ergibt sich zwischen den Mycorrhiza-Formen und den Lebensräumen der Pflanzen: Im Bereich der niederen Breitengrade und bei geringer Meereshöhe steht die vesikulär-arbusculäre Mycorrhiza im Vordergrund. Im Bereich hoher Breitengrade und bei zunehmender Meereshöhe ist die Ektomycorrhiza verbreiteter.

Die drei wichtigsten Mycorrhiza-Formen sollen nun betrachtet werden.

10.5.1.2 Die ektotrophe Mycorrhiza

Die Ektomycorrhiza-Pilze gehören zu den Basidiomyceten und zu den Ascomyceten. Die Ektomycorrhiza entwickelt sich meist an nachgeordneten Seitenwurzeln (Abb. 149). Diese, nur schwach wachsenden Kurzwurzeln werden von dem Pilz vollständig ummantelt. Die Wurzelenden erscheinen dann keulenförmig verdickt, da die Zellen des Rindenparenchyms sich in radialer Richtung ausdehnen. Auch kann die

Abb.150:
Keulenförmig verdickte Wurzelenden mit Hyphenmantel und auswachsenden Hyphen der ektotrophen Mycorrhiza bei der Rotbuche (*Fagus sylvatica*).

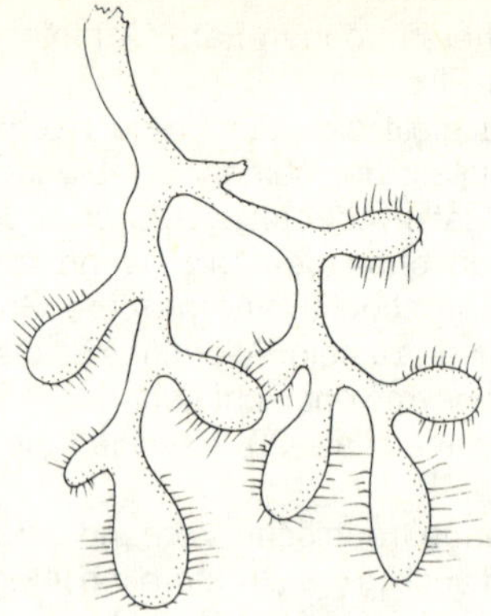

Entwicklung der Wurzelhaare vollständig unterdrückt werden (Abb. 150).

Die Infektion beginnt gleich hinter dem Apikalmeristem, im Bereich der Differenzierungszone. Infiziert wird besonders der äußere Bereich des Rindenparenchyms. In dessen Interzellularen entsteht ein Geflecht von Pilzhyphen, welches als „**HARTIGsches Netz**" bezeichnet wird. Das innere Rindenparenchym hat meist keine Interzellularen und ist dann frei von Pilzhyphen. Außerdem wird ein **äußerer Hyphenmantel** aufgebaut, der letztlich sehr dicht und vielschichtig ist. Seine inneren Hyphenschichten werden zusätzlich durch eine Kohlenhydrat-Matrix verleimt. Vom Mantel aus verzweigen sich die Hyphen weit in den Bodenraum hinein.

Ektomycorrhiza ist sehr verbreitet. Es sind etwa 50 Spermatophyten-Familien bekannt, bei denen diese Form der Symbiose auftritt. Überwiegend sind es dikotyle Holzgewächse, die davon betroffen sind. Weiter gehören auch viele Arten der Pinaceae dazu. Besondere Bedeutung hat diese Symbiose für Formen der nördlichen Laub- und Nadelwälder, die oft nährstoffarme Böden besiedeln.

10.5.1.3 Die vesiculär-arbusculäre (VA-) Mycorrhiza

Die Mikrosymbionten dieser Mycorrhiza gehören zu den Zygomyceten (Endogonales) und sind obligat symbiontisch. Artspezifisch kann der Anteil der infizierten Wurzeln recht unterschiedlich sein: So können nur 10% betroffen sein, oder es sind bis über 70% des Wurzelsystems erfaßt.

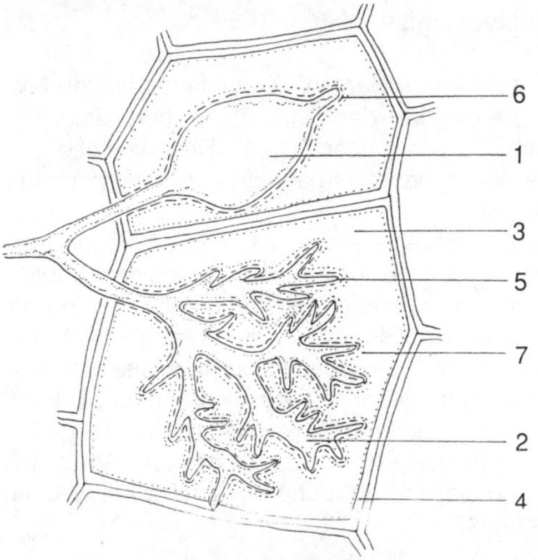

Abb.151:
Zellen des Rindenparenchyms mit VA-Mycorrhiza
1: Vesikel
2: Arbuskel
3: Protoplast der Parenchymzelle
4: Wand der Wirtszelle
5: Wand der Pilzhyphe
6: Matrix-Wand
7: Plasmalemma der Wirtszelle
(Nach DEXHEIMER et al., verändert)

Bereits 10 mm hinter der Wurzelspitze beginnt die Pilzinfektion, indem Penetrationshyphen in die Rhizodermiszellen eindringen. Anschließend wachsen die Hyphen in den äußeren Bereich der primären Rinde. Von dem sich entwickelnden Außenmyzel gehen sekundäre Infektionen aus, wodurch sich das Myzel in der Rinde rasch ausbreitet.

Das Myzel wächst intrazellulär und auch extrazellulär. Die in die Wirtszellen eindringenden Hyphen durchwachsen jedoch nicht die Protoplasten dieser Zellen. Vielmehr wird jede Hyphe vom Plasmalemma der Wirtszelle umkleidet, so daß deren Protoplast intakt bleibt. Zusätzlich kann die Wirtszelle um den Hyphenkörper Zellwandmaterial aus amorphen Polysacchariden aufbauen (Abb. 151).

Während der Pilz weiter in den Rindenbereich eindringt, gliedern sich Hyphenenden in Parenchymzellen büschelartig in feinste Verzweigungen auf. Diese **Arbusceln** vergrößern wesentlich die Kontaktoberfläche zwischen dem Mikrosymbionten und den Wirtszellen, was die Austauschprozesse begünstigt. Andere Hyphenenden erweitern sich blasenartig. Sie werden zu „**Vesikeln**" und gelten als Speicherorte, bes. von Lipiden, im Bereich des Myzels.

Bei den Gymnospermen findet sich in einigen Gruppen (*Taxus*, *Sequoia*, *Ginkgo*) die VA-Mycorrhiza. Auch bei Pteridophyten (z.B. *Equisetum*) wurde sie nachgewiesen. Von den Waldbäumen der gemäßigten Zone sind wenige, von denen der tropischen Zone sind viele mit VA-Mycorrhiza versehen. Arten mit VA-Mycorrhiza sind in den meisten Angiospermenfamilien bekannt.

10.5.1.4 Die Orchideen-Mycorrhiza

Die Orchideen haben extrem kleine Samen. Die erste Orchideen-Mycorrhiza entwickelt sich bereits bei der Keimung. Dabei erfolgt die Primärinfektion im Bereich des Suspensors. Da die Reservestoffe fehlen, ist der Embryo in der Keimungsphase auf die Energieversorgung durch die Mycorrhiza angewiesen.

Die Sekundärinfektion der Wurzeln geschieht durch die Rhizodermiszellen (Abb. 152). Weiter wachsen die Hyphen in die Zellen der äußeren Rindenschicht, wo sie sich zu Knäueln zusammenballen. In dieser „**Symbioseschicht**" besteht ein Gleichgewicht zwischen Wirt und Symbiont. Die in die tieferliegenden Rindenzellen eindringenden Hyphen werden alsbald verdaut. In dieser „**Phagocytoseschicht**" kann der Pilz also nur kurze Zeit existieren. Die innersten Rindenzellen werden somit von den Hyphen nicht erreicht. Sie dienen als „**Speicherschicht**" für den Wirt. Auch diese endotrophe Mycorrhiza hat Hyphen im Bereich des Bodenraumes.

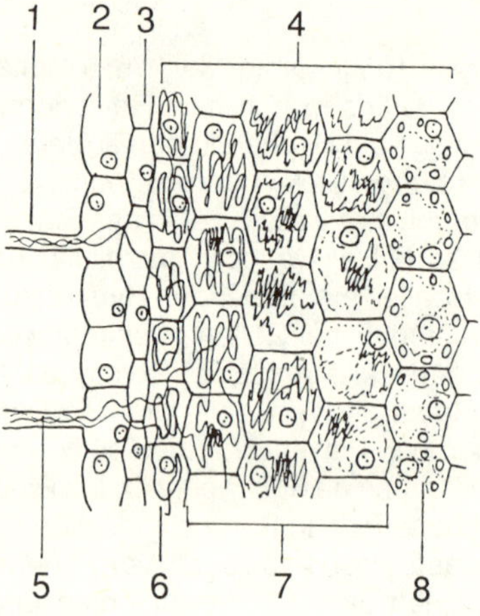

Abb.152:
Endotrophe Orchideen-Mycorrhiza in der Wurzelrinde (Querschnittsbild)
1: Wurzelhaar
2: Rhizodermis
3: Exodermis
4: interzellularenfreies Rindenparenchym
5: Infektionshyphen
6: Pilzwirtsschicht
7: Pilzverdauungsschicht
8: Speicherschicht mit Amyloplasten
(Nach BURGEFF, verändert)

10.5.2 Fabales-Wurzelknöllchen

Bei den Fabales (bes. Mimosaceae, Fabaceae) ist die Symbiose mit bestimmten Bakterien verbreitet, welche sich in Wurzelknöllchen ansiedeln. In dieser Symbiose liefert der Wirt energiereiche Kohlenhydrate und schafft ein sauerstoffarmes Milieu. Die Bakterien binden Luftstickstoff im Nitrogenase-Enzymkomplex und reduzieren ihn zu Ammoniak, welcher vom Wirt übernommen wird.

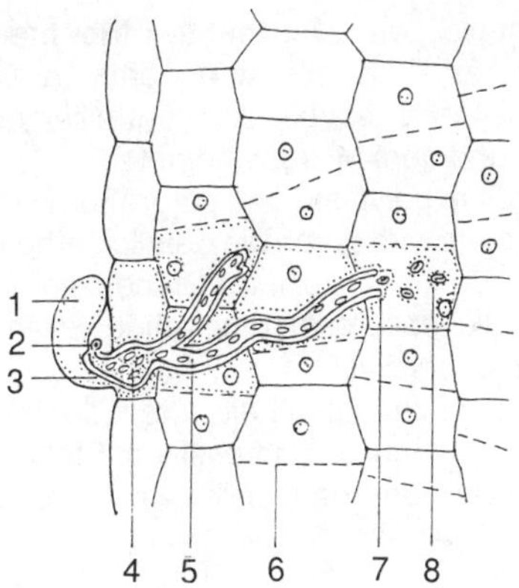

Abb.153:
Schema zu den frühen Stadien der Fabales-Knöllchenentwicklung
1: eingekrümmtes Wurzelhaar
2: infizierendes Bakterium
3: Infektionssack
4: Bakterien in der Matrix
5: Infektionsschlauch mit Bakterien
6: meristematische Teilungen im Rindenparenchym
7: Plasmalemma umschließt die austretenden Bakterien als Peribakteroidenmembran
8: Bakteroide

Die Mikrosymbionten gehören zu den aeroben Bodenbakterien, und zwar zu der Gattung *Rhizobium* oder zu der Gattung *Bradyrhizobium*. Die meisten Fabales sind spezifisch mit einer der beiden Gattungen vergesellschaftet. Das bedeutet, daß eine spezifische Wechselwirkung zwischen Wirt und Mikrosymbiont bei der Infektion und bei der Knöllchen-Entwicklung gegeben ist.

Die Infektion, wie sie sich bei der Sojabohne darstellt, beginnt mit dem Kontakt des Bakteriums mit der Außenwand einer Rhizodermiszelle. Darauf hin krümmt sich das auswachsende Wurzelhaar über dem Bakterium ein und preßt es so an die Rhizodermis-Zellwand. An der Kontaktstelle wird nun die Zellwand aufgelöst (Abb. 153).

Indem das eingedrungene Bakterium sich vermehrt, entwickelt sich in der Rhizodermiszelle ein **Infektionssack**. Dieser ist von Wandmaterial mit gestreuten Cellulose-Fibrillen eingefaßt. Weiter ist jedes Bakterium von einem amorphen Matrix-Material umkleidet. Der Infektionssack liegt im Lumen, aber nicht im Protoplasten der Wirtszelle und wird daher durch deren Plasmalemma abgegrenzt.

Gleichzeitig mit dieser Entwicklung werden die unter der Infektionsstelle liegenden Zellen des Rindenparenchyms meristematisch. Sie sind plasmareich, mit nur kleiner Vakuole, und haben einen großen Zellkern. In diese Zellen wächst ein dünner, sich verzweigender **Infektionsschlauch** ein. Dieser wird kontinuierlich mit einer dünnen Celluloseschicht umkleidet. Die meristematisch gewordenen Zellen teilen sich nun fortlaufend, so daß nach wenigen Tagen die deutlich verdickte Wurzelrinde die spätere Position des Wurzelknöllchens andeutet.

In den sich teilenden Zellen treten die Bakterien aus dem Infektionsschlauch aus. Durch Einstülpung des Plasmalemmas werden die einzelnen Bakterien von diesem umschlossen („**Peribakteroidenmembran**") und so in den Protoplasten der Wirtszelle aufgenommen. Die Peribakteroidenmembran schützt die Bakterienzelle und kontrolliert den Stoffaustausch zwischen dem Wirt und dem Mikrosymbionten.

Anschließend werden die Wirtszellen polyploid und vergrößern sich. Die weitere Entwicklung des Knöllchens wird durch die deutlich erhöhte Konzentration von Phytohormonen (Auxin, Cytokinin, Gibberellin) unterstützt. Früh werden in dem Knöllchen prokambiumartige Stränge angelegt, die ein verzweigtes Leitbündel-System vorzeichnen. Diese Leitbündel finden den Anschluß zu dem zentralen Leitsystem der Wurzel. Die Knöllchen-Leitbündel ermöglichen den intensiven Stoffaustausch zwischen den nicht infizierten Organen und dem zentralen Knöllchengewebe (Abb. 154).

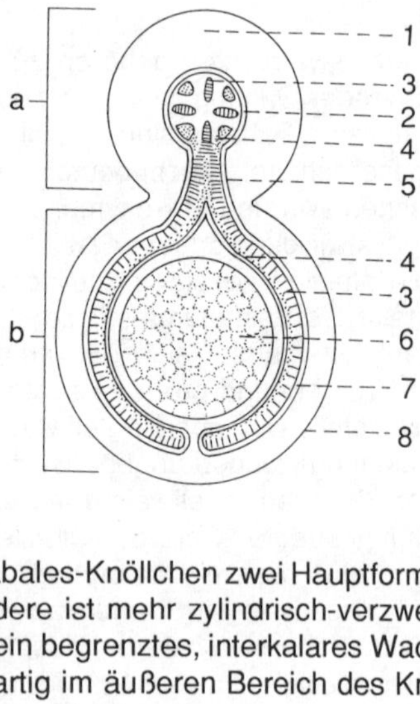

Abb.154:
Wurzel mit Fabales-Wurzelknöllchen, quer
a: Wurzel
b: Wurzelknöllchen
1: primäre Rinde
2: Zentralzylinder
3: Xylem
4: Phloem
5: Leitbündel
6: Bakteroiden-Gewebe
7: Endodermis
8: Periderm

Artspezifisch finden sich bei den Fabales-Knöllchen zwei Hauptformen: Eine ist mehr kugelförmig, die andere ist mehr zylindrisch-verzweigt. Das kugelförmige Knöllchen zeigt ein begrenztes, interkalares Wachstum. Die Leitbündel sind meridianartig im äußeren Bereich des Knöllchens angeordnet.

Die zylindrisch-verzweigten Knöllchen haben ein Apikalmeristem. Sie zeigen ein nicht definiertes Spitzenwachstum. Die Leitbündel verzweigen sich mehrfach im Knöllchenkörper. In deren Pericykel werden Transferzellen ausgebildet.

Die große Masse des Gewebes in den Knöllchen besteht aus infizierten Wirtszellen. Diese sind weitgehend von den stark vermehrten Mikrosymbionten ausgefüllt. Diese werden nun als **Bakteroide** angesprochen und unterscheiden sich deutlich von der Ausgangsform:

Die äußere Form zeigt eine Tendenz zu einer unregelmäßigen bis verzweigten Kontur. Die Zellwand und Zellmembran sind in ihren Bestandteilen verändert. Die Bakteroiden sind in dieser Situation nicht mehr teilungsfähig, ihr gesamter Stoffwechsel ist auf die spezifische Situation in der Wirtszelle abgestimmt.

Die symbiontischen Bakterioiden weisen eine hohe **Nitrogenase**-Konzentration auf entsprechend der Fähigkeit, Luftstickstoff zu fixieren. Da der Enzymkomplex nur im sauerstofffreien Millieu arbeitet, sind verschiedene Schutzmechanismen ausgebildet: Zunächst reduziert der hohe Diffusionswiderstand des Knöllchen-Periderms die Sauerstoffkonzentration. Außerdem kann der Sauerstoff nicht frei im Bereich der Wirtszellen diffundieren, da er an Leghämoglobin gebunden vorliegt und in dieser Form transportiert wird. Schließlich wird die Sauerstoffkonzentration auch durch die hohe Atmungsrate der Bakterioiden abgesenkt.

10.6 Der Stoffwechsel des Stickstoffs

10.6.1 Der Stickstoff-Haushalt

Gewichtsmäßig steht der Stickstoff in der Trockensubstanz der Pflanzen an vierter Stelle. Er ist mit 18% am Proteingewicht beteiligt. 70% des Blattstickstoffs finden sich in den Chloroplasten.

Der große Vorrat an Luftstickstoff (N_2 = 78 Vol%) ist für die Pflanze nicht unmittelbar verfügbar. Der Stickstoff wird von der Pflanze häufiger in Form von Nitrat (NO_3^-), seltener in Form von Ammonium-Ionen (NH_4^+) aufgenommen.

Für die Nitrat-Aufnahme besitzen die Wurzelzellen in ihrem Plasmalemma spezifische Carrier. Diese aktiven Pumpen werden von der Zelle allerdings erst aufgebaut, wenn Nitrat angeboten wird. Das aufgenommene **Nitrat** (Oxidationsstufe = +5) wird dann unter Verbrauch von Stoffwechselenergie zu **Nitrit** (NO_2^-; Oxidationsstufe = +3) und schließlich zu **Ammoniak** (NH_3 ; Oxidationsstufe = -3) reduziert. In dieser reduzierten Form wird der Stickstoff in die organischen Verbindungen der Pflanzenzelle eingebaut.

Die abgestorbenen Pflanzenteile bilden Boden-Humus. In dieser organisch gebundenen Form finden sich 95% des Boden-Stickstoffs. Diese Stickstoff-Reserve wird erschlossen, indem Pilze und aerobe Bakterien die Humusstoffe abbauen.

Zunächst wird Ammoniak durch hydrolytische **Desaminierung** aus den Aminosäuren freigesetzt. Weiter ergibt sich mit Wasser das Ammonium-Ion.

$$R\text{-}NH_2 + H_2O = NH_3 + R\text{-}OH; \qquad NH_3 + H_2O = NH_4^+ + OH^-$$

Das Ammonium-Ion wird, z.B. durch das Bakterium *Nitrosomonas*, zu Nitrit oxidiert. Diese Reaktion ist stark pH-abhängig und kann, bei schwach gepufferten Böden, zu einer Ansäuerung führen. Nitrit wird weiter, z.B. durch das Bakterium *Nitrobacter*, zu Nitrat oxidiert.

$$2\,NH_4^+ + 3\,O_2 = 2\,NO_2^- + 2\,H_2O + 4\,H^+; \qquad 2\,NO_2^- + O_2 = 2\,NO_3^-$$

Der Stickstoff wird also mit Hilfe von Luftsauerstoff mineralisiert. Die bei der Stickstoff-Oxidation freiwerdende, chemische Energie ist, in Form von ATP und $NADH{+}H^+$ bereitgestellt, die Basis für den anabolischen Stoffwechsel der Bakterien (**Chemosynthese**).

Nitrat wird im Boden nur schwach gebunden und kann, wenn es nicht von den Wurzeln aufgenommen wird, leicht in das Grundwasser ausgewaschen werden. Diesem Stickstoff-Verlust steht ein möglicher Gewinn durch Fixierung von Luftstickstoff gegenüber, wozu bestimmte Prokaryonten befähigt sind. Weiter ergibt sich ein Gewinn von Nitrat durch Emission von Stickoxiden bei Verbrennungsvorgängen. Auch elektrische Entladungen in Gewittern tragen dazu bei. Schließlich beeinflußt auch der aus Luftstickstoff industriell gewonnene Dünger in erheblichem Maße die Stickstoff-Bilanz (Abb. 155).

Im umgekehrten Weg kann sich auch ein Verlust von Nitrat ergeben, wenn der anaerobe Bakterienstoffwechsel (z.B. Enterobacteriaceae), anstelle von Luftsauerstoff, ein Oxidationsmittel benötigt („Nitrat-Atmung"). Dann wird Nitrat zu Luftstickstoff reduziert und ist so für den Stoffwechsel verloren. Diese **Denitrifikation** führt in Kompostierungsanlagen zu einem erheblichen Stickstoff-Verlust, wenn diese unzureichend belüftet werden. Auch in verdichteten oder staunassen Böden kann auf diese Weise ein Verlust bis zu 30% auftreten.

Folgende Umsetzungen bestimmen den Stickstoff-Haushalt:

1.) Nitrat-Reduktion (Cytoplasma: Nitrat-Reduktase)
2.) Nitrit-Reduktion (Chloroplasten: Nitrit-Reduktase)
3.) Ammoniak-Einbau (Reduktive Aminierung)
4.) N_2-Reduktion (Prokaryonten, industriell)
5.) N_2 - Oxidation (Elektrische Entladungen)
6.) Humus-Abbau (Bakterien / Pilze: Desaminierung)
7.) NH_3 - Oxidation (Bakterien: z.B. *Nitrosomonas*)
8.) Nitrit - Oxidation (Bakterien: z.B. *Nitrobacter*)
9.) Denitrifikation (Bakterien: „Nitrat-Atmung")

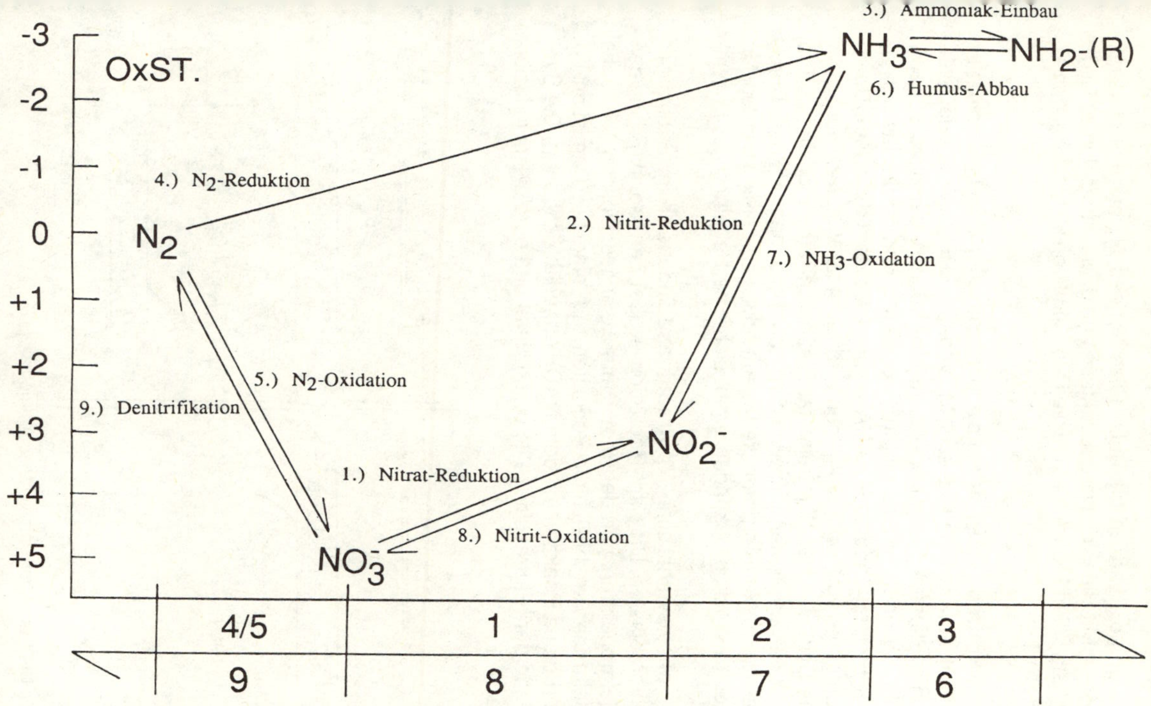

Abb.155: Die Übergänge zwischen den Oxidationsstufen des Stickstoffs.

10.6.2 Die Nitrat-Reduktion

Sowohl grüne Pflanzen als auch Pilze können Nitrat zu Ammoniak reduzieren. Mit Hilfe von Nitratreduktase erfolgt die Reduktion zu Nitrit. Weiter katalysiert Nitritreduktase die Reduktion von Nitrit zu Ammoniak (Abb. 156).

a) Die **Nitratreduktase** ist ein cytoplasmatischer Enzymkomplex. Er enthält sowohl Eisen als auch Molybdän und FAD. Die Redoxreaktion in diesem Enzym erfolgt im Molybdän (Valenzwechsel zwischen V und VI). Eisen ist in einer Cytochrom c-Form assoziiert. Der Elektronendonator ist $NADH+H^+$ (aus der Glycolyse). Durch Aufnahme von zwei Elektronen wird Nitrat zu Nitrit reduziert.
Die Synthese der Nitratreduktase ist durch Nitrat induzierbar. Die Genaktivierung kann innerhalb von zwei Stunden erfolgen. Durch das Ammonium-Ion kann die Nitratreduktase reprimiert werden. Mit diesen Wechselwirkungen ergibt sich eine Regelung der Enzym-Aktivität.

b) Die photosynthetische **Nitritreduktase** findet sich im Stroma der Chloroplasten. Die Nitrit-Reduktion ist über Ferredoxin (Fd) an den Elektronentransport der Photosynthese angeschlossen. Mit sechs Elektronen ergibt sich die Reduktion zu Ammoniak. Damit konkurriert diese Reaktion mit dem $NADP^+$ um die Elektronen. Die Synthese der Nitritreduktase ist durch Nitrat und durch Nitrit induzierbar.

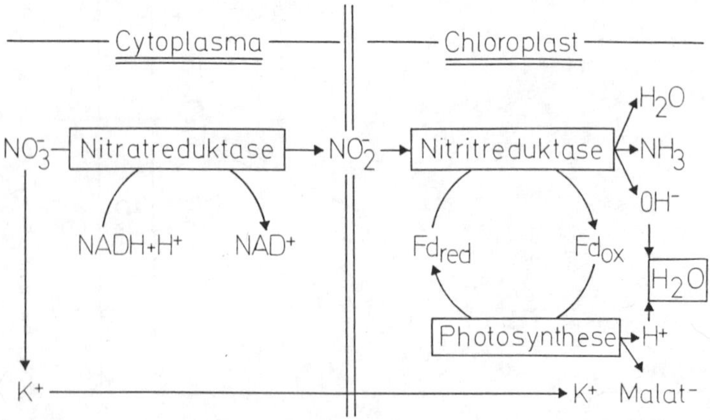

Abb.156: Die Reduktion von Nitrat zu Ammoniak.

Pro Mol NH_3 wird auch ein Mol OH^- gebildet. Dieses wird durch ein Proton neutralisiert, welches aus der Äpfelsäure bereitgestellt wird. Die Ladung des verbleibenden Malat-Anions kann durch die Ladung des mit dem Nitrat aufgenommenen Kations abgeglichen werden.

c) Die nicht photosynthetische Nitritreduktase in Pflanzenwurzeln und Pilzen hat als Elektronendonator statt Ferredoxin das $NADPH+H^+$. In der Regel ist die Nitrit-Reduktion in der Wurzel von geringerer Bedeutung.

10.6.3 Der Ammoniak-Einbau

Der Einbau von Ammoniak kann sowohl in den Chloroplasten als auch im Cytoplasma erfolgen. Dabei ist Glutamat der primäre Akzeptor für NH_3 und wird zyklisch regeneriert.

a) Durch die **Glutamin-Synthetase** wird NH_3 übertragen. Dieses Enzym besitzt eine hohe Affinität zu NH_3. Dadurch kann Ammoniak, welches in höherer Konzentration ein Zellgift darstellt, schon bei geringer Konzentration (10^{-5}M) assimiliert werden.

$$\text{Glutamat} + NH_3 + \text{ATP} = \text{Glutamin} + \text{ADP} + P_i + H_20$$

b) Durch die **Glutamat-Synthetase** ergeben sich aus Glutamin und α-Ketoglutarat zwei Moleküle Glutamat. Davon wird ein Molekül wieder zum NH_3-Akzeptor. Das zweite Molekül steht für den Stoffwechsel zur Verfügung.

$$\text{Glutamin} + \alpha\text{-Ketoglutarat} + Fd_{red} + H^+ = 2\ \text{Glutamat} + Fd_{ox}$$

Fast alle anderen Aminosäuren können durch Transaminierung aus Glutamat gebildet werden. Etwa zwei Drittel des Stickstoffs in der Zelle ist in dieser Aminogruppe zu finden. Darüber hinaus ist der Stickstoff in dieser Oxidationsstufe an zahlreichen Zellbausteinen beteiligt. Erwähnt seien hier nur das Chlorophyll und die Nucleinsäuren.

c) In der Summe der beiden Teilreaktionen erfolgt also der NH_3-Einbau durch reduktive Aminierung von α-Ketoglutarat:

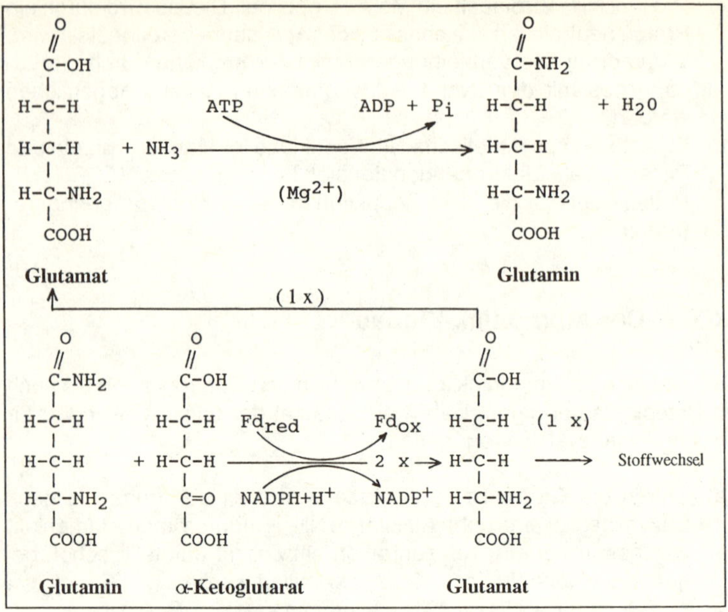

10.6.4 Die Reduktion des Luftstickstoffs

Luftstickstoff (N_2) ist in seiner Bindungsform sehr stabil und daher chemisch inert. Nur bestimmte **Bakterien**, **Aktinomyceten** oder **Cyanophyceen** können den Luftstickstoff binden.

Diese Organismen besitzen den Enzymkomplex **Nitrogenase**. Dieser besteht aus zwei Anteilen: Der erste Anteil ist ein Eisen-Protein mit 2 identischen Untereinheiten. Der zweite Anteil besteht aus einem Molybdän- Eisen-Protein mit 4 identischen Untereinheiten. Das Eisen ist in Form von Eisen-Schwefel-Gruppen gebunden.

Die Nitrogenase ist sehr sauerstoff-empfindlich. Deshalb wird in den aktiven Zellen die Sauerstoff-Konzentration durch intensive Atmung reduziert. Bei den photosynthetisch aktiven Cyanophyceen mit Heterocysten beschränkt sich die Stickstoff-Fixierung auf diese spezialisierten Zellen: Sie besitzen kein Photosystem II und daher auch keine photosynthetische Sauerstoff-Entwicklung. In den Fabales-Wurzelknöllchen diffundiert der Sauerstoff nicht frei, sondern wird, an Leghämoglobin gebunden, transportiert.

Für die Nitrogenase-Reaktion ist viel Energie erforderlich: Für die Reduktion von einem Molekül N_2 zu Ammoniak werden 6 Elektronen benötigt, die von Ferredoxin (Fd_{red}) bezogen werden. Weiter werden für die Reduktion mindestens 12 ATP verbraucht.

			Nitrogenase		
	($6 e^-$)		(Mg^{2+})		
6 $Fd_{red/ox}$	—>	$Fe\text{-}Pr_{red/ox}$	—>	$Fe/Mo/Pr_{red/ox}$	—> 2 NH_3
		12 ATP		12 ADP+P_i	
			N2		

Bei den Cyanophyceen und den Purpurbakterien liefert die Photosynthese sowohl das reduzierte Ferredoxin als auch ATP. Bei den anderen Bakterien mit Nitrogenase kann ATP auch aus der oxidativen Phosphorylierung bereitgestellt werden. Ferredoxin kann bei der Pyruvatspaltung reduziert werden oder es wird durch eine Hydrogenase reduziert. Schließlich kann, wie in den Fabales-Wurzelknöllchen, Ferredoxin der Bakteroiden durch NADPH+H^+ der Wirtszellen reduziert werden.

11 Der Entwicklungsgang, die Ontogenie der Cormophyten

11.1 Die Ontogenie der Farnpflanzen (Pteridophyta)

Schon in der Ontogenie einiger Algen-Gruppen und der Moose finden wir einen Generationswechsel. Das gleiche gilt auch für die Farne und die Samenpflanzen.

Für den Generationswechsel der Farne stehen zwei Gesichtspunkte im Vordergrund: Zunächst ergibt der Wechsel von geschlechtlicher und ungeschlechtlicher Vermehrung zwei Generationen mit unterschiedlichem Chromosomensatz. So steht dem **diploiden** Sporophyten der **haploide** Gametophyt gegenüber. Der Generationswechsel ist damit heterophasisch.

Weiter unterscheiden sich die beiden Generationen in der Gestalt: Der Sporophyt ist groß und in Organe differenziert, dagegen verbleibt der Gametophyt auf der Organisationsebene eines kleinen, undifferenzierten Thallus. Der Generationswechsel ist also auch heteromorph.

Somit kann in erster Übersicht für die Farne folgende Charakterisierung gegeben werden:

1.) Heteromorpher, heterophasischer Generationswechsel mit dominantem Sporophyten.
2.) Die beiden Generationen wachsen getrennt voneinander.
3.) Gametophyt (haploid): Prothallium mit männlichen Gametangien, den Antheridien, und weiblichen Gametangien, den Archegonien.
4.) Sporophyt (diploid):
    a) Mit Sproßachse (Rhizom)
    b) Blätter als Trophophylle oder/und Sporophylle
    c) Wächst unipolar: Wurzeln sproßbürtig

Im folgenden soll als Beispiel für die höheren Farne (Filicatae, Leptosporangiatae) die Entwicklung der bei uns am weitesten verbreiteten Familie der Polypodiaceae betrachtet werden. Diese besitzen wie die meisten Farn-Gruppen nur eine Sporen-Form. Diese Farne werden daher als isospor bezeichnet.

Um den späteren, anschaulichen Vergleich mit den Spermatophyten zu erleichtern, soll die Farn-Entwicklung, beginnend mit dem Sporophyten, besprochen werden.

Für die isosporen Farne kann folgendes Flußdiagramm der Entwicklung gezeichnet werden:

Generationswechsel der isosporen Farne	
Sporophyt Sporophyll Sporangien	(diploid)
Meiosporen Gametophyt Archegonium Antheridium	(haploid)
Zygote	(diploid)

Der in Sproßachse, Megaphylle und in sproßbürtige Wurzeln gegliederte Sporophyt erscheint als krautige Pflanze, deren Sproß-System als Rhizom im Boden verbleibt. Das Rhizom wächst mit **dreischneidiger Scheitelzelle.** Es wird zunächst mit einer Protostele angelegt, die rasch von einer Polystele abgelöst wird.

Dieser Übergang folgt dem biogenetischen Grundgesetz, daß in der embryonalen Ontogenie die phylogenetischen Entwicklungsschritte einer Art angedeutet sein können.

Die gleiche Tendenz zeigt sich in der Blattfolge. Das erste Blatt des sich entwickelnden Sporophyten zeigt noch deutlich die dichotome, gleichwertige Verzweigung seiner Leitelemente. In der weiteren Blattfolge ergibt sich rasch eine Übergipfelung, die zur „Scheinachse" der Mittelrippe mit abzweigenden Fiedersystemen führt.

Dies ist die Form der **Megaphylle.** Sie treten in Photosynthese-Funktion, als **Trophophylle**, oder/und zur Sporangien-Anlage, als **Sporophylle**, jahresperiodisch in Erscheinung. Die Megaphylle zeigen, im Gegensatz zu denen der Spermatophyten, lang anhaltendes Spitzenwachstum, das zunächst von einer zweischneidigen Scheitelzelle ausgeht.

Die sproßbürtigen und gleichwertigen Wurzeln werden endogen angelegt. Sie wachsen mit einer **vierschneidigen Scheitelzelle**, deren 4. Teilungsrichtung die Kalyptra aufbaut. Das Leitbündel der Wurzel ist typisch monarch oder diarch.

Die Organe der vegetativen Vermehrung sind die **Sporangien**. Sie entwickeln sich in Gruppen, den Sori, auf der Unterseite der Sporophylle und sind während der Entwicklung von einer schützenden Hülle, dem Indusium, überdeckt.

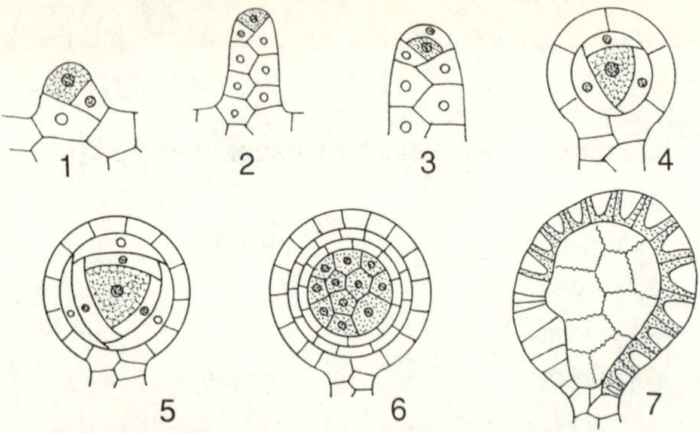

Abb.157: Sporangien-Entwicklung; 1: Anlage der Scheitelzelle; 2: Abgliederung des Stiels; 3: Umwandlung in eine innere Scheitelzelle; 4 und 5: umlaufende Abgliederung von zwei Tapetum-Schichten; 6: Anlage der Sporenmutterzellen; 7: reifes Sporangium mit Anulus.

Im Zentrum des Sorus entwickeln sich die Sporangien aus einem Bildungsgewebe, der Plazenta. Die Sporangien-Entwicklung soll im folgenden genauer besprochen werden, um einen generellen Aspekt der Farn-Entwicklung zu verdeutlichen: Häufig geschieht die Determination von Organen oder Organ-Teilen auf einer frühen, wenigzelligen Entwicklungsstufe. Weiter kann die Art und die Zahl der weiteren Zellteilungen genetisch festgelegt sein (Abb. 157). Dieses Entwicklungsprinzip beinhaltet einerseits eine große Konformität für das auszubildende Organ, andererseits kann bei punktueller Zellschädigung die weitere Entwicklung des Organs in Frage gestellt sein. Im Gegensatz dazu entwickeln sich die Organe der Spermatophyten aus größeren, noch undifferenzierten Gewebekomplexen. Dies ermöglicht eine erhebliche Regenerationsfähigkeit bei Verletzungen. Darin ist wohl der positive Selektionswert für dieses Prinzip zu sehen.

Die Sporangien der Farnpflanzen zeigen nun das phylogenetisch ursprüngliche Merkmal der Scheitelzell-Entwicklung. Die Scheitelzelle, die in einer inäqualen Teilung an der Plazenta angelegt wird, baut zunächst den Sporangien-Stiel auf und wird anschließend durch eine apikale, perikline Abgliederung zu einer inneren, pyramidalen Scheitelzelle. Diese kann, entsprechend ihrer weiteren Entwicklung zu Sporenmutterzellen, als Archesporzelle angesprochen werden.

Die äußeren Zellen bilden die Sporangienwand. Die Archesporzelle gliedert zunächst zwei Tapetumschichten ab, das Nährgewebe für die 16 **Sporenmutterzellen**. Diese werden in der weiteren Teilungsfolge im Zentrum angelegt. In der Meiose ergeben sich daraus 64 **Meiosporen**.

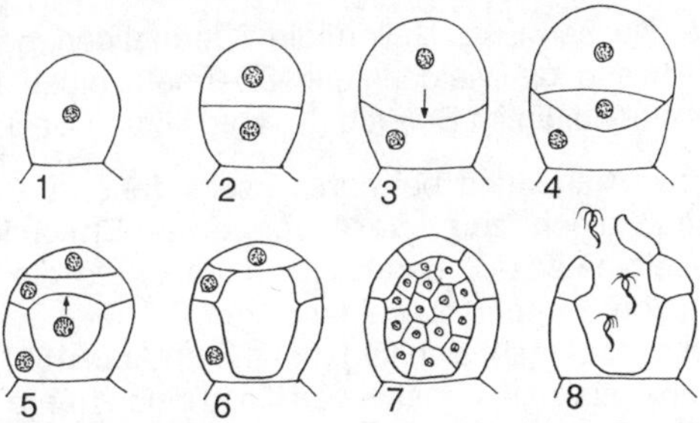

Abb.158: Antheridien-Entwicklung; 1: Antheridium-Initiale; 2: erste Querwand; 3: diese wird verformt; 4: zweite Querwand; 5: dritte Querwand; 6: eine Deckelzelle und zwei Wandzellen sind angelegt; im Zentrum: primäre spermatogene Zelle; 7: Spermatogenes Gewebe; 8: die Deckelzelle ist geöffnet; die Spermatozoiden werden freigesetzt.

In der Sporangien-Wand entsteht ein über den Scheitel des Sporangiums verlaufendes Zellband mit U-förmig verdickten Zellwänden, der Anulus. Durch diesen Anulus werden, mit einer auf Kohäsionskräften des Wassers beruhenden Mechanik, die reifen Sporen ausgeschleudert.

Die Meiosporen keimen auf feuchtem Substrat mit einem kurzen Protonema (vgl. Abb. 160). An diesem wird eine keilförmige, zweischneidige Scheitelzelle angelegt, die nach zwei Seiten Segmente abgliedert. In der Regel erweitert sich die Scheitelzelle in der weiteren Entwicklung zu einer Scheitelkante.

Der sich daraus ergebende **Gametophyt** ist ein einschichtiger, grüner Thallus, der sekundär in seinem mittleren Teil durch perikline Teilungen mehrschichtig wird. In diesem Bereich werden auf der Unterseite zunächst gestreut Rhizoide (mit Wurzel-Funktion) und Antheridien angelegt. Erst gegen Ende der Entwicklung werden nahe der Scheitelkante die Archegonien differenziert.

Auch bei der Entwicklung der Gametangien zeigt sich eine Gesetzmäßigkeit, die schon weiter oben angesprochen wurde: Die Art und die Zahl der Zellteilungen, aus der sie hervorgehen, ist genau festgelegt.

Die **Antheriden-Entwicklung** ergibt sich mit drei periklinen Zellteilungen in einer Antheridium-Initialzelle (Abb. 158). In der Folge dieser Teilungsschritte verformt sich die erste Zellwand nach unten zur Basis. Die zweite Zellwand verformt sich nach oben und verschmilzt im Zentrum mit der dritten, oberen Zellwand.

Daraus ergeben sich zwei ringförmige Wandzellen und eine Deckelzelle. Die primäre spermatogene Zelle im Zentrum bildet das spermatogene Gewebe. Dessen Einzelzellen, die Spermatiden, geben durch Öffnung der Zellwand die vielgeißligen Spermatozoiden frei. Diese verlassen das Antheridium im Bereich der aufgelösten Deckelzelle.

Während sich die Antheriden bei den verschiedenen Farn-Gruppen sehr stark unterscheiden, zeigt die **Archegonien-Entwicklung** eine fast stabile Gesetzmäßigkeit, deren kleine Varianten die Verwandtschaft zwischen den Gruppen charakterisieren.
Für die Polypodiaceae ergibt sich folgendes Bild (Abb. 159):
Die Archegonium-Initialzelle teilt sich periklin in eine äußere Deckelzelle, aus der in der weiteren Entwicklung die vier bis neun Quadranten der Halszellen hervorgehen.

Die Innenzelle teilt sich weiter periklin in eine Zentralzelle und eine Basalzelle. Die Zentralzelle teilt sich in eine äußere Kanalzelle, mit letztlich zwei Halskanalkernen, und in eine innere Bauchzelle. Aus dieser ergeben sich die Bauchkanalzelle und die Eizelle.

Mit diesen genau festgelegten Teilungsschritten ist das Archegonium fertiggestellt. In der Reife verschleimen die Bauchkanal- und die Halskanalzelle und das Archegonium öffnet sich apikal. Damit kann ein Spermatozoid über eine Wasserbrücke, chemotaktisch gesteuert, das Archegonium und die Eizelle erreichen und mit dieser verschmelzen.

Die mit der Befruchtung sich ergebende **Zygote** teilt sich in zwei Teilungsschritten in vier Sektoren. Mit diesen vier Tochterzellen werden

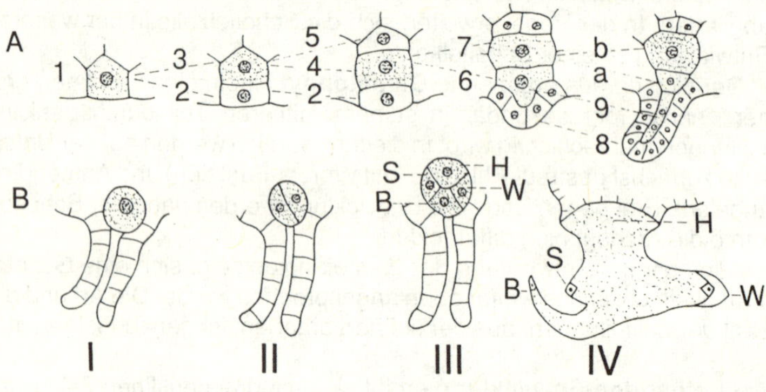

Abb.159: A: Archegonien-Entwicklung; 1: Archegonium-Initiale; 2: primäre Deckelzelle; 3: Innenzelle; 4: Zentralzelle; 5: Basalzelle; 6: primäre Kanalzelle; 7: primäre Bauchzelle; 8: Halswandzelle; 9: zwei Halskanalkerne; a: Bauchkanalzelle; b: Eizelle; B: Embryo-Entwicklung; I: Zygote im Archegonium; II: erste Teilung der Zygote; III: Vierzellstadium mit Organ-Determination; IV: junger Embryo, noch in Verbindung mit dem Gametophyten; S: Sproß-Anlage; B: Blatt-Anlage; W: Wurzel-Anlage; H: Haustorium.

bereits vier Organe determiniert: Zur Basis des Archegoniums orientiert liegen das Haustorium und die Sproß-Anlage, apikal orientiert liegen die Wurzel- und die Blatt-Anlage.

Das sich entwickelnde Haustorium-Gewebe hat die Aufgabe, dem Sporophyt-Embryo Nährstoffe aus dem Gametophyten zuzuführen. In den sich entwickelnden Geweben der übrigen Organe werden früh die

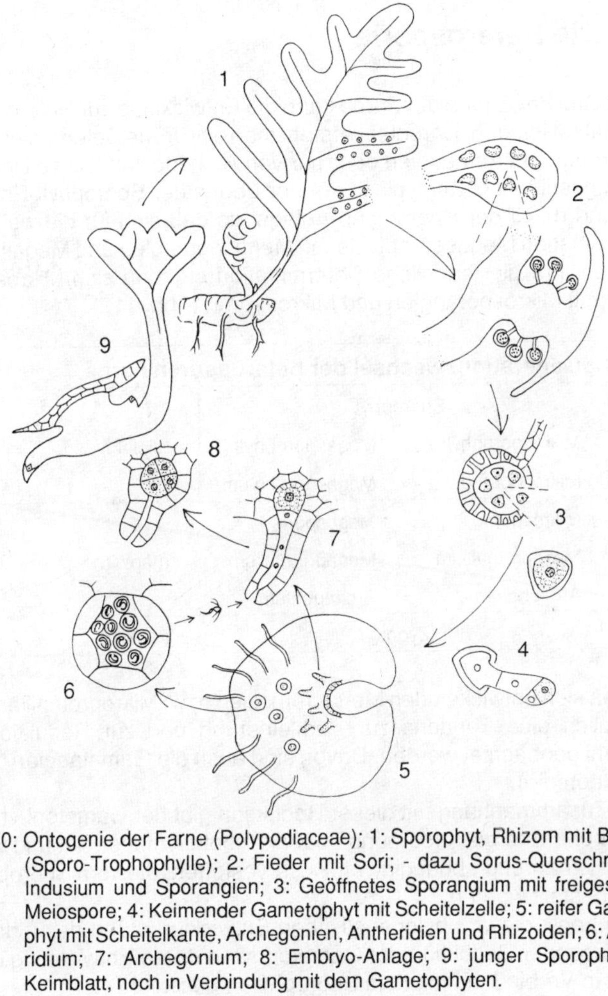

Abb.160: Ontogenie der Farne (Polypodiaceae); 1: Sporophyt, Rhizom mit Blättern (Sporo-Trophophylle); 2: Fieder mit Sori; - dazu Sorus-Querschnitt mit Indusium und Sporangien; 3: Geöffnetes Sporangium mit freigesetzter Meiospore; 4: Keimender Gametophyt mit Scheitelzelle; 5: reifer Gametophyt mit Scheitelkante, Archegonien, Antheridien und Rhizoiden; 6: Antheridium; 7: Archegonium; 8: Embryo-Anlage; 9: junger Sporophyt mit Keimblatt, noch in Verbindung mit dem Gametophyten.

Scheitelzellen angelegt, die das weitere Wachstum der Organe bestimmen. Die Keimwurzel ist nur in der ersten Wachstumsphase von Bedeutung und wird dann durch die sproßbürtigen Wurzeln abgelöst. Die Blatt-Entwicklung dominiert stark über die Sproß-Entwicklung (Abb. 160).

11.2 Die Heterosporie

Bereits auf der Ebene der Farne kann die Entwicklung zur Heterosporie beobachtet werden. Darunter versteht man eine frühe Determination zur Anlage nur von Antheridien oder nur von Archegonien. Diese Determination geschieht phänotypisch auf der Ebene der Sporophyll-Entwicklung und damit der Sporangien-Anlage, so daß sich für die weibliche Determination Megasporophylle mit Megasporangien und Megasporen ergeben. Für die männliche Determination ergeben sich Mikrosporophylle mit Mikrosporangien und Mikrosporen (Abb. 112).

Generationswechsel der heterosporen Farne		
Sporophyt		
Mikrosporophyll	Megasporophyll	(diploid)
Mikrosporangium	Megasporangium	
Mikrospore	Megaspore	
Mikroprothallium	Megaprothallium	(haploid)
Antheridium	Archegonium	
Zygote		(diploid)

Bei den sich entwickelnden Megaprothallien bzw. Mikroprothallien kann zusätzlich eine Tendenz zur Verkleinerung und zur Reduktion der Zellzahl beobachtet werden. Davon sind auch die Gametangien betroffen (Neotenie).

Im Zusammenhang mit dieser Reduktion gibt der Gametophyt seine autotrophe Energieversorgung über die Photosynthese auf und wird in seiner Ernährung abhängig von Reservestoffen, die vom Sporophyten bereitgestellt werden.

Die Logik dieser phylogenetischen Entwicklung führt dazu, daß mit zunehmender Reduktion der Gametophyten deren Entwicklung immer enger in Verbindung mit dem Sporophyten geschieht.

Bei den Moosfarnen (Selaginellales) sind die Gametophyten so weit reduziert, daß sie sich innerhalb der jeweiligen Sporen und zum Teil schon innerhalb der Sporangien entwickeln.

Ein weiterer Aspekt der Heterosporie wird bei den Moosfarnen deutlich. Es ist die unterschiedliche Entwicklungstendenz bei den beiden Formen:

Zunächst ist die Megaspore wesentlich größer als die Mikrospore. Weiter betrifft die Reduktion bei den Megasporen besonders deren Anzahl, so daß häufig nur eine Megasporen-Mutterzelle erhalten bleibt. Bei der Mikrospore betrifft die Reduktion besonderen deren Volumen, so daß das Mikroprothallium nur noch aus einer vegetativen Zelle mit einem Antheridium besteht.

Sicher kann keine direkte phylogenetische Linie von den Moosfarnen zu den Spermatophyten nachgewiesen werden. Aber die Gesetzmässigkeiten und Entwicklungstendenzen der Heterosporie, die hier beschrieben sind, zeigen sich auch bei den Spermatophyten und wurden dort weiterentwickelt.

11.3 Die Ontogenie der Samenpflanzen (Spermatophyta, Angiospermae)

Die Entwicklung der Angiospermen soll exemplarisch am Beispiel einer dikotylen Pflanze besprochen werden. Wie schon angesprochen, wird die Ontogenie von einem heteromorphen, heterophasischen Generationswechsel mit Heterosporie bestimmt. Sie folgt also dem Entwicklungsschema eines heterosporen Farns.

Die differenzierte Pflanze entspricht damit dem Sporophyten und ist in Sproßachse, Blatt und Wurzel gegliedert. Da diese Organe schon ausführlich besprochen wurden, kann im folgenden die Blüte behandelt werden.

Entsprechend der Blattfolge baut sich die Blüte aus der sterilen Blütenhülle (**Perianth**), den Staubblättern (**Androeceum**) und den Fruchtblättern (**Gynoeceum**) auf.

Im Perianth der ursprünglichen Angiospermenblüte sind die zahlreichen und mehr gleichwertigen Hüllblätter (**Perigonblätter**) schraubig angeordnet. Als abgeleitet gilt die wirtelige (meist zweikreisige) Anordnung der Perianthblätter, deren Zahl dann definiert ist:

Bei den Monokotylen sind es häufig 3zählige Wirtel von gleichwertigen Perigonblättern. Bei den Dikotylen sind 5zählige Wirtel häufiger mit

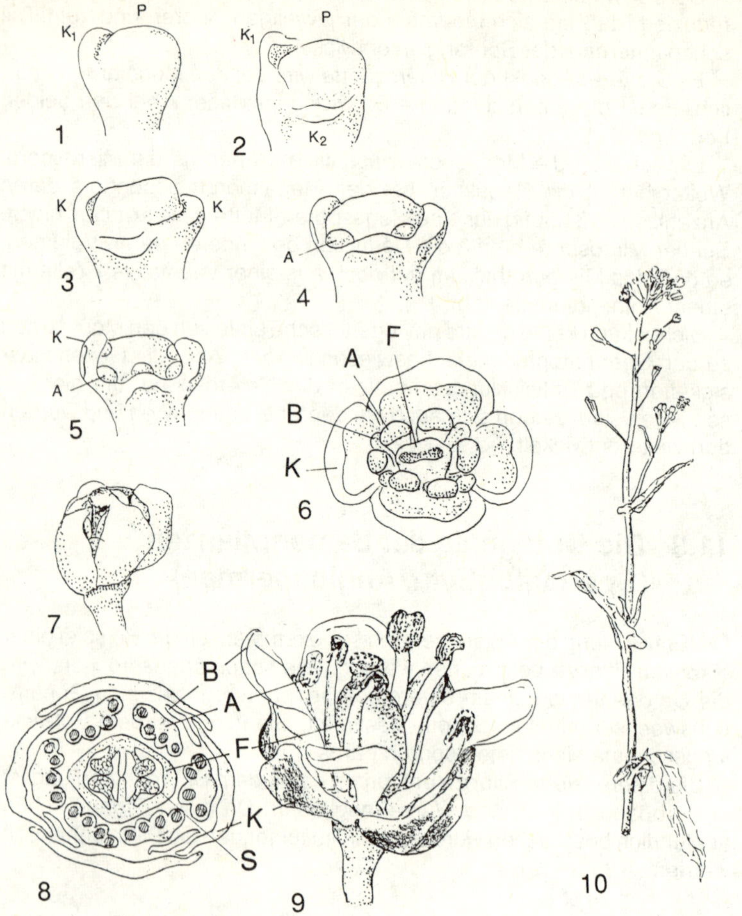

Abb.161: Entwicklung der radiären Blüte von *Capsella bursa-pastoris* (Brassicaceae); 1: Sproßscheitel (P) mit Anlage des adaxialen Kelchblattes (K1); 2: Weiteres, abaxiales Kelchblatt (K2); 3: Die Kelchblätter (K) werden nacheinander in schraubiger Anordnung angelegt; 4: Beginn der Anlage der Antheren (A); 5: Die Antheren sind angelegt: - es sind 2 äußere, kürzere und 4 innere, längere Staubblätter; 6: Die 4 Kronblätter (B) und der oberständige Fruchtknoten (F) werden angelegt; 7: Blüten-Knospe; 8: Querschnitt durch die Blütenknospe, mit ausgebildeten Samenanlagen (S); 9: geöffnete Blüte; 10: Sproß-Habitus, mit Blüten und Früchten.

einer Differenzierung in äußere, grüne Kelchblätter (**Sepalen**) und in innere, gefärbte Kronblätter (**Petalen**) (Abb. 161).

Das **Fruchtblatt**, das dem Megasporophyll entspricht, gliedert sich typischerweise in die Narbe, den Griffel und den Fruchtknoten. Dieser umschließt als schützende Hülle die **Samenanlagen** (Abb. 162). Die Samenanlage entwickelt sich aus dem Bildungsgewebe, dem Plazentagewebe, zunächst mit einem Stiel, dem Funiculus. Aus dessem apikalen Bereich, der Chalaza, differenzieren sich die beiden Integumente und im Zentrum der **Nucellus** mit dem primären **Embryosack**.

Der Nucellus entspricht einem Megasporangium, der primäre Embryosack einer Megaspore.

Entsprechend verläuft auch die Entwicklung: Aus einer diploiden Embryosack-Mutterzelle entsteht durch Meiose der haploide primäre Embryosackkern. Aus der Meiose bleibt hier also nur ein Tochterkern erhalten (Abb. 163).

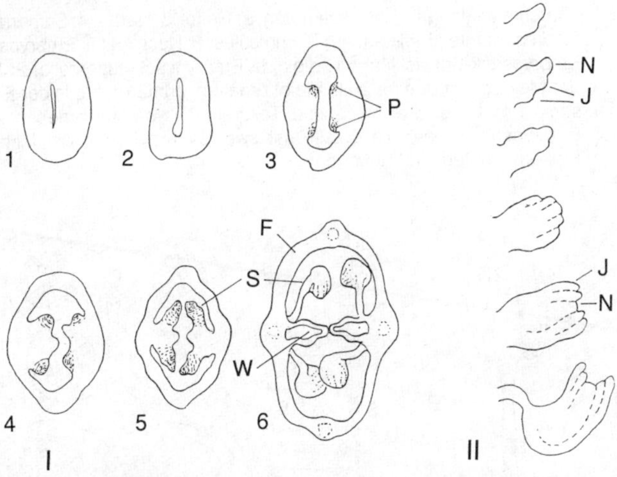

Abb.162: Fruchtknotenentwicklung bei *Capsella bursa-pastoris*; I: Entwicklung des aus 2 Fruchtblättern aufgebauten, coenocarpen Fruchtknotens im Querschnittsbild; bis Stadium 3 sind die Placenten (P) angelegt; bis Stadium 5 beginnt die Entwicklung der Samenanlagen (S); im Stadium 6 sind diese fast ausgereift und die falsche Scheidewand (W) wird geschlossen; zusammen mit der Fruchtknotenwand (F) entwickelt sich daraus mit der Samenreifung eine Schote; II: Entwicklung einer Samenanlage: aus einer gestreckten (atropen) Ausgangsposition krümmt sich diese, artspezifisch, ein in eine transversale (kampylotrope) Lage; die lateral angelegten Integumente (I) umwachsen den apikalen Nucellusbereich (N).

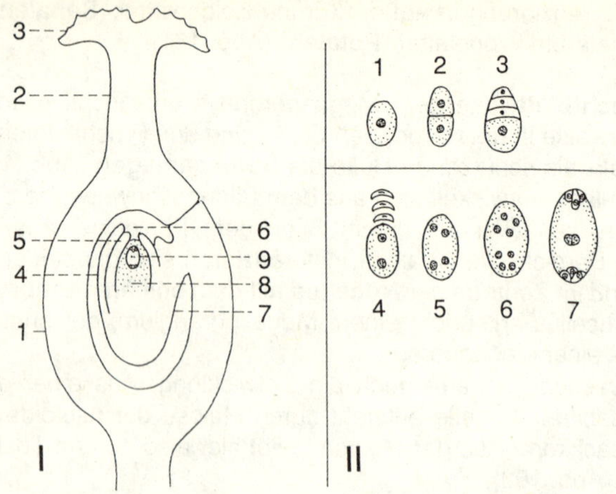

Abb.163: I: Fruchtblatt (längs); 1: Fruchtknoten; 2: Griffel; 3: Narbe; 4: Samenanlage; 5: Integumente; 6: Mikropyle; 7: Funiculus; 8: Nucellus; 9: Embryosack; II: Embryosack-Entwicklung; 1: diploide Embryosackmutterzelle; 2: Beginn der Meiose; 3: nur eine Zelle bleibt erhalten: primärer, haploider Embryosackkern; 4 - 6: drei mitotische Teilungen; 7: daraus ergeben sich im Embryosack: oben: die Eizelle mit zwei Synergiden; in der Mitte: zwei Polkerne; unten: drei Antipoden.

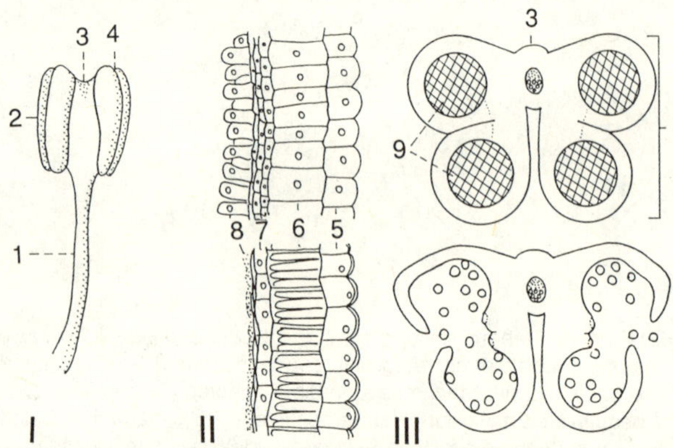

Abb.164: Staubblatt von *Lilium* spec., I. Habitus; II und III: Querschnittsbilder der Anthere; II: Wandbereich; III: Gesamtbild; oben: unreifes Stadium; unten: ausdifferenziert, - die Pollensäcke sind geöffnet; 1: Filament; 2: Anthere; 3: Konnektiv; 4: Theka; 5: Epidermis; 6: Faserschicht (Endothecium); 7: Zwischenschichten; 8: Tapetum; 9: Pollensäcke.

Für die weitere Entwicklung ergibt sich, etwas vereinfacht, folgendes Bild: Im primären Embryosack werden mitotisch acht Tochterkerne angelegt. Von diesen grenzen sich drei Kerne am apikalen Pol des Embryosacks zellulär ab und bilden zwei Synergiden und die Eizelle. Am basalen Pol des Embryosacks grenzen sich weitere drei Kerne zellulär ab zu den Antipoden. Die beiden restlichen Kerne, die Polkerne, vereinigen sich im Zentrum des Embryosacks zum diploiden sekundären Embryosackkern. Dies ist die Konfiguration des reifen Embryosacks.

Dem Megaprothallium sind damit die Antipoden mit den beiden Polkernen homolog. Dem Archegonium entsprechen die Synergiden mit der Eizelle.

Das **Staubblatt**, das dem Mikrosporophyll entspricht, ist in das Filament und die Anthere gegliedert. Diese besteht aus zwei Theken mit je zwei Pollensäcken, die über das Konnektiv verbunden sind (Abb. 164).

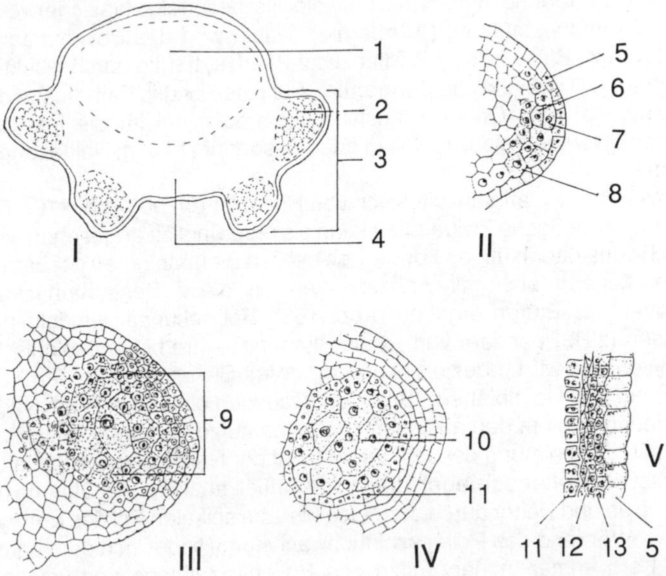

Abb. 165: Antheren-Entwicklung bei *Passiflora*; I: junge Anthere, quer: II bis V: Stadien der Pollensack-Entwicklung; 1: Leitbündel-Anlage; 2: Pollensack-Anlage; 3: Theka; 4: Konnektiv; 5: Epidermis; 6: Archespor-Mutterzelle; 7: Parietalzelle; 8: Subepidermis; 9: Archespor; 10: Pollenmutterzellen; 11. Tapetum; 12: Zwischenschichten; 13: Anlage der Faserschicht (Endothecium).

Jeder **Pollensack** entspricht einem Mikrosporangium, die **Pollenkörner** entsprechen den Mikrosporen (Abb. 165).

Die Pollenkörner, die durch Meiose aus der Pollenmutterzelle hervorgehen, teilen sich bereits in der Reifungsphase inäqual in eine große, vegetative Zelle und in eine kleine, generative Zelle. Diese wird anschließend in die vegetative Zelle aufgenommen.

Wie die Wand der Farnsporen aus einem Exospor und einem Endospor aufgebaut ist, besteht diejenige der Pollenkörner aus einer Exine und einer Intine. Die Exine weist eine charakteristische, artspezifische Wandstruktur auf und ist gegen die Zersetzung im Boden nahezu resistent. Daher geben Pollenanalysen aus Mooren und Sedimentproben aus Seen Aufschluß über die Vegetationsform bis in vorgeschichtliche Zeit.

Die Intine, die innere Wand des Pollenkorns, ist umbaufähig und an der Keimung des Pollenkorns beteiligt, indem sie sich zur Wand des Pollenschlauches erweitert.

Die Übertragung der Pollen auf die Narbe erfolgt typischerweise durch Fremdbestäubung (**Allogamie**). Dabei wird das Pollenmaterial von Blüte zu Blüte, bzw. von Pflanze zu Pflanze, häufig durch Insekten übertragen (Tierblütigkeit; **Zoogamie**). Für diese ist das Farbmuster der Blütenblätter eine Orientierungshilfe. Als Lockmittel für die Insekten werden entweder reichlich Pollen oder, besonders häufig, Nektar angeboten.

Das primäre Perianth leitet sich von Hochblättern ab (Abb. 116). Die radiärsymmetrische Zwitterblüte kann als ursprünglich angesehen werden. Bei insektenblütigen Formen, so bei den Bienenblumen der Lamiaceae, können sich mit Anpassungen an diese Bestäubungsform dorsiventrale Blüten ergeben (Abb. 166). Bei sekundär windblütigen Formen (z.B. Poaceae) verliert die Blütenhülle ihre blütenökologische Funktion und wird reduziert (**Anemogamie**). Sie besteht bei den Poaceae nur aus Hochblättern (Spelzen). Dagegen gliedert sich die Narbe feinfiedrig auf, um den anfliegenden Pollen aufzufangen (Abb. 167).

Nach der Keimung des Pollenkorns auf der Narbe des Fruchtblattes wächst der **Pollenschlauch** durch den Griffelkanal und die Öffnung der Mikropyle und weiter durch den Nucellus zum apikalen Pol des Embryosacks. Während des Pollenschlauchwachstums findet sich der vegetative Kern immer in der Spitze des Pollenschlauches und wird erst aufgelöst, wenn der Embryosack erreicht ist (Abb. 168).

Inzwischen hat sich die mitwandernde, generative Zelle in zwei Spermazellen geteilt. Diese werden in den Embryosack entlassen. Eine Spermazelle vereinigt sich mit der Eizelle zur diploiden Zygote. Die zweite Spermazelle vereinigt sich mit dem diploiden sekundären Em-

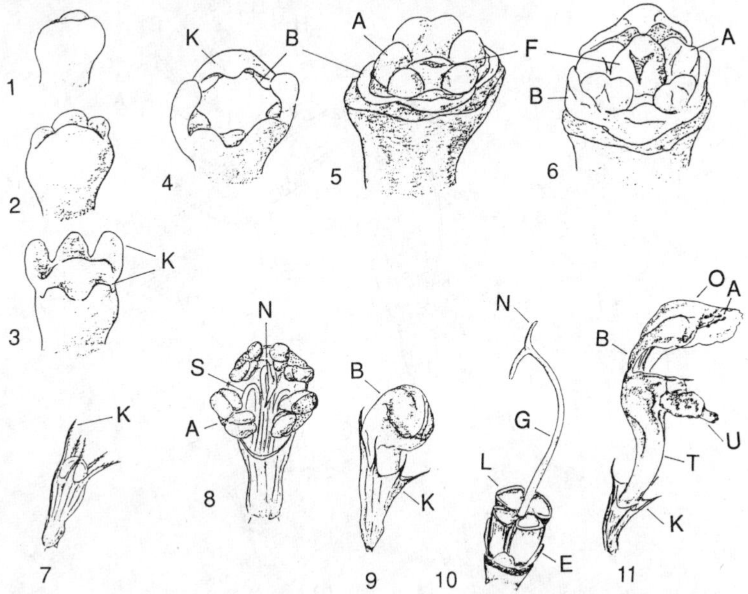

Abb.166: Entwicklung der dorsiventralen Lippenblüte von *Lamium album* (Lamiaceae). 1 - 3: Die fünf Kelchblätter (K) werden angelegt; 4: die fünf Kronblätter (B) sind angelegt; - hier ist die radiäre Ausgangsform der Blüte noch zu erkennen; 5 u. 6: die Kelchblätter sind entfernt; vier Antheren (A) werden angelegt; der aus zwei Fruchtblättern bestehende Fruchtknoten (F) wächst ähnlich einem Schlauchblatt empor; er ist zunächst noch nicht geschlossen; 7: die Blütenknospe ist von den verwachsenen Kelchblättern umhüllt. 8: aufgeschnittene Blütenknospe: es werden 2 kürzere und 2 längere Staubblätter (S) sichtbar, auch ist der Griffel (G) mit zweilappiger Narbe (N) zu erkennen; 9: Blüte vor der Öffnung; 10: das Perianth ist entfernt; sichtbar wird der in vier Kammern (Klausen, L) gegliederte Fruchtknoten, die Nektarien (E) und ein Griffel, der zentral und basal inseriert ist; 11: Geöffnete Blüte mit langer Kronröhre (Tubus, T) und mit einem Kronsaum, der aus einer zweiteiligen Oberlippe (O) und einer dreiteiligen Unterlippe (U) aufgebaut ist; die Lippenblüte zeigt eine optimale mechanische Anpassung an die bestäubenden Insekten.

bryosackkern zum triploiden Endospermkern. Aus diesem entwickelt sich das Endosperm, das Nährgewebe.

Die beschriebene Entwicklung macht die **starke Reduktion und Abwandlung im Bereich des Mikrogametophyten** deutlich: Die vegetative Zelle wäre dem Mikroprothallium homolog, die generative Zelle entspräche dem Antheridium. Dies kann nur tendenziell angesprochen

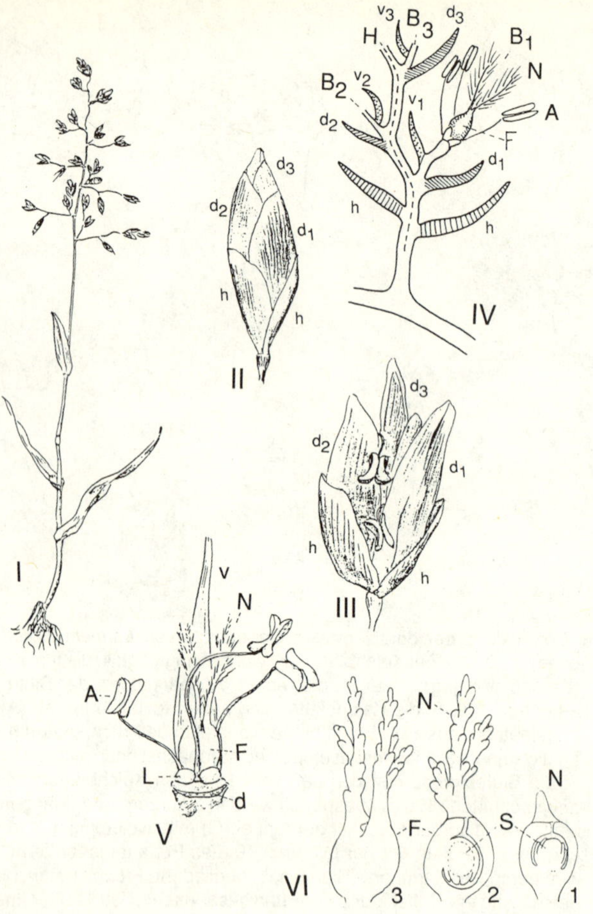

Abb.167: Die Grasblüte; I: Habitus einer Pflanze (*Poa annua*) mit Blütenstand; Die Rispe baut sich aus Teilblütenständen (Ährchen) auf; II: noch geschlossenes Ährchen. Es wird von 2 Hüllspelzen (h) eingefaßt. Die Deckspelzen (d) sind die Tragblätter der Einzelblüten; III: Ährchen in Blüte; IV: Schema eines Ährchens; die oberen Blüten (B) sind entfernt; v: Vorspelze; F: Fruchtknoten; A: Anthere; N: Narbe; H: Ährchen-Achse; V: Einzelblüte (Deckspelze entfernt), mit einer Vorspelze (v), 2 Schwellkörpern (Lodiculae, L), 3 Staubblättern und 1 Fruchtknoten mit 2 Narben; VI: Fruchtblattentwicklung (1 - 3). Der Fruchtknoten wird apikal verwachsen und umschließt dann die eine Samenanlage (S; - Karyopse). Die beiden Narben wachsen seitlich aus und verzweigen sich fiedrig.

werden, denn für den Pollenschlauch selbst gibt es keine homologe Struktur. Auch die doppelte Befruchtung charakterisiert die phylogenetische Ebene der Angiospermen.

Homologe Strukturen			
Mikrosporophyll	Staubblatt	Megasporophyll	Fruchtblatt
Mikrosporangium	Pollensack	Megasporangium	Nucellus
Mikrospore	Pollenkorn	Megaspore	Prim. Embryosack
Mikroprothallium	Vegetative Zelle	Megaprothallium	2 Polkerne
			3 Antipoden
Antheridium	Generative Zelle	Archegonium	2 Synergiden
			+ Eizelle

Der „Sporophyt-Embryo", der sich aus der Zygote ergibt, entwickelt sich nicht unmittelbar zur adulten Pflanze, sondern zunächst zu einer **Ruhe- und Verbreitungsform**, dem Samen.

Die Zygote gliedert sich zunächst in einen Zellstrang auf, der als Suspensor die apikale Embryo-Anlage in das Nährgewerbe hinein verlagert. Die Embryo-Anlage differenziert sich in ihrer basalen Hälfte zum Hypokotyl, in der apikalen Hälfte zu den beiden Kotyledonen und dem Apikalmeristem (Abb. 169).

Somit besteht im reifen Samen die Embryo-Anlage aus zwei großen **Kotyledonen**, der **Plumula** als Sproß-Anlage und der **Radikula** als Wurzel-Anlage. Artspezifisch unterschiedlich stark entwickelt ist das

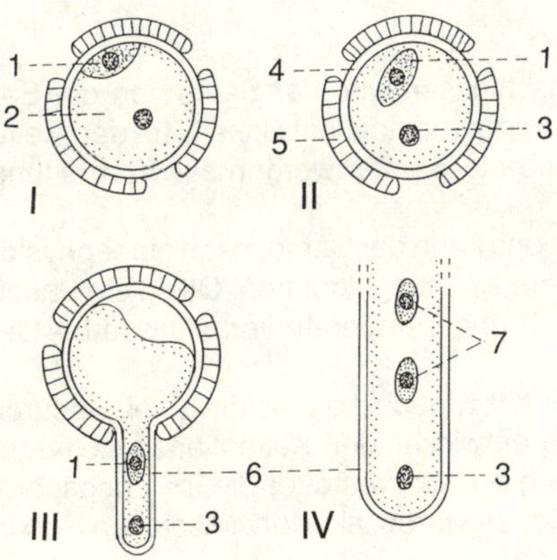

Abb.168: Pollenkorn-Keimung
I: reifes Pollenkorn, mit generativer Zelle (1), vegetativer Zelle (2), Intine (4) und Exine (5)
II: die generative Zelle ist in die vegetative Zelle aufgenommen
III: gesteuert von dem vegetativen Kern (3), wächst der Pollenschlauch (6) aus; die generative Zelle (1) folgt nach
IV: Spitze des Pollenschlauches; die generative Zelle ist in die zwei Spermazellen (7) geteilt.

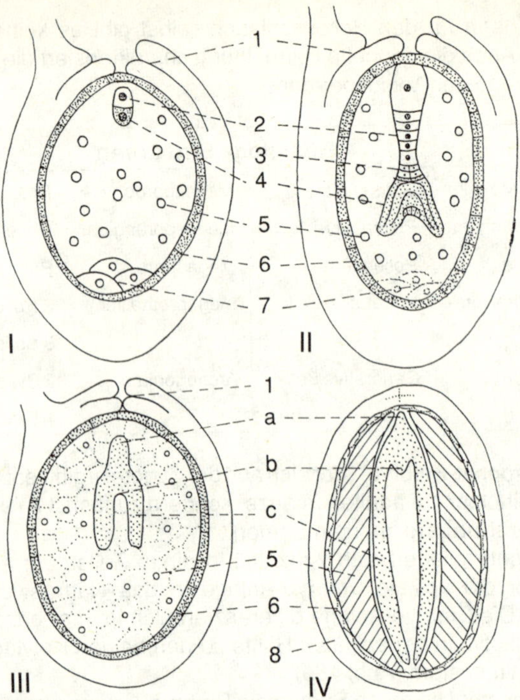

Abb.169: Samen-Entwicklung; I: Teilung der Zygote; II: Anlage der Kotyledonen; III: Anlage der Keimwurzel; IV: Reifer Same; 1: Integumente; 2: Suspensor; 3: Hypophyse; 4: Embryo; 5: Endosperm; 6: Nucellus; 7: Antipoden; 8: Samenschale; a: Radicula; b: Plumula; c: Kotyledonen.

Gewebe des Endosperms. Umschlossen wird der Same von der Samenschale, die sich aus den Integumenten entwickelt. In der Reife öffnet sich der Fruchtknoten und die Samen werden zur Verbreitung freigesetzt.

Im feuchten Substrat des Bodens kann der Same, nach einer physiologisch bedingten Ruhephase, zur Keimung kommen. Oft spielen auch exogene Faktoren, wie die Licht- und Temperaturverhältnisse bei der Keimung eine Rolle.

Im Keimungswachstum dominiert zunächst die Keimwurzel, wodurch die Wasserversorgung der sich entwickelnden Keimpflanze sichergestellt wird. Gleichzeitig werden die Reservestoffe, die im Endosperm oder in den Kotyledonen gespeichert waren, aktiviert. Mit diesen Reser-

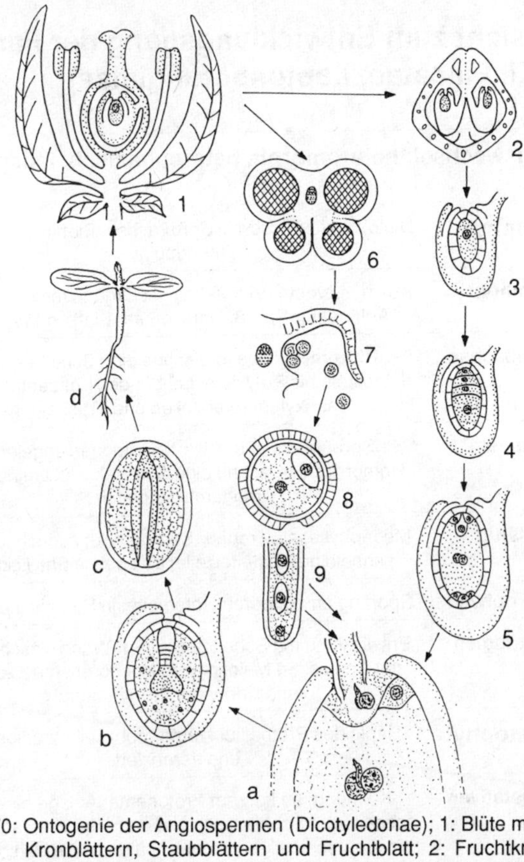

Abb.170: Ontogenie der Angiospermen (Dicotyledonae); 1: Blüte mit Kelchblättern, Kronblättern, Staubblättern und Fruchtblatt; 2: Fruchtknoten (quer); 3: Samenanlage mit Embryosackmutterzelle; 4: primäre Embryosackzelle; 5: reifer Embryosack; 6: Anthere (quer); 7: geöffneter Pollensack; 8: reifes Pollenkorn; 9: Spitze des Pollenschlauches; a: geöffneter Pollenschlauch an der Mikropyle; - „doppelte Befruchtung"; b: Entwicklung von Suspensor und Embryo; c: reifer Same; d: Keimpflanze.

vestoffen wächst die Keimpflanze so lange heterotroph, bis die sich entfaltenden Blätter die autotrophe Versorgung über die Photosynthese ermöglichen (Abb. 170).

Das Gesagte macht deutlich, daß für den Samen als Verbreitungsorgan keine allgemeine Parallele bei den Farnen nachzuweisen ist. Er wird daher als merkmalgebend für die Spermatophyta, die Samenpflanzen, betrachtet.

11.4 Übersicht zum Entwicklungsgang der Farne (für Kl. Filicatae, Leptosporangiatae)

Generationswechsel: heteromorph, heterophasisch, isospor		
I.	**Sporophyt**	Diploid; differenziert in Sproßachse, Blatt und Wurzel; monopolar
	a) Embryo	Aus der Zygote: Vier Zellen mit Organ-Determination; Anlage für: Sproß, Haustorium, Blatt und Wurzel
	b) Sproßachse	Rhizom; apikale, dreischneidige Scheitelzelle; Protostele bis Polystele; Leitbündel: Konzentrisch mit Innenxylem (Siebzellen und Tracheiden)
	c) Wurzeln	Sproßbürtig, gleichwertig, endogen angelegt: Homorrhizie; 4-schneidige Scheitelzelle; Leitbündel: monarch bis diarch
	d) Blätter	Megaphylle: als Tropho-/Sporophylle; zunächst mit 2-schneidiger Scheitelzelle; akropetale Entwicklung
	e) Sporophylle	Sporangien auf deren Unterseite; in Sori mit Indusium
	f) Sporangien	Entwicklung mit Scheitelzelle; Sp.-Wand einschichtig, mit Anulus; 64 Meiosporen: Isosporen, mit Exospor und Endospor; frei keimend
II.	**Gametophyt**	Haploides Prothallium; autotroph; selbständige Pfl.; undifferenziert
	a) Vegetativer Teil	Keimung: an kurzem Protonema: Anlage einer 2-schneidigen Scheitelzelle und dann Scheitelkante; ein- bis mehrschichtiger, grüner Thallus; mit Rhizoiden auf der Unterseite
	b) Gametangien	Auf der Thallus-Unterseite; aus Oberflächenzellen; Antheridium mit Spermatozoiden; Archegonium mit Eizelle; Befruchtung über Wasserbrücke

11.5 Übersicht zum Entwicklungsgang der Samenpflanzen (für Dicotyledonae)

Generationswechsel: heteromorph, heterophasisch, heterospor		
I.	**Sporophyt**	Pflanze diploid; mit Sproßachse, Blatt und Wurzel; bipolar
	a) Embryo	Aus der Zygote: Suspensor mit Embryo-Anlage; Same als Verbreitungsorgan; Embryo mit 2 Kotyledonen; Endosperm und Samenschale
	b) Sproßachse	Orthotropes Sproß-System: Exogene Verzweigung aus Achselknospen; apikaler, geschichteter Vegetationskegel; Eustele; Leitbündel kollateral (Siebröhren und Tracheen)
	c) Wurzeln	Hauptwurzel mit Nebenwurzeln: Allorrhizie; Apikalmeristem mit zwei Teilungsrichtungen; Verzweigung endogen; Leitbündel radial
	d) Blätter	Exogen angelegt; an Knoten; überwiegend basalinterkalares Wachstum; morph. Differenzierung entsprechend der Blattfolge
	e) Sporophylle	In der Blüte als Sporophyllstand; im Perianth: Mega- und Mikrosporophylle
	Mega-	Fruchtblätter: mit Fruchtknoten, Griffel und Narbe
	Mikro-	Staubblätter: mit Filament und Anthere = 4 Pollensäcke
	f) Sporangien	
	Mega-	Samenanlage mit Nucellus; Hülle aus Integumenten; nur eine primäre Embryosackzelle (Megaspore)
	Mikro-	Pollensack; zahlreiche Pollenkörner, mit Exine und Intine, (Mikrosporen); Pollenschlauch-Keimung
II.	**Gametophyt**	Haploid; heterotroph, reduziert; Entwicklung z.T. in Verbindung mit Sporophyt
	Megaprothallium	Aus Embryosack: 3 Antipoden und 2 Polkerne; dem Archegonium entsprechend: Eizelle und 2 Synergiden
	Mikroprothallium	Eine vegetative Zelle; generative Zelle für 2 Spermazellen; Pollenschlauch-Befruchtung

12 Faktoren der Entwicklung und des Wachstums

12.1 Die Phytohormone

Die Phytohormone sind Pflanzenhormone, die Entwicklungs- und Wachstumsvorgänge steuern. Sie werden von einem synthetisierenden Gewebe ausgesandt und von einem reagierenden Gewebe resorbiert und zur Wirkung gebracht. Durch diese Informationsübertragung ergibt sich eine korrelierende Wechselwirkung zwischen den Geweben oder Organen einer Pflanze.

Diese Hormone besitzen, im Gegensatz zu tierischen Hormonen, ein breites Wirkungsspektrum. So können verschiedene Hormone ähnliche Effekte auslösen. Weiter kann ein bestimmtes Hormon, in Abhängigkeit von der Konzentration, oft gegensätzliche Effekte auslösen. Schließlich ist die Wirkung eines Hormons abhängig von der Entwicklungssituation des aufnehmenden Gewebes, d.h. vom aktuellen Genmuster der betroffenen Zellen. Dies weist auch darauf hin, daß die differentielle Genaktivierung ein Schwerpunkt der Phytohormonwirkung darstellt.
In erster Näherung werden die Phytohormone in zwei Gruppen klassifiziert:

a) Fördernd: Auxine, Gibberelline, Cytokinine
b) Hemmend: Abscisine, Ethylen.

12.1.1 Auxine

Synthese

Auxin (Indol-3-essigsäure, IES) wird in Blättern und in rasch wachsenden Meristemen (Sproßmeristeme, Embryonen) synthetisiert. In der Wurzel wird es kaum gebildet (Abb. 171, I).

Transport

Der Transport erfolgt durch Parenchym- oder Kambiumzellen, und zwar polar basipetal mit einer Geschwindigkeit von 5 bis 15 mm/h. Der Auxintransport ist energieabhängig. Das Auxin aus den Blättern wird über den Phloem-Weg transportiert. In den Wurzeln erfolgt der Transport von IES bevorzugt zur Spitze hin.

Wirkung

a) Fördert Zellteilung (bei Kambien und Callus-Gewebe)
b) Fördert die Wurzel-Anlage und hemmt die Sproß-Anlage
c) Fördert Streckungswachstum der Sproßachse
d) Unterdrückt Auswachsen von Seitenknospen
e) Bildung von Adventiv- und Seitenwurzeln
f) Ist an tropistischen Bewegungen beteiligt
g) Verzögert Abfall von Blättern und Früchten

Der Schwerpunkt der Auxin-Wirkung liegt im Effekt auf das Streckungswachstum. Diese Wirkung ist organspezifisch konzentrationsabhängig: Das Optimum des Wurzelwachstums liegt bei 10^{-10} g/ml IES. Das Optimum des Sproßwachstums liegt dagegen bei 10^{-5} g/ml IES. Bei dieser Konzentration wird das Wurzelwachstum bereits stark gehemmt. Die mittlere IES-Konzentration in der Pflanze liegt im Bereich des Wurzel-Optimums.

IES wirkt auf zweierlei Weise auf das Streckungswachstum: Zunächst führt die verstärkte mRNA-Synthese zu einer verstärkten Synthese von Wandmaterial. Weiter bewirkt IES eine Lockerung des Wandmaterials, und über die Osmoregulation ergibt sich eine Ausdehnung und damit Streckung der Zelle.

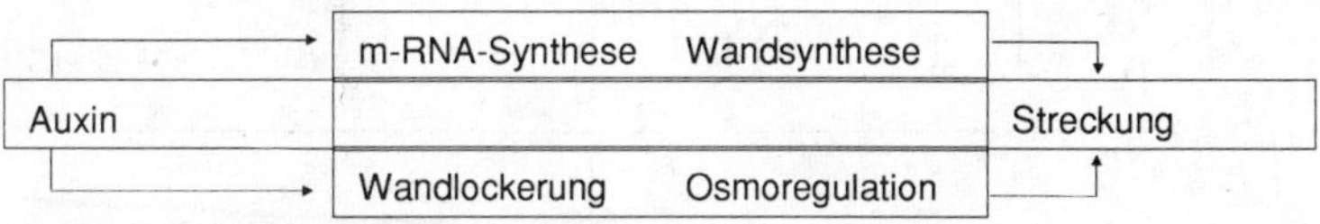

Die Wirkung von IES kann vom resorbierenden Gewebe kontrolliert werden. Dies geschieht entweder durch Bindung an Asparaginsäure oder durch Abbau durch IES-Oxidase. Synthetische Auxine, die eine ähnliche Wirkung wie IES haben, sind von diesem oxidativen Abbau nicht betroffen. Sie sind daher ungleich wirkungsvoller, aber auch gefährlicher.

Bestimmung

Der Auxin-Nachweis erfolgt im Hafer-Coleoptilen-Krümmungstest. Dazu werden Hafer-Coleoptilen dekapitiert. Auf die Schnittfläche wird einseitig ein Agar-IES-Block aufgesetzt. Die sich ergebende Krümmung der Coleoptile ist ein Maß für die IES-Konzentration im aufgesetzten Agar-Block.

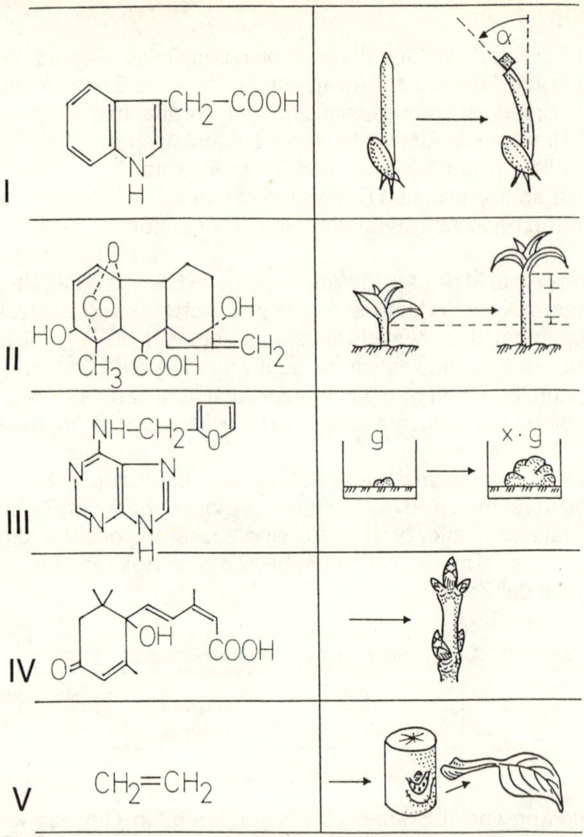

Abb.171: Die Phytohormone; linke Seite: deren Strukturformel, rechte Seite: Schema zu einer charakteristischen Wirkung, bzw. Biotest; I: Indol-3-essigsäure (IES): Krümmung der *Avena*-Koleoptile; II: Gibberellinsäure (GA): induziertes Streckungswachstum der Sproßachse; III: Cytokinin, -Kinetin (Adenin-Derivate): Gewichtszunahme von Callus-Gewebe; IV: Abscisinsäure (Sesquiterpenoid): Induktion der Knospenruhe; Ethylen: Induktion des Blattfalls.

12.1.2 Gibberelline

Diese Phytohormongruppe gehört zu den Diterpenoiden (2 Sechs- und 2 Fünfringe). Es sind etwa 30 verschiedene Gibberelline bekannt. Am häufigsten ist die Gibberellin-Säure GA_3 (Abb. 171, II)

Synthese

Die Gibbereline werden in Sproß- und Wurzelspitzen, in jungen Blättern und in Embryonen synthetisiert.

Transport

Der Transport erfolgt nicht polar, und zwar im Phloem, in parenchymatischen und in kambialen Geweben. Im Frühjahr wird dieses Phytohormon, als Glycosid gebunden, im Xylem transportiert.

Wirkung

a) Fördert Zellteilung in Kambien
b) Fördert Streckungswachstum der Sproßachse, jedoch nicht über den Zellwandstoffwechsel
c) Hemmt die Sproß- und Wurzel-Anlage
d) Löst Schossen mit Blütenbildung aus
e) Fördert Samenkeimung durch Induktion der Enzym-Synthese und des Embryo-Wachstums

Deutlich sind hier Parallelen zur IES-Wirkung. Andererseits macht der Effekt auf die Blütenbildung und der fehlende Effekt der Gibberelline auf Seitenknospen und Blattfall die unterschiedliche Wirkung deutlich.

Bestimmung

Der Biotest für Gibberelline wird mit Erbsen- und Mais-Zwergmutanten durchgeführt: Das induzierte Längenwachstum der Internodien ist dem Logarithmus der Gibberellin-Konzentration proportional.

12.1.3 Cytokinine

Die Cytokinine sind N-substituierte Derivate des Adenins. Am bekanntesten ist das Kinetin (Furfurylaminopurin), (Abb. 171, III).

Synthese

Die Synthese erfolgt mit Vorzug in Wurzelspitzen, in Samen und in Früchten.

Transport

Der Transport der Cytokinine erfolgt akropetal im Transpirationsstrom des Xylems.

Wirkung

a) Förderung der RNA- und Proteinsynthese - und damit allgemein Stimulation des Stoffwechsels
b) Förderung der Zellteilung durch Beschleunigung der DNA-Synthese
c) Förderung der Sproß-Anlage und Hemmung der Wurzel-Anlage
d) Förderung des Seitenknospen-Austriebs

Bestimmung

Der Nachweis geschieht im Wachstumstest von Callusgewebe: Die Gewichtszunahme des Callus ist der Cytokinin-Konzentration proportional.

12.1.4 Abscisine

Am bekanntesten ist die Abscisinsäure (ein Sesquiterpenoid) (Abb. 171, IV).

Synthese

Die Synthese erfolgt aus 3 Isopreneinheiten, besonders unter Kurztagbedingungen, in Früchten und Blättern.

Transport

Der Transport erfolgt im Xylem und im Phloem, in jungem Parenchym bevorzugt basipetal.

Wirkung

a) Hemmt DNA-Synthese und allgemein den Stoffwechsel
b) Hemmt Zellteilung und Streckungswachstum von Sproß und Wurzel
c) Beschleunigt den Fruchtfall
d) Löst Knospenruhe und Samenruhe aus
e) Vermittelt Kurztagbedingungen

Aus diesem Wirkungsspektrum wird deutlich, daß die Abscisine in einigen Fällen antagonistisch der IES-Wirkung gegenüberstehen.

12.1.5 Ethylen

Synthese

Ethylen ($CH_2 = CH_2$), ein Gas (Abb. 171, V), wird aus Methionin synthetisiert. Die Synthese kann in allen Organen der höheren Pflanzen erfolgen, besonders in Früchten.

Transport

Der Transport von Ethylen erfolgt ungerichtet durch Diffusion.

Wirkung

a) Wechselwirkung mit Auxin: IES stimuliert die Ethylen-Synthese, Ethylen hemmt die IES-Synthese und dessen Transport
b) Beschleunigt den Blattfall
c) Beschleunigt die Fruchtreifung

12.1.6 Wirkungsspektren der Phytohormone

Betrachten wir zusammenfassend die Wirkungsspektren der Phytohormone, so ergeben sich Gruppierungen mit gleichsinniger Wirkung und solche mit gegensätzlicher bis antagonistischer Wirkung.

IES, Gibberellin und Cytokinin zeigen gemeinsam, wenn auch unterschiedlich stark, eine fördernde Wirkung auf die Proteinsynthese und die Zellteilung. Hemmend wirken sie auf die Induzierung der Knospen- und Samenruhe und auf die Induzierung von Kurztagbedingungen. In diesen Fällen wirkt Abscisinsäure antagonistisch dagegen.

Bemerkenswert ist ein weiterer Antagonismus: Während Gibberellin das Schossen und die Blütenbildung auslöst, hemmt Abscisinsäure diesen Effekt bei Langtagpflanzen.

Bei mehreren Gesichtspunkten wird der Antagonismus zwischen IES und Cytokinin deutlich: Dies gilt für die Sproß-Anlage, die Wurzel-Anlage, den Seitenknospen-Austrieb und die Adventiv- und Seitenwurzelbildung.

Ethylen und Abscisinsäure gemeinsam ist ein deutlicher Antagonismus zu IES: Dies zeigt sich z.B. bei dem Effekt auf den Frucht- und Blattfall und bei dem Effekt auf das Sproß-Wachstum.

Trotz der multiplen Wirkung der Phytohormone kann für jede Komponente ein charakteristischer Wirkungsschwerpunkt angegeben werden: Für IES ist es die Förderung des Sproß-Wachstums, für Gibberellin ist es die Induktion der Blütenbildung, Cytokinin fördert das Zellwachs-

Zeichenerklärung für die Wirkungsspektren			
Stark fördernder Effekt:	+ +	Stark hemmender Effekt:	– –
Fördernder Effekt:	+	Hemmender Effekt:	–
Kein Effekt:	0		

Bewirkt:	IES	Gibb.	Cytok.	Abscis.	Ethylen
RNA- und Proteinsynthese	+	+	+	–	–
Zellteilung der Kambien	+	+	+	–	–
Sproß-Anlage	–	–	+	0	0
Sproß-Wachstum	+	+	0	–	–
Wurzel-Anlage	+	–	–	0	0
Wurzel-Wachstum	+/–	0	+	–	0
Seitenknospen-Austrieb	–	0	+	0	0
Adventiv- und Seitenwurzelbildung	+	–	–	0	0
Tropistische Bewegungen	+	0	0	0	–
Nastische Stomata-Öffnung	0	0	0	–	0
Schossen- u. Blütenbildung	0	+	0	–	0
Frucht- u. Blattfall	–	0	0	+/0	+ +
Knospen- u. Samenruhe	–	– –	–	+	0
Allgemein: Kurztag-Bedingungen	–	–	–	+	+

tum, Abscisinsäure vermittelt Kurztagbedingungen und Ethylen induziert Frucht- und Blattfall.

12.2 Die korrelative Wirkung

Die korrelative Wechselwirkung zwischen Organen oder Organteilen einer Pflanze ist eine steuernde Fernwirkung, die durch Phytohormone übertragen wird. Dabei wird der Effekt meistens durch das Mengenverhältnis mehrerer Hormone bestimmt.

12.2.1 Korrelative Förderung

1. Wirkung vom Sproß auf die Wurzel durch Auxin.
2. Wirkung von der Wurzel auf den Sproß durch Cytokinin und Gibberellin.
3. Wirkung von den Kotyledonen auf die Primärblätter durch Gibberellin.

12.2.2 Korrelative Hemmung: Apikaldominanz

1. Auxin aus dem Apikalmeristem der Sproßachse hemmt das Auswachsen von Seitenknospen. Dieser Effekt wird häufig mit zunehmendem Abstand von der Spitze schwächer.
2. Kinetin aus dem Apikalmeristem der Wurzel schwächt die Seitenwurzelbildung. Dieser Effekt wird mit zunehmendem Abstand von der Wurzelspitze schwächer.

Die Apikaldominanz wird möglicherweise über ein Auxin/Cytokinin-Gleichgewicht reguliert.

12.2.3 Korrelative Steuerung der Wurzel- und Sproßbildung

Auxinproduzierende Organe stimulieren die Wurzelbildung: Jeder lokale Stau in der Sproßachse begünstigt die Bildung von Adventivwurzeln durch Auxin. Dies ist besonders im Bereich der Knoten mit Leitbündelverzweigung und bei Stecklingen am basalen Ende zu beobachten. Bereits vorhandene Wurzeln können die Bildung von Adventivwurzeln am Sproß durch Gibberelline hemmen.

Die Polarität der Regeneration von Adventivwurzeln ergibt sich durch den polaren Transport von Auxin zum primär basalen Ende (z.B. bei Weiden-Sproßstücken, Abb. 172).

12.2.4 Wurzel- und Sproßbildung an Gewebekulturen

Die Art des Regenerats (Organanlage) in Gewebekulturen hängt von dem Konzentrationsverhältnis der beteiligten Hormone ab:

1. Bei mittlerem Auxin/Cytokinin-Verhältnis gibt es keine Regeneration, sondern nur eine Vermehrung undifferenzierter Zellen (Callus-Gewebe).

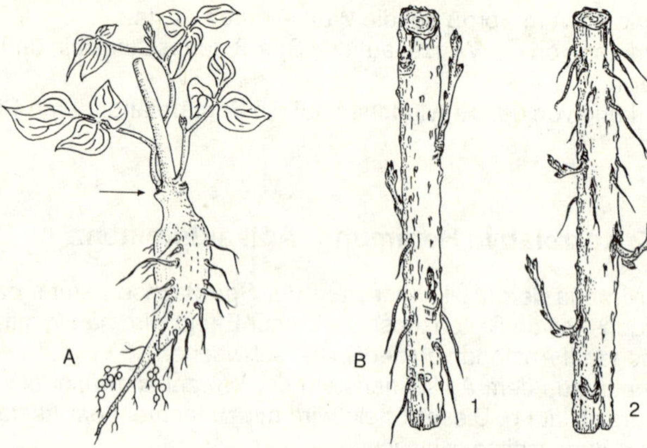

Abb.172: A) Aufhebung der korrelativen Hemmung bei einer jungen Pflanze von *Phaseolus coccineus*: Dargestellt ist der Stumpf des abgeschnittenen Epikotyls, die Blattnarben der Keimblätter (Pfeil), darunter das kurze Hypokotyl und schließlich die atypisch verdickte Hauptwurzel. An dieser stehen die Seitenwurzeln in Längsreihen. Einige von diesen tragen Wurzelknöllchen. Durch Aufhebung der Apikaldominanz (entfernte Sproßspitze) konnten die Achselknospen der Keimblätter austreiben. Diese Triebe ersetzen den verlorenen Primärsproß. B) Demonstration der bestehenden Polarität in Weiden-Sproßstücken, die in einer feuchten Kammer austreiben konnten. Das Sproßstück (1) konnte in normaler Position regenerieren: So wurden im oberen Bereich Sprosse, im unteren Bereich Adventivwurzeln angelegt. Das Sproßstück (2) regenerierte in inverser Position: Hier wurden entsprechend der ursprünglichen Polarität im unteren Bereich die Sprosse, im oberen Bereich die Wurzeln angelegt.

2. Wird die Cytokinin-Konzentration erniedrigt, ergibt sich eine Wurzelanlage.
3. Wird die Cytokinin-Konzentration erhöht und die IES-Konzentration erniedrigt, so ergibt sich eine Sproßanlage.

Die Bedingung der Anlage eines Organs muß von dessen Wachstum streng unterschieden werden:

Die Wurzelanlage erfolgt bei hoher, das Wurzelwachstum bei niederer IES-Konzentration.

Die Sproßanlage wird durch Gibberellin gehemmt, das Sproßwachstum wird durch Gibberellin gefördert.

12.3 Der Photoperiodismus

12.3.1 Übersicht

Über den Hellrot-Effekt des Phytochrom-Systems (8.9.2) wirkt Licht als Zeitgeber für die physiologische Uhr. Mit diesem Zeitmeß-System kann die Pflanze die Nachtlänge und damit die Jahreszeit registrieren. Photoperiodisch gesteuert werden die Entwicklungsschritte der Vegetationsperiode:

1. Kambiumtätigkeit
2. Wachstumsrate und Internodienlänge
3. Blattform
4. Blütenbildung
5. Bildung von Speicherorganen
6. Blattfall
7. Knospenruhe

An dieser Stelle muß jedoch erwähnt werden, daß neben dem Licht auch die Temperatur als steuernder Wachstumsfaktor wirksam werden kann. Bei vielen zweijährigen Pflanzen wird im ersten Jahr nur eine Blattrosette angelegt. Eine Kälteperiode zwischen dem ersten und dem zweiten Wachstumsjahr ermöglicht die weitere Entwicklung (Vernalisation). Mit dieser Voraussetzung ergibt sich im zweiten Wachstumsjahr, unter Langtagbedingungen, eine Verlängerung der Internodien (Schossen) und die Blütenbildung.

Als Beispiele für den Photoperiodismus werden im folgenden die Blühinduktion und die Knospenruhe besprochen.

12.3.2 Die Blühinduktion

Es kann gezeigt werden, daß viele Pflanzen in ihrem Wachstumsverhalten von der Jahreszeit, d.h. von der Tageslänge und der Nachtlänge abhängig sind.

Langtagpflanzen blühen oberhalb einer kritischen Tageslänge (mehr als 11 Std.), Kurztagpflanzen blühen unterhalb einer kritischen Tageslänge (weniger als 15 Std.) Es sind artspezifisch 1 bis 25 Tage zur Induktion notwendig. Dabei fungiert das Laubblatt als Rezeptororgan für das photoperiodische Signal.

In Versuchen kann gezeigt werden, daß nicht die Dauer der Belichtung, sondern die Dauer der Dunkelperiode entscheidend ist für die photoperiodische Induzierung: Wird Störlicht in einer Dunkelperiode zur

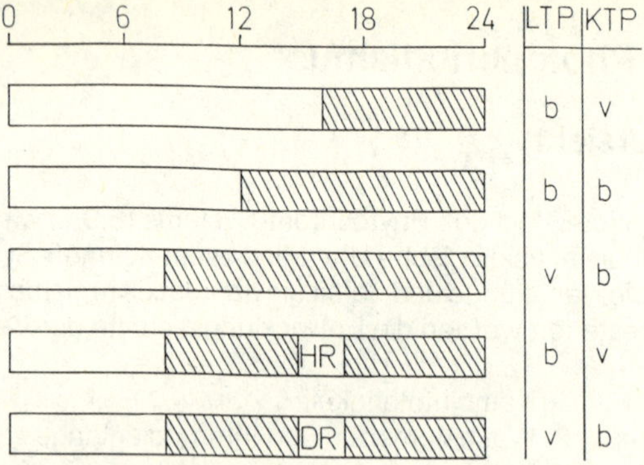

Abb. 173: Abhängigkeit der Blühinduktion von der Länge der Dunkelphase (schraffiert) im 2-Std.-Rhythmus und von der Qualität von Störlicht; HR: Hellrot; DR: Dunkelrot; LTP: Langtagpflanze; KTP: Kurztagpflanze; b: blüht; v: vegetativ.

Kurztag-Induzierung gegeben (Dauer z.B. 16 Std.), so werden dadurch „Langtagbedingungen" geschaffen. Im Ergebnis bleibt die Kurztagpflanze vegetativ, die Langtagpflanze wird zur Blütenbildung induziert. Das Störlicht in der Dunkelperiode ist besonders wirksam, wenn es 16 Stunden nach Beginn der vorangegangenen Lichtperiode gegeben wird (Abb. 173).

Die Induzierung erfolgt über das Phytochrom-System der Blätter. Bei einigen Langtagpflanzen kann auch ein Hochenergie-System beteiligt sein.

12.3.3 Die Knospenruhe

Gesteuert durch den Photoperiodismus ergibt sich im Winter eine Phase geringer Stoffwechselaktivität. Ein Aspekt ist die Knospenruhe, die früh, etwa August, beginnt und schon im Januar endet. Das Austreiben wird dann nur noch durch die niedere Temperatur unterdrückt.

Der Ruhebeginn wird durch Kurztagbedingungen ausgelöst: Über das Phytochromsystem der Blätter gesteuert, wird dort Abscisinsäure synthetisiert, welche zu den Knospen transportiert wird. Die Ruhephase wird durch einige Wochen niedere Temperatur nahe dem Gefrierpunkt potentiell beendet. Die Temperaturerniedrigung hat also hier einen Zeitgeber-Effekt für die jahresperiodische Steuerung. Daneben kann die Knospenruhe auch durch Langtagbedingungen aufgehoben werden.

12.4 Die Samenkeimung

Nur selten keimen Samen sofort nach dem Freiwerden aus der Frucht. In der Regel ergibt sich zunächst eine Ruheperiode mit reduziertem Stoffwechsel, geringem Wassergehalt und hoher Resistenz.

Diese Samenruhe ist endogen manifestiert und kann folgende Ursachen haben:

a) Morphologische und physiologische Unreife des Embryos
b) Keimungshemmstoffe (z.B. Abscisinsäure)
c) Mechanische Resistenz und Wasserundurchlässigkeit der Samenschale.

Somit kann für die Samenkeimung zunächst eine Phase der Nachreifung notwendig sein, in der keine exogene Induktion der Keimung möglich ist.
Unter den exogenen Faktoren für die Samenkeimung spielt der Aspekt der Belichtung die wichtigste Rolle. Man unterscheidet: Lichtkeimer, Dunkelkeimer, Langtagkeimer, Kurztagkeimer.

Die Lichtkeimung wird über das Phytochrom-System induziert. Diese Hellrot-Induktion führt zu Hemmstoffabbau, Biosynthese von Gibberellin und Cytokinin und zur Aktivierung von Enzymen (z.B. hydrolytische Enzyme, die die Samenschale angreifen).

Ein ähnliches Wirkungsspektrum kann bei Samen nachgewiesen werden, die nur nach mehrwöchiger Behandlung mit niederen Temperaturen (0-5°C) keimen können (Stratifikation). Die Behandlung ist nur wirksam, wenn die Samen gequollen vorliegen. Dies gilt auch für ,,Frostkeimer ", Arten also, die Frosttemperaturen für die Keimung benötigen.

Weiterführende Literatur

AMBERGER, A.: Pflanzenernährung. 3. Aufl., Ulmer, Stuttgart 1988

BRAUNE, W., LEMAN, A., TAUBERT, H.: Pflanzenanatomisches Praktikum I. Zur Einführung in die Anatomie der Vegetationsorgane der Samenpflanzen. 6. Aufl., G. Fischer, Jena 1991

BRAUNE, W.; LEMAN, A.; TAUBERT, H.: Pflanzenanatomisches Praktikum II. Zur Einführung in den Bau, die Fortpflanzung und Ontogenie der niederen Pflanzen (auch der Bakterien und Pilze) und die Embryologie der Samenpflanzen. 3. Aufl., G. Fischer, Jena 1990

ESAU, K.: Pflanzenanatomie. G. Fischer, Stuttgart - New York 1969

HESS, D.: Pflanzenphysiologie. 8. Aufl., Ulmer, Stuttgart 1988

HUBER, B.: Grundzüge der Pflanzenanatomie. Springer, Berlin 1961

JURZITZA, G.: Anatomie der Samenpflanzen. G. Thieme, Stuttgart 1987

LAWLOR, D.W.: Photosynthese. G. Thieme, Stuttgart 1990

LEHNINGER, A.L.: Bioenergetik. G. Thieme, Stuttgart 1974

LIBBERT, E.: Lehrbuch der Pflanzenphysiologie. Springer, Berlin - Heidelberg - New York 1978

LÜTTGE, U.: Stofftransport der Pflanzen. Springer, Berlin - Heidelberg - New York 1973

LÜTTGE, U.: Botanik. VCH Verlagsgesellschaft, Weinheim 1989

MOHR, H., SCHOPFER, P. : Lehrbuch der Pflanzenphysiologie. Springer, Berlin - Heidelberg - New York 1978

NULTSCH, W., GRAHLE, A.: Mikroskopisch-Botanisches Praktikum. 8. Aufl., G. Thieme, Stuttgart 1988

PROBST, W.: Biologie der Moos- und Farnpflanzen. Quelle & Meyer, Wiesbaden 1987

RICHTER, G.; Stoffwechselphysiologie der Pflanze. 5. Aufl., G. Thieme, Stuttgart 1988

ROBARDS, A.W.: Ultrastuktur der pflanzlichen Zelle, G. Thieme, Stuttgart 1974

RUHLAND, W., Ed.: Handbuch der Pflanzenphysiologie. Springer, Berlin 1955-1967

SENGBUSCH, P. von: Botanik. McGraw Hill, New York 1989

SCHUBERT, R. und G. WAGNER: Botanisches Wörterbuch, 9. Aufl., G. Fischer, Stuttgart 1988

STRASBURGER, W.: Lehrbuch der Botanik. 33. Aufl., G. Fischer, Stuttgart - Jena - New York 1991

STRYER, L.: Biochemie. Spektrum Akademie Verlag, Heidelberg, Berlin, New York, 1991.

TROLL, W.: Praktische Einführung in die Pflanzenmorphologie. G. Fischer, Jena 1957

WALTER, H.: Allgemeine Geobotanik. 3. Aufl., Ulmer, Stuttgart 1986

WALTER, H.: Vegetation und Klimazonen. 6. Aufl., Ulmer, Stuttgart 1990

WEBERLING, F., SCHWANTES, H.O. : Pflanzensystematik. 5. Aufl., Ulmer, Stuttgart 1987

WERNER, D.: Pflanzliche und mikrobielle Symbiosen. Thieme, Stuttgart 1987

WILMANNS, O.: Ökologische Pflanzensoziologie. 5. Aufl., Quelle & Meyer, Wiesbaden 1993

ZIMMERMANN, W.: Die Phylogenie der Pflanzen. G. Fischer, Stuttgart 1959

Glossar

abaxial: sich in Bezug zur jeweiligen Hauptachse auf der Außenseite befindlich. Beim Blatt bezeichnet es also die Unterseite.

abietinoid: Art der Tüpfelung bei den meisten rezenten Gymnospermen. Hier stehen die großen Hoftüpfel in einer lockeren Längsreihe.

Abschlußgewebe: ein meist einschichtiges Kontroll- und Schutzgewebe. Es umhüllt, wie die Epidermis oder die Rhizodermis, ein Organ oder es umschließt, wie die Endodermis, den Zentralzylinder.

Abschlußlamelle: innerste Schicht der Sekundärwand einer Pflanzenzelle.

Abscisinsäure: Phytohormon mit einem breiten Wirkungsspektrum, hat eine eher hemmende Wirkung und vermittelt so Ruhezustände (Knospen- u. Samenruhe); auch an der Spaltöffnungs-Regelung beteiligt.

Absorptionshaare: Trichome, welche Wasser und gelöste Stoffe aufnehmen können. So kann bei bestimmten Bromelien die Wasserversorgung auch über die Blätter erfolgen.

Absorptionsspektrum: ein Diagramm, welches die wellenlängenabhängige Aufnahme (Absorption) des Lichtes durch Pigmente darstellt. Jedes Pigment hat sein charakteristisches Absorptionsspektrum, es wird bestimmt von der Verteilung und von der Höhe der Absorptionsmaxima.

Achselknospe: über dem Blattansatz befindliche Knospe, Anlage für einen Seitensproß oder eine Blüte bzw. einen Blütenstand.

adaxial: auf der Seite der jeweiligen Hauptachse gelegen. Beim Blatt bezeichnet es die Oberseite.

Adenosintriphosphorsäure, ATP: eine der universellsten energiereichen Verbindungen im Stoffwechsel, wird überwiegend durch Photosynthese und Zellatmung bereitgestellt; findet seinen Einsatz in zahlreichen energieverbrauchenden Stoffwechselreaktionen.

Adern: die im Bereich der Blattspreite verlaufenden Leitelemente; diese bilden bei bestimmten Farnen und bei Angiospermen ein vernetztes System (Nervatur), nachgeordnete Adern bestehen aus einem Leitbündel, Hauptadern (z.B. Mittelrippe) können mehrere Leitbündel enthalten.

Adsorption: lockere und reversible Anlagerung von Stoffen an Oberflächen. So können Ionen durch Austauschadsorption an Tonmineralien gebunden bzw. freigesetzt werden.

Adventivknospen: sekundär angelegte Knospen, die nicht einer Blattachsel zugeordnet sind. Die Anlage kann durch innere oder äußere Faktoren induziert werden.

Adventivwurzeln: sproßbürtige Wurzeln, die in der Sproßachse, also endogen angelegt werden. Eine besonders bei Monokotylen häufige Bewurzelung.

Akkrustierung: Auflagerung von Stoffen (Cutin, Suberin u. Wachse) auf die Zellwand, erfolgt auf der Innenseite, wie beim Kork, oder auf der Außenseite, wie bei der Cuticula.

akroplastes Wachstum: Spitzenwachstum des Blattes, meist auf die frühe Entwicklungsphase beschränkt.

akropetal: zur Spitze hin gerichtet. So erfolgt z.B. der Wassertransport überwiegend in akropetaler Richtung.

Akrotonie: Dominanz des Spitzenbereichs in einem Verzweigungssystem. Dies führt bei der „Baumform" zu den stark wachsenden Ästen im Bereich der Krone und dem letztlich astfreien Stamm.

Aktinostele: Stelenform mit sternförmigem Metaxylem, bei den Bärlappgewächsen häufiger zu finden.

akzessorische Pigmente: Photosynthesepigmente, die die Anregungsenergie auf das Reaktionszentrum mit Chlorophyll a übertragen.

Allogamie: Fremdbestäubung von Blüten; wird z.T. durch blütenbiologische Einrichtungen erreicht oder durch physiologische Selbststerilität erzwungen. Das Pollenmaterial wird entweder durch Tiere (häufig Insekten) oder durch Wind übertragen.

Allorrhizie: Gliederung des Wurzelsystems in eine Hauptwurzel und in Seitenwurzeln. Diese Form ist bei Dikotylen häufiger zu finden.

Alternanzregel: besagt, daß die Blätter bei wirteliger Blattstellung in der Folge der Knoten „auf Lücke" angeordnet sind.

Aminosäuren: Monomere Einheiten der Proteine, Carbonsäuren mit einer Aminogruppe (-NH_2) an dem der Carboxylgruppe benachbarten Kohlenstoffatom. Der sich daran anschließende Rest charakterisiert die jeweilige Aminosäure.

Ammoniak, (**NH_3**): elektroneutrales Molekül, ergibt mit Wasser eine alkalische Lösung.

amphistomatisch: Anordnung der Spaltöffnungen auf der Ober- und Unterseite des Blattes.

Amylasen: Enzyme, die die Stärke (Amylose und Amylopektin) zu Maltose abbauen.

Amylopektin: Fraktion des Reservestoffs Stärke, unterscheidet sich von der Amylose durch Verzweigungen des Makromoleküls.

Amyloplasten: Stärke speichernde Plastiden. Die Stärkekörner sind oft geschichtet und zeigen artspezifische Formen und Strukturen.

Amylose: Fraktion des Reservestoffs Stärke, zeigt mit Jodjodkalium eine blauschwarze Farbreaktion, Makromolekül mit kontinuierlicher Spiralstruktur. Die Monomere, die Glucose-Moleküle, sind 1,4-α-glykosidisch verknüpft.

analog: bezeichnet eine funktionelle Gleichwertigkeit unabhängig von der Anlage oder Herkunft.

Anastomosen: Verbindungen zwischen den Blattadern, wodurch sich eine Vernetzung der Nervatur ergibt.

Anatomie: Beschreibung des inneren Baus von Organismen bzw. von Organen.

Anemogamie: Windblütigkeit; der Pollen wird durch Wind übertragen (z.B. Gräser).

Angiospermae: Bedecktsamer; die Samenanlagen sind von den Fruchtblättern umgeben und so in einem Fruchtknoten eingeschlossen.

Anion: negativ geladenes Ion (Atom oder Molekül).

Anisophyllie: Vorkommen von morphologisch verschiedenen Blättern am selben Sproßabschnitt, bzw. selben Knoten.

Antheridium: männliches Gametangium der Farnpflanzen und Moose. Es besitzt eine Hülle aus sterilen Wandzellen und enthält Spermatozoide.

antiklin: Ausrichtung der Zellwand senkrecht zur Organ-Oberfläche.

Antipoden: Zellen an der Basis des Embryosacks bei Angiospermen.

Antiport: Kopplung entgegengesetzter Transporte durch eine Membran mittels Carrier.

Apikaldominanz: Spitzendominanz; Dominanz des Hauptsprosses über die Seitensprosse oder der Hauptwurzel über die Seitenwurzel.

Apikalmeristem: endständiges Meristem von Sproß und Wurzel, welches das Längenwachstum der Organe vorantreibt.

Apoplast: Der Raum außerhalb des Plasmalemmas und damit zwischen den Protoplasten der Zellen der Gewebe.

Appositionswachstum: Wachstum der Zellwand; Auflagerung von zusätzlichen Wandschichten auf die vorhandene Zellwand.

äquale Teilung: mitotische Teilung einer Zelle, die zu gleichwertigen Tochterzellen führt.

Äquidistanzregel: beschreibt den gleichmäßigen Abstand, den die Blätter eines Knotens zueinander haben.

äquifaciales Blatt: anatomischer Blatt-Typ, bei dem das Assimilationsgewebe an Ober- und Unterseite in gleicher Weise angeordnet ist.

araukarioide Hoftüpfelung: dichte hexagonale Anordnung der Hoftüpfel, nur bei den älteren, fossilen Gymnospermen häufig und ist unter den rezenten Formen noch bei *Araucaria* zu finden.

Archegonium: weibliches Gametangium bei Farnpflanzen und Moosen. Die sterilen Wandzellen bilden einen Hals und eine basale Erweiterung, in der sich die Eizelle befindet.

Archespor: Einzelzelle oder Zellgruppe, aus der u.a. Sporenmutterzellen hervorgehen.

arktisch: pflanzengeographische Zuordnung zu Gebieten über dem Polarkreis.

Ascomycetes: Schlauchpilze.

Assimilationsgewebe: spezialisiertes, chloroplastenreiches Parenchym mit Photosynthese-Funktion, weist häufig Palisadenstruktur auf.

Atemwurzeln: bei Mangrove-Formen aus dem Schlamm nach oben wachsende Seitenwurzeln, die das Wurzelsystem mit dem notwendigen Sauerstoff versorgen.

Atmungskette: Gruppe von Enzymkomplexen in der inneren Mitochondrienmembran, Ort der Zellatmung und der oxidativen Phosphorylierung.

ATP-Synthetase: membrangebundener Enzymkomplex, welcher mit Hilfe von elektrochemischer Energie (Protonen-Gradient) ATP synthetisiert.

Ausläufer: plagiotrop wachsende Seitensprosse mit gestreckten Internodien und reduzierten Blättern. Im Abstand von wenigen Knoten kann sich daran eine Tochterpflanze entwickeln.

autonome Bewegung: endogen gesteuerte Wachstums-Bewegung z.B. von Ranken, die kreisförmige Suchbewegungen ausführen.

Auxine: Gruppe von Phytohormonen, die das Zellwachstum fördern, bekanntester Vertreter: Indol-3-Essigsäure (IES).

axial: in Richtung der Organachse orientiert; die Leitbündel der Sproßachse verlaufen in axialer Richtung.

Bakterien: Prokaryonten, besitzen keinen Zellkern und keine Mitochondrien.

basal: grundständig, z.B. Ansatzstelle der Keimblätter an der Sproßachse (Epikotyl).

Basidiomycetes: Ständerpilze.

basipetal: Stofftransport von der Spitze des Organs zu dessen Basis.

Basitonie: verstärkte Wachstumsförderung der unteren Seitentriebe in einem Verzweigungssystem. Dies führt bei Holzgewächsen zur Strauchform.

Bast: Gesamtheit des sekundären Phloems, das im Zusammenhang mit dem sekundären Dickenwachstum vom Kambium gebildet wird.

Bastfasern: Sklerenchymfasern im Bereich des Bastes, in axialer Richtung orientiert.

Bernsteinsäure (Salz: Succinat): Dicarbonsäure mit vier C-Atomen, am Citratcyclus beteiligt.

Bestäubung: Übertragung von Pollen auf die weibliche Blüte.

Betarübe: Rübe, die durch mehrere, konzentrische Kambien aufgebaut wird.

bifaciales Blatt: anatomischer Blatt-Typ, der durch das einseitig (meist zur Oberseite) zugeordnete Assimilationsparenchym eine Blattober- und Unterseite erkennen läßt.

bikollaterale Leitbündel: neben dem äußeren findet sich auch ein inneres Phloem.

Biogenetisches Grundgesetz: von E. HAECKEL formuliert; es bezieht Entwicklungsstadien der Ontogenie auf mögliche Entwicklungsphasen in der Phylogenie eines Organismus.

Biomembranen: Membranen aus Lipoiden und Struktur-Proteinen, die Zellen und ihre Organelle umschließen und kompartimentieren.

Blattachsel: Bereich des Knotens über dem Blattansatz, an dem Verzweigungen oder Blüten entstehen können.

Blattgelenke: bei einigen Pflanzenfamilien verbreitete Ausbildung an Spreite bzw. Blattstiel zur Ausrichtung der Blattfläche. Die Gelenkbewegung ergibt sich durch Turgorvariation der Gelenk-Oberseite gegenüber der Unterseite.

Blattprimordium: Blattanlage in der Tunica im Bereich des Apikalmeristems der Sproßachse.

Blattranken: zu Halteorganen umgewandelte Blattspreiten oder Fiedern. Die fadenförmigen Organe umwickeln nach Berührung stützende Elemente und stabilisieren so den Sproß.

Blattscheide: Unterblatt, das die Sproßachse röhrenförmig umschließt. Es entwickelt sich aus einem ringwallförmig um den Vegetationskegel angelegten Blattprimordium. Diese Form ist bei Monokotylen häufiger zu finden.

Blattspreite: flächig ausgebildeter Teil des Blattes mit Assimilations-Funktion. Die Spreite entwickelt sich mit randständigen (marginalen und submarginalen) Meristemen und ist immer durch ein verzweigtes Leitbündel-System (Nervatur) gegliedert.

Blattspuren: Leitbündel, welche von der Sproßachse in ein Blatt einmünden. Indem diese Leitbündel aus der Achse treten, hinterlassen sie über dem Knoten eine Lücke („Blattlücke").

Blattstellung: Anordnung der Blätter an den Knoten und in der Folge der Knoten. Die Anordnung erfolgt zunächst nach allgemeinen Gesetzmäßigkeiten, wie die Alternanz- und die Äquidistanzregel. Weiter wird die Anordnung von gruppenspezifischen Merkmalen, wie Decussation, Distichie und Dispersion bestimmt.

Blüte: endständiger Sproßabschnitt mit reduziertem Längenwachstum, welcher der Fortpflanzung dient. Dazu gehören die sterilen Blütenhüllblätter, die Staubblätter und/oder die Fruchtblätter.

Blütenstand: Gruppe von Blüten, welche in einem endständigen Verzweigungssystem zusammengefaßt sind.

Bodenkolloide: feindisperses System mineralischer Komponenten mit großer Oberflächenwirkung. Die kolloidalen Teilchen zeigen eine starke Neigung zur Ionen-Adsorption.

boreal: pflanzengeographische Zuordnung zum nördlichen Waldgürtel in Eurasien und Nordamerika.

Borke: Gesamtheit des abgestorbenen Zellmaterials außerhalb des aktuellen Periderms. Sie besteht also aus den älteren und funktionslosen Bast- und Peridermschichten. Die harte, wasserarme Borke schützt die Sproßachse vor zu starker Sonneneinstrahlung und mechanischen Verletzungen.

Bractee: Tragblatt einer Blüte, häufig mit Merkmalen eines Hochblattes.

Büschelwurzeln: System überwiegend gleichwertiger Wurzeln, welche am Sproß endogen angelegt werden. Deren Anlage erfolgt häufig ringförmig an den Knoten (Knotenwurzler) oder, seltener, in Längsreihen an den Internodien (Internodienwurzler).

Calcium, Ca^{2+}: zweiwertiges Kation, häufig mineralisch in Form von Carbonaten gebunden. Im Boden verbessert das Ion durch Austauschabsorption die Verfügbarkeit von Kalium. In der Zelle beeinflußt Calcium u.a. die Membraneigenschaften.

Callose: Polysaccharid, welches an der Ausformung der Siebröhren-Poren und an deren Verschluß beteiligt ist.

Carbonate: Salze der Kohlensäure (H_2CO_3).

Carbonsäuren: Organische Säuren mit mindestens einer Carboxylgruppe (-COOH).

Carnivora: Pflanzen, die durch Fang und Verdauung von Kleintieren ihren Stickstoff- und Phosphatbedarf dekken. Es sind Pflanzen, die, wie *Drosera* oder *Dionaea*, nährstoffarme Böden (z.B. Moore) besiedeln.

Carotinoide: gelbe Pflanzenfarbstoffe, die im Blaubereich des Sonnenspektrums absorbieren und aus Isopren-Einheiten aufgebaut sind. Sie finden sich, photosynthetisch aktiv, in Chloroplasten und, photosynthetisch inaktiv, in Chromoplasten.

Carrier: Transportproteine, die mit spezifischen Bindungsstellen für Substrate deren Transport durch die Membran ermöglichen. Sie können an passiven wie an aktiven Transportvorgängen beteiligt sein. Die Transportleistung erfolgt immer in Abhängigkeit von einem chemischen und/oder einem elektrischen Gradienten.

CASPARYscher Streifen: Inkrustierungsbereich in den Radialwänden der Endodermiszellen. Die Inkrustierung besteht aus Suberin- und Ligninkomponenten und unterbindet die unkontrollierte, radiale Wasserleitung im Bereich der Zellwand.

Cellulose: Zellwandmaterial; lineare Makromoleküle aus Glucose-Einheiten, die β-1,4-glykosidisch verknüpft sind. Die

Makromoleküle finden sich gebündelt in den Cellulose-Mikrofibrillen, die in charakteristischer Anordnung (Textur) in die Primär- und Sekundärwand eingebaut sind.

Chalaza: Basis der Samenanlage, von der Nucellus und Integumente ausgehen.

Chemotaxis: freie Ortsbewegung (Taxie) von Organismen, die sich an einem chemischen Gradienten orientieren. Auf diese Weise finden z.B. die Spermatozoiden den Weg zum Archegonium.

Chlorophyll: grünes Photosynthesepigment, das im Blau- u. Rotbereich absorbiert und in der Thylakoidmembran verankert ist. Das Molekül besteht aus einem Porphyrinring mit Magnesium und einem Phytolschwanz.

Chloroplasten: photosynthetisch aktive Plastiden, die von einer doppelten Hüllmembran umgeben sind und eigene Erbinformation (DNA) besitzen.

Chromoplasten: Plastiden, welche photosynthetisch inaktive Carotinoide enthalten. Die Pigmente können in granulärer Form oder in kristallin-fibrillärer Form vorliegen, häufig in Blütenblättern oder Früchten.

Citratcyclus: Kreisprozeß zum vollständigen Abbau von C2-Körpern, der die Reduktionsäquivalente ($NADH+H^+$) liefert, die in der Atmungskette oxidiert werden. Zentrale „Drehscheibe" für mehrere abbauende und aufbauende Stoffwechselwege.

Cormophyta: Pflanzen, welche aus Sproßachse, Blatt und Wurzel aufgebaut sind (Farnpflanzen und Samenpflanzen). Sie besitzen spezialisierte Gewebe wie Abschluß-, Grund-, Leit- und Festigungsgewebe.

Corpus: innerer Teil des Vegetationskegels der Angiospermen-Sproßachse, welcher den Zentralzylinder mit den Prokambiumsträngen und die inneren Schichten der Rinde aufbaut.

cortical: die Rinde (Cortex) betreffend, sich auf den Bereich der Rinde beziehend.

Cuticula: Auflagerung (Akkrustierung) auf die Epidermiszellen. Sie unterstützt die mechanische Stabilität der Epidermis und schützt die Organe vor unkontrolliertem Wasserverlust. Die Cuticula besteht aus Cutin, das eine hydrophobe Polymermatrix bildet, und aus oberflächenparallelen, eingelagerten Wachsschichten. Die molekularen Bausteine (Monomeren) werden von den Zellen nach außen abgegeben.

Cytochrome: Chromoproteide, die aus einem Porphyrinring mit einem zentralen Eisenatom und einer Eiweißkomponente aufgebaut sind; als Enzyme (Redoxkomponenten) am Elektronentransport der Photosynthese und der Atmungskette beteiligt.

Cytokinine: Gruppe von Phytohormonen, sie wirken fördernd und aktivieren besonders die Zellteilung. Darüber hinaus sind sie an der Steuerung von Organ-Entwicklungen beteiligt.

Cytologie: Lehre vom Bau und der Funktion der Zellen.

Cytoplasma: Grundsubstanz des Protoplasten, durch das endoplasmatische Retikulum unterteilt (kompartimentiert). Es ist der Ort zahlreicher Stoffwechselprozesse.

Deckspelze: Tragblatt der Grasblüte, entspricht morphologisch einem Hochblatt. Ist daran eine Granne ausgebildet, so ist diese der Spreite homolog.

Decussation: kreuzgegenständige Blattstellung. Die Blattpaare sind in der Folge der Knoten immer senkrecht zueinander angeordnet.

Dendrochronologie: Altersbestimmung mit Hilfe des charakteristischen, klimabedingten Musters der Jahresringe im Holz.

Denitrifikation: Reduktion von Nitrat zu Luftstickstoff durch Bodenbakterien bei Sauerstoffmangel, kann in staunassen Böden zu erheblichem Stickstoffverlust führen.

Deplasmolyse: Umkehrung der Plasmolyse. Bei hypotonischem Außenmedium nimmt die Zelle Wasser in die Vakuole auf.

Dermatogen: äußere Zellschicht des Vegetationskegels, aus der sich die Epidermis der Sproßachse und der Blätter entwickelt.

Desaminierung: enzymatisch bedingte Abspaltung einer Aminogruppe von einer organischen Verbindung.

Determinationszone: Bereich, z.B. in der Wurzelspitze, in welchem die Entwicklungsrichtung für bestimmte Gewebe festgelegt wird.

diarch: ein radiales Leitbündel mit 2 Xylem- und 2 Phloem-Anteilen.

Dichasium: Form einer sympodialen Verzweigung, bei der jeweils zwei gleichwertige Seitenäste die Dominanz übernehmen. Die Gipfelknospe der jeweiligen Mutterachse stellt dann das Wachstum ein oder wird zu einer Blüte oder einem Blütenstand.

Dichotomie: gabelförmige Verzweigung, die sich durch Längsteilung der apikalen Scheitelzelle oder des Apikalmeristems ergibt; bei niederen Pflanzen häufiger, auch bei ursprünglichen Farnen.

Dickenwachstum: kann bei der Sproßachse oder bei der Wurzel auftreten. Primäres Dickenwachstum erfolgt im scheitelnahen Bereich, häufig durch Vermehrung parenchymatischer Zellen, die sekundäre Form im scheitelfernen Bereich durch Aktivität eines Kambiumringes.

Dictyosomen: Zellorganelle mit Synthesefunktionen, Elemente des Golgi-Apparates. Jedes Dictyosom besteht aus einem Stapel von flachen Zisternen und schnürt Golgi-Vesikel ab, in denen die Synthese-Produkte transportiert werden.

Dictyostele: Leitbündelanordnung, die bei einigen Farnpflanzen auftritt. Sie kann von der geschlossen-zylindrischen Siphonostele abgeleitet werden, wenn diese durch Blattlücken und Wurzellücken aufgelöst wird.

Diffusion: Transport- und Verteilungsprozeß mit dem Ziel des Konzentrationsausgleichs in einem vorgegebenen Raum. In einem Konzentrationsgradienten diffundieren die Teilchen von dem Bereich der hohen Konzentration zu dem der niederen Konzentration.

Dilatationswachstum: Ausdehnungswachstum peripherer Gewebe im Zusammenhang mit dem Dickenwachstum der Sproßachse, überwiegend durch antikline Zellteilung in den betroffenen Geweben.

diploid: Charakterisierung von Zellen oder Organismen, die mit einem doppelten Chromosomensatz ausgestattet sind.

Disaccharide: Kohlenhydrate, die aus zwei Monomeren (Einfachzuckern), wie z.B. Glucose, aufgebaut sind.

Dispersion: schraubige Anordnung der Blätter an der Sproßachse.

Distichie: zweizeilige Anordnung der Blätter an einer Sproßachse. Die Blätter sind also in zwei Längsreihen angeordnet.

Divergenz: Winkel zwischen zwei aufeinanderfolgenden Blättern. So beträgt der Divergenzwinkel bei der Distichie 180°, bei der Dispersion sind es häufig 135°.

Dornblatt: Schutzorgan, welches durch Umwandlung von Spreitenteilen oder von ganzen Blättern gebildet wird.

dorsiventral: Differenzierung von Organen oder Organismen in eine Ober- und eine Unterseite. Solche Formen weisen nur eine Symmetrieebene auf.

Drüsenhaare: Haare, welche ein Sekret bilden und nach außen abscheiden.

Dunkelkeimer: Arten, deren Samen nur keimen, wenn sie nicht belichtet werden. Licht hemmt also den Keimungsprozeß.

Durchlaßzellen: einzelne Zellen in der Endodermis der Wurzel, die bei sekundären und tertiären Wandauflagerungen ausgespart werden. Sie bleiben daher durchgängig für den radialen Wassertransport und sind immer den Xylem-Strahlen zugeordnet.

Durchlüftungsgewebe: Gewebe mit grosser, innerer Oberfläche (Interzellularensystem), wodurch der Gasaustausch zwischen den Geweben und der Gasphase unterstützt wird.

Einkrümmung: einer der Elementarprozesse der Telom-Theorie. Er beschreibt die Verlagerung der Sporangien vom Blattrand auf die Unterseite der Spreite.

Eizellen: haploide, weibliche Geschlechtszellen, die sich bei den Cormophyten in Gametangien, den Archegonien (oder homologen Differenzierungen), befinden.

ektotrophe Mycorrhiza: Symbiose zwischen einem Pilz und Cormophyten-Wurzeln (viele der einheimischen Bäume). Die Pilzhyphen umhüllen dabei die Wurzel und wachsen in das Interzellularen-System des Rindenparenchyms.

Elektronentransportkette: Reihe von Redox-Systemen (Enzymen), die durch ihre Anordnung entsprechend dem Redox-Normalpotential einen Elektronentransport ermöglichen. Diese Anordnung findet sich in der Photosynthese und in der Atmungskette.

Embryo: frühes Entwicklungsstadium des Sporophyten bei Farnpflanzen und als Teil des Samens bei Spermatophyten. Dort ist der Embryo in die Keimblätter (Kotyledonen), den Sproßpol (Plumula) und in die Keimwurzel (Radicula) gegliedert.

Embryosack: Zellgruppe in der Samenanlage bei Angiospermen, die einem Megaprothallium mit Archegonium entspricht. Er besteht aus der Eizelle, den beiden Synergiden, den drei Antipodenzellen und dem sekundären Embryosackkern.

Emergenzen: Auswüchse am Sproß, an denen neben der Epidermis auch subepidermale Gewebe beteiligt sind. (Bsp.: Brennhaare von *Urtica*, Fangtentakeln von *Drosera*, Stacheln der Rosen).

Endodermis: inneres, einschichtiges Abschlußgewebe in Organen. Sie kontrolliert den radialen Wasser- und Stofftransport durch Inkrustierung der radialen Zellwände der Endodermiszellen (CASPARYscher Streifen).

endogen: innere Anlage von Pflanzenorganen. So werden die Seitenwurzeln endogen im Pericykel der Hauptwurzel angelegt.

Endoplasmatisches Retikulum, **ER**: System von Doppelmembranen, welches das Grundcytoplasma gliedert (kompartimentiert). Man unterscheidet rauhes ER (mit Ribosomen besetzt) und glattes ER, welches u.a. Zisternen bildet. Das ER steht mit der Kernhülle, mit den Dictyosomen und mit den Plasmodesmen in Verbindung.

Endosperm: Nährgewebe, das bei den Angiospermen aus dem sekundären Embryosackkern hervorgeht.

Endospor: innere, umbaufähige Zellwand der Sporen von Farnpflanzen.

endotrophe Mycorrhiza: intrazelluläre Symbiose zwischen Pilz und Cormophytenwurzeln (z.B. Orchideen), bei der die Pilzhyphen in die Zellen der Wurzelrinde einwachsen. Der Pilz wird mit Assimilaten versorgt, dem Cormophyten werden mit dem Wasser Nitrate und Phosphate zugeführt.

Enzyme: Biokatalysatoren, die im Stoffwechsel Reaktionen auslösen oder beschleunigen, aber nicht verbraucht werden. Über die Konzentration dieser Wirkstoffe wird der Stoffwechsel gesteuert.

Epidermis: äußeres, meist einschichtiges Abschlußgewebe der Sproßachse und der Blätter. Sie ist von einer Cuticula überzogen. Sonderbildungen sind die Spaltöffnungen und die Haare (Trichome).

epigäisch: Form der Keimung, bei der mit dem gestreckten Hypokotyl die Samen und damit die Kotyledonen über die Erde angehoben werden. Bei einigen Arten können die Kotyledonen ergrünen und Photosynthesefunktion übernehmen.

Epikotyl: Bereich der Sproßachse über den Keimblättern.

Epinastie: stärkeres Wachstum der Organ-Oberseite. Bei Blättern geschieht dies in Wechselwirkung mit einem negativen Geotropismus.

epistomatisch: Anordnung der Spaltöffnungen nur auf der Oberseite der Blätter (z.B. bei Schwimmblättern).

Epithem: kleinzelliges, von Interzellularen durchzogenes Austauschgewebe unter den Hydathoden. Es unterstützt den Stoffaustausch im Zusammenhang mit der Guttation.

Epitonie: an plagiotropen, mehr horizontal wachsenden Sproßachsen werden die oberseitigen Knospen verstärkt gefördert.

Ersatzfasern: Zellformen im Bereich des Angiospermen-Holzes, welche den Holzfasern (Sklerenchymfasern) nahestehen, aber lebende Protoplasten haben und septiert (zellulär gegliedert) sein können.

Erstarkungswachstum: Form des primären Dickenwachstums im scheitelnahen Bereich durch vermehrte Teilungsaktivität im Bereich der Urrinde oder des Urmarks.

Etagenkork: Korkanlage ohne Beteiligung eines Kambiums. Die Entwicklung geschieht durch fortlaufende, perikline Teilung von Tochterzellen. Im ausdifferenzierten Kork (Phellem) können Schichten von Steinkorkzellen eingebaut sein.

Ethylen: hemmend auf den Stoffwechsel wirkendes Phytohormon. Es unterstützt die Fruchtreifung und den Blattfall.

Etiolement: Vergeilung; Form- und Strukturveränderungen am Sproß, die durch Lichtmangel hervorgerufen werden. So wird das Blattwachstum stark gehemmt, das Streckungswachstum der Sproßachse gefördert und kein Chlorophyll gebildet.

Eukaryonten: Organismen, deren Zellen einen echten Zellkern sowie weitere Organelle wie Mitochondrien und Plastiden besitzen.

Eustele: Achsenkörper mit ringförmig angeordneten, kollateralen Leitbündeln, z.B. Sproßachsen der Gymnospermen und der Dikotylen.

Exine: äußere Wand der Spermatophyten-Pollenkörner aus gegen Zersetzung widerstandsfähigen Sporopolleninen mit artspezifischer Form und Struktur.

Exkretion: Ausscheidung von Stoffen aus Zellen bzw. Organen. Diese Stoffe können Stoffwechselendprodukte sein oder im extrazellulären Bereich bestimmte Funktionen erfüllen.

Exodermis: subrhizodermales, funktionell sekundäres Abschlußgewebe der Wurzel; ein- bis mehrschichtig; immer frei von Interzellularen; Suberin-Akkrustierung.

exogen: von den äußeren Schichten des Organs abstammend. So werden die Blätter und die Knospen im Bereich der Tunica angelegt.

Exospor: äußere, resistente Wand der Sporen von Farnpflanzen.

fasciculares Kambium: Bildungsgewebe in den offen kollateralen Leitbündeln der Gymnospermen und der Dikotylen.

Ferredoxin: Redoxkomponente im photosynthetischen Elektronentransport. Es ist eine wichtige Verzweigungsstelle für Reduktionsprozesse im Elektronenweg.

Festigungsgewebe: stabilisierende Gewebe, die in der Sproßachse mehr peripher angeordnet sind, z.B. Kollenchyme und Sklerenchyme.

Fette, Triglyceride: bei den Neutralfetten (Lipiden) sind alle Hydroxylgruppen des Glycerins mit Fettsäuren verestert, Lipide sind daher hydrophob. Bei den Lipoiden ist eine Hydroxylgruppe mit polaren Molekülen verestert, Lipoide sind daher teilweise hydrophil.

Filament: dünner Stiel des Staubblattes. Es trägt an seinem oberen Ende die Anthere mit den Pollensäcken.

FMN, **Flavinmononucleotid**: prosthetische Gruppe der Flavinenzyme, die auch in der Atmungskette vertreten sind.

Folgeblätter: Gesamtheit der Laubblätter über den Primärblättern.

Folgeperiderm: sekundäre, im Bereich des Bastes angelegte Korkgewebe, die durch sekundäre Meristeme (Phellogene) gebildet werden.

Frosttrocknis: Wassermangel, der durch Transpiration der Pflanze bei Bodenfrost verursacht wird. Gymnospermen in winterkalten Gebieten zeigen spezifische Anpassungen an diese Bedingungen.

Frucht: umschließt die Samen der Angiospermen als Schutzorgan, dient aber z.T. auch als Ausbreitungseinheit.

Fruchtblätter: entsprechen den Megasporophyllen und bilden die Samenanlagen bei den Spermatophyten.

Fructose: Fruchtzucker; steht der Glucose chemisch nahe, und ist, wie diese, eine Hexose. Weiter gehört sie zur Gruppe der Ketosen.

Fucoxanthin: ein photosynthetisch aktives Carotinoid, welches besonders stark in den Phaeoplasten der Braunalgen vertreten ist und deren Braunfärbung verursacht.

Fumarsäure (Salz: Fumarat): ungesättigte Dicarbonsäure, die am Citratcyclus beteiligt ist.

Gametangien: Behälter aus sterilen Wandzellen enthalten die Keimzellen: männliche Antheridien enthalten die Spermatozoiden, weibliche Archegonien enthalten jeweils eine Eizelle.

Gametophyt: haploide, sich geschlechtlich fortpflanzende Generation im heteromorphen, heterophasischen Generationswechsel z.B. der Farnpflanzen.

Geleitzellen: entstehen zusammen mit den Siebröhren durch inäquale Teilung aus den Siebröhrenmutterzellen bei den Angiospermen. Mit den Siebröhren bleiben sie stets strukturell und funktionell verbunden.

Generationswechsel: Wechsel zwischen Generationen, die sich unterschiedlich fortpflanzen. Bei den Farnpflanzen ist es der Wechsel zwischen dem diploiden Sporophyten und dem haploiden Gametophyten.

Geotropismus: gerichtete Wachstumsbewegung von Organen in Bezug auf die Richtung der Erdbeschleunigung. So wächst die Hauptwurzel positiv geotrop, die Hauptachse wächst in der Regel negativ geotrop.

Gibberelline: Gruppe von Phytohormonen, die Wachstums- und Entwicklungsprozesse unterstützen. So wird das Streckungswachstum der Sproßachse gefördert und die Blütenbildung induziert.

Glucose: Traubenzucker; Hexose, die in Form einer Aldose vorliegt. Sie wird besonders in der Photosynthese aufgebaut.

Glutamin: Säureamid der Glutaminsäure, in dieser Form findet sich zunächst der im Stoffwechsel reduzierte und eingebaute Stickstoff.

Glutaminsäure (Salz: Glutamat): Monoaminodicarbonsäure mit 5 Kohlenstoff-Atomen, u.a. am Stickstoff-Einbau beteiligt.

glykosidische Bindung: etherartige Bindung, die aus zwei Hydroxylgruppen unter Wasserabspaltung entsteht. So werden aus monomeren Zuckern über diese Bindungsform Polysaccharide aufgebaut.

Glyoxysomen: Zellorganelle; Vesikel, die Enzyme zum Fettsäureabbau enthalten.

Golgi-Apparat: Gesamtheit aller Dictyosomen in einer Zelle.

Golgi-Vesikel: werden von den Dictyosomen abgeschnürt und enthalten deren Produkte. Sie werden zu Zielorten in der Zelle transportiert, wo die Inhaltsstoffe zum Einsatz kommen.

Grana: geldrollenartig gestapelte Thylakoid-Membranen in den Chloroplasten. In diesen sind bevorzugt die Photosystem-II-Zentren angesiedelt.

Griffel: Differenzierung des Fruchtblattes, erhebt sich über den Fruchtknoten und trägt die Narbe.

Grundgewebe: Bereiche parenchymatischer, relativ wenig differenzierter Zellen im Bereich der Rinde und des Markes. Häufig sind in diesen Zellen Reservestoffe (Stärke) gespeichert.

Guttation: aktive Wasserabgabe in flüssiger Form, z.B. über Wasserspalten (Hydathoden), die an Blattspitzen oder Blattzähnen zu finden sind.

Gymnospermae: Nacktsamer. Bei diesen Pflanzen werden die Samenanlagen nicht vom Fruchtblatt umschlossen.

Gynoeceum: bezeichnet alle Fruchtblätter einer Blüte zusammen mit deren Samenanlagen.

Haftwurzeln: Wurzeln, die sich an stützende Unterlagen anheften (z.B. Efeu). Der feste Verbund wird erreicht, indem die Wurzelhaare in die Unebenheiten der Unterlage einwachsen.

Halophyten: Pflanzen, die an einen hohen Salzgehalt im Boden angepaßt sind. Sie sind besonders in den küstennahen Salzmarschen zu finden.

Halskanalzellen: Zellen, die im oberen Teil des Archegoniums von Moosen und Farnen den Befruchtungskanal vorformen.

haploid: Zellen oder Organismen mit einfachem Chromosomensatz im Zellkern.

Hartbast: Sklerenchymfasern im Bereich des Bastes. Er findet sich häufig in Schichten zwischen den übrigen Phloem-Elementen.

Harzkanäle: schizogen entstandene Sekret-Kanäle in der primären Rinde, in den Blättern und im Holz bei Gymnospermen. Sie sind meist axial orientiert, im Holz finden sich auch radial verlaufende Elemente im Bereich von Holzstrahlen.

Hauptachse: Sproßachse, die sich aus der Plumula des Embryos entwickelt. In der Regel wächst sie orthotrop. Nur bei monopodialer Verzweigung bleibt sie ständig dominant.

Hauptwurzel: Wurzel, welche sich aus der Radicula des Embryos entwickelt. Sie wächst positiv geotrop und bleibt bei Pfahlwurzlern dominant.

Haustorium: Gewebe oder Organ, welches aus einem Nachbargewebe Stoffe resorbiert. In diesem werden die Reservestoffe enzymatisch aktiviert. Die Haustorialfunktion findet sich z.B. an Kotyledonen gegenüber dem Endosperm in den Samen. Außerdem können Haustorien parasitischer Zellen oder Gewebe in Wirtspflanzen eindringen und ihnen Wasser und darin gelöste Stoffe entziehen.

HECHTsche Fäden: Plasmafäden, welche sich bei der Plasmolyse zwischen dem Protoplasten und der Zellwand ergeben.

Hemicellulose: Polysaccharide (Xyloglucane), die am Aufbau der Primärwand der Pflanzenzelle beteiligt sind.

heteromorph: unterschiedlich gestaltete Pflanzen im Generationswechsel.

heterophasisch: Wechsel zwischen diploiden und haploiden Phasen im Generationswechsel.

Heterophyllie: Formwechsel der Blätter in der Folge der Knoten an der Sproßachse. So ergibt sich z.B. bei *Thuja* ein Wechsel von nadelförmigen Jugendblättern zu schuppenförmigen Altersblättern.

Heterosporie: Differenzierung der Meiosporen in zwei Funktionsformen (bei einigen Farnpflanzen). Aus der weiblich determinierten Megaspore entwickelt sich das Megaprothallium, und aus der männlich determinierten Mikrospore entwickelt sich das Mikroprothallium.

heterotroph: Form der Ernährung, bei der die für die Energieversorgung notwendigen, organischen Stoffe aufgenommen werden müssen. Dies ist immer gegeben, wenn der betreffende Organismus nicht selbst photosynthetisch aktiv ist.

Hexosen: Zucker, die aus 6 Kohlenstoff-Atomen aufgebaut sind.

Hochblätter: Blätter mit reduziertem Oberblatt im oberen Bereich des Sprosses. Sie können Übergangsformen sein zwischen den Folgeblättern und den Blütenblättern.

Hoftüpfel: Tüpfel, deren Schließhaut durch die umgebende Sekundärwand teilweise überwallt ist, so daß nur eine kleine Öffnung, der Porus, erhalten bleibt. Häufig verbinden sie Tracheiden oder Tracheen.

Holz: sekundäres Xylem, das im Zusammenhang mit dem sekundären Dickenwachstum vom Kambium gebildet wird. Wir finden es bei den Gymnospermen (- mit Tracheiden) und bei den Dikotylen (- auch mit Tracheen).

Holzfasern: axial orientierte Sklerenchymfasern im Bereich des Holzes.

Holzstrahlen: Markstrahlen im Bereich des Holzes. Bei den Gymnospermen sind sie nur eine Zellreihe breit und wenige Zellen hoch. Bei den Dikotylen sind sie mehrere Zellen breit und im Vergleich höher.

Holzrübe: sekundär verdickte Hauptwurzel und verdicktes Hypokotyl. Sie besteht überwiegend aus Elementen des Holzes, besonders aus Holzparenchym.

homolog: anlagegleiche Entwicklung von Geweben oder Organen. So ist z.B. das Fruchtblatt einem Megasporophyll, das Staubblatt einem Mikrosporophyll homolog.

Homorrhizie: sproßbürtige und gleichwertige Bewurzelung bei Farnpflanzen und Monokotylen.

Humus: abgestorbenes, organisches Material im Bereich des Bodens. Er wird durch Pilze und Bakterien abgebaut und liefert wertvolle Nährstoffe wie Nitrate und Phosphate für die Pflanze.

Hydathoden: Wasserspalten, oft umgewandelte Spaltöffnungen; ermöglichen die Guttation, d.h. die Wasserabgabe in flüssiger Form.

Hydronastie: nastische, d.h. ungerichtete Bewegung von Zellen oder Geweben, in Abhängigkeit von der Wasserversorgung. So ist der Schluß von Spaltöffnungen bei Wassermangel eine hydronastische Bewegung.

hypertonisch: Lösung, die einen höheren osmotischen Wert (höhere Konzentration) aufweist als die Vakuole der betrachteten Zelle.

Hyphen: Pilzfäden, die aus einer Zellkette oder aus einem Zellschlauch aufgebaut sind. Die Gesamtheit der locker wachsenden Hyphen eines Pilzes bildet das Myzel.

Hypodermis: subepidermales Abschlußgewebe. Sie ist ein- bis mehrschichtig und besteht aus sklerenchymatischem, kollenchymatischem oder parenchymatischem Zellmaterial.

hypogäisch: Keimungsform, bei der das Hypokotyl sich nicht streckt und die Kotyledonen daher im Boden verbleiben.

Hypokotyl: Internodium zwischen dem Wurzelansatz und dem Knoten mit den Keimblättern.

hypostomatisch: Spaltöffnungen befinden sich nur an der Unterseite des Blattes.

hypotonisch: Lösung, deren osmotischer Wert (bzw. Konzentration) geringer ist als der in der Vakuole der betrachteten Zelle.

Idioblasten: Zellen, die sich in Form und Funktion von dem sie umgebenden Gewebe unterscheiden. So ist die Spaltöffnungsmutterzelle ein Idioblast im Bereich der Epidermis.

inäquale Teilung: mitotische Zellteilung, welche zu zwei verschiedenen Tochterzellen führt. So teilt sich die Siebröhrenmutterzelle inäqual in die Siebröhre und die Geleitzelle.

Indolessigsäure, IES: förderndes Phytohormon, das besonders das Zellwachstum unterstützt und auch an korrelativen Steuerungen der Organentwicklung beteiligt ist.

Indusium: Sporangienhülle, die bei den Farnen die junge Sporangiengruppe umschließt.

Initialschicht: zentrale Zellschicht im Kambium, die nach außen und innen Zellen abgliedert. Sie besteht also aus den Mutterzellen der kambialen Aktivität.

Initialperiderm: erstes, im Bereich der Sproßachse oder Wurzel angelegtes Periderm, je nach Art oder Organ ein Oberflächen- oder Tiefenperiderm.

Inkrustierung: Einlagerung von Stoffen, z.B. von Lignin, Suberin oder Silikat, in die interfibrillären Räume der Zellwand.

Integument: Teil der Samenanlage, einfache oder doppelte Hülle um den Nucellus.

interfascicular: zwischen den Leitbündeln liegend, z.B. interfascikulares Kambium: sekundäres Meristem, welches im Bereich des Markstrahls angelegt wird.

interkalar: beschreibt das Wachstum mit Hilfe von zwischengeschalteten Meristemen, Bsp.: Wachstum der Blattspreite und interkalares Wachstum der Sproßachse bei vielen Monokotylen.

Interkostalfelder: Bereich der Spreite zwischen den Blattadern.

Internodium: Sproßabschnitt zwischen zwei Knoten und damit zwischen den Ansatzstellen zweier, aufeinanderfolgenden Blätter.

Interzellularen: Hohlraumsystem zwischen den Zellen in Geweben. Häufig entstehen sie schizogen, d.h. durch partielle Auflösung der Mittellamelle.

Intine: innere, umbaufähige Wand der Pollenkörner der Spermatophyten.

intrazisternale Phase: Bereich im Endoplasmatischen Retikulum innerhalb der Doppelmembranen bzw. der Zisternen. Es ist ein Speicher- und Transportraum, der frei von Zellorganellen ist und mit der Kernhülle und den Plasmodesmen in Verbindung steht.

Intussuszeption: Form des Flächenwachstums der Primärwand; in das sich ausdehnende Maschenwerk werden neue Mikrofibrillen eingebaut.

Ionen: positiv geladene (Kationen) oder negativ geladene (Anionen) Atome oder Moleküle.

Isosporen: gleichwertige Meiosporen, die strukturell und funktionell nicht differenziert sind.

isotonisch: zwei Lösungen, die die gleiche Konzentration und damit den gleichen osmotischen Wert aufweisen.

Jahresring: jahresperiodischer Zuwachs im Bereich des Holzes. Die Jahresringgrenze ergibt sich durch den Unterschied zwischen dem englumigen Spätholz und dem weitlumigen Frühholz.

Jahrestrieb: während einer Vegetationsperiode sich ergebender Zuwachs bei Holzgewächsen.

Jodjodkalium: Reagenz zum selektiven Nachweis von Amylose (Stärke). Damit ergibt sich in Amyloplasten eine blauschwarze Reaktionsfarbe.

Jugendblätter: zunächst angelegte Blätter, welche sich von den Folgeblättern morphologisch unterscheiden. Dies ist eine Form der Heterophyllie.

Kallus: Gewebekomplex aus unregelmäßig sich teilenden, undifferenzierten Zellen; entsteht nach Verletzungen als Wundverschluß oder auch in Zellkulturen bei entsprechender Einstellung des Nährmediums.

Kalyptra: Wurzelhaube. Sie schützt die Wurzel beim Vorschub durch den Boden. Dabei lösen sich die äußeren Zellschichten ab und verschleimen. Regeneriert wird das Kalyptragewebe von einem eigenen Bildungsgewebe, dem Kalyptrogen, im äußeren Initialbereich der Wurzel.

Kambium: Bildungsgewebe, welches parallel zur Organoberfläche angeordnet ist und in periklinen Teilungen Zellen abgliedert. Im Bereich der Leitbündel beteiligt es sich am sekundären Dikkenwachstum, als Phellogen differenziert es den Kork.

Kapillarwasser: in Hohlräumen (Kapillaren) des Bodens gespeichertes Wasser, das für die Pflanzenwurzel verfügbar ist.

Keimpflanze: Embryo in der Entfaltung. Er ist mit der Keimwurzel bereits im Boden verankert, ist aber energetisch noch von den im Samen gespeicherten Reservestoffen abhängig.

Kernholz: innerer Teil des Holzkörpers, der den Wassertransport nicht mehr unterstützt. Es besteht nur aus toten Zellen und ist häufig durch Gerbstoffe gegen Pilzbefall imprägniert.

Kernmembran: Doppelmembran, die den Zellkern umgibt. Sie ist von Kernporen durchbrochen und steht mit den Membranen des ER in Verbindung.

Kinetin: Phytohormon, der bekannteste Vertreter aus der Gruppe der Cytokinine.

Knospe: Sproßanlage. Die basalen Blätter bilden eine Hülle um den Apikalbereich. Diese Knospenschuppen sind derbe, durch Kork geschützte Niederblätter, die nach der Entfaltung der Knospe abgeworfen werden. In der Knospe kann ein rein vegetativer Trieb angelegt sein, oder aber es ist die Anlage für eine Blüte oder einen Blütenstand.

Knoten: Nodus; der Bereich des Blattansatzes und des Ansatzes der Achselknospe an der Sproßachse sowie sproßbürtiger Wurzeln. Anatomisch ist der Knoten durch einen Umbau im Leitbündelsystem gekennzeichnet.

Kohlenhydrate: Kohlenwasserstoffverbindungen mit Hydroxylgruppen und einer Carbonylgruppe. Die Monomeren (z.B. Glucose) können sich zu Polymeren (z.B. Cellulose, Amylose) zusammenschließen.

kollateral: Form eines Leitbündels, in dem das Xylem dem Phloem gegenüberliegt und stets zum Zentrum der Achse hin orientiert ist. Diese Form findet sich in den Sproßachsen der Spermatophyten.

Kollenchym: unverholztes Festigungsgewebe aus lebenden Zellen, deren Wände ungleichmäßig verdickt sind mit Schichten von Cellulose und Pektin. Je nach Form der Zellwandverstärkung spricht man von einem Ecken-, Platten- oder Lückenkollenchym.

Kompartimente: Teil- und Funktionsräume. So wird das Grundcytoplasma durch das ER, der Chloroplast durch die Thylakoidmembranen kompartimentiert.

Kompaßpflanzen: Pflanzen, deren Blätter in Nord-Südrichtung ausgerichtet sind (eine Form des Thermotropismus). Dadurch wird die mittägliche Sonneneinstrahlung reduziert, während die Strahlung in den Morgen- und Abendstunden voll ausgenutzt wird.

kompetitive Hemmung: Form der Verdrängungshemmung der Enzymkatalyse. Der Hemmstoff, der dem Substrat chemisch verwandt ist, besetzt dabei die substratspezifischen Bindungsstellen am Enzym.

Konnektiv: Teil des Staubblattes, das die Theken mit dem Filament verbindet.

Konvergenz: morphologische Ähnlichkeit von Arten aus verschiedenen Familien, die sich durch Anpassung an gleiche Lebensbedingungen ergibt.

konzentrisches Leitbündel: bei diesem Typ wird ein zentrales Element (Xylem oder Phloem) von dem jeweiligen Ergänzungselement ringförmig umgeben. Es findet sich in den Sproßachsen von einigen Farnpflanzen und Monokotylen.

Kork: Periderm; ein sekundäres Abschlußgewebe, das bei mehrjährigen Holzgewächsen die Funktion der Epidermis übernimmt. Die Anlage erfolgt in der Hypodermis oder in tieferen Gewebeschichten.

Korrelation: steuernde Fernwirkung durch Phytohormone innerhalb und zwischen den Organen. So wird das Auswachsen der Seitenknospen durch die Sproßspitze korrelativ gehemmt, das Wurzelwachstum durch den Sproß korrelativ gefördert.

Korrosion: enzymatischer Abbau der Stärke in den Amyloplasten zu Transportzuckern. Korrosionskanäle durchdringen dabei von außen beginnend die Stärkekörner.

Kotyledonen: Keimblätter; Blätter an dem einzigen Knoten des Hypokotyls. Sie können in Einzahl (Monokotyle), als gegenständiges Blattpaar (Dikotyle) oder in einem mehrzähligen Blattquirl (Gymnospermen) vorhanden sein. In den Kotyledonen können Reservestoffe gespeichert sein, oder aber sie übernehmen Reservestoffe aus dem Endosperm des Samens. Häufiger können sie auch ergrünen und übernehmen die erste Photosynthese-Funktion.

Kranzanatomie: anatomischer Blatt-Typ von C4-Pflanzen (z.B. Mais, Zuckerrohr). In der Spreite sind die Zellen des Mesophylls kranzförmig um die Leitbündelscheide angeordnet.

Kristalle: entstehen in Zellen bei hoher Konzentration in der Vakuole. Häufig bestehen sie aus Calciumoxalat, das als Endprodukt in der Vakuole ausgefällt wird, aber auch Eiweißkristalle oder Carotinoidkristalle können auftreten.

Kurztagpflanzen: Arten, bei denen durch Kurztagbedingungen die Blütenbildung induziert wird. Weitere morphologische Veränderungen, wie die Verlängerung der Internodien („Schossen"), können damit verbunden sein.

Kurztriebe: Seitentriebe mit begrenztem Streckungswachstum. An den mehrjährigen Zweigabschnitten tragen sie häufig die Blätter und die Blüten.

Langtagpflanzen: Arten, die nur im Langtag, bei mehr als 12 Stunden Licht, die Blüten entwickeln.

Langtriebe: Zweigabschnitte, die mit starker Internodienstreckung das Verzweigungssystem aufbauen. An den mehrjährigen Abschnitten stehen nachgeordnet die Kurztriebe.

Lecithin: Lipoid mit hydrophilem und hydrophobem Pol, das am Aufbau der Biomembranen beteiligt ist.

Leitbündel: komplexes Leitgewebe, das aus den Prokambiumsträngen hervorgeht. Es besteht aus den Elementen der Wasserleitung (Xylem) und aus den Elementen der Stoffleitung (Phloem). Entsprechend der Anordnung der beiden Anteile unterscheidet man kollaterale, konzentrische und radiale Leitbündel. Kambiale Anteile können vorhanden sein (Gymnospermen, Dikotyle) oder fehlen (Farnpflanzen, Monokotyle).

Leitbündelscheide: Hülle um die Leitbündel (sklerenchymatisch in der Sproßachse, parenchymatisch in der Spreite). In der Spreite unterstützt sie den radialen Stoffaustausch am Leitbündel, bei C4-Pflanzen ist sie an deren Photosynthese beteiligt.

Leitparenchyme: Gewebe, die besonders Assimilate transportieren können. Sie sind meist in Transportrichtung orientiert wie die in radialer Richtung gestreckten Zellen des Markstrahlparenchyms.

Lenticellen: Korkwarzen, kleine Bezirke im Kork, in denen große Interzellularen ausgebildet sind. Sie unterstützen den

Gasaustausch zwischen dem Außenraum und dem Rindengewebe.

Leukoplasten: farblose, noch undifferenzierte Plastiden, welche sich häufig zu Speicherplastiden weiterentwickeln. Amyloplasten speichern Stärke, Proteinoplasten Proteine.

Lichtkeimer: Arten, deren Samen nur im Licht keimen. Die Steuerung dieser Lichtreaktion erfolgt über das Phytochromsystem.

Lichtreaktionen der Photosynthese: zentrale Reaktionen, bei denen die Energie der elektromagnetischen Strahlung umgewandelt wird in die Energie des angeregten Chlorophylls und weiter zur Reduktion von $NADP^+$ verwendet wird.

Ligula: zungenartiges Gebilde im Übergangsbereich zwischen Blatt und Sproßachse, bei den Poales ein Blatthäutchen am oberen Ende der Blattscheide, bei den Selaginellales ein Wasser-Absorptionsorgan in der Blattachsel.

Lipoide: Gruppe der Triglyceride (Fette) mit einer polaren Gruppe, welche über Phosphat mit dem Glycerin verestert ist; am Aufbau der Biomembranen beteiligt.

Lodiculae: Schwellkörper in der Blüte der Gräser. Durch Verdickung unterstützen sie die Öffnung der Grasblüte.

Lycopin: rotes Carotinoid, das u.a. in den Chromoplasten der reifen Tomate enthalten ist.

Lysosomen: Fraktion der Vesikel, die u.a. an Dictyosomen gebildet werden. Sie enthalten hydrolytische Enzyme und unterstützen entsprechende Abbauprozesse.

Malat: Salz der Äpfelsäure; Hydroxidicarbonsäure mit 4 C-Atomen, am Citratcyclus beteiligt.

Makromoleküle: Großmoleküle, welche sich durch Zusammenlagerung von Einzelmolekülen (Monomeren) ergeben.

Mark: parenchymatischer Bereich im Zentrum der Sproßachse (oder der Wurzel). Es ist von Leitbündeln umgeben und kann Speicherfunktion haben. Zerreißt das Markgewebe während der Entwicklung der Sproßachse, so ergibt sich eine (rhexigene) Markhöhle.

Markstrahl: Gewebe, das zwischen den Leitbündeln in radialer Richtung verläuft, meist aus parenchymatischen Zellen, seltener (bei Pinus) enthält es auch Quertracheiden. Häufig erstreckt sich der Markstrahl von Knoten zu Knoten, seltener (bei Gymnospermen) ist er nur wenige Zellen hoch.

Matrix: Grundsubstanz, bei Mitochondrien bezeichnet es den Raum, welcher von der inneren Hüllmembran umschlossen wird.

Megaphyll: Blatt der höheren Farne und der Spermatophyten, welches von einem verzweigten Leitbündelsystem (Nervatur) gegliedert wird.

Megaprothallium: weiblich determinierter Gametophyt, welcher Archegonien entwickelt.

Megasporophyll: Blatt mit Sporenbehältern (Megasporangien), welche weiblich determinierte Sporen (Megasporen) enthalten.

Meristeme: Bereiche embryonaler, teilungsfähiger Zellen. Von den apikalen Urmeristemen sind alle primären Meristeme abgeleitet. Dagegen werden die sekundären Meristeme in bereits ausdifferenzierten Geweben angelegt.

Meristemoide: Einzelzellen oder kleine Zellgruppen, die potentiell teilungsfähig sind.

Mesophyll: Gesamheit des parenchymatischen Gewebes im Bereich des Blattes. Es ist entweder gleichförmig oder in Palisaden- und Schwammparenchym gegliedert.

Metaxylem: primäres Xylem, das nach Abschluß des Längenwachstums des Organs ausdifferenziert wird. Die Leitelemente sind weitlumiger als im Protoxylem.

Metatopien: durch interkalare Wachstumsvorgänge bedingte Verlagerung der Achselknospe in den Bereich des Internodiums oder des Blattes.

Mizellarstränge: Untereinheiten der Cellulose-Mikrofibrillen. Sie bestehen aus bis zu 100 Cellulose-Makromolekülen.

Mikroelemente: Spurenelemente; mineralische Nährstoffe, welche die Pflanze nur in geringer Konzentration benötigt. Sie sind Cofaktoren und Bestandteile von Enzymen.

Mikrophylle: Blätter niederer Farne, welche nur von einem Leitbündel versorgt werden.

Mikroprothallium: männlich determinierter Gametophyt, der Antheridien entwikkelt.

Mikropyle: Öffnung zwischen den Integumenten über dem Nucellus der Samenanlage.

Mikrosporophyll: Blatt mit Sporenbehältern (Mikrosporangien), die männlich determinierte Sporen (Mikrosporen) enthalten.

Mikrotubuli: fädig-röhrenförmige Strukturen in der Zelle, die an Transport- und Umbauvorgängen beteiligt sind.

Mitchell-Hypothese, Chemiosmotische Hypothese: beschreibt die energetische Kopplung des elektrochemischen Protonengradienten mit der ATP-Synthese. Es ist eine Erklärung für die Phosphorylierungs-Prozesse in der Photosynthese und in der Atmungskette.

Mitochondrien: Zellorganelle mit eigener Erbinformation (DNA). Von den beiden Hüllmembranen ist die innere gefaltet in Form von Scheiben (Cristae) oder Röhren (Tubuli), Organelle der Zellatmung und des Citratcyclus.

Mittellamelle: erste Zellwand, die bei der mitotischen Zellteilung in der Äquatorialebene angelegt wird. Sie besteht aus Pektinstoffen und Hemicellulosen.

Mniumtyp: einfachste Form einer Spaltöffnung, welche bei Moosen und Farnen zu finden ist. Die Schließzellen sind so gebaut, daß sie sich bei der Öffnung senkrecht zur Epidermisoberfläche ausdehnen.

Monocotyledonae: Einkeimblättrige Pflanzen, Klasse der Angiospermen; leiten sich phylogenetisch von ursprünglichen Dikotylen ab, unterscheiden sich aber von diesen durch zahlreiche Merkmale.

monopodiale Verzweigung: Verzweigungssystem, in dem der zuerst angelegte Sproß während der ganzen Entwicklung dominant bleibt. Nach diesem Bauplan ergibt sich die regelmäßige, pyramidale Wuchsform vieler Gymnospermen.

Morphologie: Lehre von der äußeren Form. In der vergleichenden Morphologie unterscheidet man homologe (anlagegleiche) und analoge (funktionsverwandte) Formen.

Morphosen: Formveränderungen von Organen oder Organteilen, durch äußere Bedingungen verursacht. So spricht man von einer Photomorphose, wenn die Sproßform durch die Lichtverhältnisse modifiziert wird (Etiolement).

Mycorrhiza: Symbiose zwischen einem Pilz und Cormophyten-Wurzeln. Das Pilzmyzel umgibt den Wurzelkörper und dringt in den Bereich der Wurzelrinde ein. Der Zentralzylinder der Wurzel wird nie infiziert. Die einwachsenden Hyphen werden durch die Wirtspflanze kontrolliert und schädigen diese nicht.

Myzel: Vegetationskörper der Pilze. Es besteht aus den meist fädigen Hyphen, die entweder aus Zellketten aufgebaut (trichal) oder schlauchförmig (siphonal) sind.

Nadelblätter: xeromorphe, nadelförmige Blätter der Gymnospermen. Sie zeigen morphologische und anatomische Anpassungen an Trockenbedingungen (Frosttrocknis).

$NADP^+$, **Nicotinamidadenindinucleotidphosphat**: terminaler Elektronenakzeptor im photosynthetischen Elektronentransport. Bei dessen Reduktion werden auch Protonen gebunden. Die Elektronen für die Reduktion stammen aus der Wasserspaltung. Mit seinem stark negativen Redox-Normalpotential ermöglicht die reduzierte Form die Reduktion des eingebauten Kohlenstoffs.

Nährgewebe: Speichergewebe für Reservestoffe in den Samen. Bei den Angiospermen ist es ein sekundäres Endosperm, welches aus dem sekundären Embryosackkern hervorgeht. Bei den Gymnospermen ist es ein primäres Endosperm, welches dem haploiden Megaprothallium-Gewebe homolog ist.

Nastie: Bewegung von Zellen und Organen, die nicht auf die Richtung des auslösenden Reizes bezogen ist, sondern durch Strukturen, wie Verbindungsstellen, Gelenke usw. vorgegeben ist.

Nebenblätter, Stipeln: paarige Erweiterungen des Unterblattes (Blattgrundes). Sie können spreitenartig sein und sind für einige Familien (z.B. Rosaceae) charakteristisch.

Neotenie: Einsetzen der Geschlechtsreife in einem frühen, noch unreifen Entwicklungsstadium eines Organismus, Bsp.: Reduktion der Gametophyten bei den Samenpflanzen.

Nervatur: Leitbündelsystem der Blattspreite. Je nach Anordnung unterscheidet man Netznervatur (bei Dikotylen), Parallelnervatur (bei Monokotylen) und offene Nervatur (bei einigen Farnen u. Gymnospermen).

Niederblätter: schuppenartige Blätter, die nur vom Unterblatt gebildet werden, z.B. Übergangsformen zwischen den Keimblättern und differenzierten Folgeblättern, Speicherblätter der Zwiebeln, Blattschuppen an Ausläufern und Knospenschuppen.

niedere Pflanzen, Thallophyten: morphologisch und anatomisch weniger differenzierte Formen, wie sie bei den Algen und Pilzen gegeben sind, ohne die Organgliederung der Cormophyten.

Nitrifikation: Oxidation des Ammoniaks zu Nitrit durch Nitritbakterien (*Nitrosomonas*) und weiter zu Nitrat durch Nitratbakterien (*Nitrobacter*).

Nodus: Knoten; Sproßabschnitt mit der Ansatzstelle der Blätter und der Seitenknospen.

Nucellus: zentraler Teil der Samenanlage der Spermatophyten, in dem sich der Embryosack entwickelt, er ist einem Megasporangium homolog.

Nutationen: autonome, endogen festgelegte Wachstumsbewegungen, Bsp.: kreisende Suchbewegungen von Sproßenden (bei windenden Pflanzen) und Ranken.

Oberblatt: oberer, pfriemartiger Teil des Blattprimordiums, der sich in Blattstiel und Spreite differenziert. Das Oberblatt wächst überwiegend durch interkalare Wachstumsaktivität.

Ontogenese: gesamter Entwicklungsgang eines Individuums von der Keimzelle bis zur reproduktiven Phase.

Organe: aus verschiedenen Geweben aufgebaute Funktionseinheiten eines Organismus. Organe der Cormophyten sind Blatt, Sproßachse und Wurzel.

Orthostichen: Längszeilen des Blattansatzes an der Sproßachse. Sie verbinden diejenigen Knoten, an denen die Blätter genau übereinander stehen. So ergeben sich z.B. bei der Decussation 4 Orthostichen.

Osmose: einseitige Diffusion von Wasser durch eine semipermeable Membran, welche zwei unterschiedlich konzentrierte Lösungen trennt.

Osmotischer Druck: ergibt sich in einer höher konzentrierten Phase, die durch eine semipermeable Membran von einer nieder konzentrierten Phase getrennt ist.

Osmotischer Wert: entspricht der Gesamtkonzentration der gelösten Stoffe in einer Lösung und definiert damit den potentiellen osmotischen Druck für diese Lösung.

Oxidation: chemische Umsetzung einer Verbindung, bei der dieser Elektronen entzogen werden. Dies kann z.B. bedeuten, daß dieser Verbindung Wasserstoff entzogen wird, oder daß ihr Sauerstoff angelagert wird.

Oxidoreduktasen: Gruppe der Enzyme, die Redoxreaktionen katalysieren. Sie können Elektronen aufnehmen und abgeben und bauen z.B. die Elektronentransportkette der Photosynthese oder der Zellatmung auf.

paarig gefiederte Blätter: tragen eine geradzahlige Anzahl von Fiederblättern, die gegenständig an der Mittelrippe angeordnet sind.

Palisadenparenchym: Assimilationsparenchym im Mesophyll der Blattspreite, dessen Zellen zylindrisch und senkrecht zur Spreitenebene angeordnet sind.

Parallelnervatur: etwa parallel verlaufende Leitbündel in der Blattspreite bei Monokotylen, die über quer verlaufende

Nebenleitbündel (Anastomosen) miteinander verknüpft sind.

Parasitismus: ernährungsbiologische Partnerbeziehung, bei der sich ein Partner auf Kosten des anderen ernährt.

Parenchym: Grundgewebe, in seiner einfachsten Form aus dünnwandigen, abgerundeten Zellen mit Interzellularräumen. Entsprechend ihrer Spezialisierung unterscheidet man Speicher-, Assimilations-, Durchlüftungs- und Leitparenchym.

Pektin: Baustein der Mittellamelle und der Primärwand. Das Monomer (Einzelelement) dieses Polysaccharids ist die Galakturonsäure.

Perianth: doppelte, verschieden gebaute Blütenhülle der dikotylen Angiospermen. Es besteht aus äußeren, grünen Kelchblättern (Sepalen) und inneren, lebhaft gefärbten Kronblättern (Petalen).

Pericykel, Perikambium: unter der Endodermis liegender, ein- bis zweischichtiger Gewebezylinder in der Wurzel der Spermatophyten. Als potentiell teilungsfähiges Gewebe beteiligt es sich an der Entwicklung der Seitenwurzeln, am sekundären Dickenwachstum der Wurzel und an der Anlage des Initialperiderms in der Wurzel.

Periderm: Korkgewebe; häufig gegliedert in den eigentlichen Kork (Pellem), in das Korkkambium (Phellogen) und in die Korkrinde (Phelloderm). Es ist ein sekundäres Abschlußgewebe, das in der Epidermis, subepidermal oder in tieferen Gewebeschichten angelegt wird.

Perigon: einheitlich gestaltete Blütenhülle bei Monokotylen. Die Perigonblätter (Tepalen) sind entweder grün oder lebhaft gefärbt.

periklin: Orientierung der Zellwände parallel zur Organ-Oberfläche.

Permeabilität: Durchlässigkeit; wichtige Eigenschaft von Biomembranen, abhängig von Größe, Ladung und dem hydrophilen bzw. lipophilen Charakter der permeierenden Stoffe.

Peroxisomen: Zellorganelle; Vesikel, die Enzyme (Katalase) enthalten und an der Photorespiration beteiligt sind.

Perzeption: Reizaufnahme; Wahrnehmung von Umweltsignalen. Sie führt über eine Reizleitung (oder Signalübertragung) zu einer entsprechenden Reaktion in den reaktiven Zellen oder Geweben.

Petalen: Kronblätter; innere, meist lebhaft gefärbte Blütenhülle bei dikotylen Angiospermen.

Pfahlwurzel: dominante, positiv geotrop wachsende Hauptwurzel mit kürzeren Seitenwurzeln. Sie kann sekundär verdickt sein und Rüben bilden.

Phellogen: Korkkambium; sekundäres Meristem, das unter periklinen Teilungen in bereits ausdifferenzierten Geweben angelegt wird.

Phelloid: unverkorkte Bereiche im Kork (Phellem) ohne Suberin-Akkrustierung.

Phloem: Siebteil; Teil des Leitbündels, der den aktiven Ferntransport von Stoffen, besonders von Assimilaten leistet. Seine Leitelemente sind Siebzellen (Farnpflanzen u. Gymnospermen) oder Siebröhren mit Geleitzellen (Angiospermen), außerdem können Phloemparenchym und Bastfasern enthalten sein.

Phosphorylierung: Synthese von energiereichem ATP aus ADP und anorganischem Phosphat. Dies geschieht in ATP-Synthetasen, welche in den Chloroplasten den Thylakoidmembranen (Photophosphorylierung), in den Mitochondrien der inneren Hüllmembran (oxidative Phosphorylierung) zugeordnet sind. Energetisch ist die Reaktion gekoppelt an einen elektrochemischen Protonen-Gradienten.

Photoperiodismus: Synchronisation von Entwicklungsschritten der Pflanze mit der Jahreszeit, gesteuert über den tagesperiodischen Licht-Dunkelwechsel. Photoperiodisch gesteuert werden Blütenbildung (Lang- und Kurztagspflanzen), Kambiumtätigkeit, Wachstumsaktivität, Fruchtreifung, Blattfall und Knospenruhe.

Photorespiration: O_2-Aufnahme und CO_2-Abgabe im Licht bei hoher Sauerstoff-Konzentration in der Zelle und unter Energieverlust für den Stoffwechsel. Daran beteiligt sind Chloroplasten,

Peroxisomen und Mitochondrien. Primäres Substrat für den Abbauweg ist Ribulosebisphosphat.

Photosynthese: Energieversorgung der Pflanze mit Hilfe von Sonnenlicht, wobei die Energie der elektromagnetischen Strahlung in die verfügbare Bindungsenergie der Zuckermoleküle umgewandelt wird (Photoautotrophie).

Phototropismus: Wachstumsreaktion von Organen in Orientierung an der Richtung des einfallenden Lichtes. So wachsen Sproßachsen häufig positiv phototrop, also zur Lichtquelle hin.

Phragmoplast: Bündel von Mikrotubuli zwischen den Tochterkernen nach der mitotischen Kernteilung, in dessen Mittelebene (Äquatorialebene) sich, vom Zentrum zum Rande fortschreitend, die Zellplatte als erste Anlage der Tochterzellwand bildet.

pH-Wert: negativer Logarithmus der Konzentration der freien Wasserstoff-Ionen.

Phycobiliproteide: wasserlösliche Chromoproteide, deren chromophore Gruppen aus linearen Tetrapyrrolkörpern aufgebaut sind. Sie sind in Phycobilisomen auf den Thylakoidmembranen der Blaualgen und Rotalgen organisiert.

Phyllocladien: Kurztriebe, die in Anpassung an Trockenbedingungen die Form und Funktion der stark reduzierten Laubblätter übernommen haben (Form der Xeromorphie).

Phyllodien: Umformung des Blattes in Anpassung an Trockenstandorte. Dabei wird die Spreite nicht mehr entwickelt und der vertikal verbreiterte Blattstiel übernimmt die Photosynthesefunktion.

Phylogenie: Betrachtung der Gesetzmäßigkeiten, welche die stammesgeschichtliche Entwicklung der Pflanzen bestimmen.

Phytochrom: Photorezeptorsystem, das in Abhängigkeit von der Lichtqualität Wachstums- und Entwicklungsprozesse steuert: hellrotes Licht wirkt aktivierend, dunkelrotes Licht hemmend.

Phytohormone: Pflanzenhormone; Botenstoffe, die in vielfältiger Weise steuernd in den Stoffwechsel eingreifen. Sie werden von einem synthetisierenden Gewebe abgegeben und von einem resorbierenden Gewebe zur Wirkung gebracht. Je nach Gewebe und Entwicklungssituation kann ein Hormon verschiedene Wirkungen haben.

Pigmente: Farbstoffe, die aus dem Sonnenspektrum charakteristische Anteile absorbieren. Sie sind an der Photosynthese sowie an lichtabhängigen Steuerungen beteiligt und haben auch verschiedene ökologische Funktionen.

Pilzhyphen: fädige Gebilde, welche den Pilzkörper, das Myzel aufbauen, sie sind häufig verzweigt, aus Zellketten aufgebaut (-trichal) oder schlauchförmig (-siphonal).

Planation: ein Elementarprozeß der Telom-Theorie. Dabei wird die ursprünglich dreidimensionale Verzweigung zweidimensional, was eine flächige, spreitenähnliche Struktur ergibt.

Plasmalemma: den Protoplasten nach aussen begrenzende Biomembran mit spezifischen Permeabilitäts- und Transporteigenschaften, die über die Plasmodesmen mit den entsprechenden Membranen der Nachbarzellen verbunden ist.

Plasmodesmen: plasmatische Brücken zwischen benachbarten Zellen in Geweben. Es sind feine Kanäle, welche die Zellwand durchziehen. Besonders zahlreich finden sie sich in der Schließhaut der Tüpfel. Jeder Plasmodesmos hat einen zentralen Strang (Desmotubulus), welcher mit den Membranen des ER in Verbindung steht.

Plasmolyse: Wasserverlust der Vakuole bei hypertonischem Außenmedium, wobei sich der Protoplast von der Zellwand ablöst. Der Vorgang ist mit hypotonischem Medium reversibel (Deplasmolyse).

Plastiden: charakteristische Organelle der Pflanzenzelle mit doppelter Hüllmembran und eigener Erbinformation (DNA). Sie entwickeln sich aus Proplastiden und erfahren verschiedene Spezialisierungen zu Leuko-, Chloro-,

Chromo-, Amylo- und Proteinoplasten.

Plastochinon: ein Chinon, das in relativ hoher Konzentration am Elektronentransport der Photosynthese beteiligt ist. Funktionell ist es zwischen den beiden Photosystemen angesiedelt und hat eine gewisse Puffer- und Steuerfunktion.

Plastoglobuli: Lipid-Vesikel im Stromabereich der Chloroplasten.

Plattenkollenchym: subepidermales Kollenchym, dessen Tangentialwände durch eine primäre Verdickungswand verstärkt sind. Die Radialwände bleiben unverdickt.

Platycladien: abgeflachte, grüne Langtriebe mit Blattfunktion. Die Blätter selbst sind reduziert als eine Anpassung an Trockenbedingungen (Xeromorphie).

Plazenta: Bildungsgewebe am Sporophyll oder am Fruchtblatt, aus dem sich die Sporangien bzw. Samenanlagen entwickeln.

Polarität: stabiler, physiologischer Gradient in einer Zelle, einem Gewebe oder einem Organ, kann endogen oder exogen induziert sein.

Polkerne: die beiden zentralen Kerne im Embryosack der Angiospermen, die sich zum sekundären Embryosackkern vereinigen.

Pollen: Blütenstaub; entwickelt sich in den Pollensäcken der Staubblätter. Die Pollenkörner haben eine artspezifische Wandstruktur und sind den Mikrosporen homolog.

polyarche Wurzel: radiales Wurzelleitsystem mit vielen (12 und mehr) Xylem- bzw. Phloemstrahlen, bei Monokotylen häufig.

Polyderm: besondere Form eines geschichteten Periderms mit Schichten von parenchymatischen Zellen jeweils im Wechsel mit einer Folgeendodermis.

Polysaccharide: Polymere (z.B. Cellulose, Stärke) aus kettenartig aneinandergereihten Monomeren (z.B. Glucose).

Polystele: Stelenform mit mehreren, konzentrischen Leitbündeln; bei höheren Farnen.

Primärblätter: Blätter an dem ersten Knoten über den Keimblättern. Sie unterscheiden sich in Stellung und Form der Spreite von den Folgeblättern.

primäre Meristeme: Bildungsgewebe, welche aus den embryonalen Urmeristemen hervorgegangen sind. Bsp. Apikalmeristeme, interkalare Meristeme und fasciculare Kambien.

primäre Rinde: Gewebe außerhalb des Zentralzylinders der Spro ßachse oder der Wurzel, die vom Apikalmeristem angelegt werden.

primäres Dickenwachstum: Erstarkungswachstum der Sproßachse. Es erfolgt scheitelnah durch Vermehrung parenchymatischer Elemente. Ein Kambium ist nicht beteiligt.

Primärwand: besteht überwiegend aus Pektinstoffen und Hemicellulosen. Die Cellulose-Mikrofibrillen sind in Streuungstextur eingelagert. Da sie gut dehnungs- und wachstumsfähig ist, ist sie die Zellwand der wachsenden Pflanzenzelle.

Primordium: scheitelnaher, noch undifferenzierter Gewebekomplex, der aus der Tunica hervorgeht; frühes Entwicklungsstadium eines Blattes.

Prokambium: Stränge von meristematischen Zellen, die sich aus dem Corpus des Vegetationskegels entwickeln. Daraus differenzieren sich die Leitbündel. Die Lage der Stränge in der Achse bestimmt die spätere Anordnung der Leitbündel.

Prokaryonten: Organismen ohne echten Zellkern (Bakterien, Blaualgen) und ohne Mitochondrien oder Plastiden.

Proplastiden: noch undifferenzierte, formveränderliche Vorformen, aus denen sich die verschiedenen Plastiden-Typen entwickeln.

Prosthetische Gruppen: Wirkgruppen von Enzymen, die jeweils an eine Proteinkomponente gebunden sind.

Proteine: Eiweißstoffe; aus Aminosäuren aufgebaut, die über Peptidbindungen verknüpft sind (Verknüpfung einer Carboxylgruppe mit einer Aminogruppe). Die Kette der Aminosäuren bildet die Primärstruktur. Deren räumliche Anordnung ergibt die Sekundärstruktur der Proteine. Über Wasserstoffbrücken und Disulfidbrücken ergibt sich deren Tertiärstruktur.

Prothallium: Entwicklungsform des Gametophyten der Farnpflanzen. Es ist ein häufig flächiger, seltener zylindrisch geformter Organismus, der wenig differenziert ist. Er wächst mit Scheitelzelle oder Scheitelmeristem und bildet die Gametangien.

Protoderm: äußere, scheitelnahe, teilungsfähige Zellschicht, die unter antiklinen Teilungen die Epidermis bildet.

Protoplast: alle Komponenten der lebenden Zelle. Dazu gehören begrenzende Membranen (Plasmalemma u. Tonoplast), Grundcytoplasma und Zellorganelle.

Protostele: konzentrisch aufgebauter Achsenkörper der Urfarne, in dessen Zentrum sich ein Protoxylemstrang findet, der von Metaxylem umgeben ist. Dieses ist wiederum von Phloemmaterial eingefaßt.

Protoxylem: zuerst angelegte, englumige Tracheiden im wachsenden Organ.

Pteridophyta: Farnpflanzen; besitzen einen heteromorphen, heterophasischen Generationswechsel. Der Gametophyt ist thallös, der Sporophyt ist in Sproßachse, Blatt und Wurzel gegliedert.

Pyrenoide: abgerundete Ausstülpungen z.B. an den Phaeoplasten. Sie enthalten eine dichte Protein-Matrix, und in dieser das Enzym der CO_2-Fixierung in hoher Konzentration. An der Aussenseite wird Stärke angelagert.

Quertracheiden: kurze, unregelmäßig gestaltete Tracheiden in den Holzstrahlen der Gymnospermen mit kleinen Hoftüpfeln zur Leitung des radialen Wassertransportes.

Ranken: fadendünne, reaktive Organe, welche durch Umbildungen (Metamorphosen) von Sproßachsen oder Blättern entstehen und der mechanischen Verankerung des Sprosses dienen. Bei Berührung krümmen sie sich ein und umwickeln das stützende Element.

Reduktion: einer der Elementarprozesse der Telomtheorie, der die zunehmende Rückbildung von nachgeordneten Seitentrieben erklärt.

Regenwald: tropischer Waldgürtel der Äquatorialzone. Häufig sind immergrüne Gehölze, die an große Niederschlagsmengen angepaßt sind.

rhexigen: Entwicklungsform von Interzellularräumen, die entstehen, indem Zellen zerreißen, welche von stärker wachsenden Geweben umgeben sind.

Rhizobium: Bakterium, das (neben *Bradyrhizobium*) die Entwicklung von Wurzelknöllchen bei den *Fabales* verursacht. Diese Bakterien fixieren in den Wurzelknöllchen den Luftstickstoff. Durch diese Symbiose deckt die Pflanze ihren Stickstoffbedarf.

Rhizodermis: primäres Abschlußgewebe der Wurzel ohne Cuticula. In der Regel differenziert sie Wurzelhaare, die der Wasseraufnahme dienen und nur eine begrenzte Lebensdauer haben.

Rhizoide: Zellfäden, z.B. an den Gametophyten der Farnpflanzen. Häufig sind sie einzellig und unverzweigt und verankern die Prothallien im Boden und unterstützen deren Wasserversorgung.

Rhizom: unterirdische, horizontal wachsende Sproßachse, an der sproßbürtige Wurzeln entspringen. Schuppenförmige Niederblätter können vorhanden sein. Diese Organe dienen der Überwinterung oder auch der Ausbreitung, also der vegetativen Vermehrung.

Rhizosphäre: Bereich des Mutterbodens, der vom Wurzelsystem erfaßt wird. In diesem Bereich ergibt sich eine Wechselwirkung zwischen dem Wurzelkörper und den im Boden lebenden Mikroorganismen.

Rhodoplasten: die photosynthetisch aktiven Plastiden der Rotalgen (Rhodophyta), die durch Phycoerythrin rotgefärbt sind.

Ribosomen: kleine Partikel aufgebaut aus zwei Untereinheiten, an denen die Proteinsynthese erfolgt. Sie finden sich frei im Grundcytoplasma oder angelagert an die Membranen des ER, aber auch in den Chloroplasten und Mitochondrien.

Rindenparenchym: äußeres Parenchym der Sproßachse und der Wurzel. Häufig hat es Speicherfunktion und ist dann reich an Amyloplasten. In der Sproßachse besitzt es auch Chloroplasten und kann, bei besonderen Anpassungen (Xeromorphie), die Photosynthese für den Organismus voll übernehmen.

Ringelborke: ergibt sich, wenn die Phellogene der Folgeperiderme ringförmig angelegt werden, z.B. in der Sproßachse der Kirsche und der Birke.

ringporiges Holz: ergibt sich, wenn nur im Frühholz der Jahresringe die weitlumigen Tracheen angelegt werden.

Ringtracheide: Tracheide mit ringförmigen Wandverstärkungen. Diese Form wird immer zuerst im Protoxylem ausgebildet, da die Verstärkungsringe die Zellstreckung nicht behindern.

Ruheknospen: nicht ausgetriebene Achselknospen bei mehrjähigen Holzgewächsen, die von den äußeren Bastschichten überdeckt sind. Nur bei Bedarf, wenn Ersatztriebe benötigt werden, treiben sie aus.

Saccharose: Rohrzucker; ein Disaccharid aus Glucose und Fructose; häufigste Form des Transportzuckers im Phloem der Spermatophyten.

Samen: Verbreitungsorgan der Spermatophyten. Er besteht aus der Samenschale, welche aus den Integumenten hervorgeht und aus dem Embryo. Er enthält häufig ein Endosperm mit Reservestoffen.

Samenanlage: besteht aus einem Stiel (Funiculus), einer von Integumenten gebildeten Hülle und dem zentralen Nucellus, welcher den Embryosack enthält. Diese Form ist für die Spermatophyten charakteristisch.

Samenkeimung: Beginn der Entwicklung des Embryos im Samen bei ausreichender Wasserversorgung, nachdem die Samenruhe durch innere oder äußere Faktoren beendet wird.

Saugspannung: Fähigkeit der Zelle, Wasser aufzunehmen. Sie ergibt sich aus der Differenz der osmotischen Werte der Vakuole und des Außenmediums in Wechselwirkung mit dem Wanddruck der Zelle.

Schattenblätter: sich im Schatten entwikkelnde Blätter zeigen anatomisch ein kleineres, nur einschichtiges Palisadenparenchym, während es z.B. bei den Sonnenblättern der Buche zweischichtig ausgebildet ist.

Scheinachse, Sympodium: entsteht durch die ständige Übergipfelung der Seitentriebe.

Scheitelmeristem: Form eines Apikalmeristems, einschichtig bei einigen Farngruppen, mehrschichtig, z.T. differenziert, bei Gymnospermen.

Scheitelzelle: apikale, teilungsaktive Zelle, überwiegend bei niederen Pflanzen.

Schossen: starkes Wachstum der Sproßachse beim Übergang von der vegetativen in die reproduktive Phase. Es kann photoperiodisch induziert sein und wird durch Phytohormone (bes. Gibberelline) vermittelt.

Schuppenblätter: kurze, der Sproßachse anliegende Blätter, wie sie z.B. bei Scheinzypressen oder *Thuja* auftreten.

Schwammparenchym: Aerenchym, welches über seine großen, schizogenen Interzellularen den Gasaustausch zwischen dem Mesophyll und der Gasphase vermittelt.

Seitenachsen: Sproßachsen, die aus Seitenknospen hervorgehen. Bleibt die Mutterachse dominant über die Seitenachsen (Monopodium), so sind diese mehr horizontal orientiert. Werden die Seitenachsen dominant (Sympodium), so verlängern diese das Verzweigungssystem.

Seitenwurzeln: werden endogen, im Pericykel, in Zuordnung zu den Xylemstrahlen angelegt. Daher stehen sie an der Hauptwurzel in Längsreihen, die der einfachen oder doppelten Anzahl der Xylemstrahlen entsprechen.

Sekretgänge: Räume, die die Sekrete (z.B. Harze) aufnehmen, die in Sekretzellen (Drüsenepithelzellen) gebildet werden.

sekundärer Embryosackkern: entsteht bei den Angiospermen durch Verschmelzung der beiden haploiden Polkerne im Embryosack, bildet nach der Befruchtung ein triploides, sekundäres Endosperm, das Nährgewebe.

sekundäres Dickenwachstum: Verdickung der Sproßachse oder der Wurzel durch kambiale Aktivität bei Gymnospermen und dikotylen Angiospermen, bei der die Elemente des Holzes und des Bastes vermehrt werden.

sekundäres Meristem: entsteht durch erneute Teilungsaktivität in bereits ausdifferenzierten Geweben, Bsp.: Korkkambium.

Sekundärwand: auf die Primärwand aufgelagertes, sekundäres Wandmaterial, das überwiegend aus Cellulose besteht, deren Mikrofibrillen in Paralleltextur angeordnet sind. Zwischen diese Fibrillen können Inkrustierungsstoffe, wie z.B. Lignin, eingelagert sein.

semipermeabel: Eigenschaft von Biomembranen mit guter Durchlässigkeit für die kleinen Wassermoleküle und schlechter Durchlässigkeit für die größeren Moleküle der gelösten Stoffe.

Sepalen: Kelchblätter der Blütenhülle (Perianth) bei Dikotylen.

septiert: durch Querwände unterteilt.

Siebfelder: kleinere Bereiche mit Poren in Quer- und Längswänden von Siebröhren oder Siebzellen.

Siebplatten: Querwände zwischen zwei benachbarten Siebröhrengliedern, die gleichmäßig von großen Poren durchbrochen sind.

Siebröhren: große, kernlose Leitelemente des Phloems bei Angiospermen, in denen der aktive Ferntransport von Stoffen (bes. Assimilaten) erfolgt. Sie sind immer mit Geleitzellen verbunden.

Siebzellen: schmale, prosenchymatische Leitelemente im Phloem der Farnpflanzen und der Gymnospermen.

Siphonostele: Stele mit im Querschnitt ringförmig angelegtem Xylem, das von außen und z.T. von innen von Phloemmaterial eingefaßt ist.

Sklerenchym: Festigungsgewebe aus meist dickwandigen, verholzten und abgestorbenen Zellen, Bsp.: Steinzellen, Sklerenchymzellen.

Spaltöffnungen, Stomata: bestehen aus zwei Schließzellen, die eine Turgor-Variationsbewegung ausführen. Mehrere Nebenzellen können die Funktion der Schließzellen unterstützen. Der Spaltöffnungsapparat ist ein Teil der Epidermis und regelt die Transpiration.

Spätholz: gegen Ende der Vegetationsperiode gebildete, englumige Elemente im Holz.

Speicherblätter: verdickte Blätter, die Wasser speichern, wie die Blätter der Sukkulenten, oder Reservestoffe speichern, wie die Zwiebelschuppen.

Speicherparenchym: Rindenparenchym oder Markparenchym, dessen Zellen viele Amyloplasten enthalten.

Speicherwurzeln: Überwinterungsorgane, speichern Reservestoffe in (sekundär) verdickten Abschnitten.

Spermatophyta: Samenpflanzen; heterospore Gefäßpflanzen mit dominantem Sporophyten und reduziertem Gametophyten. Die Mikro- und Megasporophylle sind in „Blüten" angeordnet. Die Verbreitung erfolgt durch Samen, welche den Sporophyt- Embryo enthalten.

Spermatozoiden: begeißelte, männliche Keimzellen bei Moosen, Farnen und altertümlichen Gymnospermen, die chemotaktisch gesteuert von den Antheridien zu den Archegonien schwimmen.

Spitzenwachstum: Wachstum der Organe mit apikalen Scheitelzellen, Scheitelmeristemen oder geschichteten Apikalmeristemen (Vegetationskegel).

Splint: äußere, jüngere Schichten des Holzes, in denen die Wasserleitung erfolgt, sie enthalten auch lebende Zellen (Holzparenchym, Holzstrahlparenchym).

Sporangium: Sporenbehälter aus sterilen Wandzellen, welche die Meiosporen umschließen.

Sporen: ungeschlechtliche Fortpflanzungszellen. Bei den Farnpflanzen sind es die haploiden Meiosporen, die durch Reduktionsteilung (Meiose) aus den Sporenmutterzellen hervorgehen.

sporogenes Gewebe: derjenige Anteil der Archesporzellen, der sich zu Sporenmutterzellen weiterentwickelt.

Sporophylle: Megaphylle, an denen sich Sporangien entwickeln. Dies geschieht an einem besonderen Bildungsgewebe, dem Plazentagewebe. Sie können die gleiche Gestalt haben wie die nur photosynthetisch aktiven Trophophylle oder deutlich anders gestaltet sein.

Sporophyt: diploide, bei den Gefäßpflanzen in Organe differenzierte Generation innerhalb des heteromorphen, heterophasischen Generationswechsels; bildet ungeschlechtliche Fortpflanzungszellen, die Sporen.

Sproß: in Sproßachse und Blätter gegliederter Teil der Pflanze. Er hat häufig kollaterale Leitbündel und verzweigt sich exogen.

sproßbürtige Wurzeln: im Bereich der Sproßachse endogen angelegte Wurzeln, bei Monokotylen häufig (Homorrhizie). Sie finden sich jedoch auch bei bestimmten Dikotylen. Diese Wurzeln werden häufiger im Bereich der Knoten angelegt.

Sproßmetamorphosen: morphologische Veränderungen des Sprosses bei besonderen Funktionsanpassungen. So unterstützt die Sproßsukkulenz die Wasserspeicherung, Ranken verankern das Sproßsystem, Sproßknollen speichern Reservestoffe, Sproßdornen dienen dem Schutz.

Stärke: Polysaccharid aus Glucose-Einheiten (Amylose und Amylopektin), wird als Reservestoff in Amyloplasten gespeichert.

Staubblätter: Mikrosporophyllen homolog; bilden die Pollenkörner (-Mikrosporen). Sie bestehen aus einem Stiel (Filament) und dem Staubbeutel (Anthere), der aus zwei Theken besteht, welche jeweils zwei Pollensäcke enthalten.

Stauden: mehrjährige, krautige Pflanzen, häufig mit unterirdischen Überwinterungsorganen (Rhizome, Sproßknollen, Wurzelknollen).

Steinkork: Phellemzellen mit zusätzlicher Sekundärwand-Auflagerung über der Suberin-Akkrustierung, die auch verholzen kann.

Steinzellen: isodiametrische Sklerenchymzellen mit verzweigten Tüpfelkanälen, verholzter Zellwand und abgestorbenen Protoplasten.

Stelärtheorie: beschreibt die Leitbündelsysteme der Achse als strukturelle Einheit in der Sicht der phylogenetischen Entwicklung.

Steppe: pflanzengeographische Ansprache der baumlosen Graslandschaft.

Stickstoffassimilation: Reduktion des Nitrats im Zellstoffwechsel zu Ammoniak und dessen Einbau in stickstoffhaltige Verbindungen (z.B. Aminosäuren).

Stolonen: Ausläufer; horizontal wachsende Seitensprosse mit verlängerten Internodien, die sich entweder oberirdisch, wie z.B. bei der Erdbeere, oder unterirdisch, wie z.B. bei der Kartoffelpflanze, wo sie endständige Sproßknollen bilden, entwickeln.

Stomata: Spaltöffnungen.

stomatäre Transpiration: derjenige Anteil des Wassers, der geregelt über die Spaltöffnungen abgegeben wird.

Strauch: niedere, breite Wuchsform von Holzgewächsen. Sie ergibt sich durch mehrere, gleichwertige Seitenachsen. Ein zentraler Stamm wird nicht gebildet.

Streckungswachstum: Wachstum der Zellen bzw. Organe in axialer Richtung. Dies geschieht durch Dehnung und Wachstum der Primärwand in Längsrichtung und durch Vergrößerung der Vakuole. Es erfolgt in den scheitelnahen Zonen der Sproßachse und der Wurzel und auch nahe der interkalaren Wachstumszonen der Sproßachse und der Blätter.

Strobilus: Sporophyllstand einiger Farn-Gruppen.

Strukturproteine: globuläre und fibrilläre Proteine, die als Bestandteile der Biomembranen deren spezifische Eigenschaften wie die Permeabilität und die Carrier-Ausrüstung bestimmen.

subarktisches Gebiet: pflanzengeographische Ansprache der Bereiche, welche der arktisch bedingten Waldgrenze zugeordnet sind.

Suberin: hydrophobes Polymer mit phenolischen Komponenten, das als Auflagerung auf oder Einlagerung in die Zellwand deren Durchlässigkeit für Wasser reduziert. Dies geschieht z.B. im Kork (Phellem) oder in der Endodermis.

Sukkulenz: Vermehrung parenchymatischer Gewebe zur Wasserspeicherung in diesem Organ, z.B. verdickte Sproßachsen bei Kakteen oder verdickte Blätter bei Agaven.

Symbiose: Ernährungsgemeinschaft zum Vorteil beider Partner, Bsp.: Mycorrhiza bei Bäumen, Fabales-Wurzelknöllchen.

Symplast: Bereich der durch die Plasmodesmen verbundenen Protoplasten in Geweben.

Sympodium: Verzweigungsform, bei der die Seitenachsen dominant sind über die Mutterachse. Mit jeweils zwei gleichwertigen Seitenachsen ergibt sich ein Dichasium. Verlängert jeweils ein Seitenzweig die Achse, so ergibt sich ein Monochasium.

Symport: gemeinsamer Carrier-Transport von zwei Komponenten in der gleichen Richtung durch eine Membran.

Synergiden: beide Hilfszellen, die gemeinsam mit der Eizelle den Eiapparat im Embryosack der Angiospermen bilden.

Telomtheorie: beschreibt die phylogenetische Entwicklung der Organe aus einem morphologischen Grundorgan, dem Telom. Die morphologische Entwicklung wird zurückgeführt auf mehrere Elementarprozesse.

tetrarches Leitbündel: radiales Leitsystem der Wurzel mit 4 Xylem- bzw. Phloemstrahlen.

Thallus: wenig differenzierter, häufig flächig gebauter Organismus. Organe sind nicht vorhanden. Er wächst mit einer Scheitelzelle oder einem Scheitelmeristem, Organisationsform der niederen Pflanzen, vieler Lebermoose und der Farn-Gametophyten.

Theka: Antheren-Hälfte, die zwei Pollensäcke enthält. Die beiden Theken sind über das Konnektiv miteinander und mit dem Filament verbunden.

Thigmotropismus: gerichtete Bewegung, z.B. von Ranken, auf einen Berührungsreiz.

Thylakoidmembranen: funktionelle Membranen in den Chloroplasten, die die Photosynthesepigmente, die Komponenten des Elektronentransports und die Kopplungsstellen der Photophosphorylierung enthalten.

Thyllen: Ausstülpungen von Schließhäuten von Peritrachealzellen in das Lumen einer Trachee. Dadurch wird die Trachee verstopft und für den Wasserweg gesperrt (Verkernung des Angiospermen-Holzes).

Tonoplast: Biomembran, welche die Vakuole umschließt. Er hat spezifische Carrier-Systeme, die den Stoffaustausch zwischen dem Cytoplasma und dem Vakuolenraum ermöglichen.

Tracheen: Wasserleitelemente im Xylem der Angiospermen. Die weiten Röhren entstehen durch Zellfusion von Gefäßgliedern, deren Querwände teilweise oder vollständig aufgelöst werden. Sie haben charakteristische Wandstrukturen, häufig sind Netz- und Tüpfeltracheen.

Tracheiden: englumige, prosenchymatische Leitelemente im Xylem der Farnpflanzen und der Gymnospermen. Allgemein sind sie die Leitelemente im Protoxylem, wo zuerst Ring-, anschließend Schraubentracheiden angelegt werden. Im Gymnospermenholz finden sich Hoftüpfel-Tracheiden.

Tragblatt: Blatt, aus dessen Achselknospe sich ein Seitenzweig, eine Blüte oder ein Blütenstand entwickelt.

Transpiration: Wasserverdunstung aus dem Pflanzengewebe. Überwiegend erfolgt dies geregelt durch die Spaltöffnungen (stomatäre T.), einen geringen Anteil verliert die Pflanze durch die Cuticula (cuticuläre T.).

Trichoblasten: Zellen der Rhizodermis, welche Wurzelhaare entwickeln.

Trichome: Pflanzenhaare, ein- oder mehrzellige Differenzierungen der Epidermis. Sie dienen dem Verdunstungsschutz, dem Strahlungsschutz, dem Wärmeschutz und zeigen viele Spezialisierungen (z.B. Drüsenhaare, Absorptionshaare).

Trophophylle: Megaphylle der Farnpflanzen, die nur Photosynthese-Funktion haben.

Tropismus: Krümmungsreaktionen von Organen, die sich an der Reizquelle, bzw. an einem reizgebenden Gradienten orientieren. Je nach Qualität unterscheidet man Geo-, Photo-, Thermo- und Thigmotropismus.

Tüpfel: Bereich der Zellwand, in dem die Sekundärwand ausgespart ist. Dadurch ergibt sich ein Tüpfelkanal. In diesem Bereich bilden die Mittellamelle und die Primärwand eine Schließhaut, die siebartig von feinen Kanälen, den Plasmodesmen, durchbrochen ist, so daß sich plasmatische Brücken zwischen benachbarten Zellen ergeben.

Tunica: die äußeren Schichten des Vegetationskegels der Angiospermen, die sich nur antiklin teilen. Sie bildet die Epidermis und die äußeren Schichten der Rinde.

Turgor: osmotisch bedingter Spannungszustand von Geweben.

unifaciales Blatt: anatomischer Blatt-Typ, bei dem sich die gesamte Blattoberfläche von der Unterseite der Blattanlage ableitet. Weiter ist das Xylem der Leitbündel zu einem zentralen Bereich des Organs hin orientiert.

Unterblatt: erster Abschnitt des Blattes, der sich aus dem Primordium entwickelt. Es bildet den Blattgrund und kann sich zu einer Blattscheide oder zu Nebenblättern (Stipeln) erweitern.

Urmark: Anlage des Marks. Es leitet sich ab aus dem zentralen Bereich des Corpus im Vegetationskegel.

Uronsäuren: Zuckersäuren, bei Hexosen tragen sie am 6. Kohlenstoffatom eine Carboxylgruppe.

Urrinde: Anlage der Rindengewebe, wird im äußeren Bereich aus den inneren Tunicaschichten, im inneren Bereich von den äußeren Schichten des Corpus gebildet.

Vegetationskegel: apikaler, kegelförmiger Meristemkomplex der Sproßachse bei Angio-spermen. Die äußeren Tunicaschichten teilen sich nur antiklin, der zentrale Corpus teilt sich periklin und antiklin.

Verholzung: Inkrustierung von Lignin in die interfibrillären Räume der Sekundärwand zur mechanischen Stabilisierung der Zellwand.

Verkorkung: Akkrustierung von Suberin- und Wachsschichten auf die primären Zellwände.

Vernalisation: Induktion der Blütenbildung (Übergang in den generativen Zustand) durch Einwirkung von niederen Temperaturen über mehrere Wochen. Diese Behandlung ist z.B. bei Wintergetreide von Bedeutung, welches im Frühjahr zur Aussaat gebracht werden soll.

Vesikel: bläschenförmige Organelle im Cytoplasma, die von einer einfachen Biomembran umgeben sind. Es sind Transporteinheiten, deren Inhaltsstoffe und Transportwege in der Zelle sich aus der Stoffwechselsituation ergeben.

Wachse: hydrophobe Fettsäureester. Sie können gemeinsam mit Cutin oder Suberin Schutzschichten aufbauen, die den Wasserverlust der Gewebe reduzieren (z.B. Cuticula, Phellem).

Wachstumsbewegungen: Krümmungsbewegungen, die entweder endogen, wie die Nutationsbewegungen von Ranken, oder exogen, wie die Tropismen, bestimmt sein können. Die Steuerung der Bewegung wird durch IES vermittelt.

Wanddruck: Spannungszustand der Zellwand als Folge der osmotisch bedingten Wasseraufnahme. Sein Grenzwert ergibt sich aus der Differenz der osmotischen Werte zwischen der Vakuole und dem Außenraum.

Wasseraufnahme: erfolgt bei den Cormophyten auf osmotischem Wege über die Gewebe der Wurzel. Das primär aufnehmende Gewebe ist die Rhizodermis, deren Wurzelhaare eine große, absorbierende Oberfläche gegenüber dem Bodenraum aufbauen.

Wasserpotential: hat die Dimension eines Drucks und wird in „bar" gemessen. In einem biologischen System ergibt es sich aus dem Quellungsdruck, dem hydrostatischen Druck und aus dem osmotischen Druck. Die Wasserdiffusion erfolgt immer in Richtung des abnehmenden Gradienten des Wasserpotentials.

wirtelige Blattstellung: zwei oder mehr Blätter an einem Knoten, die entsprechend der Äquidistanzregel angeordnet sind.

Wurzelanlage: erfolgt sowohl im Bereich der Wurzel (Seitenwurzeln) als auch im Bereich der Sproßachse (sproßbürtige Wurzeln) endogen, d.h. die Entwicklung geht vom Zentralzylinder aus.

Wurzeldruck: osmotisch bedingter Druckstrom, der sich bei fehlendem Transpirationssog durch die aktive Ionenaufnahme in den Zentralzylinder der Wurzel ergibt.

Wurzelhaare: entstehen durch das Auswachsen der Trichoblasten in der Rhizodermis. Meist sind sie einzellig und unverzweigt. Sie vergrößern wesentlich die absorbierende Wurzeloberfläche.

Wurzelknöllchen: induziert durch die Infektion mit dem Bakterium *Rhizobium* oder *Bradyrhizobium* ergeben sich im Rindenparenchym der Fabales-Wurzeln Gewebewucherungen, die sich zu Knöllchen erweitern. In diesen fixieren die Bakterien den Luftstickstoff.

Wurzelsprosse: werden endogen im Pericykel von weit auslaufenden Seitenwurzeln angelegt; Form der vegetativen Vermehrung.

Xanthophylle: Carotinoide mit Hydroxylgruppen, die durch Oxidation von Carotinen entstehen können.

Xeromorphie: morphologische Anpassung von Organen an Trockenbedingungen. Reduktion der unkontrollierten (cuticulären) Transpiration z.B. durch Reduktion der Oberfläche und Verstärkung der Cuticula.

Xylem: Holzteil; in seinen Leitelementen erfolgt der überwiegend akropetale Wassertransport durch den Sog der Transpiration. Die Angiospermen haben die großen, weitlumigen Tracheen. Bei den Farnpflanzen und den Gymnospermen leiten die Tracheiden das Wasser. Immer ist auch Xylemparenchym vorhanden. Holzfasern können, z.B. im Angiospermen-Holz, vorhanden sein.

Zeitgeber: Faktoren, die die Rhythmik der physiologischen Uhr mit der Tagesperiodik synchronisieren. Der wichtigste Zeitgeber ist das Sonnenlicht, das über das Phytochrom-System wirksam wird. Über die Tagesperiodik wird auch die pflanzliche Jahresperiodik gesteuert (Photoperiodismus).

Zellorganelle: Funktionseinheiten im Protoplasten, die von Biomembranen umgeben sind. Sie bilden die spezifischen Strukturen und Funktionsräume für die verschiedenen Aufgaben des Zellstoffwechsels.

Zellwand: stabilisierendes „Außenskelett" des Protoplasten bestehend aus Polysacchariden. In der Mittellamelle und in der Primärwand sind es überwiegend Pektinstoffe und Hemicellulosen, in der Sekundärwand überwiegt die Cellulose.

zerstreutporiges Holz: weitlumige Tracheen sind über den größten Teil des Jahresringes verteilt, nur der letzte Abschnitt des Spätholzes ist englumig.

zweischneidige Scheitelzelle: gliedert an zwei gegenüberliegenden Seiten Segmente ab, dadurch ergibt sich ein zweidimensionales Gewebe.

Zygote: entsteht durch Verschmelzung der männlichen und der weiblichen Gameten. Bei den Cormophyten entwickelt sich daraus der diploide Sporophyt.

Liste der Pflanzennamen

1.) Pteridophyta

Gattung, Art	dt. Name	Familie	Ordnung
Anemia adiantifolia	Anemia	Anemiaceae	Schizaeales
Blechnum spicant	Rippenfarn	Blechnaceae	Blechnales
Cheiropleuria bicuspis	Cheiropleuria	Polypodiaceae	Polypodiales
Dryopteris filix-mas	Wurmfarn	Aspidiaceae	Aspidiales
Equisetum arvense	Acker-Schachtelhalm	Equisetaceae	Equisetales
Lycopodium spec.	Bärlapp	Lycopodiaceae	Lycopodiales
Ophioglossum vulgatum	Natternzunge	Ophioglossaceae	Ophioglossales
Osmunda regalis	Königsfarn	Osmundaceae	Osmundales
Polybotrya caenopteris	Polybotrya	Polypodiaceae	Polypodiales
Polypodium vulgare	Tüpfelfarn	Polypodiaceae	Polypodiales
Psilotum triquetrum	Gabelblatt	Psilotaceae	Psilotales
Pteridium aquilinum	Adlerfarn	Pteridiaceae	Pteridiales
Salvinia natans	Schwimmblatt	Salviniaceae	Salviniales
Selaginella cuspidata	Moosfarn	Selaginellaceae	Selaginellales

2.) Gymnospermae, Coniferophytina

Gattung, Art	dt. Name	Familie	Ordnung
Abies alba	Weiß-Tanne	Pinaceae	Pinales
Araucaria spec.	Araukarie	Araucariaceae	Pinales
Chamaecyparis spec.	Scheinzypresse	Cupressaceae	Pinales
Cupressus sempervirens	Zypresse	Cupressaceae	Pinales
Ginkgo biloba	Ginkgobaum	Ginkgoaceae	Ginkgoales
Juniperus chinensis	China-Wacholder	Cupressaceae	Pinales
Larix decidua	Europ. Lärche	Pinaceae	Pinales
Picea abies	Fichte	Pinaceae	Pinales
Pinus nigra	Schwarz-Kiefer	Pinaceae	Pinales
Podocarpus spec.	Steineibe	Podocarpaceae	Pinales
Pseudotsuga douglasii	Douglasie	Pinaceae	Pinales
Sequoia sempervirens	Küsten-Sequoia	Taxodiaceae	Pinales
Taxodium distichum	Sumpfzypresse	Taxodiaceae	Pinale
Taxus baccata	Eibe	Taxaceae	Taxales
Thuja occidentalis	Lebensbaum	Cupressaceae	Pinales

3.) Angiospermae, Monocotyledonae

Gattung, Art	dt. Name	Familie	Ordnung
Agave americana	Agave	Agavaceae	Asparagales
Amaryllis spec.	Amaryllis	Amaryllidaceae	Asparagales
Allium cepa	Zwiebel	Alliaceae	Asparagales
Aloe spec.	Aloe	Asphodelaceae	Asparagales
Arum maculatum	Aronstab	Araceae	Arales
Avena sativa	Hafer	Poaceae	Poales
Bambusa spec.	Bambus	Poaceae	Poales
Clivia spec.	Clivia	Amaryllidaceae	Asparagales
Dracaena spec.	Drachenbaum	Dracaenaceae	Asparagales
Iris germanica	Schwertlilie	Iridaceae	Liliales
Monstera deliciosa	Fensterblatt	Araceae	Arales
Poa annua	Einj. Rispengras	Poaceae	Poales
Polygonatum odoratum	Salomonssiegel	Liliaceae	Liliales
Rhoeo spathacea	Rhoeo	Commelinaceae	Commelinales
Ruscus hypoglossum	Mäusedorn	Liliaceae	Liliales
Saccharum officinarum	Zuckerrohr	Poaceae	Poales
Sanseveria spec.	Bogenhanf	Dracaenaceae	Asparagales
Sasa paniculata	Sasagras	Poaceae	Poales
Sesleria coerulea	Blaugras	Poaceae	Poales
Stipa tenacissima	Espartogras	Poaceae	Poales
Taeniophyllum spec	epiph. Orchidee	Orchidaceae	Orchidales
Tillandsia usneoides	Tillandsie	Bromeliaceae	Bromeliales
Triticum aestivum	Weizen	Poaceae	Poales
Vriesea splendens	Bromelie	Bromeliaceae	Bromeliales
Yucca spec.	Yucca	Agavaceae	Asparagales
Zea mays	Mais	Poaceae	Poales

4.) Angiospermae, Dicotyledonae

Acacia cyclops	Akazie	Mimosaceae	Fabales
Acer pseudoplatanus	Berg-Ahorn	Aceraceae	Sapindales
Alnus glutinosa	Schwarzerle	Betulaceae	Fagales
Aristolochia clemat.	Osterluzei	Aristolochiaceae	Aristolochiales
Begonia rex	Schiefblatt	Begoniaceae	Begoniales
Berberis vulgaris	Berberitze	Berberidaceae	Ranunculales
Beta vulgaris m.	Zucker-, Rote Rübe	Chenopodiaceae	Caryophyllales
Betula pendula	Warzen-Birke	Betulaceae	Fagales
Bryonia dioica	Zweihäusige Zaunrübe	Cucurbitaceae	Cucurbitales
Caltha palustris	Sumpfdotterblume	Ranunculaceae	Ranunculales
Capsella bursa-pastoris	Hirtentäschelkraut	Brassicaceae	Capparales

Gattung, Art	dt. Name	Familie	Ordnung
Castanea sativa	Edelkastanie	Fagaceae	Fagales
Cissus cactiformis	Klimme	Vitaceae	Rhamnales
Corylus cava	H. Lerchensporn	Fumariaceae	Papaverales
Corydalis avellana	Hasel	Betulaceae	Fagales
Cotoneaster spec.	Zwergmispel	Rosaceae	Rosales
Crataegus monogyna	Eingr. Weißdorn	Rosaceae	Rosales
Cucurbita pepo	Kürbis	Cucurbitaceae	Cucurbitales
Cyclamen europ.	Alpenveilchen	Primulaceae	Primulales
Daucus carota	Möhre	Apiaceae	Araliales
Drosera capensis	Sonnentau	Droseraceae	Droserales
Erica carnea	Frühlings-Heide	Ericaceae	Ericales
Eucalyptus globulus	Blaugummibaum	Myrtaceae	Myrtales
Euphorbia spec.	Wolfsmilch	Euphorbiaceae	Euphorbiales
Fagus sylvatica	Rotbuche	Fagaceae	Fagales
Falcaria vulgaris	Sichelmöhre	Apiaceae	Araliales
Ficus bengalensis	Baumwürger	Moraceae	Urticales
Forsythia suspensa	Goldflieder	Oleaceae	Oleales
Fragaria vesca	Erdbeere	Rosaceae	Rosales
Fraxinus excelsior	Esche	Oleaceae	Oleales
Fuchsia spec.	Fuchsie	Onagraceae	Myrtales
Galium aparine	Kl. Labkraut	Rubiaceae	Gentianales
Gleditsia triacanthos	Gleditschie	Caesalpinaceae	Fabales
Glycine soja	Sojabohne	Fabaceae	Fabales
Hakea laurina	Silberbaum	Proteaceae	Proteales
Hedera helix	Efeu	Araliaceae	Araliales
Helianthus annuus	Sonnenblume	Asteraceae	Asterales
Helleborus niger	Schneerose	Ranunculaceae	Ranunculales
Hippophae rhamnoides	Sanddorn	Elaeagnaceae	Elaeagnales
Juglans regia	Walnußbaum	Juglandaceae	Juglandales
Lactuca serriola	Stachellattich	Asteraceae	Asterales
Lamium album	W. Taubnessel	Lamiaceae	Lamiales
Lepidium sativum	Garten-Kresse	Brassicaceae	Capparales
Linum usitatissimum	Lein	Oxalidaceae	Geraniales
Malus silvestris	Apfel	Rosaceae	Rosales
Malva neglecta	Wegmalve	Malvaceae	Malvales
Mentha rotundifolia	Rundbl. Minze	Lamiaceae	Lamiales
Morus alba	Weißer Maulbeerbaum	Moraceae	Urticales
Mühlenbeckia platyclados	Mühlenbeckie	Polygonaceae	Polygonales
Nerium oleander	Oleander	Apocyanaceae	Gentianales
Nicotiana tabacum	Virgin. Tabak	Solanaceae	Scrophulariales
Nothophagus spec.	Südbuche	Fagaceae	Fagales
Nuphar luteum	Teichrose	Nymphaeaceae	Nymphaeales
Opuntia ficus-indica	Feigenkaktus	Cactaceae	Caryophyllales
Passiflora caerulea	Passionsblume	Passifloraceae	Violales
Pelargonium zonale	Schiefblatt	Geraniaceae	Geraniales
Phaseolus coccineus	Feuerbohne	Fabaceae	Fabales

Gattung, Art	dt. Name	Familie	Ordnung
Pisum sativum	Erbse	Fabaceae	Fabales
Plantago major	Gr. Wegerich	Plantaginaceae	Scrophulariales
Populus nigra	Schwarz-Pappel	Salicaceae	Salicales
Prunus avium	Vogel-Kirsche	Rosaceae	Rosales
Pyracantha coccinea	Feuerdorn	Rosaceae	Rosales
Quercus robur	Stiel-Eiche	Fagaceae	Fagales
Raphanus sativus	Rettich	Brassicaceae	Capparales
Rhododendron hirsutum	Behaarte Alpenrose	Ericaceae	Ericales
Ricinus communis	Christpalme	Euphorbiaceae	Ephorbiales
Robinia pseudoacacia	Robinie	Fabaceae	Fabales
Salix caprea	Sal-Weide	Salicaceae	Salicales
Sambucus nigra	Schw. Holunder	Caprifoliaceae	Dipsacales
Saxifraga spec.	Steinbrech	Saxifragaceae	Saxifragales
Sedum spec.	Fetthenne	Crassulaceae	Saxifragales
Sempervivum spec.	Hauswurz	Crassulaceae	Saxifragales
Solanum tuberosum	Kartoffel	Solanaceae	Scrophulariales
Syringa vulgaris	Flieder	Oleaceae	Oleales
Tilia cordata	Winter-Linde	Tiliaceae	Malvales
Tropaeolum majus	Kapuzinerkresse	Tropaeolaceae	Capparales
Urtica dioica	Gr. Brennessel	Urticaceae	Urticales
Vicia faba	Saubohne	Fabaceae	Fabales
Viscum album	Mistel	Viscaceae	Santalales
Vitis vinifera	Weinrebe	Vitaceae	Rhamnales

Sachregister